空気調和・給排水衛生設備 施工の実務の知識

空気調和・衛生工学会 編

Ohmsha

本書を発行するにあたって，内容に誤りのないようできる限りの注意を払いましたが，本書の内容を適用した結果生じたこと，また，適用できなかった結果について，著者，出版社とも一切の責任を負いませんのでご了承ください．

本書は，「著作権法」によって，著作権等の権利が保護されている著作物です．
　本書の全部または一部につき，無断で次に示す〔　〕内のような使い方をされると，著作権等の権利侵害となる場合があります．また，代行業者等の第三者によるスキャンやデジタル化は，たとえ個人や家庭内での利用であっても著作権法上認められておりませんので，ご注意ください．
〔転載，複写機等による複写複製，電子的装置への入力等〕
　学校・企業・団体等において，上記のような使い方をされる場合には特にご注意ください．
　お問合せは下記へお願いします．
　〒101-8460　東京都千代田区神田錦町 3-1　TEL.03-3233-0641
　　株式会社オーム社編集局　（著作権担当）

序

　本書の基になった「空気調和・給排水衛生設備 施工・維持管理の実務の知識」は，「空気調和衛生設備 計画設計の実務の知識」，「給排水・衛生設備 計画設計の実務の知識」に続く実務の知識シリーズ第3弾として1996年に発刊された．同「計画設計の実務の知識」は2002年に改訂2版として出版されたが，同「空気調和・給排水衛生設備施工・維持管理の実務の知識」も続いて改訂する必要から，2002年秋に「施工・維持管理の実務の知識改訂準備WG」が設置された．

　準備WGで最初に検討されたのは，文章を単に改訂するよりは，問題点を洗い出して，新しい本を出版する気持ちで取り組もうということであった．同書の発刊の目的は，「空気調和・給排水衛生設備の施工・維持管理に関して，実務知識を主体に基本概念から新技術の将来動向までを体系的にまとめ，設備技術者の実務テキストとして活用できるもの」とされていた．この目的は明快でよいとされたが，問題は，全体の表現の難易度や記述の目的対象が不統一，維持管理編は実務書としては全体的に表現がむずかしい，ということであった．その原因は，購読者の対象を，建築設備関連企業の施工，維持管理の実務に携わる新人や中堅技術者から教育機関において，実務技術科目の教育を受ける学生までと広く想定したため，誰のために書かれた本なのかが曖昧になったのではと推定した．

　そのような理由から，今回の改訂では，「施工編」と「維持管理編」の対象とする読者をそれぞれ特定することにした．「施工編」の読者対象者は，建築設備会社サブコンに所属し，現場施工管理に携わり，一級管工事施工管理技士の資格取得を目指している者，維持管理編の読者対象は，不動産会社のビル管理部門に所属し，協力会社のメンテナンス要員に指示をして，ある賃貸オフィスビルの建築設備の維持管理を行っている者とした．施工と維持管理業務に従事する実務者は別の職能なので，それぞれの読者対象を特定することで，実務テキストとして位置づけられる本シリーズのおのおのの目的は明確化するものとなる．また，特定読者以外の人が読む場合でも，結果的にはかえって読みやすくなる筈であると考えた．

　そのためには，今回の改訂では章立てと内容をすべて見直し，「施工編」と「維持管理編」は別冊とすることにした．その結果，実務の知識シリーズは前述の「空気調和設備 計画設計の実務の知識」，「給排水衛生設備 計画設計の実務の知識」，「空気調和・給排水衛生設備 施工の実務の知識」，「空気調和・給排水衛生設備 維持管理の実務の知識」と4分冊化されることとなった．2003年度からは，「施工・維持管理の実務の知識改訂小委員会」が発足し，さらに「施工WG」と「維持管理WG」が組織され，改訂作業が実施された．

　近年，地球環境保全や地球温暖化対策の必要が叫ばれている．しかし依然とし

て民生部門のエネルギー使用の削減が進まないまま，今年は京都議定書が発効するということになった．施工者として，建築設備の省エネルギー実現に向けて，最適な設備システムの計画設計や設備機器の改善を図るとしても，実務面でその必要な性能を確実に実現し，維持管理側に伝えていくことができなければ，その実現は不可能である．本書が，建築設備の施工技術に関する実務書として，施工レベルの向上と実際の建物のライフサイクルにわたる省エネルギー化に寄与できることを願ってやまない．

最後に，本書の企画・編集でご尽力いただいた「出版委員会」，「施工・維持管理の実務の知識改訂準備WG」，「施工・維持管理の実務の知識改訂小委員会」の委員の方々，ならびに執筆・査読などの作業を担当された方々，学会事務局，オーム社の方々に対して，深く感謝とお礼を申し上げる．

2005年3月

吉田　新一

社団法人　空気調和・衛生工学会
出版委員会

委員長　千田　公男（新菱冷熱工業㈱）

施工・維持管理の実務の知識改訂小委員会

主査（維持管理WG主査）	吉田新一	（新日本空調㈱）
委員（施工WG主査）	山崎和生	（㈱西原衛生工業所）
委員	近藤保志	（新菱冷熱工業㈱）
委員	谷川　誠	（ダイダン㈱）
委員	中村雅広	（㈱高砂熱学工業）
委員	平山昌央	（㈱世界貿易センタービルディング）
委員	山田隆二	（斎久工業㈱）

目次

第1章 建設業と工事契約

1・1 建設業の概要 …………………………… 1
 1・1・1 大臣許可と知事許可 …………… 1
 1・1・2 特定建設業許可と一般建設業
    許可 ……………………………… 1
 1・1・3 主任技術者と監理技術者 ……… 2
1・2 設計図書と工事費 ……………………… 2
 1・2・1 設計図書 ………………………… 2
  〔1〕 標準仕様書 …………………… 2
  〔2〕 設計図 ………………………… 3
  〔3〕 特記仕様書 …………………… 3
  〔4〕 現場説明書・質問回答書 …… 3
 1・2・2 工事費 …………………………… 3
  〔1〕 純工事費 ……………………… 3
  〔2〕 現場管理費 …………………… 3
  〔3〕 一般管理費 …………………… 3

1・3 工事契約方式 …………………………… 4
 1・3・1 発注形態による分類 …………… 4
  〔1〕 コストオン発注方式 ………… 4
  〔2〕 DB（Design Build）発注方式 …… 5
  〔3〕 PM/CM 発注方式 …………… 5
 1・3・2 施工形態による分類 …………… 5
  〔1〕 分離発注契約方式 …………… 5
  〔2〕 一括単独発注契約方式 ……… 5
  〔3〕 共同企業体発注契約方式 …… 5
 1・3・3 公共事業における入札契約
    方式 ……………………………… 5
  〔1〕 随意契約方式 ………………… 5
  〔2〕 入札による契約方式 ………… 6
 1・3・4 新しい契約形態 ………………… 6
参考文献 ……………………………………… 7

第2章 施工計画と施工管理

2・1 工事着工から竣工引渡しまで ………… 9
2・2 施工計画 ………………………………… 10
 2・2・1 施工計画の目的 ………………… 10
 2・2・2 施工計画書 ……………………… 11
 2・2・3 施工組織および運営体制 ……… 12
  〔1〕 施工組織 ……………………… 12
  〔2〕 運営計画 ……………………… 12
 2・2・4 仮設計画 ………………………… 12
  〔1〕 仮設計画の目的と内容 ……… 12
 2・2・5 搬入計画 ………………………… 12
  〔1〕 全体搬入計画書の作成 ……… 12
  〔2〕 個別搬入計画書の作成 ……… 12
 2・2・6 工程表 …………………………… 12

 2・2・7 申請手続 ………………………… 13
  〔1〕 届出上の注意点 ……………… 13
  〔2〕 現場での検査を受けるときの
    注意点 ……………………… 13
 2・2・8 施工法の計画 …………………… 22
  〔1〕 生産性の向上と施工法 ……… 22
  〔2〕 最近のわが国の建築・
    建築設備施工法 …………… 22
 2・2・9 環境保全計画 …………………… 22
2・3 施工管理 ………………………………… 24
 2・3・1 予算管理 ………………………… 24
  〔1〕 実行予算の作成 ……………… 24
  〔2〕 実行予算の管理 ……………… 25

〔3〕	設計変更の対応 …………… 25	

2・3・2 安全衛生管理 ……………………… 25
　〔1〕 安全衛生組織体制 ……………… 26
　〔2〕 日々の安全管理 ……………… 26
　〔3〕 安全衛生管理の具体例 ……… 27
　〔4〕 作業主任者の設置 ……………… 28
2・3・3 品質管理 ………………………… 29
　〔1〕 品質管理の手法 ……………… 29
　〔2〕 施工要領書 …………………… 31
　〔3〕 施工図（目的・種類・作図の要点）…………………………… 31
　〔4〕 製作図 ………………………… 32
　〔5〕 検査（受入れ検査・中間検査・チェックリスト）……………… 32
参考文献 ……………………………… 33

第3章　共　通　工　事

3・1 躯体関連工事 ……………………………… 35
　3・1・1 基　礎 ……………………… 35
　　〔1〕 基本事項 ……………………… 35
　　〔2〕 施　工 ……………………… 35
　3・1・2 スリーブ工事 ……………… 38
　　〔1〕 梁貫通 ……………………… 38
　　〔2〕 壁および床のスリーブ・箱入れ … 39
　　〔3〕 防水層の貫通 ……………… 40
　　〔4〕 外壁の貫通 ………………… 40
　　〔5〕 ハト小屋の利用 …………… 40
　　〔6〕 防火区画の貫通 …………… 41
　3・1・3 インサート工事 ……………… 42
　　〔1〕 先付けアンカ ……………… 42
　　〔2〕 あと施工アンカ …………… 43
3・2 配管工事 ………………………………… 45
　3・2・1 配管材料 …………………… 45
　　〔1〕 管材料 ……………………… 45
　　〔2〕 弁　類 ……………………… 49
　3・2・2 管の接合 …………………… 51
　　〔1〕 炭素鋼管 …………………… 51
　　〔2〕 硬質塩化ビニルライニング鋼管・ポリエチレン粉体ライニング鋼管 …………… 54
　　〔3〕 ステンレス鋼管 …………… 55
　　〔4〕 鋳鉄管 ……………………… 57
　　〔5〕 鉛　管 ……………………… 57
　　〔6〕 銅　管 ……………………… 57
　　〔7〕 硬質塩化ビニル管 ………… 58
　　〔8〕 ポリエチレン管 …………… 58
　　〔9〕 鉄筋コンクリート管 ……… 59
　　〔10〕 異種管接合 ………………… 59
　3・2・3 配管の支持 ………………… 60
　　〔1〕 横走り管・立て管 ………… 61
　　〔2〕 固定支持 …………………… 61
　　〔3〕 防振支持 …………………… 61
　　〔4〕 耐震支持 …………………… 64
　　〔5〕 建物導入部 ………………… 64
　3・2・4 配管の防食 ………………… 64
　　〔1〕 土中埋設管の防食 ………… 65
　　〔2〕 コンクリート埋設管の防食 … 67
　3・2・5 配管工事の試験・検査 ……… 67
　　〔1〕 外観検査 …………………… 67
　　〔2〕 漏れテスト ………………… 67
　　〔3〕 竣工引渡し前検査 ………… 68
3・3 機器の搬入・据付け ……………………… 69
　3・3・1 機器の搬入・据付け計画の進め方 …………………………… 69
　3・3・2 機器の配置計画 …………… 69
　　〔1〕 機器仕様の確認 …………… 69
　　〔2〕 法的な規制 ………………… 70
　　〔3〕 建築・意匠上・設備間の問題 … 70
　　〔4〕 耐震の考え方 ……………… 71
　3・3・3 搬入・据付け計画の確認事項 … 73
　　〔1〕 搬入方法・ルートの検討 … 73
　　〔2〕 機器の支持方法 …………… 73
　　〔3〕 耐震施工 …………………… 74
参考文献 ……………………………… 75

第4章　空気調和設備工事

4・1　空調機器まわりの施工 …………77
　4・1・1　ボイラおよび煙道 …………77
　　〔1〕　ボイラの種類 …………77
　　〔2〕　ボイラまわりの施工 …………77
　　〔3〕　煙道の施工 …………78
　4・1・2　冷凍機 …………78
　　〔1〕　冷凍機の種類 …………78
　　〔2〕　冷凍機まわりの施工 …………78
　4・1・3　冷却塔 …………80
　　〔1〕　冷却塔の種類 …………80
　　〔2〕　冷却塔まわりの施工 …………80
　4・1・4　ポンプ …………80
　　〔1〕　ポンプの種類 …………80
　　〔2〕　ポンプまわりの施工 …………80
　4・1・5　空調機 …………81
　　〔1〕　空調機の構成 …………81
　　〔2〕　空調機まわりの施工 …………82
　4・1・6　パッケージ型空調機 …………83
　　〔1〕　パッケージ型空調機の種類 …………83
　　〔2〕　パッケージ型空調機の施工 …………84
　4・1・7　ビルマルチ …………84
　　〔1〕　ビルマルチの種類 …………84
　　〔2〕　ビルマルチの施工 …………85
　4・1・8　ファンコイルユニット …………85
　　〔1〕　ファンコイルユニットの概要 …………85
　　〔2〕　ファンコイルユニットの施工 …………86
　4・1・9　送風機 …………86
　　〔1〕　送風機の種類 …………86
　　〔2〕　送風機の施工 …………86
　4・1・10　全熱交換器 …………87
　　〔1〕　熱交換器の種類 …………87
　　〔2〕　全熱交換器まわりの施工 …………88
　4・1・11　熱交換器 …………88
　　〔1〕　熱交換器の種類 …………88
　　〔2〕　熱交換器まわりの施工 …………88
　4・1・12　ホットウェルタンク …………89
　4・1・13　膨張タンク …………89
　4・1・14　オイルタンク …………89
　4・1・15　オイルサービスタンク …………92

4・2　ダクト工事 …………92
　4・2・1　ダクトの種類 …………92
　　〔1〕　ダクトの材質 …………92
　4・2・2　ダクト・ダクト付属品の選定および施工 …………92
　　〔1〕　低速ダクト・高速ダクトの選定 …………92
　　〔2〕　一般ダンパ・VD・MDの取付け …………93
　　〔3〕　防火ダンパ取付け場所と取付け方法 …………94
　　〔4〕　器具の選定と取付け方法 …………94
　　〔5〕　ちゅう房フードと排気ダクトの選定と取付け方法 …………98
　　〔6〕　がらりの選定と取付け …………98
　　〔7〕　ボックスチャンバの取付け …………99
　4・2・3　ダクト工事（鉄板） …………100
　　〔1〕　ダクトの板厚 …………100
　　〔2〕　ダクトの補強 …………100
　　〔3〕　ダクトの工法別接続 …………101
　　〔4〕　たわみ継手 …………101
　　〔5〕　局所変形 …………102
　　〔6〕　測定口 …………103
　　〔7〕　ダクト支持方法 …………104
　　〔8〕　送風機まわりダクト接続 …………105
　　〔9〕　ダクトの外壁貫通 …………107
　4・2・4　その他のダクト …………107
　　〔1〕　ステンレス（SUS）ダクト …………107
　　〔2〕　硬質塩化ビニル製ダクト …………109
　　〔3〕　グラスウールダクト …………110

4・3　配管工事 …………111
　4・3・1　水配管の共通留意点 …………111
　　〔1〕　送り管と返り管 …………111
　　〔2〕　クローズ回路とオープン回路 …………112
　　〔3〕　水用バルブ …………112
　　〔4〕　水用制御弁 …………112
　　〔5〕　特殊継手 …………112
　　〔6〕　水用計器類 …………115
　　〔7〕　排水トラップ …………117
　　〔8〕　ヘッダまわり配管 …………117

〔9〕 ポンプキャビテーション ………118
〔10〕 冷却水の落水防止 ……………118
〔11〕 水質管理 ………………………119
4・3・2 蒸気配管の施工上の留意点 ……119
〔1〕 蒸気配管径の決定留意点 ……119
〔2〕 蒸気還水管径の決定留意点 …119
〔3〕 配管の熱膨張と伸縮継手 ……120
〔4〕 配管こう配と管末トラップ …120
〔5〕 蒸気配管の支持 ………………120
〔6〕 立て管頂部の支持 ……………120
〔7〕 減圧弁の取付け ………………120
〔8〕 トラップ装置の組立て ………122
〔9〕 蒸気返り管とウォータハンマ …122
〔10〕 圧力の異なる還水管の混合禁止 …………………………122
〔11〕 蒸気トラップ …………………122

〔12〕 蒸気コイルの凍結防止 ………123
4・3・3 油配管の留意点 …………………123
〔1〕 油管系の決定法 ………………123
〔2〕 油配管用継手・ガスケット・接合材・弁類 ………………124
〔3〕 油配管の要領 …………………124
〔4〕 地下タンクまわり・サービスタンクまわりの配管 ………124
4・3・4 冷媒配管の留意点 ………………126
〔1〕 冷媒配管用銅管 ………………126
〔2〕 冷媒配管の接合 ………………127
〔3〕 防火区画貫通処理 ……………128
〔4〕 管のフラッシング ……………129
〔5〕 冷媒の種類 ……………………129
〔6〕 冷媒管の支持方法 ……………129

第5章　給排水衛生設備工事

5・1 給水設備工事 ………………………131
  5・1・1 機器・器具まわりの施工 ………131
    〔1〕 貯水槽 …………………………131
    〔2〕 給水ポンプ ……………………134
    〔3〕 減圧弁 …………………………136
    〔4〕 量水器 …………………………137
  5・1・2 給水配管の留意点 ………………139
5・2 給湯設備工事 ………………………140
  5・2・1 機器・器具まわりの施工 ………140
    〔1〕 貯湯槽・熱交換器 ……………140
    〔2〕 ガス湯沸し器・温水発生機 …142
    〔3〕 貯湯式湯沸し器 ………………145
    〔4〕 小型床置き電気温水器 ………146
    〔5〕 大型電気温水器 ………………146
    〔6〕 ヒートポンプ温水機 …………147
    〔7〕 その他機器・器具類 …………147
  5・2・2 給湯配管の留意点 ………………148
5・3 排水通気設備工事 …………………150
  5・3・1 機器・器具まわりの施工 ………150
    〔1〕 器具類の取付け ………………150
    〔2〕 阻集器の取付け ………………152
    〔3〕 排水槽およびポンプ …………152
  5・3・2 排水・通気配管の施工 …………155

〔1〕 屋内排水管の施工 ……………155
〔2〕 通気管の施工 …………………157
〔3〕 屋外排水管の施工 ……………158
〔4〕 雨水排水管の施工 ……………160
5・4 衛生器具設備工事 …………………161
  5・4・1 衛生器具類まわりの施工 ………161
    〔1〕 取付け上の留意点 ……………161
    〔2〕 大便器の取付け ………………161
    〔3〕 小便器の取付け ………………163
    〔4〕 洗面器の取付け ………………164
    〔5〕 その他 …………………………164
    〔6〕 器具調整 ………………………164
  5・4・2 衛生器具まわりの配管工事の留意点 ………………………165
    〔1〕 給水・給湯配管 ………………165
    〔2〕 排水・通気管 …………………166
5・5 消火設備工事 ………………………166
  5・5・1 機器・器具まわりの施工 ………166
    〔1〕 消火ポンプ ……………………166
    〔2〕 消火栓ボックス ………………166
    〔3〕 送水口 …………………………167
    〔4〕 流水検知装置 …………………167
  5・5・2 消火配管の留意点 ………………168

5・5・3	消火設備の種類と概要 …………169	5・6	その他設備工事 ……………………170
〔1〕	屋内消火栓設備 ……………169	5・6・1	ガス設備工事 ………………170
〔2〕	スプリンクラ設備 …………169	5・6・2	排水処理設備工事 …………172
〔3〕	水噴霧消火設備 ……………169	5・6・3	循環ろ過 ……………………178
〔4〕	泡消火設備 …………………169	〔1〕	浴槽 …………………………178
〔5〕	屋外消火栓設備 ……………169	〔2〕	プール ………………………179
〔6〕	連結散水設備 ………………169	5・6・4	さく井 ………………………180
〔7〕	連結送水管 …………………169	5・6・5	医療ガス ……………………181
5・5・4	消火設備工事の留意事項 ………169	参考文献	……………………………………183

第6章　自動制御設備

6・1　自動制御の基礎 ……………………185
　6・1・1　開ループ制御 ……………………185
　6・1・2　閉ループ制御 ……………………185
　　〔1〕　ON/OFF 制御 …………………185
　　〔2〕　比例制御・PID 制御 …………186
6・2　空調機の制御 ………………………186
　6・2・1　制御機器への入出力信号
　　　　　およびインタロックと連動 ……186
　6・2・2　外気冷房のない2コイル ………187
　6・2・3　外気冷房 …………………………187
　　〔1〕　冷房用外気導入の条件 ………189
　　〔2〕　外気ダンパへの出力 …………190
　　〔3〕　外気冷房＋CO_2制御の
　　　　　ブロック図 …………………190
　6・2・4　VAV 制御方式 …………………190
　　〔1〕　変風量制御の基本……………191
　　〔2〕　温度偏差による風量設定値の
　　　　　カスケード制御 ………………192
　　〔3〕　インバータ回転数演算 ………192
　　〔4〕　空調機給気温度制御 …………193
　　〔5〕　変風量制御情報の通信 ………193
　　〔6〕　VAV 方式のブロック図 ………193
　6・2・5　ビル用マルチエアコンの制御 …193
　　〔1〕　マルチエアコンの原理 ………193
　　〔2〕　室内温度制御 …………………195
　　〔3〕　圧縮機の容量制御 ……………196
　　〔4〕　冷暖同時運転 …………………196
6・3　クローズ系熱源の制御 ……………197
　6・3・1　二次ポンプ ………………………197
　　〔1〕　台数制御と送水圧力制御 ………197
　　〔2〕　インバータによる送水圧力
　　　　　制御 ……………………………197
　6・3・2　冷凍機台数制御 …………………198
　　〔1〕　起動 ……………………………198
　　〔2〕　停止 ……………………………198
　　〔3〕　負荷流量設定値 ………………199
　　〔4〕　往還温度差 ……………………199
　6・3・3　冷凍機冷水ポンプの流量調整 …200
　6・3・4　冷却水の制御 ……………………200
6・4　自動制御機器の選択と取付け ………200
　6・4・1　信号の種類 ………………………200
　6・4・2　温湿度検出器 ……………………201
　　〔1〕　温度検出器 ……………………201
　　〔2〕　湿度検出器 ……………………201
　　〔3〕　温湿度検出器・調節器の
　　　　　取付け …………………………202
　6・4・3　圧力計 ……………………………202
　　〔1〕　圧力検出器の種類 ……………202
　　〔2〕　弾性型圧力検出器 ……………202
　　〔3〕　電気素子型圧力検出器 ………203
　6・4・4　流量計 ……………………………203
　　〔1〕　電磁流量計 ……………………203
　　〔2〕　渦流量計 ………………………204
　6・4・5　自動制御弁とダンパの操作器 …205
　6・4・6　制御弁本体 ………………………205
　　〔1〕　制御弁の特性 …………………206
　　〔2〕　自動制御弁口径選定 …………206
6・5　中央監視設備 ………………………207

6・5・1　ビル内の制御システム ……… 207
6・5・2　ソフトウェア化への対応 ……… 207
6・5・3　通信のオープン化とビル制御 … 209
参考文献 ……………………………… 209

第7章　保温・塗装工事

7・1　保温工事 ……………………………… 211
　7・1・1　目　的 ……………………… 211
　7・1・2　材料選定 …………………… 211
　7・1・3　施工要領 …………………… 211
　7・1・4　ダクトの断熱工事 ………… 216
　7・1・5　配管の断熱工事 …………… 217
　7・1・6　機器保温工事 ……………… 220
7・2　塗装工事 ……………………………… 222
　7・2・1　塗装の種類 ………………… 222
　7・2・2　塗装の目的 ………………… 222
　7・2・3　塗装仕様 …………………… 222
　　〔1〕塗装の要否 ………………… 222
　　〔2〕塗料の分類 ………………… 223
　　〔3〕耐久性 ……………………… 223
　7・2・4　塗装方法 …………………… 223
　　〔1〕施工の手順 ………………… 223
　　〔2〕下地調整 …………………… 226
　　〔3〕塗装方法 …………………… 226
　7・2・5　施工管理 …………………… 227
　　〔1〕環境管理 …………………… 227
　7・2・6　識別・色彩 ………………… 227
　　〔1〕識　別 ……………………… 227
　　〔2〕色　彩 ……………………… 228

第8章　防振工事および消音・防音・遮音工事

8・1　防振工事 ……………………………… 229
　8・1・1　共通事項 …………………… 229
　　〔1〕防振の考え方 ……………… 229
　　〔2〕防振材の種類と選定 ……… 230
　　〔3〕防振施工時の確認事項 …… 230
　　〔4〕特殊な防振対策 …………… 231
　8・1・2　機器本体の防振施工 ……… 231
　　〔1〕機器防振の考え方 ………… 231
　　〔2〕熱源機器 …………………… 232
　　〔3〕空調機器の防振 …………… 233
　　〔4〕衛生機器の防振 …………… 233
　8・1・3　ダクト・配管の防振施工 … 233
　　〔1〕ダクト・配管防振の考え方 … 233
　　〔2〕防振施工の良い例・悪い例 … 234
　　〔3〕ヘッダ類 …………………… 235
　　〔4〕貫通部の処理 ……………… 235
8・2　消音工事 ……………………………… 235
　8・2・1　消音器の消音効果・発生音 … 236
　　〔1〕消音器の性能 ……………… 236
　　〔2〕消音計算 …………………… 236
　　〔3〕各種消音器の種類 ………… 236
　　〔4〕脈動防止・水撃防止装置 … 237
　8・2・2　消音器設置上の注意事項 … 237
　　〔1〕選定と配置 ………………… 237
　　〔2〕用　途 ……………………… 238
　8・2・3　ダクト施工による発生音 … 238
　　〔1〕気流発生音 ………………… 238
　　〔2〕板振動騒音 ………………… 238
　　〔3〕チャンバ・がらり騒音 …… 239
　　〔4〕ホール・スタジオなどの対策 … 239
8・3　防音・遮音工事 ……………………… 239
　8・3・1　共通事項 …………………… 239
　　〔1〕防音と遮音 ………………… 239
　　〔2〕透過損失と室間音圧レベル差 … 239
　　〔3〕遮音性能の低下と防止対策 …… 240
　8・3・2　居室騒音 …………………… 240
　　〔1〕居室内に設置されている
　　　　 機器からの影響 …………… 240
　　〔2〕天井内に設置されている
　　　　 機器からの影響 …………… 241
　8・3・3　排水立て管と居室 ………… 241
　　〔1〕排水騒音 …………………… 242

〔2〕 その他 ………………………242
　8・3・4　近隣騒音（屋外騒音）……………242
　　〔1〕 考え方 ………………………243
　　〔2〕 敷地境界騒音 ………………243
8・4　データ ……………………………………243
　8・4・1　建築部材データ ……………………243
　8・4・2　ダクト透過損失 ……………………247
　8・4・3　消音器の種類と減音特性 …………248
　8・4・4　評価基準 ……………………………248
　　〔1〕 室内騒音・室間音圧レベル差 …248
　8・4・5　各種計算式および図表 ……………249
　　〔1〕 透過損失 ……………………249
　　〔2〕 屋外距離減衰 ………………250
　　〔3〕 回折減衰 ……………………250

第9章　試運転調整・引渡し

9・1　試運転調整 ………………………………251
　9・1・1　試運転調整と性能検査 ……………251
　9・1・2　性能検査の目的 ……………………251
　9・1・3　試運転調整・性能検査の計画 ……253
　9・1・4　試運転調整・性能検査の実施 ……253
　　〔1〕 機器・器具の試運転調整 ……254
　　〔2〕 システムの試運転調整 ………256
9・2　引渡し ……………………………………257
　9・2・1　完成検査 ……………………………257
　　〔1〕 性能検査（自主検査）………257
　　〔2〕 性能検査 ……………………257
　　〔3〕 完成検査（自主検査）………258
　　〔4〕 完成検査 ……………………258
　　〔5〕 完成検査（諸官庁）…………258
　　〔6〕 竣工検査 ……………………258
　9・2・2　引渡し ………………………………259
　　〔1〕 引渡し書類 …………………259
　　〔2〕 運転管理部門への引継ぎ……261

第10章　リニューアル

10・1　リニューアル工事の概要 ……………263
　10・1・1　リニューアルの要因 ………………263
　　〔1〕 リニューアル工事の必要性 …263
　　〔2〕 物理的劣化 …………………263
　　〔3〕 物理的劣化による事故例 …264
　　〔4〕 社会的劣化 …………………264
　　〔5〕 ライフサイクルコスト ……264
　　〔6〕 省エネルギー ………………264
　10・1・2　リニューアル計画 …………………264
　　〔1〕 診断・リニューアル工事の要
　　　　　求の発生 ……………………264
　　〔2〕 予備調査 ……………………264
　　〔3〕 リニューアル基本計画の作成 …265
　　〔4〕 概算見積の作成 ……………265
　　〔5〕 リニューアル実施計画の作成 ……266
　　〔6〕 実施見積の作成 ……………267
　　〔7〕 施工の実施 …………………267
　　〔8〕 検　査 ………………………267
　　〔9〕 竣　工 ………………………267
　　〔10〕 メンテナンスの実施 ………267
10・2　リニューアル前診断 …………………267
　10・2・1　劣化診断 ……………………………267
　　〔1〕 一次診断 ……………………267
　　〔2〕 二次診断 ……………………268
　　〔3〕 三次診断 ……………………268
　10・2・2　機能診断 ……………………………269
　　〔1〕 空調・換気システム ………269
　　〔2〕 給排水衛生システム ………271
10・3　リニューアル計画の要点 ……………271
　　〔1〕 設備の機能向上 ……………271
　　〔2〕 省エネルギー ………………271
　　〔3〕 環　境 ………………………271
　　〔4〕 耐震性 ………………………271
　　〔5〕 工事条件の確認 ……………271
10・4　リニューアル工事の要点 ……………272
　10・4・1　養　生 ………………………………272
　10・4・2　足　場 ………………………………272
　10・4・3　火気使用の制限 ……………………272

10・4・4 トラブル・クレーム……………273
10・5 機器のリニューアル………………273
　10・5・1 空調機器のリニューアル………273
　　〔1〕 熱源機器 ………………273
　　〔2〕 空調機 ………………273
　　〔3〕 空冷ヒートポンプパッケージ …273
　　〔4〕 ファンコイル ………………273
　10・5・2 衛生機器のリニューアル………273
　　〔1〕 受水槽・高架水槽 ………273
　　〔2〕 貯湯槽 ………………273
　　〔3〕 ポンプ ………………274
10・6 配管のリニューアル………………274
　10・6・1 配管全体をリニューアルする場合……………274
　10・6・2 メイン配管のみをリニューアルする場合……………274
　10・6・3 枝配管を更新する場合……274
　10・6・4 火気を使用しない工法…………274
　　〔1〕 フランジ工法 ………………274
　　〔2〕 メカニカルジョイント工法 ……274
　10・6・5 無断水工法………………275
　　〔1〕 凍結工法 ………………275
　　〔2〕 特殊継手による分岐管取出し方法 ………275
　　〔3〕 サドル分水栓工法 ………275
　　〔4〕 応急修理クランプ工法 …………275

索　引…………………………………………277

執筆者一覧 （執筆順）

山本　慈朗（大成設備(株)）	担当箇所：1章
山崎　和生（(株)西原衛生工業所）	担当箇所：2章1節
吉田　新一（新日本空調(株)）	担当箇所：2章2節
室山　浩二（三機工業(株)）	担当箇所：2章3節
矢野　弘（誠心エンジニアリング(株)）	担当箇所：3章1節
松原　芳克（東洋熱工業(株)）	担当箇所：3章2節
山本　八郎（大成建設(株)）	担当箇所：3章3節
漆谷　昌己（高砂熱学工業(株)）	担当箇所：4章1節
小田　真（(株)大気社）	担当箇所：4章2節
仲村　光史（新日本空調(株)）	担当箇所：4章3節
永山　隆（斎久工業(株)）	担当箇所：5章1～2節
西岡　健一（須賀工業(株)）	担当箇所：5章3節
熨斗　伸吉（須賀工業(株)）	担当箇所：5章4節
有田　靖道（能美防災(株)）	担当箇所：5章5節
堀尾佐喜夫（川崎設備工業(株)）	担当箇所：5章6節
高橋　隆勇（高砂熱学工業(株)）	担当箇所：6章
竹倉　雅夫（高砂熱学工業(株)）	担当箇所：7章1節1, 2, 4～6項, 2節1～6項〔7章1節5項, 2節6項は千葉儀人と共著〕
千葉　儀人（三機工業(株)）	担当箇所：7章1節3, 5項, 2節6項〔7章1節5項, 2節6項は竹倉雅夫と共著〕
下西　知行（特許機器(株)）	担当箇所：8章1節
中村　勉（須賀工業(株)）	担当箇所：8章2～4節
大貫　亮三（大成建設(株)）	担当箇所：9章
大艸　健次（ダイダン(株)）	担当箇所：10章

第1章　建設業と工事契約

1・1　建設業の概要

私たちが生活するうえで「衣」,「食」とともに最も必要なものの一つに挙げられる「住」に携わっているのが建設業界であり,国の基幹産業の中でも最も重要な産業といえる.

この建設業界を分類すると,
1) 土木系
2) 建築系
3) プラント系
4) エンジニアリング系

に分けることができ,空気調和・給排水設備業界は,建築系に主流を置いている.

また,建設工事を人体に例えると,建築躯体工事は骨格,建築仕上工事は皮膚,電気工事は神経系統,管工事のうち,空気調和設備工事は呼吸器系統,給排水衛生設備工事は消化器系統,消防施設工事は防疫器官といえる.

このように,設備工事は内科的な存在であり,いくら表面を立派に化粧しても,その建築物の価値は,設備工事の出来栄えに左右されることを忘れてはならない.

建設工事は,請負契約の当事者間だけでなく,社会的,経済的にも重要である.そのため,適正な施工を確保し発注者を保護するとともに,建設業の健全な発展を図って公共の福祉に寄与するため,1972年の建設業法の改正により許可制がとられている.

発注者から直接建設工事を請け負う元請人はもちろんのこと,下請人の場合でも建設工事を請け負って施工するものは,個人,法人を問わずこの許可(建設業法では28種類の許可)が必要である.ただし,建築一式工事においては,1500万円以下,または延べ面積が,150 m² 未満の木造住宅工事や,1件の工事請負代金が500万円以下の工事は除いている.

このうち,空気調和・給排水衛生設備工事を行うためには,「管工事業」,「機械器具設置工事業」,「熱絶縁工事業」,「水道施設工事業」,「消防施設工事業」などの許可が必要となる.

建設業の許可を行う許可行政庁は,許可を受けようとする建設業者の営業所の所在地状況により,大臣と知事に区分される.

また,建設業の許可は,建設工事を施工するための下請契約の規模などにより,特定建設業と一般建設業に区分される.

1・1・1　大臣許可と知事許可

建設業の許可は,国土交通大臣または都道府県知事が行うこととされており,特定・一般の別,業種別に関係なく,営業所の所在地状況により区分される.

建設業の営業所とは,建設工事の請負契約のための,積算・入札・契約などを行う事務所のことで,単に登記上の営業所や,特定の目的のために設置される工事事務所,作業所などは該当しない.

このような営業所が,複数の都道府県にまたがって設置されている場合,大臣許可となる.

また,複数の営業所があっても,一つの都道府県の区域内にしかない場合,知事許可となる.

1・1・2　特定建設業許可と一般建設業許可

建設業の許可は,その許可を受けようとする業種ごとに,特定建設業または一般建設業の許可を受けなければならない.

一般建設業の場合には,直接請け負った1件の建設工事において,下請業者と契約する合計

金額が3 000万円以上(建築工事業においては4 500万円以上)となる下請契約を締結し,下請負人に施工させることはできず,このような場合には,特定建設業の許可が必要となる.

以上は,発注者から直接工事を請け負う(元請)場合の制限で,下請負人として工事を施工する場合には,制限はない.

1・1・3 主任技術者と監理技術者

建設業の許可を受けている建設業者は,請け負った工事を施工する場合には,請負金額の大小に関係なく工事施工の技術監理を行う者として「主任技術者」を置かなければならない.

また,発注者から直接工事を請け負い,そのうち3 000万円(建築一式工事の場合には4 500万円)以上を下請契約して工事を施工する場合には,主任技術者に代えて「監理技術者」を置かなければならない.ただし,小規模の工事のみを行い,建設業の許可を受けていない業者は,主任技術者を置く必要はない.

1・2 設計図書と工事費

1・2・1 設計図書

設計図書は,各専門分野の設計担当者が協力して作成するが,建築主の意図が具現化された成果品であり,その内容は標準仕様書・設計図・特記仕様書・現場説明書および質問回答書により構成される.

また,設計図書は,工事施工の指針であるばかりではなく,工事費の積算には欠かせない書類であり,工事契約書類に添付される重要書類である.

〔1〕 標準仕様書

設計者が,当該工事の設計図書の一環としているもので,工事の標準を示すものである.しかし,設計図および特記仕様書に記載されている事項は,本仕様書より優先する.

標準仕様書の種類としては,空気調和・衛生工学会規格(SHASE-S)の「空気調和・衛生設

表1・1 設計図書の構成例*

建築		設備(機械)		電気
意匠図	構造図	空気調和設備図	衛生設備図	電気設備図
標準仕様書	標準仕様書	標準仕様書	標準仕様書	標準仕様書
特記仕様書	特記仕様書	特記仕様書	特記仕様書	特記仕様書
仕様概要表	仕様概要表	仕様概要表	仕様概要表	仕様概要表
仕上表	基礎伏図	敷地案内図	敷地案内図	敷地案内図
面積表	各階柱伏図	配置図	配置図	配置図
求積表	各階梁伏図	空調機器・器具表	衛生機器・器具表	受変電設備図
敷地案内図	各階柱リスト	空調設備配管系統図	給排水設備配管系統図	非常電源設備図
配置図	各階梁リスト	空調設備各階配管平面図	給排水設備各階配管平面図	幹線系統図
各階平面図	軸組図	空調設備ダクト系統図	各種消火設備系統図	動力設備系統図
断面・立面図	鉄骨詳細図	空調設備ダクト各階平面図	各種消火設備各階平面図	動力設備各階平面図
矩計図	配管詳細図	換気設備系統図	屋外給排水設備図	電灯・コンセント系統図
展開図	その他図面	換気設備各階平面図	浄化槽設備系統図	電灯・コンセント各階平面図
天井伏図	構造計算書	排煙設備系統図	浄化槽設備平面図	照明器具姿図
平面詳細図		排煙設備各階平面図	浄化槽設備断面図	弱電設備系統図
部分詳細図		自動制御設備機器・器具表	ちゅう房設備機器・器具表	弱電設備各階平面図
建具表		自動制御設備系統図	ちゅう房設備配管図	火災報知等系統図
屋外図		自動制御設備各階平面図	さく井設備図	火災報知等各階平面図
その他図面		中央監視設備機器表	その他図面	運搬機器設備図
		中央監視設備系統図	各種計算書	屋外電気設備図
		中央監視設備図		中央監視設備図
		その他図面		その他図面
		各種計算書		各種計算書

* 空気調和・衛生工学会編:空気調和・給排水衛生設備施工・維持管理の実務の知識, 表1・1, p3, オーム社 (1996年)

備工事標準仕様書」，国土交通省大臣官房官庁営繕部監修の「公共建築設備工事標準仕様書」，「公共建築設備工事標準図」および設計事務所で作成された標準仕様書などがある．

〔2〕 設 計 図

一般的には，建築（意匠・構造），空気調和設備，給排水衛生設備，電気設備，昇降機械設備などの各専門分野別に作成されている．その構成例を**表1・1**に示す．

〔3〕 特記仕様書

当該設計対象建物固有の内容のもので，標準仕様書の補足事項を記載したもの．

〔4〕 現場説明書・質問回答書

現場説明の場において，建設場所の状況，設計主旨，設計内容などに必要な書類を現場説明書という．

また，各工事業者が積算を行っているときに発生する質疑事項に対し，建築主は設計者などと協議して回答を記載し，各工事業者全社に配布する．これを質問回答書という．

1・2・2 工 事 費

工事費の構成は，通常**図1・1**のようになる．

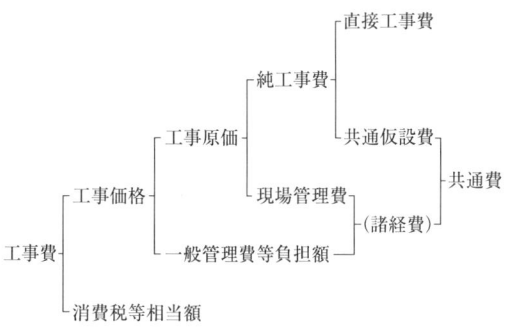

図1・1 工事費の構成例

以下に，純工事費などについて述べる．

〔1〕 純 工 事 費

純工事費は，直接の工事にかかわる費用である直接工事費と，工事を円滑に進めるための全分野共通の仮設費用である共通仮設費に分類される．

（i） 直接工事費

直接工事費は，請負範囲の工事施工のための足場，配管加工用の機器，器具，およびそれら

の仮設電源などの直接仮設費と，成果品を作るために必要とする，機器類，器具類，材料，材料加工，搬入・据付け，保温，塗装，外注工事，および現場内の小運搬費用などにかかる費用である．

（ii） 共通仮設費

工事を進めるうえで必要とする総合的な仮設費用のことで，仮設施設は工事の進捗状況に合わせて変動する．そのため，各分野の工事担当者と打合せを行い，綿密な仮設計画を立てる必要がある．その構成例を**表1・2**に示す．

表1・2 共通仮設費の主要科目構成例*

科　目	内　　　容
準備費	敷地の測量，敷地整理，仮設道路の整備・復旧，道路占有料など建設敷地の準備に要する費用，近隣保護のための準備調査，隣家保護養生に要する費用
仮設物費	仮囲い，事務所（現場，監理者），従業員宿舎，作業員詰所，倉庫，作業所，工作所およびこれらに付帯する空調・換気・給排水衛生設備の設置に要する費用
安全費	安全標識，消火設備などの防火施設，給排水衛生施設，安全用品，安全行事，保安要員などに要する費用
動力用水光熱費	工事用電気設備，給排水衛生設備の設置とその維持管理，電気，水道，ガス料金などに要する費用
整理清掃費	屋外・仮設道路など全体に共通な片付け・清掃および材料整理などに要する費用
機械器具費	共通的な工事用機械・工具・器具類の設置・維持管理などに要する費用

〔2〕 現場管理費

工事現場の管理運営に必要な経費であり，施工管理者の人件費相当額，事務用品費，通信交通費，および工事関連保険費用などが含まれる．その構成例を**表1・3**に示す．

〔3〕 一般管理費

当該工事を含めた，企業活動を行うために必要な費用であり，本支店経費および利益が含まれる．その構成例を**表1・4**に示す．

---

* 空気調和・衛生工学会編：空気調和・給排水衛生設備施工・維持管理の実務の知識，表1・3，p5，オーム社（1996年）

表1・3 現場管理費の主要科目構成例[*1]

科目	内容
従業員人件費	現場従業員の給与・手当・賞与・退職金引当金など
法廷福利費	現場従業員および現場労務者に対する労災保険などに要する費用
福利更生費	現場従業員に関する慰安・娯楽および厚生費，被服貸与などに要する費用
労務管理費	現場労務者の労務管理に要する費用（慰安・娯楽および厚生費，安全，給排水衛生，研修訓練などに要する費用など）
租税公課	工事契約書などの印紙代，各種申請書などの証紙代などに要する費用
保険料	火災保険，工事保険，自動車保険，組立保険および賠償責任保険などに要する費用
事務用品費	備品，消耗品，新聞・書籍，製図用品の購入費またはリース料，各種コンピュータ使用料などに要する費用
通信交通費	郵便・電信・電話料金，出張旅費および交通費などに要する費用
原価性費用	本来現場で処理すべき業務の一部を本社・支店が処理した場合の経費の負担分などに要する費用

表1・4 一般管理費の主要科目構成例[*2]

科目	内容
役員報酬	会社の取締役および監査役に対する報酬
従業員人件費	従業員の給与・手当・賞与・退職引当金など
法定福利費	本支店の役員・従業員に関する労災保険・雇用保険・健康保険・厚生年金保険料の事業主負担額
福利厚生費	本支店の従業員に関する慰安・娯楽および厚生費，被服貸与などに要する費用
事務用品費	備品・消耗品，新聞・書籍，製図用品の購入費またはリース料，各種コンピュータ使用料などに要する費用
通信交通費	郵便・電信・電話料金，出張旅費および交通費などに要する費用
租税公課	不動産取得税，固定資産税などの租税
修繕維持費	本支店として使用している建物・機械・装置などの修繕維持費
動力用水光熱費	本支店の電気・水道・ガスなどに要する費用
調査研究費	会社としての技術開発・研究などに要する費用
広告宣伝費	会社としての広告または宣伝などに要する費用
交際費	得意先・来客などの接待・慶弔見舞金などに要する費用
寄付金	社会福祉団体・学校などに対する寄付
地代家賃	事務所・寮・社宅などの借地借家料
減価償却費	建物・車両・機械装置・電算機・事務用品などの償却費
試験研究償却費	新製品・新技術の研究のため特別に支出した費用の償却費

1・3 工事契約方式

建築物の工事を行う場合，多くの専門分野の会社が協力して行うが，その施工形態が当該建物の建築主，規模，用途などさまざまな条件によって異なっているのが現状である．それに伴い，契約当事者，契約方法も多種多様となる．

これらの工事施工形態と契約方法を明確に理解し，契約の当事者とその当事者間の立場，役割を把握することが大切である．

また，わが国における工事業者は，技術的に各専門分野をまとめて施工できる総合建設業者と，専門分野のみ施工する専門工事業者の二つに大別される．

1・3・1 発注形態による分類
〔1〕 コストオン発注方式

建築主である発注者が総合建設業者と契約する際，空調・衛生・電気など特定の専門工事について各設備専門工事業者と発注者の間であらかじめ専門工事費を決定し，採用専門工事業者を指名し，発注者はこの工事費に数パーセントの総合管理費を上乗せして，総合建設業者と一括契約する方式である．

この契約方式は，欧米では一般的な契約方式で，専門工事費の全工事費に対する構成比が明確になり，価格の透明性が確保できるメリットがある．

[*1] 空気調和・衛生工学会編：空気調和・給排水衛生設備施工・維持管理の実務の知識，表1・4，p5，オーム社（1996年）

[*2] 空気調和・衛生工学会編：空気調和・給排水衛生設備施工・維持管理の実務の知識，表1・5，p5，オーム社（1996年）

〔2〕 DB（Design Build）発注方式

発注者が設計から施工までの一切の業務を，総合建設業者に委託してしまう方式である．

わが国では，第三者的な立場に位置する設計事務所などの誕生が比較的遅かったので，この発注方式が昔から浸透している．

〔3〕 PM/CM 発注方式

建設工事技術の高度化・専門化が進んでいくなか，発注者には相当の技術力の向上が求められる．

また，小規模な地方公共団体では，発注者側の工事監理体制が不十分だったり，計画および設計段階での内部検討が不足するという問題が見受けられた．

そこで，PM（Project Management）契約や，CM（Construction Management）契約を発注者が施工業者以外の専門業者と行い，工事監理の業務委託を行う方式である．

1・3・2 施工形態による分類

施工形態により，分離発注，一括単独発注，共同企業体発注に分類される．

〔1〕 分離発注契約方式

発注者が建築・空気調和設備・給排水衛生設備・電気設備工事などの専門分野の工事業者と個別に，またはある専門分野の工事範囲をまとめ，工事業者と個別に発注し，契約する方法である．

〔2〕 一括単独発注契約方式

発注者が1社の総合建設業者とすべての専門分野の工事をまとめて発注し，契約する方法である．

〔3〕 共同企業体発注契約方式

複数の専門分野の工事業者が業務配分比率を決めて出資を行い，共同で一つの建設プロジェクトの工事施工を合意したうえで，共同企業体（JV：Joint Venture）を作り，工事施工を行う．

この方式は，信用力，資金量の増大，危険負担の分散，技術力の強化，工事施工の確実化，あるいは地域中小建設業の育成振興が図れるなど，適正に運用されればメリットも多い．

施工形態としては，次の三つの形態がある．

(i) 共同施工方式（甲型施工方式）

全構成員が，それぞれの出資比率に応じて，資金，人員，機材などを出資し，共同して施工にあたり，決算後の損益は出資比率に応じて分担する方式．

(ii) 分担施工方式（乙型施工方式）

請け負った工事を棟別・階別・方位別・工事種目別などに分割し，各構成員がそれぞれの分担した工事をみずからの責任で施工する方式．したがって，工事費の損益精算も，分担各社での単独精算となる．

(iii) 甲型乙型併用方式

上記甲型と乙型の長所を取り入れて併用する方式で，例えば，機材類については甲型でJVで購入し，工事施工部分については乙型で分担分を責任施工するという方式である．

1・3・3 公共事業における入札契約方式

国土交通省では，公共工事入札における透明性・客観性・競争性を大幅に向上し，「不正のおきにくい」制度の構築を目的に，平成6年度以降，大規模工事への一般競争入札制度の導入，指名競争入札制度についての透明性の向上，工事完成保証人制度の廃止などの制度改革を実施している．

また，民間の技術提案を受け付けるVE方式，設計・施工一括発注方式や，総合評価方式など，多様な入札契約方式の導入に取り組んでいる．

一般的な契約方式として，随意契約方式と入札による契約方式がある．

〔1〕 随意契約方式

入札を行わず，1社ないし数社の工事見積書により，価格折衝のうえ工事費を決定し契約を行う方式である．これに関しては，昭和59年7月に，建設省（当時）発第308号として「工事請負契約における随意契約方式の的確な運用について（随意契約ガイドライン）」という通達が出されている．

本ガイドラインによれば，工事請負契約において，随意契約が適用されるのは，次の四つの

ケースである．
1) 契約の性質または目的が競争を許さない場合
2) 緊急の必要により競争に付することができない場合
3) 競争に付することが不利と認められた場合
4) 競争に付することが不利と認められる場合

〔2〕 入札による契約方式

一般競争入札と指名競争入札があり，下記のとおりである．

（i） 一般競争入札

入札公告（官報）により，不特定多数の者に申し込み（入札）をさせる方法で，競争を行わせ，その申込みにかかわる者のうち，発注者に最も有利な条件をもって申込みをした者を選定し，その者と契約する方式である．

競争参加資格者として，「客観点数（または経営事項審査点数）」と，同種工事の施工実績があることが条件とされる．

必要な参加資格を得ている不特定多数の業者が参加でき，発注予定金額以下で最低価格の入札を行った業者を選定し，契約する方式である．

（ii） 指名競争入札

工事規模により，選定業者に対するランク付けを行い，複数の業者を選定し競争させて入札させる方法で，
1) 通常指名競争型
2) 技術募集型
3) 公募型
4) 施工方法提案型
5) 工事施工希望型

などがある．

1・3・4 新しい契約形態

従来の建設工事契約は，施主と建設業者間にて交わされ，建設費用をすべて建築主（施主）側にて負担していたが，平成11年7月に「民間資金等の活用による公共施設等の整備等の促進に関する法律」，PFI（Private Finance Initiative）法が制定され，公共施設などの建設のみならず，その建築物の維持管理，運営などを，民間の資金，経営能力および技術的能力を活用する新しい手法が用いられるようになった．

この手法は，複数の企業が参画し，PFI事業として公共施設の整備，再開発を行うもので，下記のような施設が対象となる．

1) 公共施設：道路，鉄道，港湾，空港，河川，公園，水道，下水道，工業用水道など
2) 公用施設：庁舎，宿舎など
3) 公益的施設等：公営住宅，教育文化施設，廃棄物処理施設，医療施設，社会福祉施設，更生保護施設，駐車場，地下街など
4) その他の施設：情報通信施設，熱供給施設，新エネルギー施設，リサイクル施設，観光施設，研究施設など

また，省エネルギーを企業活動として行う事業として，「ESCO（Energy Service Company）事業」がある．

一般的な省エネルギー工事との違いは，設計，施工，運転管理を別々の業者が行うのではなく，省エネルギー診断，設備更新・増設の提案，改修工事，設備の運転管理をESCO事業者が一貫して携わることである．それまでの環境を損なうことなく省エネルギーを実現し，その結果得られる利益を顧客と配分することにより，事業として成り立たせる．

ESCO事業の特徴を，下記に記す．
1) 省エネルギー効果（メリット）を，ESCO事業者が保証する．
2) 光熱費などのエネルギー削減費用で，すべての経費を賄う．
3) 包括的サービスを提供する．
4) 省エネルギー効果の検証を徹底する．
5) 資産ベースにならない融資となりうる．

ESCO事業者と顧客が結ぶ契約は，パフォーマンス（成功報酬）契約となり，次の2種類の契約形態がある．

（i） 省エネルギー量保証契約（Guaranteed Savings Contract）

建設工事費の負担は顧客が行う．しかし，

ESCO 事業者は，顧客に対して省エネルギー改修による経費節減額を保証し，利益補償を行うので，実際に顧客は，経済的な負担を強いられることはない．

当初の計画以上の省エネルギー効果が得られた場合の利益は，原則的に顧客が受け取る契約となる．

(ii) 省エネルギー量分与契約(Shared Savings Contract)

ESCO 事業者が金融機関から事業融資，借り入れを行う．したがって，顧客には一切のリスクが伴わない．

ESCO 事業者が，顧客に対して改修工事実施によるエネルギー節減額を保証するのは，前述の省エネルギー量保証契約と同様で，計画した省エネルギー効果以上の利益が出た場合には，顧客と ESCO 事業者で，あらかじめ定めた比率により分け合う契約となる．

参 考 文 献

1) 建設省建設経済局建設業課監修：建設業の手引き，改訂 15 版，大成出版社
2) 空気調和・衛生工学会編：空気調和・給排水衛生設備施工・維持管理の実務の知識，オーム社（1996 年）

第2章 施工計画と施工管理

2・1 工事着工から竣工引渡しまで

設備工事の着工から竣工引渡しまでのフローを図2・1に示し,以下,それぞれの概要について述べる.

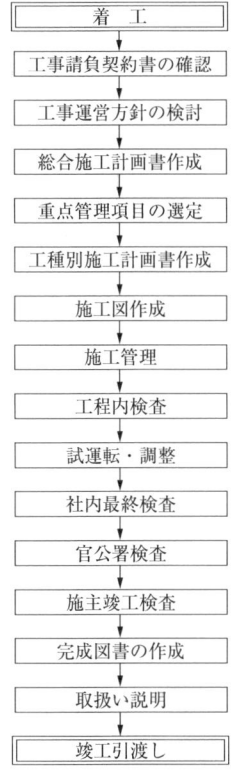

図2・1 工事施工の流れ

1) 工事請負契約書の確認:契約書の内容を把握し,写しを現場常備とする.契約時・施工中・竣工時に提出すべき書類を確認する.

 また,設計図・仕様書(一般・特記)・現場説明書・質疑応答書・標準図などの設計図書も把握・確認する.

2) 工事運営方針の検討:当該現場における施工方針を検討し,現場所長方針として明文化し,現場事務所内に掲示する.

3) 総合施工計画書作成:総合施工計画書の内容は,工事概要・現場運営組織・施工方針・総合工程表・官公庁への提出書類一覧表・品質管理計画書・安全衛生管理計画書・環境管理計画書・総合仮設計画書などであり,工種別施工計画書作成のためのよりどころとなるようにする.

4) 重点管理項目の選定:各種管理計画の中で,当該現場で特に重点的に管理すべき項目を選定し,その管理方法を検討する.

5) 工種別施工計画書作成:工種別施工計画書は,各種機器類の設置(据付け)・各種配管施工などに関する,それぞれの施工要領書,搬入計画書,詳細工程表,品質計画書,検査・試運転計画書などである.

6) 施工図作成:施工図は,機器製作図,機器納まり図,配管施工図,加工図などであり,作成後,機器製作前・配管施工前に監理者(監督職員)の承認を受ける.

7) 施工管理:施工管理には,通常業務としての施工の確認,品質管理や安全衛生管理などがあり,また,機器などの品質・性能を確認する工場検査,使用機材などの搬入時に仕様を確認する受入検査がある.

8) 工程内検査:工程内検査は,施工中の区切り段階での検査であり,施工した配管の耐圧検査(水圧試験)が代表的なものである.

 監理者(監督職員)の立会検査となる例が多く,あらかじめ試験計画書を提出し,測

定結果などの試験記録・記録写真を作成する．

9) 試運転・調整：試運転・調整は，機器単体の試運転をはじめ，システム全体としての制御関連を含めた総合運転を行う．

10) 社内最終検査：社内最終検査は，施工完了後に行うもので，機器設置の状況，配管施工の状況，システムとしての機能・性能の状況などを，社内の品質管理部署などの担当員がチェックリストなどを基に検査し，不適合指摘箇所があれば，速やかにその是正を行う．

11) 官公署検査：官公署検査は，消防・建築などの竣工検査であり，施工された設備が法的に適合しているかをチェックするもので，建築と一体での検査となる例が多い．不適合指摘事項の是正に関しては，書類での報告が必要となる．

12) 施主竣工検査：施主竣工検査は，施主・設計事務所などの総合検査となり，社内最終検査と同様のチェックが行われる．ここでも，不適合指摘事項の是正に関しては，書類での報告が必要となる．

13) 完成図書の作成：完成図書として提出するものは，竣工図，各種官公署への届出書類の控え・許可証，設備機器の取扱い説明書，機器製作図，工程内検査記録，各種設備システム運転(作動)・制御説明書などの書類である．

14) 取扱い説明：建物の維持管理者に対して，設備システムなどの取扱い・運転制御・維持管理などについて，完成図書を基に説明する．

2・2 施工計画

2・2・1 施工計画の目的

施工計画の目的は設備工事を目標どおりに完了させるため，施工管理の最適な手順と方法を定めることである．

施工計画は，品質(Q: Quality)，安全(S: Safety)，工程(P: Process)[注1]，予算(C: Cost)，環境(E: Environment)の五つの要素に分類できる．また，個々の工事施工計画には含まれないが，技術開発(T: Technical development)と教育(Ed: Education)に対する計画もある(**表2・1**)．工事施工業者にとって，工事現場は最高の教育の場であり，技術力を示すための最高の舞台でもある．

設備工事の施工管理は，非常に複雑で難しい．これは次の理由による．

1) 一般に施工方法については，設計図書に定められていない．請負者に施工法が任されている．

2) 工事の施工は，工場の製作のように同じものを作るのと異なり，単品生産であり，作り直しがきかない．

3) 建築工事，電気工事，空調工事，衛生工事，その他の工事が同じ場所で同時に進行する．また，空調工事の中でも配管工事，ダクト工事，保温工事，塗装工事といったように，工種が分かれている．また，それぞれの利害がかならずしも一致しない．

4) 天候などにより施工条件が変化する．

5) わが国の施工体制は，重層下請け制度であり，改善されてはいるが，二次下請けから四次下請け程度までである．

その複雑で難しい工事を目標どおり完成させるためには，施工計画が重要である．昔からよく「段取り八分」といわれる．段取りとは，施工計画に基づき，準備を整えることであり，工事進行上，施工計画の内容を充実させることが重要である．施工計画の立案には，現場担当者ばかりでなく，社内の経験者や作業員の意見も積極的に取り入れ，設計者や工事監理者，建築工事，その他の工事関連者の助言や協力を得ることも大事である．

注1) 工場などでは以前から工程(Process)の代わりに納期(D: delivery)を使用する場合が多い．本書では工程の略は P: Process を使用する．

表2・1 施工計画の目的と手段

管理要素	目的	目標・基準	実施活動	管理ツールなど
品質(Q)	品質の良い工事を完成させること	設計図書および契約文書に定められた発注者の要求品質	品質管理 施工検査 ISO 9000 活動 TQM 活動	施工計画書,品質計画書,施工要領書,試運転調整計画書,運転指導書,仮設計画書,品質管理ツール,ISO 9000 関連文書
		法令で定められた品質,法令遵守事項	官庁検査	官庁届一覧表
安全(S)	安全に工事を終わらせること	安全目標 度数率,強度率	安全管理,安全パトロール	安全計画書,仮設計画書
工程(P)	要求された工期に工事を完成させること	竣工期日(目標工期)	工程管理,工程会議	工程表
予算(C)	予定の利益を上げること	組織の利益目標	予算管理 VE 活動	工事予算書,施工工数管理
		リスク管理規定	保険加入	建設工事保険,組立保険,火災保険,労働災害総合保険,請負業者賠償責任保険
環境(E)	計画された環境目標を達成すること	環境目標 環境負荷 グリーン購入法 産業廃棄物処理法 家電リサイクル法 PCB 処理特別措置法	環境管理	環境計画書,建設系廃棄物,マニフェスト,建設系廃棄物処理委託契約書
技術開発(T)	工事や仕事を通じて,組織の技術力の向上を目指すこと	技術目標	技術開発,機械化・工業化推進,作業効率改善,技術の伝承	企業倫理,企業方針,技術方針,長期定性計画,年間定量計画,品質管理ツール
教育(Ed)	工事や仕事を通じて,個人の技術力の向上を目指すこと	技術資格 教育訓練規定	オン・ジョブ・トレーニング(OJT)	CPD 制度 資格制度

2・2・2 施工計画書

工事現場に乗り込んで最初に計画する作業が施工計画書の作成である.品質(Q),安全(S),工程(P),環境(E)の四つの要素で,全工期にわたって,どのように工事を進めていくかを計画する.そのために施工計画は着工から竣工引渡しまでの期間で,工事全体と各工程ごとの目的と達成目標を定め,それを達成するための手段と方法を計画する.手段と方法の決定には,設計図書および各プロセスをよく理解し,最もふさわしい5W1H(いつ,だれが,どこで,なぜ,なにを,どのように)を明確にするとよい.

施工計画書は,社外に発行する文書なので,予算(C),技術開発(T),教育(Ed)の三つの要素は含まないが,施工計画作成上はこれらを考慮する必要がある.

施工計画書には,組織表,工程管理計画書,品質管理計画書,安全防災計画書,環境保全計画書などを盛り込む.まず,総合施工計画書を作成し,工事の進捗に伴って,詳細施工計画書や工種別施工計画書などの部分施工計画書を補足していく.

施工計画書は,工事請負者の責任の下に作成され,建築,電気などの工事関連者の照査を受け,工事監理者の承諾を受ける.必要な場合は,総合施工計画書を見直し改定する.実施工程表は施工計画書に含む場合と別個の文書として扱う場合がある.これは,工程の進捗に伴い,残工事量と最終工期を勘案して適当な修正を行う.

2・2・3 施工組織および運営体制

〔1〕 施工組織

施工組織は，現場全体組織，工事別組織，JV組織などがあり，その中には，施工管理上の組織と安全管理上の組織がある．

〔2〕 運営計画

現場全体の施工運営計画は，現場会議や打合せで審議される．現場会議には，施主定例会議，設計打合せ，作業所内打合せ，安全衛生協議会などがある．

2・2・4 仮設計画

〔1〕 仮設計画の目的と内容

仮設計画は工事全体に対して行われる共通架設と，工種別に行われる直接仮設がある．共通仮設に含まれるものの中には，設計図書に明記してあるものと，施工者同士で協議のうえ決定されるものがある．設計図書で定められた共通仮設は，その請負工事金額に含まれているので，賦金には含まない．

仮設計画にも，品質(Q)，安全(S)，工程(D)，予算(C)，環境(E)の五つの要素と技術開発(T)に対する目標を設定し，最適な仮設計画を行うことが重要である．工事予算を切り詰めるため，必要な仮設費用を出し惜しみすることは避けなければならない．

2・2・5 搬入計画

搬入計画の目的は，必要な機材を，必要なときに，必要な場所に，必要なだけ搬入することにより，省エネルギー，省コスト，省タイムを図ることである．設備工事用資材の搬入計画は，次の手順で行う．

〔1〕 全体搬入計画書の作成

全工事期間中に必要なすべての機材・資材を，機材リストにまとめ，それぞれの調達先，搬入時期，搬入場所，荷姿，搬入用車両，搬入ルート，揚重方法，使用揚重機のあらましを計画する．この中には，場内の移動も含めて計画する．

〔2〕 個別搬入計画書の作成

全体の資材は大きさ，重量・数量などもまちまちなので，①大型機器，②小型機器，③配管材その他の材料，④仮設機材，機械工具類などに分けて個別搬入計画書を作成する．

大型機器の搬入計画では，工事初期に搬入ルートを検討し，必要なダメ穴やマシンハッチを確保しておく．また，将来の機器更新時での搬出入ルートも検討し，必要なマシンハッチ，床耐荷重などを提案する．

住宅街，繁華街に建つ建物や高層建物では，資材搬入計画や揚重計画が特に重要である．高層建物では，資材揚重には設置されるロングスパンリフトの大きさに合わせた専用のコンテナを用意する．搬入時間の調整用には，トラックの待機場所をあらかじめ決めておくとよい．

資材置き場は作業場所，資材管理の方法などを考慮して決定する．荷姿は，梱包材の削減，搬入効率の向上，資材管理の容易さ(破損しやすい設備機器は搬入後の養生方法も)などを考慮して決定する．搬入や資材管理を確実にする方法として，資材にTAG(荷札)を付けることがある．今後は，ICタグの活用が期待される．

2・2・6 工程表

工程表は，工事の作業の順番と実施時期を表に表すことにより，作業手順や個々の作業日数，作業に必要な人員，必要な仮設備機材の調整，全体工期の調整，関連者への周知などを行うためのツールとして使用される．使用目的により，総合工程表(マスター工程表)，工種別全体工程表，部分工程表(月間工程表，週間工程表)などが作成される．また，表現の方法により，バーチャート工程表，タクト工程表，ネットワーク工程表などに区分される．

総合工程表は，建築，設備，その他，建設工事全体の全工期にわたる工程を示す基準的な工程表であり，建設当初に作成されるものは基本工程表と呼ぶ場合もある．一般的な作成方法は建設工事請負者が最初の原案を作成し，設備工事や電気工事など工種別の請負者の要望する工

期や作業手順が反映されるよう関係者で協議調整を行ったうえ，工種別請負者がこれに当該工事部分を加筆修正する．この場合，重要なことは，建設工事全体を考慮した効率的な作業の順番，必要な工期と試運転調整期間が確保されるように協議することである．全体工程には節目ごとの目標(＝マイルストーン)を定める．マイルストーンには，鉄骨建方開始，上棟式，消防中間検査，タワークレーン解体，受電日，建築確認検査，竣工式などがある．

超高層建物では，総合工程表の基準階部分はタクト工程とする．1フロア分の基準となる各作業の施工順番を定め，これを1サイクルとし，各作業は決められた日数(＝1タクト日数)で1フロアの工事を完了させ，順番に上階へと上がっていく．

ネットワーク工程は，複雑に入り組んだ施工工程に含まれる多くの作業を最小単位に分け，各作業の施工順位をネットワーク手法を用いて整理し，1作業ごとにかかる時間と，全体に要する時間を検討評価する方法である．一見難しそうだが，仕組みは簡単で，複雑な作業工程も，手際よく整理検討ができるため，工事時間が制約される工事などでは有効なツールである．パソコンで評価検討できる市販ソフトやオープンソフトもある．図2・2に全体工程表の例を，図2・3にタクト工程表の例を，図2・4にネットワーク工程表の例を示す．

2・2・7　申請手続

建築物に関する申請手続には，法令にかかわる申請手続と公益事業者に対するインフラ設備の供給申込みがある．

申請手続の種類は官公庁や公益事業者などは申請窓口だけでも20箇所ほどになる．これらに数種類の届が必要となり，ざっと合計しても80種類ほどの数量となる．また，申請に必要な書類もそれぞれ定型書式があり，それが各区市町村で微妙に違うなど，複雑極まりない．現場では最新版の設備関連法令集を用意するのと，インターネットによる検索を実行されたい．

設計図書には，必要な届出は明記していないのと，事業者(施主)が届け出る申請でも工事請負者が代行するのが慣例なので，工事請負者は関連するすべての届出をチェックリストで確認する必要がある．

表2・2，表2・3に申請手続一覧表を示す．

〔1〕**届出上の注意点**

届出上の注意点を以下に示す．

1) 法令や公益事業者供給規定に従って提出期限を厳守する．
2) 工事請負者が複数の会社にわたる申請は，申請者を1社に統一する(煙突とボイラと発電機など)．
3) 他の工事種目でも届けや検査の対象となるものに注意(機械排煙設備と連動する建築工事の可動垂れ壁など)．
4) よくわからない場合は，事前に提出窓口へ相談に行く．
5) 公道(特に国道)に絡む設備は，早くからの事前協議が必要．
6) 申請に添付する建築図は，確認申請図(控)と合致していることを確認する．特に確認申請図(控)では，防火区画の朱記訂正部分に注意する．
7) 申請に必要な書類は正副2通でも，提出した書類は返却されるまで時間がかかるので，控を作る．控も一緒に提出すると受け付けてくれる場合が多い．
8) 法令でいう着工1箇月前などの言葉は，その設備の着工と，建設工事着工を指す場合があるので注意する．

〔2〕**現場での検査を受けるときの注意点**

検査で大事なことは，現場全体の良い印象と検査官に対する真し(摯)な態度である．次の事項に留意すること．

1) 検査に直接関係しない工事関連者にも，事前に官公庁の検査があることを周知徹底させ，協力を仰ぐこと．
2) 官庁検査の前には自主検査を完了させ，必要により，この結果を事前報告する．

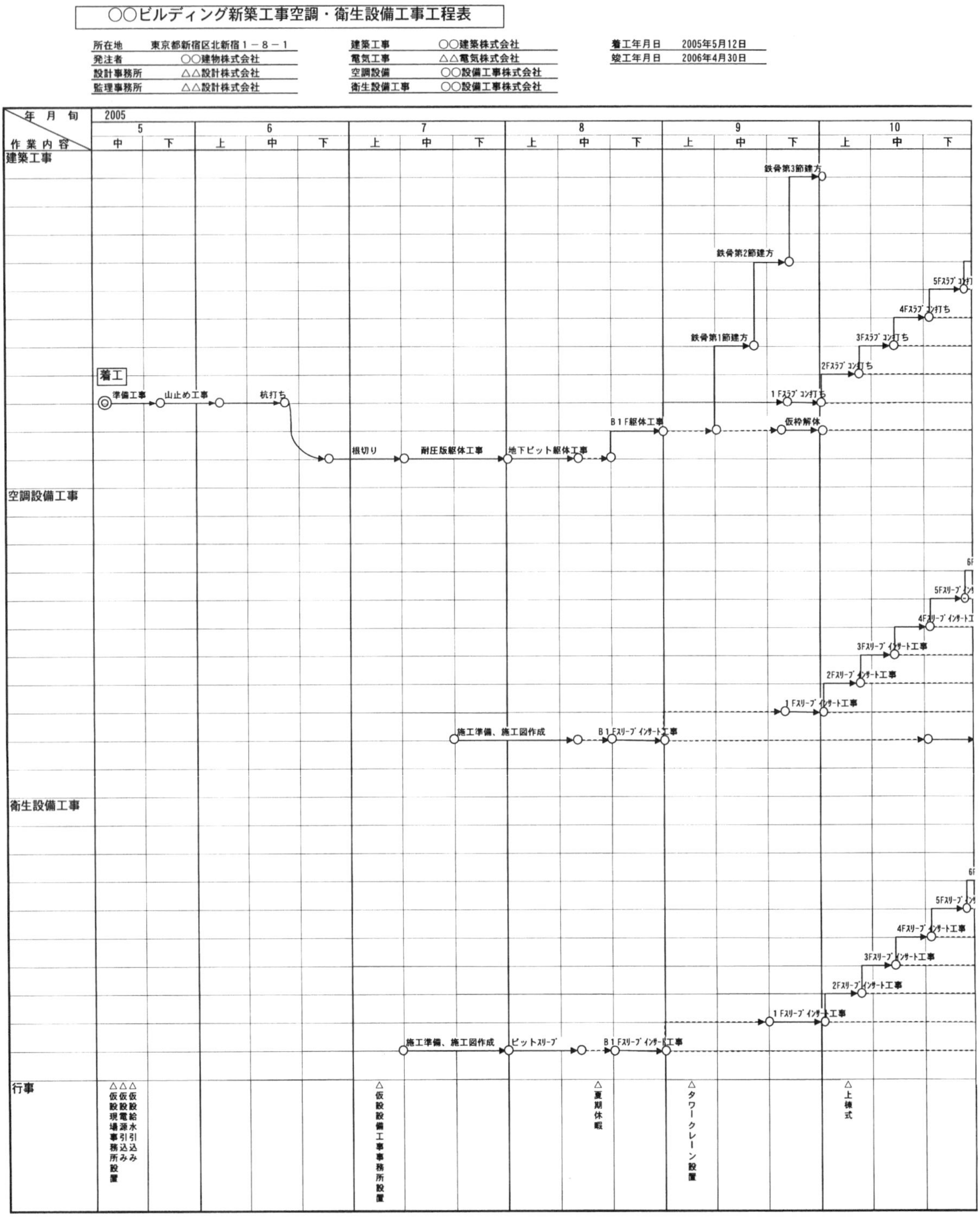

第2章 施工計画と施工管理

○○ビルディング新築工事空調・衛生設備工事工程表

所在地	東京都新宿区北新宿1-8-1	建築工事	○○建築株式会社	着工年月日	2005年5月12日
発注者	○○建物株式会社	電気工事	△△電気株式会社	竣工年月日	2006年4月30日
設計事務所	△△設計株式会社	空調設備	○○設備工事株式会社		
監理事務所	△△設計株式会社	衛生設備工事	○○設備工事株式会社		

図2・2 ビル新築工事空調

・衛生設備工事工程表

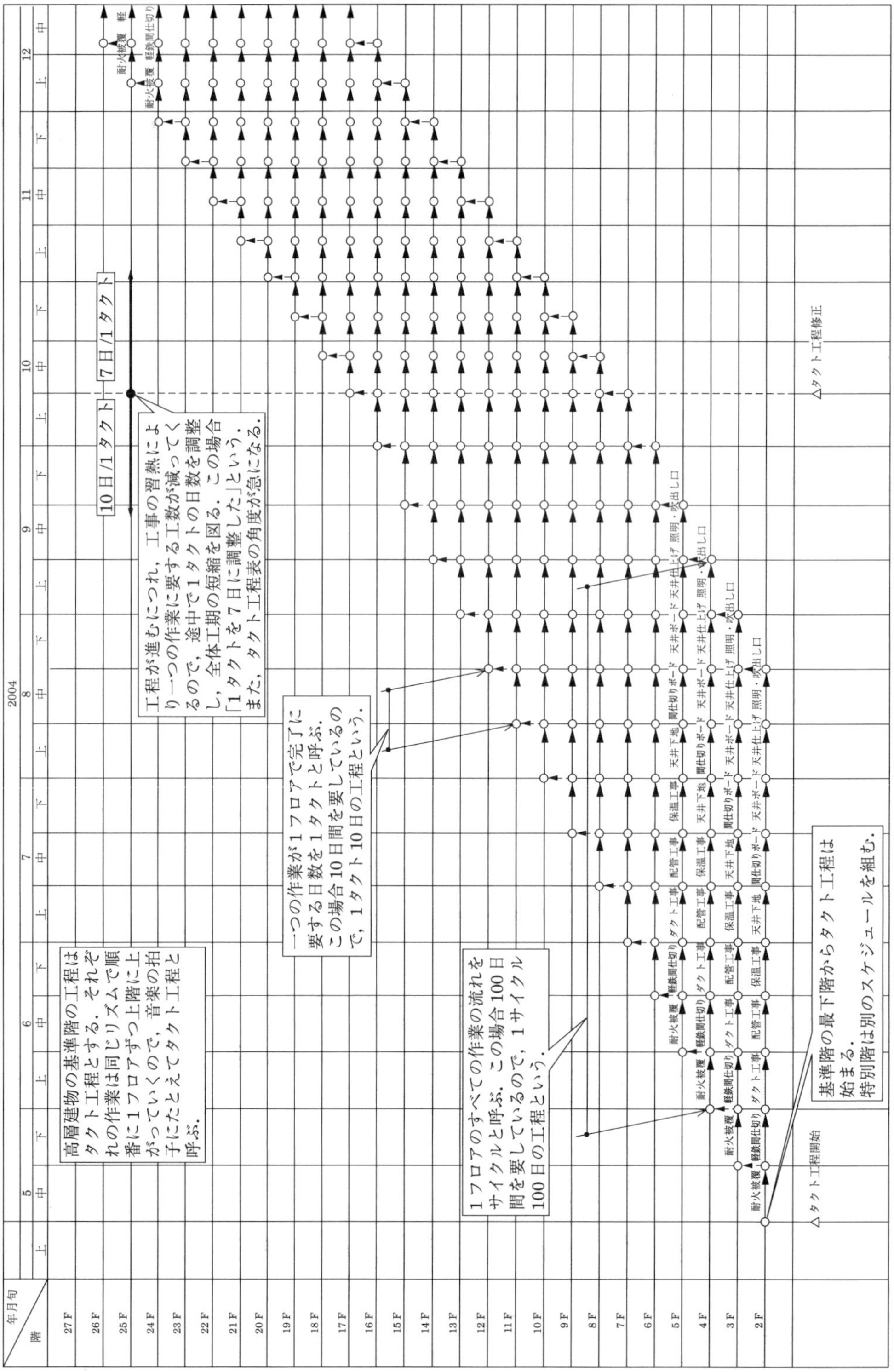
高層建物の基準階の工程はタクト工程とする．それぞれの作業は同じリズムで順番に1フロアずつ上階に上がっていくので，音楽の拍子にたとえてタクト工程と呼ぶ．
1フロアのすべての作業の流れをサイクルと呼ぶ．この場合100日間を要しているので，1サイクル100日の工程という．
一つの作業が1フロアで完了に要する日数を1タクトと呼ぶ．この場合10日間を要しているので，1タクト10日の工程という．
工程が進むにつれ，工事の習熟により一つの作業に要する工数が減ってくるので，途中で1タクトの日数を調整し，全体工期の短縮を図る．この場合「1タクトを7日に調整した」という．また，タクト工程表の角度が急になる．
基準階の最下階からタクト工程は始まる．特別階は別のスケジュールを組む．
10日/1タクト
7日/1タクト
△タクト工程開始
△タクト工程修正
2004
年月旬
階
耐火被覆
軽鉄間仕切り
タクト工事
配管工事
保温工事
天井下地
間仕切りボード
天井ボード
天井仕上げ
照明・吹出し口

図2・3　タクト工程表

2·2 施工計画

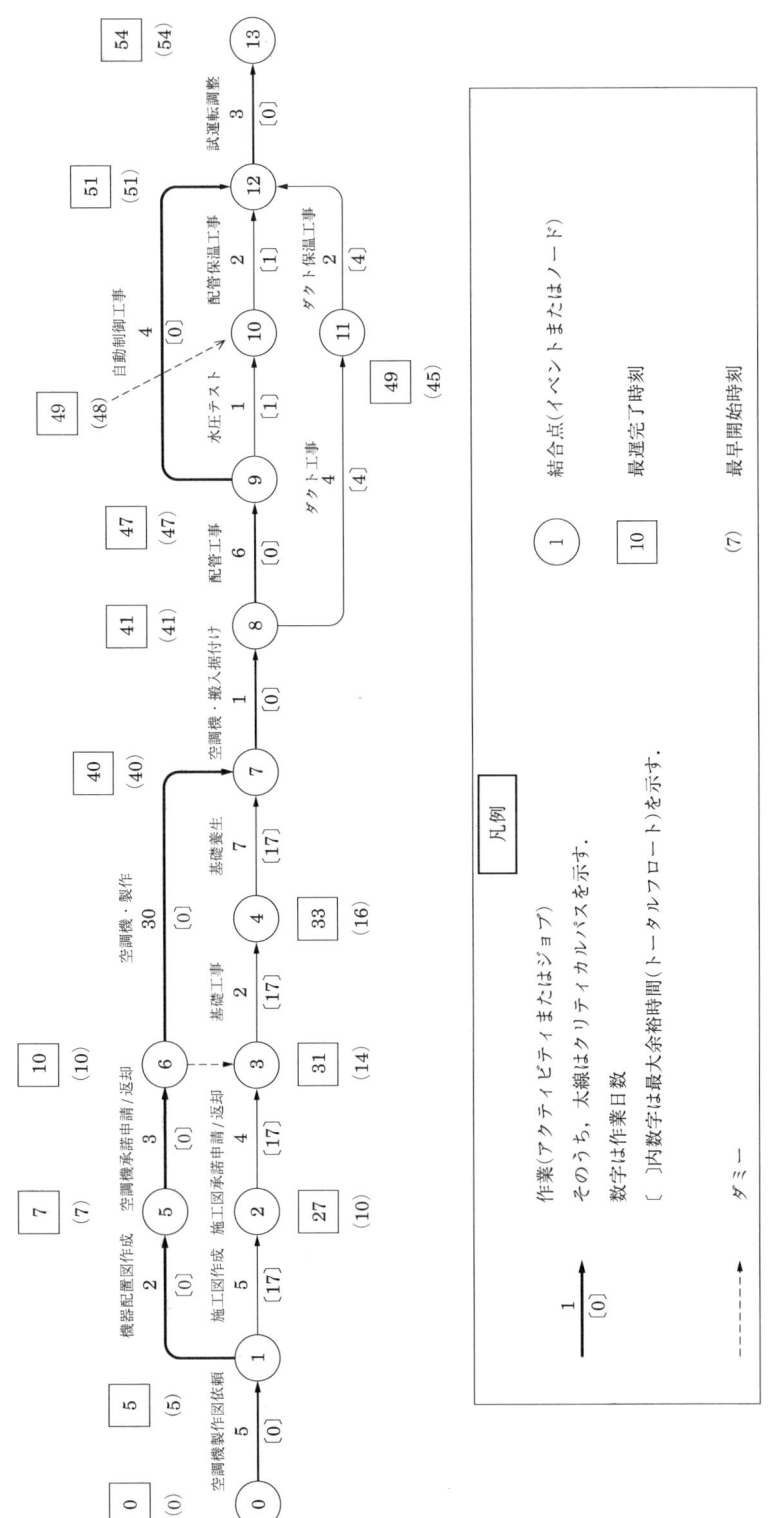

図2・4 空調機械室設備工事ネットワーク工程表

表 2・2 主な官公署への申請手続一覧表（1）

工事区分		申請・届出の名称	提出者	提出先	提出の窓口	提出時期	摘要	法令
冷凍設備（注1）	1日の冷凍能力 フルオロカーボン 50トン以上 その他のガス 20トン以上	高圧ガス製造許可所	事業主（請負者代行）	都道府県知事	都道府県庁	製造開始の20日前まで	ガスの種類、製造計画書添付	高ガス法 5 条 冷凍則 3 条
		製造施設完成検査申請	事業主（請負者代行）	都道府県知事	都道府県庁	完成時	検査を受けて検査証受領	高ガス法 20 条 冷凍則 21 条
		高圧ガス製造開始届	事業主（請負者代行）	都道府県知事	都道府県庁	製造開始の20日前まで	ガスの種類、製造施設明細添付	高ガス法 21 条 冷凍則 29 条
	1日の冷凍能力 フルオロカーボン 20トン以上 その他のガス 3トン以上（注2）	高圧ガス製造届	事業主（請負者代行）	都道府県知事	都道府県庁	製造開始の20日前まで	検査を受け刻印及び明細書に検査済印を受ける	高ガス法 5 条 冷凍則 4 条 ※注 高ガス法 5-1-2 で定める値を高ガス令 3 で規定
	フロン製品（注3）の廃止用（エアコンディショナ、冷蔵機器及び冷凍機器冷蔵・冷凍自動販売機）	第一種フロン類回収業者への処理依頼	事業主（請負者代行）	—	—	—	—	特定製品に係るフロン類の回収及び破壊の実施の確保等に関する法律
ボイラー及び第一種圧力容器設備	新設もの	構造検査申請	製造者	労働局長	製造所（メーカー）所在地の労働基準監督署（注4）	製造後	明細書、製造検査証	安衛法 38 条、ボイラー則 51 条（第一種圧力容器）
		設置届（注5）	事業主（請負者代行）	労働基準監督署長	設置場所の労働基準監督署	設置30日前まで	配置図、配管図、据付け主任者選任	安衛法 88 条、ボイラー則 10 条 16 条、56 条（第一種圧力容器）
		ボイラー据付工事作業主任者選任届	事業主（請負者代行）	労働基準監督署長	設置場所の労働基準監督署	据付け前	技能講習修了者より選任	ボイラー則 16 条
		落成検査申請	事業主（請負者代行）	労働基準監督署長	設置場所の労働基準監督署	落成時	検査を受け検査証受領	安衛法 38 条、ボイラー則 59 条（第一種圧力容器）
		設置検査申請（注5）	国（請負者代行）	各省庁の長	設置場所のボイラ協会等（注4）	完成時	検査結果記録書	人事則 10-4
	再使用のもの	使用再開検査	事業主（請負者代行）	労働基準監督署長	設置場所の労働基準監督署	竣工時	構造図、明細書、配置図	安衛法 38 条、ボイラー則 81 条（第一種圧力容器）

2・2 施工計画

設備	設置届	請負者	届出先1	届出先2	期限	添付書類	関連法規
小型ボイラ	火を使用する設備等の設置	事業主（請負者代行）	労働基準監督署長	設置場所の労働基準監督署長	着工7日前まで	構造図、明細書、配置図	安衛法100条、ボイラー則91条（小型ボイラ、小型圧力容器）
火を使用する設備 熱風炉かまどボイラ（小型以下）			消防署長（市町村長、消防署長）	設置場所の消防署		設備概要、配置図	消防法9条 地方火災予防条例
危険物の製造所・貯蔵所・取扱所 指定数量の30倍超過等	危険物保安監督者選任届	事業主（請負者代行）	都道府県知事または市町村長	設置場所の消防署	選任したとき遅滞なく		消防法13条 危険政令31条 危険則48条
指定数量以上	危険物設置許可申請（製造所・貯蔵所・取扱所）	事業主（請負者代行）	都道府県知事または市町村長	設置場所の消防署	着工前	製造所等の構造、設備図面添付	消防法11条 危険政令6条
	水張、水圧検査申請	製造者	都道府県知事または市町村長	設置場所の消防署	施工中	容器に配管、付属品を取り付ける前に申請	危険令8条の2の2
	完成検査申請	事業主（請負者代行）	都道府県知事または市町村長	設置場所の消防署	完成時	検査を受け検査受領	危険令8条
指定数量の1/5以上	少量危険物の貯蔵の取扱届出	事業主（請負者代行）	消防署長	設置場所の消防署	完成時	品名、数量等	地方火災予防条例
ばい煙	ばい煙発生施設設置届（注6）	事業主（請負者代行）	都道府県知事または政令市の市長	都道府県庁（環境関連部署に確認）	着工60日前まで	ばい煙発生施設の種類、構造、使用方法、処理方法	大気法6条 大気法10条 大気法31条 大気法13条 地方条例

注
1) 冷凍設備で、第一種製造者は設置許可、第二種製造者は設置届が必要である。
2) フルオロカーボンのうち不活性ガス以外のガス、アンモニアは、5トン以上50トン未満。
3) フロン使用機器の廃止時の届けは当時の法規により、現在は未整備である。道府県その他の自治体で整備している。
4) 現場組立てでのボイラにあっては設置完了後に構造検査を受ける。
5) 国が設置するボイラ及び第一種圧力容器が各庁の長が設置検査を行うこととなり、各省庁の長が設置検査に代わり、各省庁のボイラ協会等に検査を依頼している。しかし、現実には各省庁の長が検査を行うことはできないので、設置場所のその他の自治体においても規定している場合があるので注意すること。
6) ばい煙については、東京都の例を示したが、着工30日前に指定作業所設置届を市、区役所に提出しなければならない。
 a) ボイラ伝熱面積5 m²以上は、道府県その他の自治体においても規定している場合があるので、ばい煙発生施設設置届を都道府県公害課に提出しなければならない。
 b) ボイラ伝熱面積10 m²以上は、着工60日前にばい煙発生施設設置届を提出しなければならない。

表2・3 主な官公署への申請手続一覧表(2)

工事区分	申請・届出の名称	提出者	提出先	提出の窓口	提出時期	摘要	法令
給水設備	上水道（給水装置）	事前協議	事業主（設計者代行）	水道事業管理者	水道局、水道課など	計画前	事前協議申請書	—
		指定水道工事店設計審査申込	事業主（請負者代行）	水道事業管理者	水道局、水道課など	着工前	工事計画書	地方条例
		工事完了届	同上	同上	水道局、水道課など	完了時		同上
		指定水道工事店工事検査申込	同上	水道事業管理者	水道局、水道課など	完了時		同上
		給水申込	事業主	水道事業管理者	水道局、水道課など	使用前	量水器受取り	同上
	専用水道	専用水道確認申請	事業主（設計者代行）	都道府県知事	都道府県水道局など	着工前	工事計画給水量、施設計画など	水道法50条 水道則21条
		給水開始前の届	事業主（請負者代行）	都道府県知事	都道府県水道局など	使用前	水質検査、施設検査	水道法50条 水道則10条
	高架タンク（高さ8m以上）	計画通知（工作物）	事業主（設計者代行）	建築主事	建築部など	着工前	設計図（配置、平面、断面、構造）計算書	建基法18条
		工事完了届	事業主（請負者代行）	建築主事	建築部など	完了した日から4日以内	確認検査後検査証受領	建基法18条
排水設備	公共下水道に排水	事前協議	事業主	下水道事業管理者	下水道局、水道課など	計画前	事前協議申請書	—
		排水設備計画届	事業主（設計者代行）	下水道事業管理者	下水道局、水道課など	着工前	工事計画書	地方条例
		工事完了届	事業主（請負者代行）	下水道事業管理者	下水道局、水道課など	完成後5日以内		同上
		使用開始届	同上	下水道事業管理者	下水道局、水道課など			同上
地下水採取（注1）	政令指定地域（地盤沈下区域）	建築物用地下水採取許可申請	事業主	都道府県知事	都道府県環境局など	着工前	用水設備工事計画（揚水量、施設計画等）	工業用水法3条 ビル用水法4条 地方条例
	その他	建築物用地下水採取届	事業主	都道府県知事	都道府県環境局など	着工前	用水設備工事計画（揚水量、施設計画等）	地方条例
		計画通知（確認申請）	事業主（設計者代行）	建築主事	建築部など	着工前	設計図（配置、平面、断面、構造）計算書	建基法31条2、18条 建基令32条

2・2 施工計画

		届出者	都道府県知事	保健所等	着工前	同上	浄化槽法5条
し尿浄化槽	浄化槽設置届	—	—	—	—	—	—
	工事完了届	事業主（請負者代行）	建築主事	建築部等	完了した日から4日以内	確認検査後検査証受領	建基法18条
消火設備	消防用設備等着工届	事業主（消防設備士が届出）	消防長又は消防署長		着手10日前	設計書、系統図、仕様書、平面図	消防法17条の14
	消防用設備等設置届	事業主（消防設備士が届出）			完了した日から4日以内	試験結果報告書	消防則1条の3
	防火対象物使用届け	事業主（請負者代行）			使用前		地方火災予防条例
	ハロン消火設備の廃止（注2）	事業主（請負者代行）			—	設計書、計算書、系統図、平面図	特定製品に係るフロン類の回収及び破壊の実施の確保等に関する法律
	ハロンバンク推進協議会へのハロン処理依頼	事業主（請負者代行）	—	—	—	—	—
ガス設備	事業協議	事業主（設計者代行）	供給会社	供給会社営業所	—	—	—
	ガス工事申込	事業主（請負者代行）					
振動	特定建設作業実施届	事業主（請負者代行）	市町村長	設置場所の市町村（環境関連部署に確認）	作業開始7日前まで	特定建設作業の種類、場所、期間、振動防止の方法等	振動法14条 振動則10条
	特定施設設置届	事業主（請負者代行）	市町村長	設置場所の市町村（環境関連部署に確認）	着工30日まで	特定施設の種類ごとの数、騒音防止方法、配置図等	騒音法6条 地方条例
騒音	特定施設使用届	所有者	市町村長	設置場所の市町村（環境関連部署に確認）	特定施設となった日から30日以内	特定施設の種類ごとの数、騒音防止方法、配置図等	騒音法7条
ダイオキシン類	特定施設を設ける場合	所有者	市町村長	設置場所の市町村（環境関連部署に確認）	特定施設となった日から30日以内	特定施設の種類ごとの数、騒音防止方法、配置図等	ダイオキシン類対策特別措置法12条1項（13条1項又は14条1項）

注
1) この表には、以下の場合の届出の記載を省略した。
 a) 公共下水道にカドミウムなどを排水する場合。この場合は下水道法によること。
 b) 公共水域にカドミウムなどを排水する場合。この場合は水濁法、地方条例によること。
 c) 河川に50 m³/日以上の汚水排水を放流する場合。この場合は河川法によること。
 地方条例に関する届出時の届出は東京都の場合を示したが、現在は未整備で、道府県その他の自治体などにおいても規定している場合があるので注意すること。
2) ハロン消火設備の廃止時期は道府県その他の自治体において規定している場合があるので注意すること。
 a) 特定粉じん排出等作業実施届、特定粉じん発生施設設置届
 b) 悪臭発生施設設置届、汚水等排出施設設置届

3) 必要な天井点検口などは検査前に開けておく．
4) 検査に必要な機材は事前に確認しておく〔ヘルメット，手袋，脚立，メモ，鏡，懐中電灯，テスタ，計測機器，カメラ，時計，発煙筒，設計図，申請図（控）〕
5) 検査場所はきれいに片付けておくこと．
6) 検査に対応する人員を決定しておく．消防検査などは検査班が数班編成されることがあり，事前確認のうえ，必要な検査対応者数と役割を決めておく．
7) 検査官に対応する者（事前に決められた者）以外は検査官の質問にむやみに答えないこと．
8) 検査官に質問され，不明確なことは後で調べてから答える旨を伝える．
9) 検査終了以後はただちに議事録を作成し，検査官にその場で確認をもらう．

2・2・8 施工法の計画

建築技術は，多品種一品生産であるので，歴史的に見ると画期的な変革を遂げたことは少ないが，それでも刻々と技術開発がなされ，世界中のあらゆる国で超高層ビルや高速道路が見られるような時代になった．建築設備の施工技術も空気調和・衛生設備技術の進歩や建設材料の開発に伴って，変遷を遂げてきた．この項では，建築設備の施工法について，どのように考えて計画していくかを記述する．

〔1〕 **生産性の向上と施工法**

企業として生産性の向上は，利益確保のための手段として必要不可欠である．

生産性の向上を図るには，施工の合理化があり，この中の一手段として工業化や機械化がある．

施工の合理化の目的・目標は，
1) 現場における作業工程・工種の削減
2) 現場における作業工数（作業時間）の削減
3) 現場における熟練を要する作業の削減
4) 現場における危険作業の削減（人身事故の撲滅）
5) 施工品質の均質化（品質上の事故および欠陥の撲滅）

であり，結果としてコストの削減に結び付く．最初からコスト削減を目的として検討を進めると，発想が貧弱になりうまくいかないので注意する．

施工の合理化，工業化，機械化というと設備投資が必要な印象を受けるが，身近な改善の積重ねが必要である．例えば，現場作業では，その準備作業（段取り）や片付作業，移動時間なども大きなウエートを占めている．取付け方法の標準化，規格化，単純化などにより，現場作業の工種や工数削減，作業足場の削減などに多いに役立つものである．

〔2〕 **最近のわが国の建築・建築設備施工法**

最近のわが国の建築および建築設備の施工法としては，次が挙げられる．
1) 生産設備・機械の開発：ダクト製造法（プラズマダクト切断機，共板ダクト加工機），全自動溶接機，全自動ねじ加工機
2) 建築材料・設備機器の開発：ビルマルチシステム，塩化ビニルライニング鋼管用コア内蔵継手，薄肉SUS鋼管，機械式継手，フレキシブルダクト工法，システム空調機，FFU
3) 建築工法の開発：免震構造，仕上げロボット，塗装ロボット
4) 設備工法の開発：ユニット工法（パイプユニット，ライザユニット，床ユニット，ポンプユニット），ジャッキアップ工法，プレハブ加工管，多機能工法
5) 工具の開発：転造ねじ切機，自動溶接機，搬入用エアジャッキパレット，揚重パレット
6) 設備技術の進歩：通信制御のオープン化
7) リサイクル技術・長寿命化技術：塩化ビニル管リサイクル，耐食材料（耐溝状腐食鋼管，樹脂管，スズめっき鋼管など）

2・2・9 環境保全計画

地球環境保全と建築設備工事を考えると，省

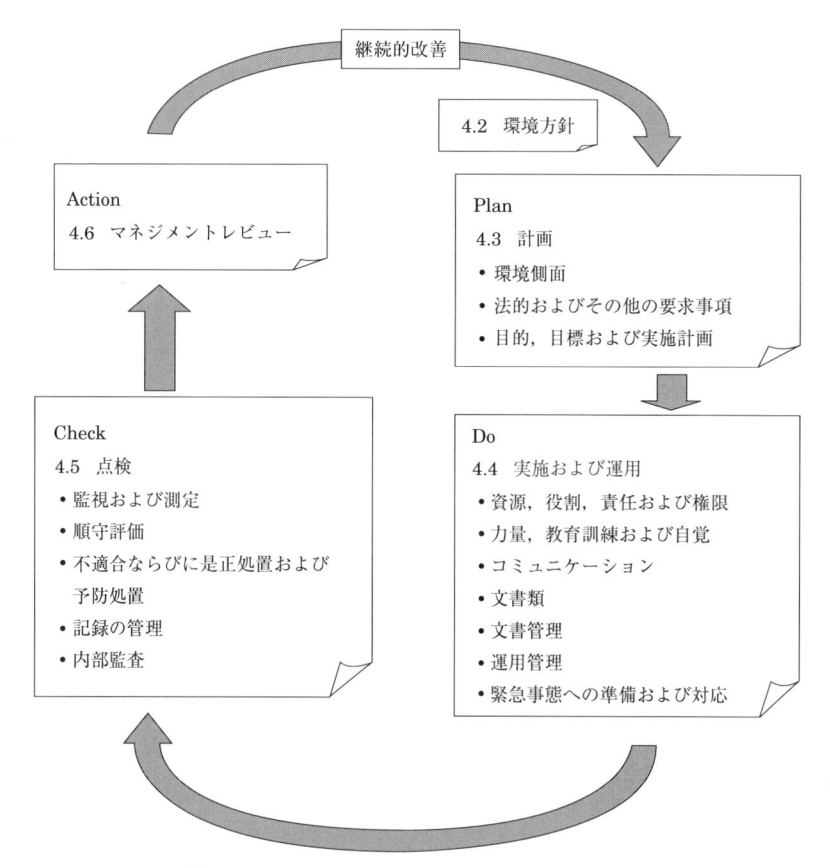

```
           継続的改善
              ↑
                    4.2 環境方針
   ┌─────────────┐        ┌─────────────┐
   │ Action      │        │ Plan        │
   │ 4.6 マネジメントレビュー│        │ 4.3 計画    │
   │             │        │ ・環境側面    │
   │             │        │ ・法的およびその他の要求事項│
   │             │        │ ・目的,目標および実施計画│
   └─────────────┘        └─────────────┘
   ┌─────────────┐        ┌─────────────┐
   │ Check       │        │ Do          │
   │ 4.5 点検    │        │ 4.4 実施および運用│
   │ ・監視および測定│        │ ・資源,役割,責任および権限│
   │ ・順守評価  │        │ ・力量,教育訓練および自覚│
   │ ・不適合ならびに是正処置および│        │ ・コミュニケーション│
   │   予防処置  │        │ ・文書類    │
   │ ・記録の管理│        │ ・文書管理  │
   │ ・内部監査  │        │ ・運用管理  │
   │             │        │ ・緊急事態への準備および対応│
   └─────────────┘        └─────────────┘
```

図 2・5　ISO 14000 s の規格要求事項と継続的改善活動

エネルギーと産業廃棄物処理のウエートが大きいが，地球環境問題には，地球温暖化，オゾン層の破壊，森林破壊，酸性雨，生物種の絶滅，砂漠化，人口爆発，水質汚染，ごみ・廃棄物，原子力の核廃棄物，電磁波，遺伝子組換農作物，環境ホルモンなどたくさんの問題がある．地球環境問題は，これらの諸問題をトータルして考えることが重要である．

最近では発注者から ISO 14000 s に従った環境管理が要求される場合や，施工者が ISO 14000 s に従った継続的改善活動を行う場合が多い．ISO 14000 s 規格要求事項と継続的改善活動を**図 2・5**に示す．

建築設備工事の資材購入および工事計画の原則を以下に示す．

1) 資材購入の原則
   a) 必要なものを必要な量だけ買う．
   b) 使い捨て商品ではなく，長く使えるものを選ぶ．
   c) ライフサイクルにわたって，省資源，省エネルギー，温暖化ガス排出量の少ないものを選ぶ．
   d) 化学物質による環境汚染と健康への影響の少ないものを選ぶ．
   e) 自然と生物多様性を損なわないものを選ぶ．
   f) 近くで生産・製造されたものを選ぶ．
   g) リサイクルされたもの，リサイクルシステムのあるものを選ぶ．
   h) 環境問題に熱心に取り組み，環境情報を公開しているメーカーや代理店を選ぶ．
2) 工事計画の原則
   a) 通勤に使用する車両は，公共交通手段使用を最優先し，次に多人数の車の共同利用など1人あたりの消費エネルギー

の少ない手段を選ぶ．
b) 資材運搬に使用する車両は，混載便使用やトラックで1回に運ぶ量を最大積載量に見合った数量とする．
c) 梱包材のないものまたは最小限のもの，容器は再使用できるものを選ぶ．
d) 騒音，振動は近隣に与える影響を最小限にする．
e) 工事用仮設資材は再使用可能なものを優先的に選ぶということに基づいて適切に処理する．
f) 仮設照明は不要時には消灯する．
g) 廃棄物は分別し，法に則った廃棄を行う．
h) 緊急事態を特定し，発生に対する予防，緩和，監視，測定，対応手段を検討する．
i) 設備機器の配置計画では，メンテナンス性，更新の容易さなどを考慮し，長寿命化を図る．
j) 最新の関連法規に則った計画をする．

2・3 施工管理

施工管理は多岐にわたるが，ここでは予算面，安全面，品質面について述べる．

2・3・1 予算管理

設備工事は，顧客が提供する資金を有効に活用し，顧客の要求する機能を具現化し，顧客のニーズに適した設備を提供することを目標とする．

施工に際しては，最小の費用で最大の効果を生むよう検討を行い，原価を管理する計画書として実行予算書を作成する．この予算書に添った管理を行って，資金面を満足し目標とする機能をもった設備を顧客に提供できる．契約後に発生した設計変更に対しては変更部分に対して顧客と契約を変更し，実行予算書に反映させる．作成した実行予算書は，必要な承認を得て執行する．

〔1〕 実行予算の作成

実行予算書は契約書，設計図書，見積書を基に，施工計画を原価の面から検討し作成する．建築工事や他設備との工事区分を明確にして工事範囲を確定し，原価を低減するための，合理化案・コストダウン(VE・CD)の検討を行うことが重要である．

予算書作成の要点を次に述べる．
1) 工事原価の工事費目を購買の面から材料費，労務費，外注費，諸経費に再構成する．
2) 材料費には，直接購買するものと，外注工事に材料を含めて発注するものがある．材料の内訳には各種機器類，管材・継手，弁類，タンク・水槽類，各種製品(防振装置，吹出し・吸込み口，ダンパ，チャンバ，CAV・VAV，フレキシブルダクト，排水金物，消火栓など)，自動制御機器，制御盤，計測機器，衛生器具，排水ますなどがあり，契約書を基に仕様，数量を拾い出し，落ちのないよう整理する．

各材料の仕様・数量を検討し，複数のメーカーから見積をとり，値段を折衝し，予算額を決定する．メーカーの決定は発注者の承諾を得て行う．
3) 外注費は使用する材料も含んでおり，支給する材料と突き合わせて，見落しがないよう注意する．工事範囲に重複や抜落ちがないよう調整し，工事業者の力量を判断して，複数の業者から見積をとって折衝し，予算額を決定する．主な工事と内訳，注意点を次に示す．
a) 搬入据付け工事：機器の搬入据付け方法を検討しておく．建築関係者と協議・調整が必要で，工事の早期に搬入に伴う依頼をする必要がある．重量機器の搬入方法は特に専門的な判断が必要で，メーカーと早期に搬入形態を打ち合わせておく．
b) 配管工事：管材，継手，弁類などの支給範囲を決める．内訳は配管工費，弁

類組立て取付け費，器具類取付け費，支持金物，固定金物，機器接続費，消耗品雑材料，スリーブインサート費，試験費など．プレハブ工法採用などで条件が変わるので，まず工法を確定する．

c） 冷媒配管工事：管材などの支給範囲を決める．内訳は配管工事費，渡り配線工事，室内機器取付け費，室内の操作器・センサなどの取付け配線費，継手類，支持金物，固定金物，消耗品雑材料，スリーブインサート費，防火貫通処理費，試験費，冷媒充てん費など．屋外配管の架台・仕上仕様などを明確にする．

d） ダクト工事：鉄板，スパイラルダクト材料・継手，ダンパ，チャンバ・ボックス類などの支給範囲を決める．内訳は角ダクト製作取付け費，スパイラルダクト材料・取付け費，その他仕様のダクト取付け費，小型ファン取付け費，ダンパ・器具類取付け費，支持金物，固定金物，点検口・測定口取付け費，箱入れインサート費，消耗品雑材料など．ダクトの形状，貫通部処理などの工法を確定しておく．天井開口に伴う墨出しなど工事範囲を明確にする．

e） 保温工事：機器，配管，ダクトの保温仕様，範囲を確定しておく．内訳は機器保温工事，配管保温工事，ダクト保温工事，消音工事など．

f） 塗装工事：塗装範囲，仕様を決めておく．文字標識の方法を検討しておく．

g） 計装工事：盤類の支給範囲を決める．内訳は配管・配線材料，ボックス類，プリカチューブ類，配線ラック，盤類据付け費，配管配線工事費，機器取付け費，スリーブインサート費，試験調整費など．

h） その他，屋外工事，本管引込工事，各種消火設備工事，都市ガス工事，穴開け埋戻し工事，雑工事などがある．

4） 諸経費には人件費，労災保険料，事務所費用（動産賃貸料，不動産賃貸料，通信費，光熱費水代，事務用品），運営費（出張旅費，交通費，交際費，現場雑費），損害保険料，租税公課，納入試験費，仮設損料，環境対策費，雑費などがあり，現場の規模，施工条件，期間などから算出する．

〔2〕 実行予算の管理

実行予算を基として，実際の購買はさらにコストの検討を行って実施し，予算書に記録して実施状況を予算管理をする．注文書，請求書などの購買記録は重要な記録であり，検査にも明確に説明できるよう，整理して保管する．予算額を超えた発注は経営に重大な影響を及ぼすので，基本的に許されない．出入金の管理では，納入した材料，出来高を査定した施工済みの工事に対しては速やかに支払い，発注者への請求を工事の進捗状況を見ながら支払いとバランスさせるよう管理していく．

〔3〕 設計変更の対応

設計の細かい部分の再調整や工事が開始された後に顧客のニーズが変わるなどで，設計が変更されるケースもある．進行している工事の状況を考慮し，設計変更が影響を及ぼす範囲を明確にし，設計変更に伴う変更工事の見積を提出する．ややもするとこの処置が遅れ，発注者側の予算措置がなされないケースも生じることもあるので注意が必要である．設計変更が生じた場合は，指示された記録や購買先への指示を記録し保管しておくことが必要である．

2・3・2 安全衛生管理

安全は単独で存在するのではなく，工事施工の一つ一つの作業に内包されている．したがって，安全管理のない工事施工は存在しない．また，一つの作業は他の作業と深い関連をもっており，全体の安全を確保する視点で，一つ一つの作業の安全を細かく管理することが重要である．特に建築現場は組織が異なり，危険度の異なる多くの職種が混在していることから，他の職種との関連を知らないまま作業をすることは，例えば安全通路にかかる作業で通行者の安

全を脅かしたり，床の開口部を放置して墜落事故を起こさせたり，不十分な手すりを放置し転落事故を発生させるなど，危険な状態を生じさせる．このことは，作業所全体で安全衛生組織を組む必要を意味しており，それぞれの作業の危険度に応じた管理の手法をとるとともに，規律を定めて作業所全体に周知徹底し，効率良く作業を進めていくことが必要である．

また，安全に対する多くの諸規則が制定されている．これを熟知し，これから行おうとする作業の危険要因に対処する想像力を養い，労働災害防止を計画していくことが安全衛生管理の基本である．全産業のうち，建設業の労働災害は大きな割合を占めている．このことは，さらなる継続的管理の必要を意味している．

一方，作業現場に人を送り出す組織としては，組織内に安全衛生管理体制を整え，基本的な安全管理技法を習熟させてから送り出す義務を負う．本社での安全教育を終えて作業現場に就労し，日々の安全衛生管理を実践して労働災害防止を推進しなければならない．

〔1〕 **安全衛生組織体制**

労働災害防止に関して，労働安全衛生法には安全衛生管理体制を敷くこと，労働者の危険・健康障害を防止する措置を講じることなどを明記している．また，管理体制として事業場には規模により変わるが，本社に総括安全衛生管理者，安全管理者，衛生管理者，安全衛生推進責任者，安全衛生委員会，作業現場に統括安全衛生責任者，安全衛生責任者，元方安全衛生管理者，作業主任者などを置くこととしているほか，安全衛生教育，就労制限などについて規定している．

以下に，本社および個々の事業場における管理体制について列記する．

1) 本社における管理体制
   a) 総括安全衛生管理者：労働者が常時100人以上となる事業場に置き，安全管理者，衛生管理者を指揮し安全衛生業務を統括する．
   b) 安全管理者，衛生管理者：労働者が常時50人以上の事業場に置く．
   c) 安全衛生推進責任者：労働者が10～50人の事業場に置く．
   d) 安全衛生委員会：労働者50人以上の事業場に設置し，毎月1回以上開催し，労働者の危険防止，労働災害の原因および再発防止対策，他を行う．

2) 個々の事業場単位の管理体制
   a) 統括安全衛生責任者：請負関係の業者が混在し，労働者が50人以上となる事業場に置き，元方安全衛生管理者を指揮し，安全衛生を統括管理する．
   b) 安全衛生責任者：統括安全衛生責任者の選任を要しないすべての関係事業者（元請，下請を問わない）で，実際に当該現場で作業を行う事業者は，すべて安全衛生責任者を選任する．元方には元方安全衛生管理者を置く．
   c) 作業主任者：「資格がないとしてはならない作業」，「資格を有する作業主任者を専任し，労働者の指揮監督が必要な作業」，「作業指揮者を指名し作業を直接指揮させなければならない作業」，「監視人を配置しなければならない作業」などが法令で決められている．このうち，作業主任者を置く主な作業には，ガス溶接作業，地山の掘削作業，土止め支保工作業，型枠支保工の組立などの作業，足場組立などの作業，ボイラ据付け工事，酸素欠乏危険作業，建築物などの鉄骨組立などの作業，有機溶剤作業，ほかがある．
   d) 協議会：特定元方事業者が設置，運営し，すべての関係請負人が参加する．定期開催とし毎月1回以上開催する．

〔2〕 **日々の安全管理**

安全管理は，しっかりした管理体制の下で，日常の作業で安全施工サイクルを実施し，現場の全員に参加意識をもたせる活動とすることが大切である．次のような日常の安全活動がある．

1) 新規入場者教育：新しく入場し作業する者に作業所のルールを教える．
2) 安全朝礼：その日の作業と注意点を全員に徹底する．
3) 作業開始前危険予知(KY)ミーティング　各作業班の作業内容，作業手順，他業種との約束，注意点などを作業員に徹底する．
4) 巡視点検：作業状況，作業場所を点検し，予期しなかった状況を調整し，次の作業へつなげる．
5) 工程打合せ：作業進捗状況を把握し，作業間の工程を調整し，効率的な工事の進捗と安全確保を行う．
6) 作業後の片付け：次の日の作業，次の工程を効率良く進められるよう整理・整頓に留意し，作業後は片付清掃を行う．
7) 安全意識の向上：「安全標語を掲示する」，「安全週間行事」，「安全表彰」などを実施し，安全意識向上を図る．

〔3〕 **安全衛生管理の具体例**

安全で能率の上がる作業環境を整備し，作業員の健康と安全を守り，作業効率を向上させる．主な管理の例を挙げて列記する．

1) 作業場所の環境
   a) 作業場所の床面は，つまずき，滑りなどがないこと．
   b) 安全通路を定め表示する．通路には，通行の妨げになる材料，機械などを置いてはならない．通路幅は80 cm以上，有効高さは最低1.8 m以上とする．こう配が15度を超える場所は踏桟など滑止めを付ける．
   c) 通路の採光は通行に支障のない明るさを保持する．作業場所の採光は，作業に必要な照度を確保する．
   d) 危険箇所を表示し，注意を促す．また墜落危険のある場所や足場組立作業，クレーン作業，有機溶剤の取扱い作業，酸素欠乏危険箇所など危険作業場所への立入禁止処置をとり，表示して作業者へ周知する．

2) 墜落，飛来落下防止
   a) 脚立の使用は2 m未満とし，滑止めの付いた丈夫な構造で，損傷のないものを使用する(図2・6)．
   b) 高所作業では，作業に適した保護帽，安全靴などを着用し，安全帯を使用する．
   c) 高所作業では，安全で作業性の良い作業ができるよう作業に適した作業者を選定する．
   d) 脚立は，がたつきのない場所に設置し，天板上に立って作業しない．
   e) 脚立に足場板を乗せて使用する場合は3点支持とし，脚立に固定する．2枚重ねの場合は2点支持以上とし，両端を固定する(図2・7)．
   f) 移動式組立足場(ローリングタワー)(図2・8)の解体・組立は作業指揮者が，5 m以上では作業主任者が必要．
   g) 移動式組立足場には昇降設備を使って昇降し，ストッパはかならずかける．

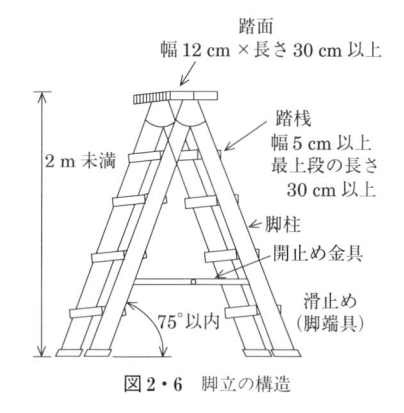

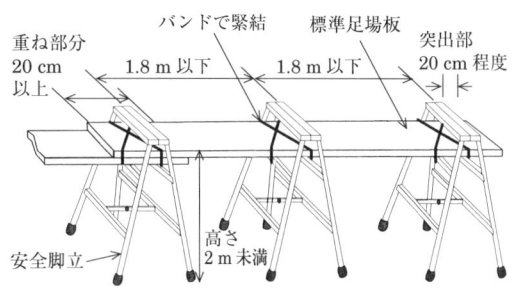

図2・6　脚立の構造

図2・7　足場板の3点支持

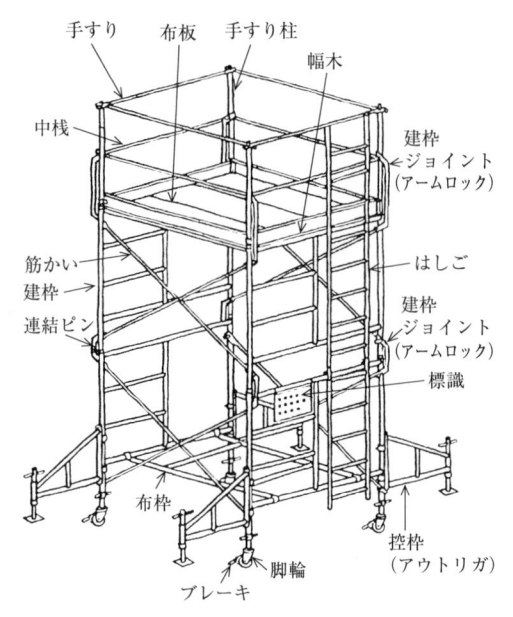

図2・8 移動式組立足場

（図中ラベル：手すり、布板、手すり柱、幅木、中桟、建枠ジョイント（アームロック）、筋かい、建枠、連結ピン、はしご、建枠ジョイント（アームロック）、標識、布枠、脚輪、ブレーキ、控枠（アウトリガ））

h) 開口部は75 cm以上の手すり，幅木を取り付け，小さな開口部はふたをして落下防止する．

i) 作業床のすきまは3 cm以内とする．

3) 感電事故の防止

a) 使用する電気工具は二重絶縁処理がされているか，アースがされているものを使用する．

b) コードは損傷のないキャブタイヤコードを使用し，架空配線などで保護する．

c) 漏電遮断器を取り付け，感電事故を防止する．

d) アーク溶接器では電撃防止器の作動を確認する．

4) 火災防止

a) 火気の取扱いは火気使用責任者を決め，引火，着火の危険がない場所に限定する．引火の危険がある有機溶剤を使う作業の近傍は禁止．

b) 火気取扱い場所は立入禁止表示をし，消火器と消火バケツを置く．

c) 十分な換気を確保する．

d) 喫煙場所を指定し，歩行中の喫煙は禁止する．

5) クレーンによる災害の防止

a) クレーンなどは，定格荷重を超えて運転しない．ジブの傾斜角は制限範囲内で使用し，角度によりつり上げ荷重が異なるので，作業半径を正確に測定する．

b) 荷をつり上げるワイヤの大きさは安全係数6を確保し，つり角を考慮して長さを選定する．必要に応じて繊維ベルト，養生材を使用しワイヤによる傷付きを防止する．

c) 作業範囲内立入りを表示する．特につり荷の下への立入りは禁止．

d) 風速に注意し，強風下での作業はしない．

〔4〕 作業主任者の設置

法令で18の作業に作業主任者を必要としている．主な作業と注意事項を以下に列記する．

1) 酸素欠乏危険作業

a) 酸素欠乏とは，空気中の酸素濃度が18％未満である状態をいう．また，硫化水素濃度が10 ppmを超えた状態では硫化水素中毒が発生する．

b) 酸素欠乏症や硫化水素中毒にかかるおそれのあるマンホール内，ピット，タンク内部などにおける作業は，資格をもった作業主任者を置き，特別教育修了者に作業させる．

c) 作業時は立入禁止表示をし，作業場所の換気を行い，作業前に酸素濃度，有害ガスの有無を確認し，保護具，作業監視人を置くなど安全措置をとる．

2) ガス溶接作業

a) アセチレンガスなどを用いて行う溶接・溶断作業は，技能講習修了者に作業させる．

b) ガスボンベは転倒防止の措置をし，直射日光を避け通気の良い40℃以下の場所で保持する．また，逆火防止装置を付け空充表示する．

c) ガスホースは，劣化や吹管との接合

d) 溶接，溶断した破片や火の粉は火災事故の原因となる．確実に処理をする．
　3) 足場組立作業
　　　a) 足場の組立・解体作業は作業指揮者を置き，作業に習熟した作業者が行う．つり足場，張出し足場，または5m以上の構造の足場では，足場組立には作業主任者を選任して，その者が作業指揮をとる．
　　　b) 足場からの飛来落下防止措置，壁つなぎ，手すり，床などの構造を整備し，点検する．
　　　c) 足場組立には作業主任者名，関係者以外立入禁止，最大積載荷重，使用責任者名などを表示する．

〔1〕～〔4〕とわたり，安全衛生管理の概略を述べたが，実際の作業にあたっては「設備工事業者のための安全衛生管理必携」(㈳東京空気調和衛生工事業協会)などを参考に，さらに細かい管理が必要である．

2・3・3　品質管理

品質管理の手法と，施工要領書，施工図，製作図，検査について述べる．

〔1〕 品質管理の手法

品質管理(Quality Management : QM)とは，顧客の要求にあった品質の品物またはサービスを経済的に作り出すため，統計的手法を用いて事実・データの把握を行い，その事実・データに基づき一連の管理を行うことである．この管理の段階には，次の四つのステップがある．
1) 計画・設計(Plan)：仕事前にしっかりした計画を立てる．
2) 施工(Do)：計画に基づいて，そのとおり実施する．
3) 試験・検査(Check)：その結果が計画どおりかチェックする．
4) 調査・改善(Action)：その結果を見直して改善していく．

施工の段階としては，「施工組織の制定」から，「施工計画の立案」，「具体的な施工方法を検討と施工要領書，施工図の作成」，「購買と施工」，「施工状態の試験・検査」，「所定の品質を確保した設備として顧客への引渡し」，「アフターサービス」などがある．このPDCAの管理サイクルを基本として各段階を管理し，結果を見直して継続的改善を図っていく．

顧客へ引き渡した設備の品質は，材料，加工組立状態，機器の据付け状況，装置としての機能などについて，① 機能の確保，② 使用者に対する便利さ，③ 保守管理の難易，④ 美観，周囲との調和，⑤ 設備の寿命，⑥ 工事費の節減，⑦ 経常費の軽減，などを判定の基準として評価される．

(a) ISO基準による手法

国際的な基準によって客観的に評価を得られる管理手法として，ISO 9000 s 品質マネジメントシステムが広く取り入れられている．この規格では，経営者が品質方針を設定し品質に関与することや，顧客の要求事項を実現するため，計画・設計・製作などの各プロセスを明確にし，管理目標を定め，次工程への引渡し手順を明確にし，必要な記録を作成すること，目標の達成を見直し，経営者が評価することなどが求められる．

顧客に対しても，品質管理に要求される事項の実施状況を，第三者による監査を受け証明できることで，品質保証レベルを客観的に説明できる．

またこのシステムは設備を稼働してみなければ本来の性能検証ができない，引き渡した後に施工の瑕疵(かし)による欠陥が問われる，などの問題に対しても，使用機器・材料の受入れ検査，施工中の工程内検査，最終検査を行って顧客が必要とする機能を検証して引き渡し，管理の手法・レベルを明確にして記録を残すことで，引渡し後の瑕疵の検証にも有効な手法である．

(b) QM手法による方法

品質管理の手法として，チェックシート，ヒストグラム，パレート図，特性要因図，層別，

散布図，管理図などを活用して，これらのデータを分析し，施工の各段階で改善を図っていくことが必要である．次に手法について主なものを説明する．

1) チェックシート：あらかじめ作業に対してチェック事項を一覧表にしておくと作業の手違いを防ぐのに有効である．施工図作成リスト，施工チェックシート，検査チェックシートなどがある．
2) パレート図：問題の要因を項目別に，出現率の大きいもの順に並べ，累積和を併記した図．重点項目を絞り込みやすい．図2・9に例を示す．
3) 特性要因図：問題点の要因を系統的に表示して分析し，対策の取り方を検討する．要因の大きなものから，小さなものまでを

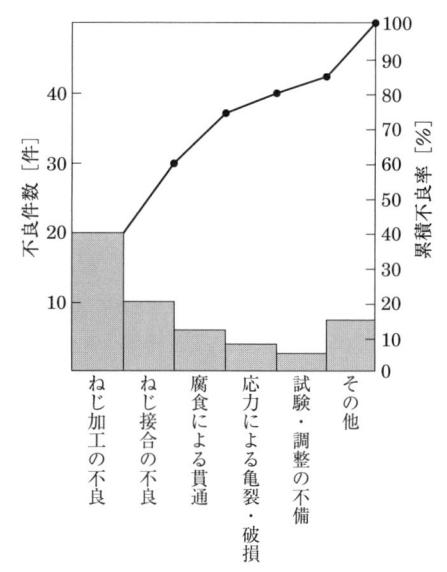

図2・9 パレート図（給水管の早期漏水原因）[1]

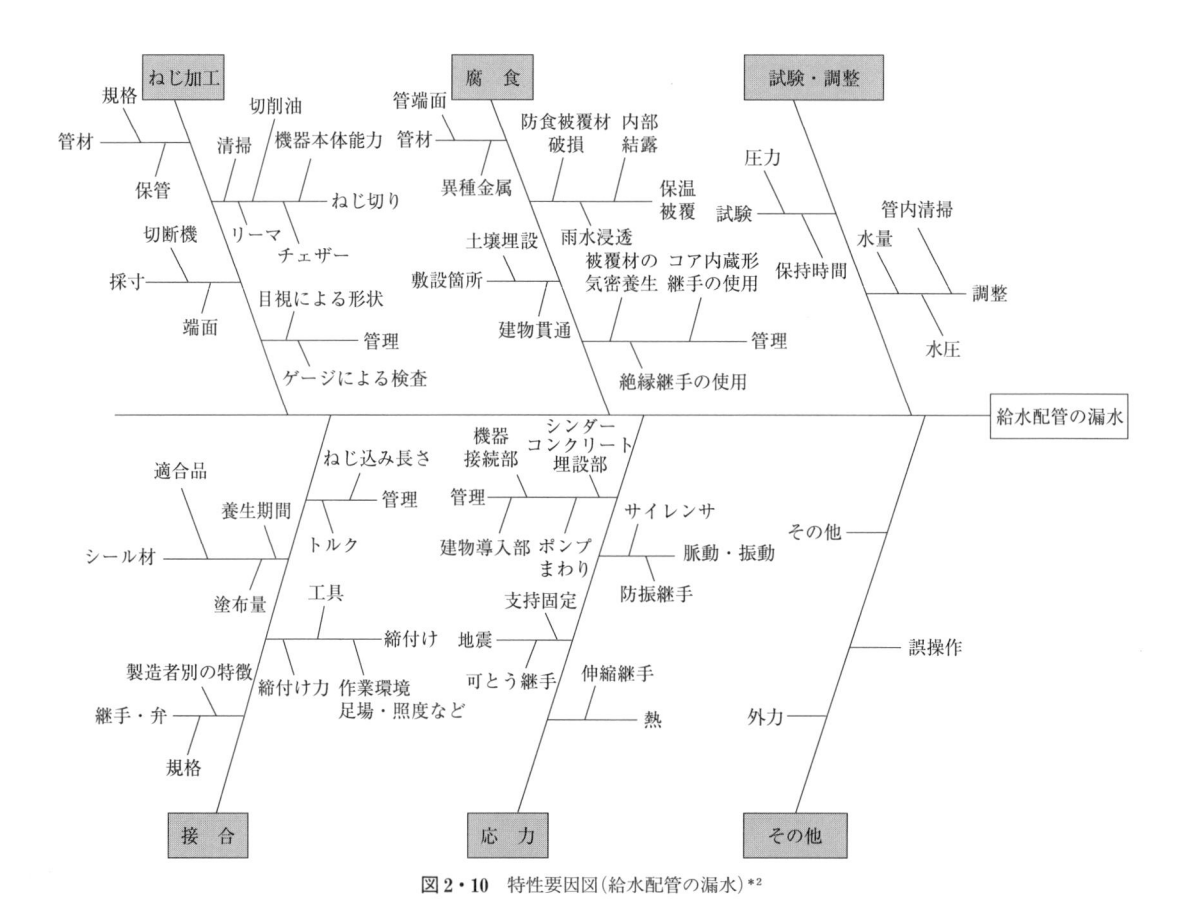

図2・10 特性要因図（給水配管の漏水）[2]

---

[1] (財)全国建設研修センター編：管工事施工管理技術テキスト技術編（第Ⅱ巻），p.302，全国建設研修センター（2004年）
[2] 同上

系統的に表現でき，見落しを防ぎ対策を系統的に検討できる．図2・10に例を示す．

顧客に対しては，その工事がどのような方針の下で，どのような管理体制で，どのような水準で行っているかを客観的に説明することで評価が得られる．

〔2〕 施工要領書

設計図，仕様書などの文書を基に具体的な施工をする際，施工図に表しきれない使用材料の規格や，施工手順，納まりの詳細などを施工要領書にまとめ，作業の指示・確認をする．作業の均一化が図れ，特殊な作業に対しても施工方法の指示が容易となる．施工要領書を作成する主なものを次に列記する．

1) 機器工事
 a) 梱包要領
 b) 搬入要領
 c) 基礎，据付け要領
2) 配管工事
 a) 管，継手，弁類など使用材料の規格
 b) 接合手順(ねじ接合，溶接接合，特殊継手施工法)
 c) 管支持，固定手順，耐震施工手順
 d) 貫通部処理(壁貫通処理，床貫通処理，防火処理，防水処理)
 e) 使用流体による注意(蒸気配管，油配管，冷媒配管)
 f) 温度計，圧力計，制御機器，水栓類の取付け方法
3) ダクト工事
 a) 角ダクトの板材，板厚
 b) 組立，接合，支持・固定方法(フランジ工法，共板工法)
 c) スパイラルダクトの板材，板厚，支持・固定方法
 d) 貫通部処理(壁貫通処理，床貫通処理，防火ダンパ取付け方法，防火区画処理，防水処理)
 e) 器具類の取付け方法
4) 保温工事
 a) 機器類の保温(対象機器，保温材，仕上材)
 b) 配管の保温(対象流体，保温材，仕上材)
 c) ダクトの保温(対象範囲，保温材，仕上材)
5) 塗装工事
 a) 防食塗装
 b) 機器類の塗装(範囲，塗装色，名称表示)
 c) 配管類の塗装(範囲，塗装色，系統の識別)
 d) ダクトの塗装(範囲，塗装色，系統の識別)
 e) 識別表示
6) 計装工事
 a) 盤類の据付け
 b) 計装機器の取付け
 c) 配管，配線，ラックの取付け，結線，防火貫通処理
 d) 調整

〔3〕 施工図(目的・種類・作図の要点)

設計図を基に，設計図の意図が正確に具現化できるよう，施工情報を施工図に描き込む．作図では作業者が誤った判断をしないよう，また情報が正確に伝わるよう表現する．施工図は設備の仕上りや施工しやすさを左右する大きな要因となるので，作図にあたっては次のことに留意する．

1) 建築および他の設備との納まり，関連性を検討し調整を図る．
2) 現場作業ができるだけ簡単になり，作業効率が上がる工法とする．
3) 運転しやすい，維持管理しやすい設備とする．
4) シンボル，記号を統一し，文字数字は明確に書き，わかりやすい寸法表示とする．
5) 作図した部位が建物のどの位置かを示すキープランをつける．
6) 変更は，変更部分と月日を明示し最新版を配布し，旧図面を回収する．

施工図作成上の注意点を列記する．

1) 建築関係との調整
   a) 梁貫通スリーブの大きさと取付け場所の制約
   b) 天井高さ,床仕上高さ,天井内有効寸法
   c) シャフトの位置と有効面積,上下関係のつながり
   d) 点検口の位置,大きさ
   e) 天井伏と器具の配置
   f) 機械室の扉と機器の搬入条件
   g) 機械室の床強度と機器の配置
   h) 防火区画,排煙区画
   i) 給排気がらりの位置,大きさ,有効開口率
2) 電気関係との調整
   a) 幹線ルートとの取合い
   b) 分電盤,制御盤との取合い
   c) 照明と機器スイッチ,自動制御センサの配置
   d) 機械室の照明配置
   e) 天井配置器具の取合い
3) 機器の配置
   a) 保守,修繕,搬入,搬出の検討
   b) 防音,防振,耐震の検討
   c) 法的な制約
   d) 衛生器具の取付け位置,高さ

〔4〕 製 作 図

機器類は製作図で仕様を決めて購入する.大型機器はもとより小さな機材まで,型番だけでは特定できないものなど,前もって製作図で打ち合わせる.

製作図のチェックポイントを次に示す.
1) 設計図,仕様書の条件に合致しているか.
2) 運転管理,維持管理,運転効率,寿命はどうか.
3) 入力条件(電気容量,電圧,ガスの種類)はどうか.
4) 据付け,取付け,配管,ダクト,電気などの接続はどうか.
5) 形状,色はどうか.
6) 点検口,付属品,予備品.
7) 見本,工場検査は必要か.
8) 納入時期,発注時期.

〔5〕 検査(受入れ検査・中間検査・チェックリスト)

品質を管理して施工した設備として,品質を保証して顧客へ引渡しできるよう,工事の開始から完成に至るまでの各段階で必要な検査を行っておく.

(a) 受入れ検査

作業現場に搬入された機器・材料は受入れ検査を行い,注文条件を満たしているか,損傷はないかを検査し,納品書などに確認の記録をする.発注者が記録を求める場合もある.不合格であった場合は,明示して管理し,速やかに搬出する.

(b) 工 場 検 査

工場で機器の検査をする場合は対象機器の品目,検査内容をあらかじめ決めておく.

(c) 工程内検査

工程内で行う出来形,水圧検査などの検査手順,判定基準を文書化し実施する.主な検査項目を表2・4に示す.

(d) 完 成 検 査

工事完成時には施工の仕上げをし,機器を稼働して,発注者が各設備に要求している機能を満足するか自主検査を行う.また諸官庁の完成検査を受け,すべての工事を終了したことで,発注者に完成検査を申し込み設備を引き渡す.

表2・4 工程内検査と検査内容

外観検査	配管,ダクト,保温,計装など各工事の施工の出来形を施工図,要領書を基に検査する.
水圧試験	配管系統は規定水圧で規定時間保持し,漏水のないことを確認する.
満水試験	排水管に水を張って漏れのないことを確認する.
気密試験	冷媒配管は,規定の圧力で漏れのないことを確認する.
排水試験	空調ドレン管は,水を流して流れの状態を確認する.
防火区画処理検査	配管の防火貫通処理,ダクトの貫通処理,防火ダンパの取付けを検査する.

表2・5 自主検査と検査内容

空調設備	配管系統	配管に水を張り,ポンプを運転し,水圧,水量,騒音・振動など運転状態を調整する.
	熱源装置	電源,ガスの供給を受け冷温水発生機,ボイラなどの熱源機器を試運転調整して機器の性能を確認し,運転して冷水,温水を供給する
	パッケージ型空調機系統	冷媒配管は真空引をして,冷媒を充てんし,機器を運転して運転状態を調整する.
	空調系統	フィルタを装てんして,空調機を運転し送風量,送風温度,湿度,気流,じんあい,騒音などを調整する.
	換気系統	換気ファンを運転し,換気状態を調整する.
	自動制御	制御の状態,中央監視設備からの操作,表示状態を調整する.
	排煙系統	設備を稼働させ,法に定められた性能を満足していることを記録する.
衛生設備	給水系統	市水を引き込み,給水管に水張りする. 各水栓の吐水状態を調整する.
	給湯系統	給湯管に水張りし,各水栓の吐水状態を調整する. 給湯設備を稼働し,給湯状態を調整する.
	排水系統	雑排水管,汚水管の通水状況を確認する.
	消火系統	消防用設備の設置届を提出し,検査を受ける.
	燃焼ガス系統	燃焼部でガス供給会社による着火試験をする.

検査漏れや時期遅れが発生しないよう「試験・検査計画書」を作成しておく.

(i) 自 主 検 査

未済部分を探し,施工を完成させる.また,不具合いがあれば手直しする.各設備の主な検査内容を**表2・5**に示す.

(ii) 官 庁 検 査

完成検査の申請を発注者が行う場合は,検査準備ができたことを報告する.現地検査を必要とする検査は,現場全体に通知して検査体制を整え,関係官庁と日時を打ち合わせる.自主検査データが必要なものなど検査工程を組む.

(iii) 完 成 検 査

すべての検査を終了し,発注者またはその代理人による検査を受け,設備を引き渡す.検査時には,次のものを用意する.

1) 契約書,設計図,仕様書
2) 施工図,要領書,機器製作図,工事記録
3) 検査報告書,試運転記録,工事写真,予備品,工具類
4) 検査用品(脚立,懐中電灯,上履,作業着など)

参 考 文 献

1) 全国建設研修センター編:管工事施工管理技術研修用テキスト技術編(第II巻),全国建設研修センター(2004年)

第3章 共通工事

3・1 躯体関連工事

建築設備工事において，建築躯体施工時の機器の基礎，スリーブ・箱入れ，アンカボルトなどの工事は先行施工となり，その良否は後続施工への影響はもちろん，施工全体の良否に大きく影響する．したがって，この段階で十分な計画と関連する設計者や建築工事担当者などと十分な打合せを行っておくことが重要である．

3・1・1 基 礎

〔1〕 基本事項

基礎は一度打設されると変更が容易ではないので，以下の点について十分な検討が必要である．

1) 機器の配置：法令の技術基準に適合していることはもちろん，壁体からの保有スペースや保安装置の点検スペースおよび将来の機器の入換えなどを考慮しておく．
2) 設置床面：機器と基礎の合計重量に耐えうる床版強度があること．基礎は，駆動部をもつ冷凍機などは機器運転荷重の3倍以上の荷重に十分耐える基礎，ボイラなどは満水時重量の3倍以上の長期荷重に耐える基礎とする．また，床の固有振動数と機器の強制振動数が一致すると共振を起こし振動が大きくなるので，おのおのの振動数が十分離れていることが必要である．
3) 防水対策：屋上や中間階の機械室などの防水が施される床面に設置する基礎は，防水対策が最も重要となる．防水層巻上処理の不十分や箱抜アンカ部の埋戻しの不備によるアンカ部からの下階への漏水が発生するおそれがある．
4) 耐震対策：機器が地震により水平方向の荷重や鉛直方向の荷重を受けた際に，転倒や横滑りなどを起こさないようにスラブまたは梁の鉄筋と緊結をし，躯体と一体構造とすること．
5) 防振・耐震対策：防振基礎の場合は，ストッパを設け，間接的に転倒や横滑りを防止するが，ストッパ金具はこれらに十分耐えられるように強固に取り付ける．

〔2〕 施 工

（a） 基礎の形状

基礎の形状は，機器の種類や用途によって異なるが，大きく分けてべた形状，梁形状，独立形状などである（図3・1）．

また，設置面が土壌などであれば，梁形や独立形でも基礎の転倒を防止するために下部をべた基礎状にする．

また，冷凍機やボイラは重量や振動防止の点からべた形状，飲料水用のタンクは天板，側板と同様に底板の点検ができるように梁形状とすることが多い．

（b） 基礎の打設

基礎の型枠は合板または鉄板で製作するのが一般的である．合板製は養生期間経過後取り外すので，モルタル仕上げを行わない基礎は，表面にジャンカ（砂利が見え凸凹の状態）ができないように注意をする．鉄板製は工場で加工し，養生期間後も取り外すことなく表面に塗装を施し使用するので，便利で見た目もきれいであるが，腐食の面から屋外や多湿箇所では避けたい．

基礎に使用するコンクリートは，普通コンクリートのレディーミクストコンクリートとす

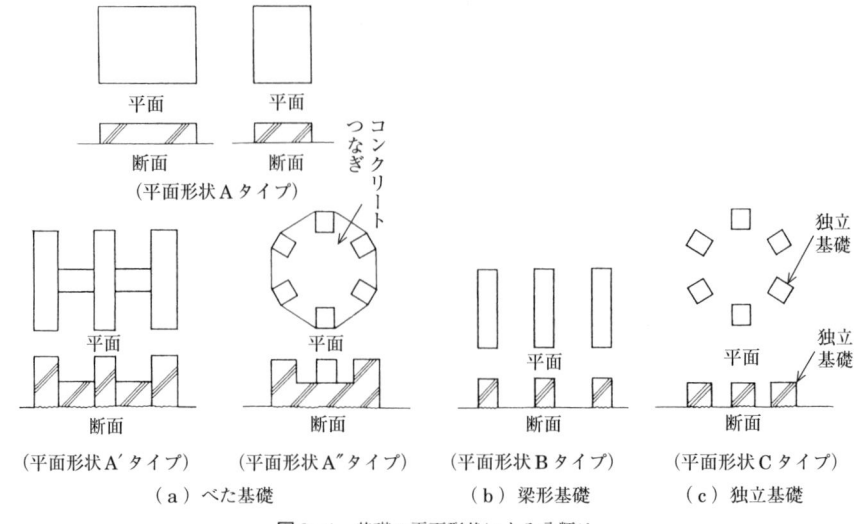

図3・1 基礎の平面形状による分類[1]

る．一般的な設計強度は 18.0 N/mm² 以上，スランプは 18 cm 以下とする．機器を据え付けるまでの養生期間は，10 日間以上必要である．

屋外に設置する基礎の根切りは，型枠の組立て，取外しを見込んだ大きさとする．根切り底に割栗石を敷き十分締め固めるが，このときに使用する割栗石の大きさは，最大寸法 45 mm 程度である．また，捨てコンクリートの厚さは 60 mm 以上必要である．基礎はこの上に墨出しを行い，位置決めをしてから設ける．

基礎はコンクリート割れを生じないよう，高さのある基礎は座屈を起こさないよう，および床版と緊結するために鉄筋を入れる．また，使用する鉄筋は異形鉄筋または丸鋼とする（**図3・2，図3・3**）．

(c) 基礎のアンカ

地震時には，機器に水平荷重と鉛直荷重がかかるので機器の重量に適した固定をしなければならないが，アンカの強度だけでなく，基礎となるコンクリートの強度についても検討する（**図3・4**）．

アンカボルトの選定については以下のとおりである．

1) 材質・径については，地震時の水平荷重と鉛直荷重での引抜き力とせん断力に耐えうる強度とする（**図3・5**）．
2) 基礎のアンカは，一般に隅角部や辺部に

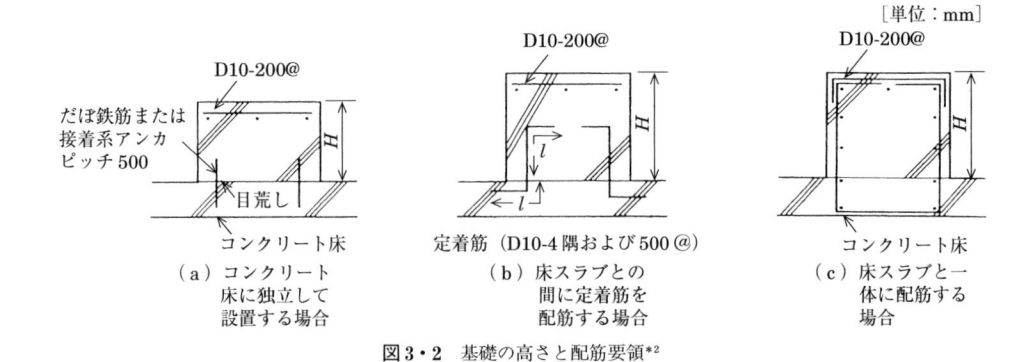

図3・2 基礎の高さと配筋要領[2]

---

*1 空気調和・衛生工学会編：空気調和・衛生工学便覧，第11版，Ⅰ巻，p.587（1987年）
*2 公共建築設備工事標準図(16年度版)，施工25，公共建築協会

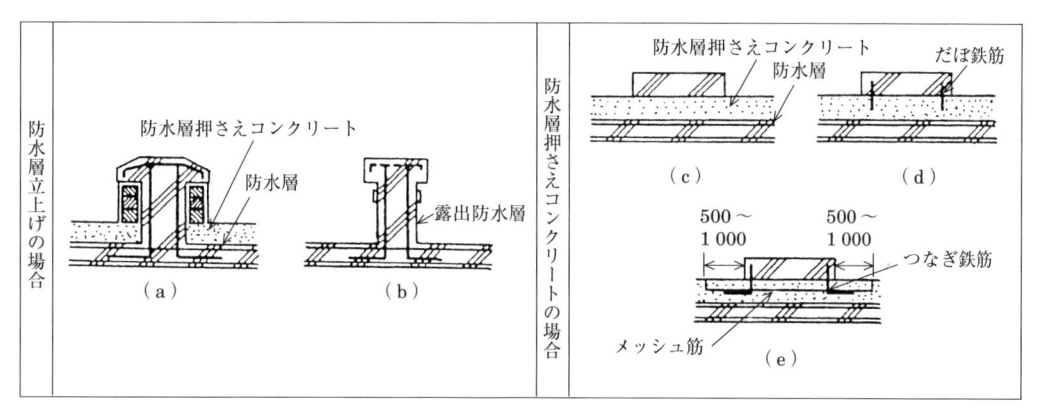

図3・3 防水対策を必要とする基礎[1]

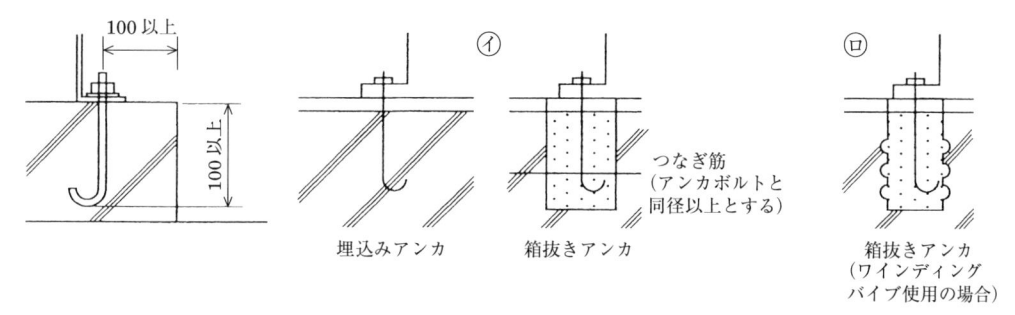

図3・4 アンカボルトの取付け要領[2]

表3・1 コンクリート基礎の高さとアンカボルトの適用例[3]

機器名	基礎の高さ H [mm]	基礎およびアンカボルトの適用例						基礎標準型式
		(a)		(b)		(c)		
		イ	ロ	イ	ロ	イ	ロ	
ポンプ	標準基礎 300	○	△	◎	△	◎	△	べた基礎
	防振基礎 150	○	△	◎	△	◎	△	
送風機	150	○	△	◎	△	◎	△	べた基礎
空気調和機(屋内)	150	○	×	◎	×	◎	×	べた基礎
ボイラ，温水発生機および冷凍機	150	×	×	△	×	◎	×	べた基礎
空気熱源ヒートポンプユニットパッケージ型空気調和機の屋外機	150	○	△	◎	△	◎	△	べた基礎
	500							梁形基礎
受水タンクおよび高置タンク	500 [※1]	×	×	×	×	◎	×	梁形基礎
上記を除くタンク類	150	×	×	○	×	◎	×	梁形基礎
冷却塔	防水層あり 500	○	×	◎	△	◎	△	梁形または独立基礎

注 1) 表中の(a), (b), (c)は図3.2を参照, イ, ロ, は図3.4を参照とする.
  2) ◎印は適用してもよい.
    ○印は1階以下中間階に適用してもよい.
    △印は1階以下に適用してもよい.
  3) (b)の定着筋の埋込長さ l は定着筋径 d の35倍以上とする.
  4) 接義系アンカは◎印と○印に適用してもよい.
  ※1. 架台を含めタンク底部から 600 mm 以上を確保する.

---

[1] 空気調和・衛生工学会編：建築設備の耐震設計施工法(1997年)
[2] 公共建築設備工事標準図(16年度版), 施工24, 公共建築協会
[3] 同上, 施工25, 一部加筆・修正, 公共建築協会

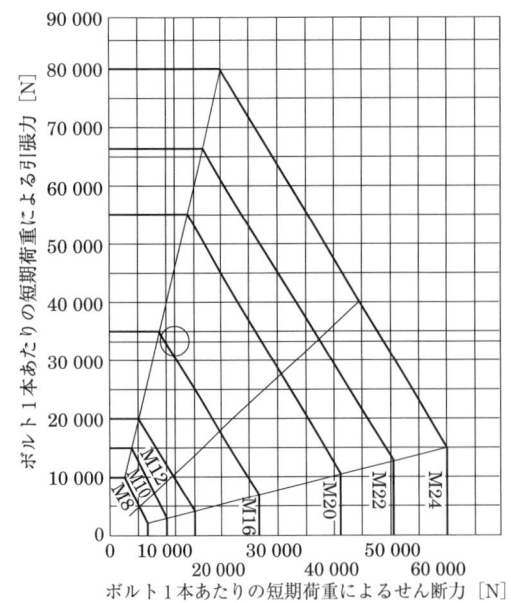

図 3・5 SS 400 中ボルト許容組合せ応力図[*1]

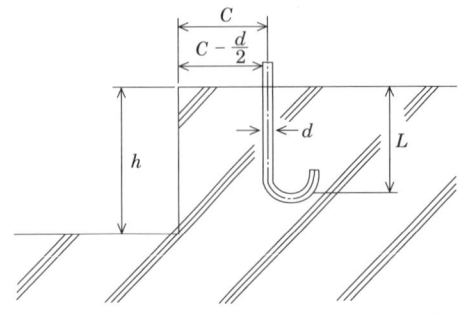

注
1) コンクリートの強度は，通常の 18 N/mm² 以上とする．
2) ボルトの許容せん断力は，計算されているものとする．
3) 上図中，次の関係を満たす必要がある．
   $C - d/2 \geq 5$ cm, $L \geq 6d$, $h \geq C$

図 3・6 アンカ基礎縁からの打込位置例[*2]

打設されるが，図 3・6 に示すように基礎縁からの距離を十分とることが重要である．また，埋込部分の形状は，J 形曲げ，埋込ヘッド付きなどを推奨し，L 形は抜けるおそれがあるので推奨はできない．

3・1・2 スリーブ工事

配管，ダクト類が梁，壁，床などの構造体を貫通する場合，その開口を確保するためのさや管をコンクリート打設前に取り付けておく工事をスリーブ工事という．また，小中形の筒形のものを取り付けることをスリーブ工事，矩形の箱型のものを取り付ける工事を箱入れ工事と区別している場合もある．

スリーブを取り付けることは，構造物の欠損を招くことになるので，その欠損を補う強度的補強をしなければならない．したがって，取付け位置や開口寸法には制限がある．

〔1〕 **梁 貫 通**

建築構造により，鉄骨梁（S 構造）と鉄筋コンクリート梁（RC 構造）とに分けられる．

（a） **鉄 骨 梁**

すべて工場加工なので，鉄骨梁の加工前に配管，ダクトなどの貫通位置を決め，正確な梁貫通図を作成し，建築と打合せをする必要がある．

1) 鉄骨プレート梁：梁幅に合わせたスリーブ材を工場で先付けしておく．ウェブプレートに孔を開けただけだと，現場でスリーブ材を取り付ける作業が発生する．
2) ラチス梁・ハニカム梁：梁に空間があるのでスリーブが小口径のものは，梁加工後でも貫通位置を決めることができるので貫通図の作成には余裕があるが，口径の大きいものは工場での補強を要する場合があり，事前の貫通図の作成は必要である．

（b） **鉄筋コンクリート梁**

この工法でのスリーブは，コンクリート打設前の短い時間内で取り付けることが要求されるので，以下のような現場担当者も実情に合わせた対応が要求される．

(i) 梁貫通の位置

1) 孔の径が，梁せいの 1/10 以下かつ 150 mm 未満の場合は補強筋を必要としない．
2) 孔の径は梁せいの 1/3 以下とし，孔が円形でない場合は，外接円孔に置き換えて補強を行う．
3) 孔の上下方向の位置は，梁せいの中心付近とする．
4) 孔の中心位置は，柱および直行する梁

[*1] 空気調和・衛生工学会編：空気調和・衛生工学便覧，第 13 版，第 9 編（単位を修正）(2001 年)
[*2] 全国建設研修センターテキスト管工，14 年版

(小梁)の面から $1.2H$ (Hは梁せい)以上離すことを原則とする．
5) 孔が並列する場合，その中心間隔は孔の径の平均値の 3 倍以上とする．
6) 補強筋は原則として主筋の内側とする．

図 3・7 に梁貫通の位置を示す．

図 3・9 に示す鉄筋の定着の長さは，鉄筋の種類とコンクリートの設計基準強度により異なるが，$40 \sim 45\,d$（d は鉄筋の径）である．

(ii) 注意事項

1) スリーブ材の長さは梁幅より 5 mm 短くする．また，鉄製（鋼管含む）スリーブと塩化ビニルスリーブは両端に木ふたを取り付ける．
2) スリーブの径は，配管外径（被覆外径）より 40 mm 程度大きくする．
3) 鉄製スリーブは，コンクリートに密着する部分にはさび止め塗装はしない．
4) 紙製スリーブを使用した場合は，コンクリート打設後は必ず取り外さなければならない．

〔2〕 壁および床のスリーブ・箱入れ

(a) 壁　面

壁を貫通するダクト，壁埋込みの消火栓箱，集合配管などは，躯体コンクリート打ちのときに大型の木箱を仮枠として入れるので，事前に建築施工担当者と打合せを行い，配筋前に入れるとよい．他に単独の配管用に鉄板製や，塩化ビニル管製，紙スリーブなどが使用される．なお，消火栓用型枠の場合は，消火栓箱固定の支持金物として箱側面から溶接用アンカを数箇所取り付けておく必要がある（図 3・8，図 3・9）．

(b) 床　面

床がデッキプレート（またはキーストンプレート）の場合は，箱は床に合わせた形状とし，コンクリート打設後に溶断して開口する．また，床仕上げはモノリシック仕上げ（通称：一発仕上げ）を採用することが多く，床貫通の手直しが難しく，箱入れやスリーブ入れは，より正確に行う必要がある．また，箱の場合は，安

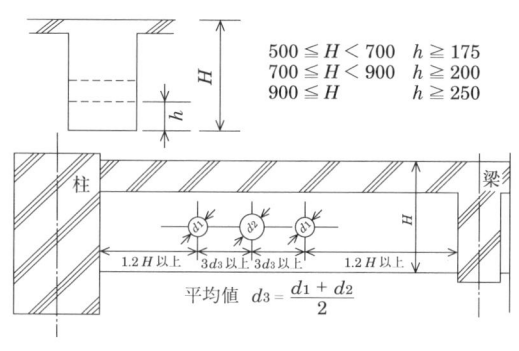

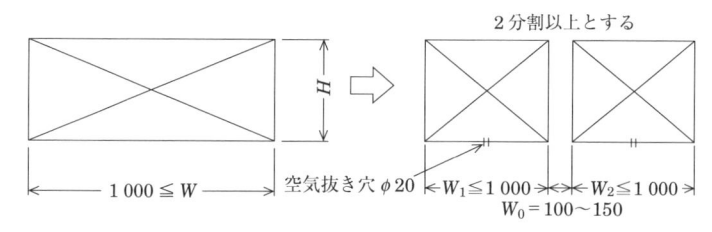

$500 \leq H < 700 \quad h \geq 175$
$700 \leq H < 900 \quad h \geq 200$
$900 \leq H \quad\quad\quad h \geq 250$

平均値 $d_3 = \dfrac{d_1 + d_2}{2}$

図 3・7　梁貫通の位置[1]

(a) スリーブの W が 1 000 以上の場合

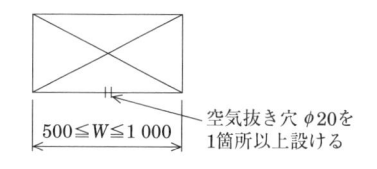

2 分割以上とする
空気抜き穴 $\phi 20$
$W_1 \leq 1\,000$，$W_2 \leq 1\,000$
$W_0 = 100 \sim 150$

(b) スリーブの W が 500 〜 1 000 の場合

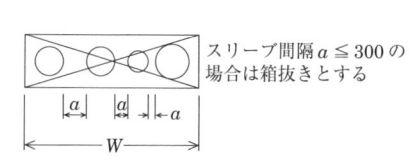

$500 \leq W \leq 1\,000$
空気抜き穴 $\phi 20$ を 1 箇所以上設ける

(c) 丸スリーブを接近して取り付ける場合

スリーブ間隔 $a \leq 300$ の場合は箱抜きとする

図 3・8　壁の箱入れ[2]

---
[1] T 社編：建築設備施工実用ハンドブック
[2] 空気調和・衛生工学会編：空気調和・衛生工学便覧，第 11 版，I 巻，p.860（1987 年）

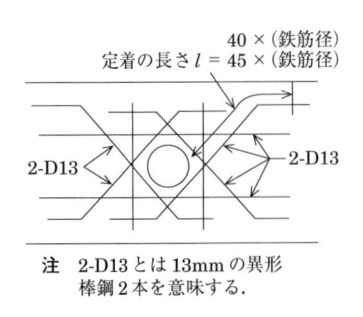

(a) 梁貫通の補強例

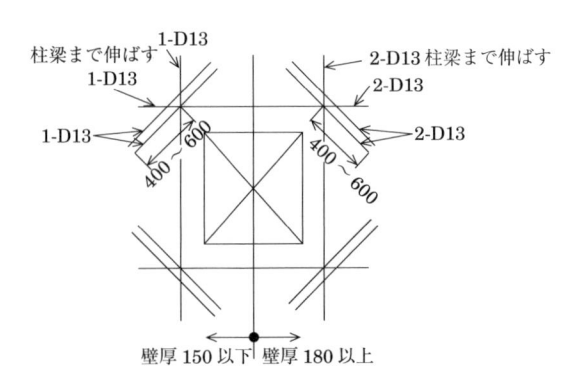

注 2-D13とは13mmの異形棒鋼2本を意味する．

(b) 壁貫通部の補強例

図3・9 スリーブ・箱入れにおける補強例[1]

全対策としてかならず墜落や落下防止用の安全養生ふたを取り付けておく(**図3・10**)．

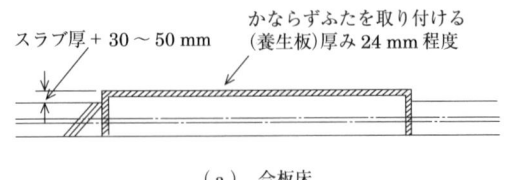

(a) 合板床

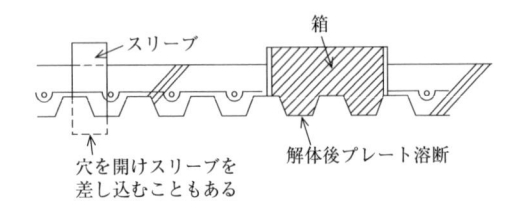

(b) デッキプレート

図3・10 床面の仮枠取付け例[2]

〔3〕 防水層の貫通

ちゅう房や浴槽など防水層を設ける床面の配管類の貫通は，極力避けるように検討する．やむをえず貫通をする場合は，鋼管製つば付(または非加流ブチル系止水板2列巻)スリーブに防水層を絡め立ち上げる工法をとる(**図3・11**)．

〔4〕 外壁の貫通

外壁の貫通も漏水対策が重要となり，貫通部に確実なコーキングを施すことはもちろん，貫通した配管が動くと防水対策に不具合が生じるので，貫通部直近での固定支持も重要である(**図3・12**)．

〔5〕 ハト小屋の利用

屋上へ配管やダクトなどを出す場合は，ハト小屋を利用する．重要な事項は外壁と同じであ

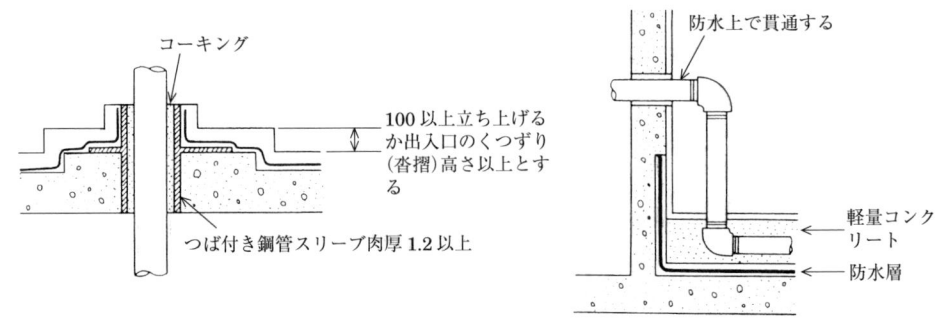

図3・11 防水層貫通部の施工例[3]

*1 全国建設研修センターテキスト管工，14年版(2002年)
*2 T社編：建築設備施工用ハンドブック
*3 建築設備技術者協会編：空気調和・給排水設備施工標準，改訂第3版，p.51(1993年)

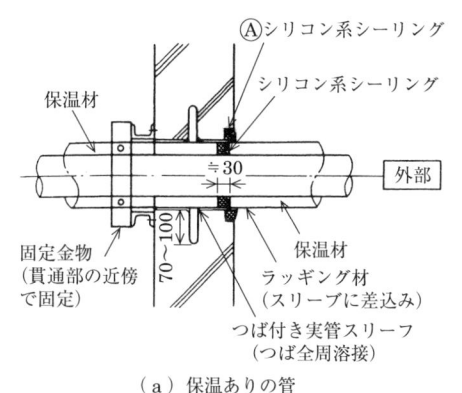

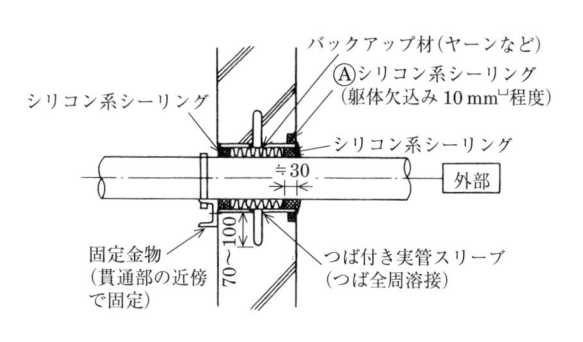

図3・12 地上外壁の貫通部[*1]

図3・13 屋上ハト小屋貫通の例[*2]

るが，ハト小屋内での作業を確実にするために片面をブロック積みにするか，作業用の点検口を設けることを忘れてはならない(**図3・13**).

〔6〕 防火区画の貫通

建築基準法施行令第112，113，114条の防火区画の壁・床を貫通する配管・ダクトは，以下のようにその施工方法について規制されている．

1) 管周囲のすきまは，防火区画と同等以上の耐火性能を有すように不燃材で完全に埋め戻す．硬質塩化ビニル管の場合は，用途によって貫通できる管径の範囲が異なる(**表3・2**).
2) ダクトが防火区画を貫通する箇所には，防火ダンパを取り付けなければならない．防火ダンパを防火区画壁・床から離して取

表3・2 防火区画を貫通できる硬質塩化ビニル管[*3]

配管種別	摘要		防火構造	30分耐火構造	1時間耐火構造	2時間耐火構造
給水管		配管径	100 mm以下	100 mm以下	100 mm以下	75 mm以下
排水・通気管	覆いのない場合		同上	同上	75 mm以下	50 mm以下
	0.5 mm厚以上の鉄板の覆いのある場合		125 mm以下	125 mm以下	100 mm以下	75 mm以下

*1 建築設備技術者協会編：空気調和・給排水設備施工標準，改訂第3版，p.51(1993年)
*2 空調用冷媒管設計施工ガイドブック，理工図書
*3 建築設備技術者協会編：空気調和・給排水設備施工標準，改訂第3版，p.53(1993年)

り付ける場合には，区画壁・床とダンパまでのダクトは1.5mm以上の鉄板とする．

3・1・3　インサート工事

建築設備では，配管やダクトおよび機器などのつり支持や固定支持のために躯体に埋め込むアンカをインサートと呼んでいる．このインサートは，コンクリート打設前に所定の位置に設置しておく「先付けアンカ」とコンクリート打設後に設置する「あと施工アンカ」に分けられる．

アンカの引抜き強度は，同じ埋込み深さであれば，一般的に「先付けアンカ」が優れているが，配管やダクトなどの支持位置が施工前に十分検討されていないと「あと施工アンカ」に頼ることになる．

〔1〕　先付けアンカ

先付けアンカは，一般的に鋳鉄製か鋼製，ステンレス製が市販されているが，鋳鉄製は強度にむらがあるので使用しないほうがよい．また，設置する床の種類によって，図3・14に示すような型式のものがある．なお，図3・14に示した金物は，配管やダクトおよび軽量機器などのつり支持に適しているが，中重量の機器や共通チャンネルなどには適さないので，このような箇所には，スラブ筋に結束したアンカとする．表3・3に，先付けアンカボルトの許容引抜き力を示す．

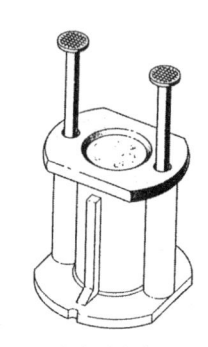

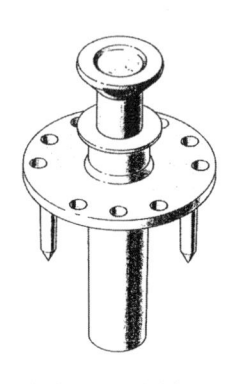

（a）合板床用　　（b）合板・断熱床用　　（c）デッキプレート用

図3・14　先付けアンカの種類例[*1]

表3・3　先付けアンカボルトの許容引抜き力[*2]

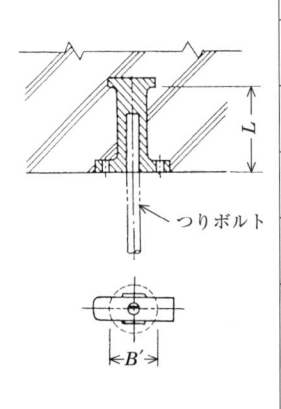

	長期許容引抜き力		
ボルト径 d（呼称）	許容引抜き力 [N]	インサート $L(L+B')$ [cm²]
M 10	1 290 1 550	$10.50 \leq 12.60$
M 12	3 600 4 310	$29.25 \leq 35.00$
M 16	5 470 6 720	$44.00 \leq 54.60$

注　1）コンクリートの設計基準強度F_cは，17.64 MPaとしている．
　　2）天井スラブ，コンクリート壁面に設けられるインサートは1本あたり11 760 Nを超える引抜き荷重は負担できないものとする．

[*1]　メーカーカタログ（一部修正）
[*2]　空気調和・衛生工学会編：空気調和・衛生工学便覧，第13版，第9編，p.319（2001年）

〔2〕 あと施工アンカ

あと施工アンカは，接着系アンカと金属系アンカに分けられるが，建築設備において接着系の主なる用途は，機器用基礎のアンカであり，金属系は配管やダクトなどのつり支持に用いられている．いずれの場合も，JCAA（日本建築あと施工アンカー協会）またはメーカーのマニュアルに沿った確実な施工によりアンカ強度が保証される．

（a） 接着系アンカ

接着系アンカは，コンクリートにあらかじめ穿孔された穴と埋め込まれるアンカ筋とのすきまに接着剤が充てんされ，アンカ筋およびコンクリート孔壁の凸凹部に接着剤が食い込み，硬化固着する．

充てん方式で分類すると，カプセル型と注入型に分けられ，さらにカプセル型の接着剤は有機系（主剤にはポリエステル系，エポキシ系，エポキシアクリレート系，ビニルウレタン系など）と無機系（主剤はセメント系など）がある．建築設備ではカプセル型有機系が多く使われる．

次に，カプセル型の施工上の注意点を列記する（図 3・15）．

1) 穿孔の深さ，径が適正であること．
2) 切粉を確実に吸塵・孔内面ブラッシングを繰り返すこと．
3) 接着剤カプセルとアンカ筋の組合せが適正であること．
4) 所定の硬化時間内はアンカ筋を動かさないこと．

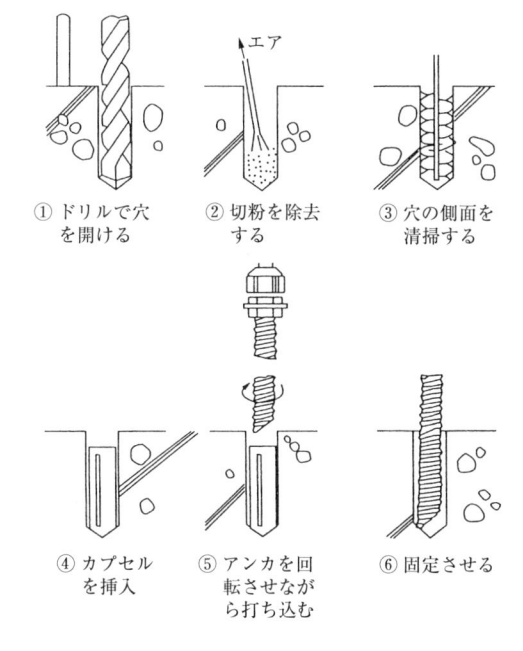

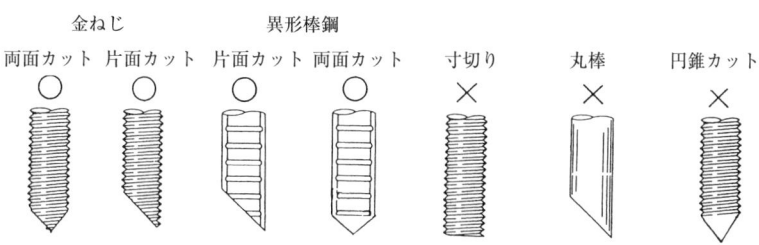

① ドリルで穴を開ける　② 切粉を除去する　③ 穴の側面を清掃する

④ カプセルを挿入　⑤ アンカを回転させながら打ち込む　⑥ 固定させる

金ねじ　　　　　　異形棒鋼
両面カット　片面カット　片面カット　両面カット　寸切り　丸棒　円錐カット
　○　　　　○　　　　○　　　　○　　　　×　　　×　　　×

図 3・15　接着系カプセル型アンカの施工例*

* メーカーカタログ

(b) 金属系アンカ

金属系アンカとは，コンクリートなどの母材にあらかじめ穿孔された穴に固着部を有する金属製の部材を挿入し，コンクリートなどに固着するアンカをいう．建築設備で一般的に使用されているものは，金属拡張アンカと呼ばれるもので，金属製の拡張部が打撃あるいは回転・締付けにより，コンクリート孔壁に食込み「くさび状態」となり固着する方式で，図3・16に示すような種類がある．

このうち，(a)～(d)は打込み方式，(e)，(f)は回転・締付け方式である．建築設備では，(b)と(c)はめねじ型，(d)をおねじ型と分類し多用しているが，信頼性の点からはおねじ型が推奨される．

表3・4に，あと施工アンカボルトの許容引抜

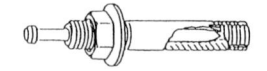

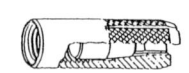

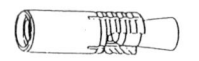

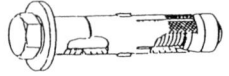

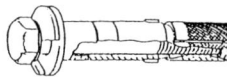

(a) 心棒打込み式　　(b) 内部コーン打込み式
(c) 本体打込み式　　(d) スリーブ打込み式
(e) コーンナット式　(f) ダブルコーン式

図3・16　金属拡張アンカ[1]

表3・4　あと施工アンカボルトの許容引抜き力[2]

(a) めねじアンカ

ボルト径(呼称)	長期許容引抜き力[N]
M6～M12 (M16以上)	490 (780)

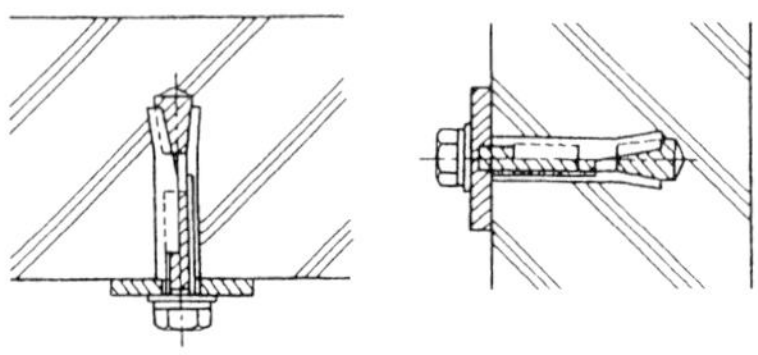

注　通常スラブでは，使用サイズはM12までとする．

(b) おねじアンカ

ボルト径 d (呼称)	長期許容引抜き力[N]				埋込長さ L [mm]
	コンクリート厚さ[mm]				
	120	150	180	200	
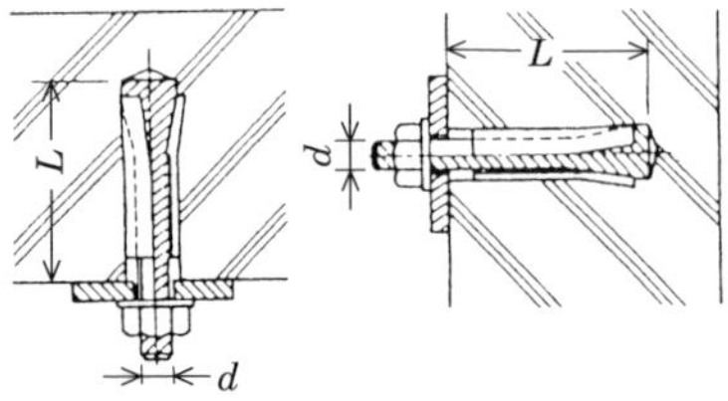 M8	1 960	1 960	1 960	1 960	40
M10	2 450	2 450	2 450	2 450	45
M12	4 410	4 410	4 410	4 410	60
M16	—	5 980	5 980	5 980	70
M20	—	—	7 840	7 840	90
M24	—	—	—	7 840	100

(c) 接着系アンカ

ボルト径 d (呼称)	長期許容引抜き力[N]				埋込長さ L [mm]	せん孔径 d_2 [mm]
	コンクリート厚さ[mm]					
	120	150	180	200		
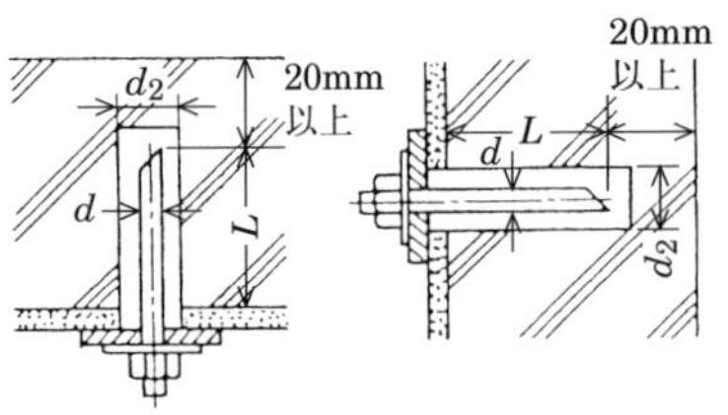 M10	4 900	4 900	4 900	4 900	80	13.5
M12	5 980	5 980	5 980	5 980	90	14.5
M16	—	7 840	7 840	7 840	110	20
M20	—	—	7 840	7 840	120	24

注　スラブ下面の施工には，かなりの技能を要する．

*1　メーカーカタログ
*2　空気調和・衛生工学会編：空気調和・衛生工学便覧，第13版，第9編，p.320(2001年)

き力を示す．

次に施工上の注意点を列記する．
1) 穿孔の深さ，径が適正であること．
2) 切粉を確実に吸じんされていること．
3) 確実に打ち込むこと，または締め込むこと．

3・2 配管工事

3・2・1 配管材料

空気調和・衛生設備工事に使用する管・継手および弁類は，設計図書の指定に従い選定するが，管用途，使用圧力，設置スペース，リサイクル率などの検討を加えて，適切な材料を選ぶ必要がある．

〔1〕 管材料

管材料は金属管と樹脂管に大別される．**表3・5** に管材の規格と使用区分を，**表3・6** にそれら管材に対応する継手類の規格と使用区分を示す．

各管材の特徴は次のとおりである．

(a) 鋳鉄管

鋳鉄管は黒鉛形状の違いでねずみ鋳鉄，ダクタイル鋳鉄，可鍛鋳鉄に分かれる．腐食に対する性能はほぼ同じであるが，ねずみ鋳鉄は鋼管に比べ強度が劣るため排水管のみに用いる．他は，鋼管とほぼ同じ用途に使用可能である．一般に，鋼管に比べ耐食性に優れる場合が多い．

(b) 水配管用亜鉛めっき鋼管

もと管である黒ガス管に，亜鉛めっきを600 g/m² 以上施したものであり，白ガス管に比べ耐食性に優れている．

(c) 配管用炭素鋼管

通称ガス管と呼ばれる．亜鉛めっきを400 g/m² 以上施した白ガス管（SGP）と，もと管のままの黒ガス管がある．製造方法の違いにより，鍛接管（15～100 A），電縫管（100～500 A）がある．電縫管は，溝状腐食防止のため溝部に内面めっきを施した耐溝状食縫鋼管を使用する必要がある．冷温水，冷却水，排水，通気，消火など幅広い用途に使用される．

(d) 圧力配管用炭素鋼管

通称スケジュール管と呼ばれる．使用圧力 0.98 MPa を超える冷温水，冷却水や高圧蒸気配管に用いられる．管肉厚により8種類の製品があるが，Sch 40管（スケジュール40，圧力1.96 MPa 以下），Sch 80管（スケジュール80，圧力1.97 MPa 以上）が最も多く使用されている．

(e) ステンレス鋼管

空調・衛生設備には一般配管用ステンレス鋼管が使用される．ガス管に比べ軽く，耐食性，耐熱性に優れるため，給水，給湯配管などに用いられる．

(f) 塩化ビニルライニング鋼管

配管用炭素鋼管の内面を硬質塩化ビニル管でライニング加工したものである．外面をさび止め塗装したVA管，亜鉛めっき加工したVB管，土中埋設用として内外面ライニング加工したVD管がある．

現在，給水配管に最も多く使用されている．耐熱性を強化したものに水道用耐熱性硬質塩化ビニルライニング鋼管があり，給湯排管に用いられる．

(g) ポリエチレン粉体ライニング鋼管

塩化ビニルの代わりに，ポリエチレンを内面ライニングした鋼管である．性能は，塩化ビニルライニング鋼管とほぼ同等である．

(h) 鉛管

曲りが自由になる利点を生かし，給水・排水のつなぎ管として使用される．鉛排除の方向性より使用例は少なくなっている．

(i) 銅管

耐震性，耐久性，耐熱性に富み，軽量で施工性が良いことから給水・給湯配管に用いられることが多い．空調・衛生設備では銅および銅合金継目無管が主に用いられる．

(j) 硬質塩化ビニル管

通称塩ビ管と呼ばれる．低コストで耐食性，加工性に富むことから給水，排水，通気，空調排水と幅広く使用されている．

耐熱性硬質塩化ビニル管（HTVP）は，最高

表3・5 空調・衛生設備に用いる主な配管材料

区分	管種	管材名称	規格	蒸気	冷温水	冷却水	油	冷媒	給水	給湯	排水	通気	消火	ガス	備考
金属管	鋳鉄管	ダクタイル鋳鉄管	JIS G 5526						○				○	○	
		水道用ダクタイル鋳鉄管	JWWA G 113						○						
		排水用鋳鉄管	JIS G 5525								○	○			
	鋼管	水配管用亜鉛めっき鋼管	JIS G 3442		○	○					○	○	○		
		配管用炭素鋼管	JIS G 3452	○	○	○	○				○	○	○	○	
		圧力配管用炭素鋼管	JIS G 3454	○	○	○	○	○					○	○	STPG 370 sch 40
		高圧配管用炭素鋼管	JIS G 3455	○			○								STPG 410 sch 80
		一般配管用ステンレス鋼管	JIS G 3448		○				○	○					
		配管用ステンレス鋼管	JIS G 3459						○	○					
		水道用ステンレス鋼管	JWWA G 115						○	○					
		水道用硬質塩化ビニルライニング鋼管	JWWA K 116			○			○				○		SGP-VA・VA（一般配管用）SGP-VD（地中配管用）
		フランジ付硬質塩化ビニルライニング鋼管	WSP 011			○			○				○		SGP-FVA・FVB（一般配管用）SGP-FVD（地中配管用）
		水道用ポリエチレン粉体ライニング鋼管	JWWA K 132						○						SGP-PA・PB（一般配管用）SGP-PD（地中配管用）
		フランジ付ポリエチレン粉体ライニング鋼管	WSP 039						○						SGP-FPA・FPB（一般配管用）SGP-FPVD（地中配管用）
		水道用耐熱性硬質塩化ビニルライニング鋼管	JWWA K 140		○					○					
		排水用タールエポキシ塗装鋼管	WSP 032								○	○			
		排水用硬質塩化ビニルライニング鋼管	WSP 042								○	○			
		消火用硬質塩化ビニル外面被覆鋼管	WSP 041										○		
		消火用ポリエチレン外面被覆鋼管	WSP 044										○		
		ポリエチレン被覆鋼管	JIS G 3469											○	
	鉛管	一般工業用鉛及び鉛合金管	JIS H 4311								○	○			
		水道用ポリエチレンライニング鉛管	JIS H 4312						○						
		排水・通気用鉛管	SHASE-S 203								○	○			
	銅管	銅及び銅合金継目無管	JIS H 3300	○	○		○	○	○	○	○[1]	○		○	1）小便器専用を除く
		水道用銅管	JWWA H 101						○	○		○			
		水道用被覆銅管	JBMA T 202						○	○					
非金属管	プラスチック管	硬質塩化ビニル管	JIS K 6741			○					○	○			
		水道用硬質塩化ビニル管	JIS K 6742			○			○						
		水道用ポリエチレン管	JIS K 6762			○			○						
		架橋ポリエチレン管	JIS K 6769		○				○	○					
		耐熱性硬質塩化ビニル管	JIS K 6776		○					○					
		ポリブテン管	JIS K 6778		○				○	○					
		水道管耐衝撃性硬質塩化ビニル管	JWWA K 118						○						
		下水道用硬質塩化ビニル管	JSWAS K-1								○				
		排水用耐火二層管	FDPS-1								○	○			
		強化プラスチック複合管	JIS A 5350								○				
		ガス用ポリエチレン管	JIS K 6774											○	
	コンクリート管	水路用遠心力鉄筋コンクリート管	JIS A 5372								○				
		下水道用鉄筋コンクリート管	JSWAS A-1								○				

注　SHASE-S：空気調和・衛生工学会規格　　JWAS：日本下水道協会規格　　WSP：日本水道鋼管協会規格
　　JBMA：日本伸銅協会規格　　　　　　　JWWA：日本水道協会規格　　　FDPS：耐火二層管協会規格

表3・6 空調・衛生設備に用いる主な配管継手

区分	管種	管材名称	規格	蒸気	冷温水	冷却水	油	冷媒	給水	給湯	排水	通気	消火	ガス	備考
金属管	鋳鉄管	ダクタイル鋳鉄異形管	JIS G 5527						○				○	○	
		水道用ダクタイル鋳鉄異形管	JWWA G 114						○				○		
		排水用鋳鉄管	JIS G 5525								○	○			
	鋼管	鋼製溶接式フランジ	JIS B 2220	○	○	○	○		○[2]		○	○	○	○	1) 亜鉛めっきを施したもの 2) 亜鉛めっきまたは樹脂コーティングを施したもの
		ねじ込み式可鍛鋳鉄製管継手	JIS B 2301	○	○[1]	○[1]			○[2]			○			
		ねじ込み式鋼管製管継手	JIS B 2302	○	○[1]	○[1]	○		○[2]			○			
		ねじ込み式排水管継手	JIS B 2303								○[1]	○			
		一般配管用鋼製突合せ溶接式管継手	JIS B 2311	○	○[1]	○[1]	○		○	○		○	○	○	
		配管用鋼製突合せ溶接式管継手	JIS B 2312	○	○[1]	○[1]	○								
		配管用鋼製差込み溶接式管継手	JIS B 2316	○	○[1]	○[1]	○								
		管端防食継手用パイプニップル	JPF NP 001		○	○			○						
		水道用ねじ込み式管端防食継手	JPF MP 003			○			○						
		圧力配管用ねじ込み式可鍛鋳鉄製管継手	JPF MP 004	○	○	○	○					○			
		水道用ライニング鋼管用ねじ込み式管端防食管フランジ	JPF MP 008			○			○						
		管端コア付きライニング鋼管用ねじ込み式樹脂ねじ型管継手	JPF MP 012			○			○	○					
		水道用耐熱性硬質塩ビライニング鋼管用管端防食継手	JWWA K 141		○				○	○					
		給湯用ねじ込み式管端防食管継手	JPF MP 005		○					○					
		水道用ステンレス鋼管継手	JWWA G 116						○	○		○			
		一般配管用ステンレス鋼管の突合せ溶接式管継手	SAS 354	○	○	○			○			○			
		一般配管用ステンレス鋼管の管継手性能基準	SAS 322		○	○			○						
	銅管	銅及び銅合金の管継手	JIS H 3401		○	○		○	○	○		○			
		水道用銅管継手	JWWA H 102		○	○			○	○					
		冷媒用フレア及びろう付管継手	JIS B 8607					○							
非金属管	プラスチック管	水道用硬質塩化ビニル管継手	JIS K 6743			○			○			○			
		排水用硬質塩化ビニル管継手	JIS K 6739								○	○			
		水道用ポリエチレン管継手	JIS K 6763			○			○						
		架橋ポリエチレン管用クランプ継手	JIS B 2354							○					
		架橋ポリエチレン管融着継手	JIS K 6770		○				○	○					
		耐熱性硬質塩化ビニル管継手	JIS K 6777		○				○						
		ポリブテン管継手	JIS K 6779		○				○	○					
		水道用耐衝撃性硬質塩化ビニル管継手	JWWA K 119			○			○						
		排水用耐火二層管継手	FDPS-2								○	○			
		ガス用ポリエチレン管継手	JIS K 6775											○	
	コンクリート管	遠心力鉄筋コンクリート管	JIS A 5372								○				

表3・7 空調・衛生設備に用いる弁類

弁種	弁名称	型式		規格	使用区分								備考
					蒸気	冷温水	冷却水	油	給水	給湯	排水	消火	ガス	
仕切弁	青銅弁	5Kねじ込み式 10Kねじ込み式 10Kフランジ型 5Kソルダ型 10Kソルダ弁		JIS B 2011	○ ○ ○	○ ○ ○ ○ ○	○ ○ ○	○ ○ ○	○ ○ ○ ○ ○	○ ○ ○ ○ ○	● ● ●	○ ○ ○	○ ○ ○	弁棒の材質は耐脱亜鉛材料とする． ●ポンプ吐出し管のみ
	ねずみ鋳鉄弁	5Kフランジ型外ねじ 10Kフランジ型内ねじ 10Kフランジ型外ねじ		JIS B 2031	○ ○ ○	○ ○ ○	○ ○ ○	○ ○ ○	○ ○ ○	○ ○ ○	● ● ●	○ ○ ○		給水系統に使用する場合，ナイロンコーティングを施したもの． ●ポンプ吐出し管のみ
	可鍛鋳鉄10kねじ込み型弁			JIS B 2051	○	○	○	○	○	○		○	○	
	鋳鋼フランジ型弁	10Kフランジ外ねじ 20Kフランジ外ねじ		JIS B 2071	○ ○	○ ○	○ ○	○ ○						
	一般配管用ステンレス鋼弁	10Kフランジ内ねじ 10Kフランジ外ねじ		SAS 358	○ ○	○ ○	○ ○		○ ○	○ ○				
	給水用管端防食ねじ込み型弁	5K 10K		JV 5-1			○		○					JWWA K 116 および JWWA K 132 に使用
	給湯用管端防食ねじ込み型弁	5K 10K		JV 5-2		○				○				
玉形弁	青銅弁	5Kねじ込み式 10Kねじ込み式 10Kフランジ型 5Kソルダ型 10Kソルダ型	メタルシートおよびソフトシート	JIS B 2011	○ ○ ○	○ ○ ○ ○ ○	○ ○ ○	○ ○ ○	○ ○ ○ ○ ○	○ ○ ○ ○ ○		○ ○ ○	○ ○ ○	
	ねずみ鋳鋼弁	10Kフランジ型		JIS B 2031	○	○	○	○	○	○		○		給水系統に使用する場合，仕切弁に同じ
	可鍛鋳鉄10kねじ込み型弁	メタルシート ソフトシート		JIS B 2051	○	○	○	○	○	○		○	○	
	鋳鋼フランジ型弁	5Kフランジ型 10Kフランジ型		JIS B 2071	○ ○	○ ○	○ ○	○ ○						
アングル弁	青銅弁			JIS B 2011	○	○	○	○	○	○		○	○	弁棒の材質は仕切弁に同じ
	ねずみ鋳鋼弁			JIS B 2031	○	○	○	○	○	○		○		
	鋳鋼フランジ型弁	10Kフランジ型 20Kフランジ型		JIS B 2071	○ ○	○ ○	○ ○	○ ○						
逆止弁	青銅弁	5Kねじ込みスイング 10Kねじ込みリフト 10Kソルダ型スイング 5Kソルダ型リフト	メタルシートおよびソフトシート	JIS B 2011	○ ○	○ ○ ○	○ ○	○ ○	○ ○ ○	○ ○	●	○ ○ ○		●排水ポンプ吐出し管のみ
	ねずみ鋳鋼弁	10Kフランジ型スイング		JIS B 2031	○	○	○	○	○	○	●	○		●排水ポンプ吐出し管のみ 給水系統に使用する場合，仕切弁に同じ

(つづく)

(表3・7つづき)

弁種	弁名称	型式		規格	使用区分								備考
					蒸気	冷温水	冷却水	油	給水	給湯	排水	消火	ガス	
逆止弁	可端鋳鉄10kねじ込み型弁	リフト	メタルシート ソフトシート	JIS B 2031	○	○	○	○	○	○		○		
		スイング	メタルシート ソフトシート			○	○	○	○	○		○		
	鋳鋼フランジ型弁	10Kフランジ型スイング 20Kフランジ型スイング		JIS B 2071	○ ○	○ ○	○ ○	○ ○	○ ○	○ ○		○ ○		
	一般配管用ステンレス鋼弁	10Kねじ込み式 10Kフランジ型 10Kウエハ型		SAS 358	○ ○ ○	○ ○ ○	○ ○ ○	○ ○ ○	○ ○ ○			○ ○ ○		
	給水用管端防食ねじ込み型弁	10K		JV 5-1			○		○					JWWA K 116 および JWWA K 132 に使用
	給湯用管端防食ねじ込み型弁	10K		JV 5-2	○					○				
バタフライ弁	ウエハ型ゴムシートバタフライ弁	10K		JIS B 2032		○	○		○			○		
	一般配管用ステンレス鋼弁	10Kウエハ型		SAS 358		○	○		○			○		
ボール弁	青銅弁	10Kねじ込み 10Kフランジ型		—		○ ○	○ ○		○ ○	○ ○			○ ○	
	ねずみ鋳鉄弁			JV 5-1		○	○		○	○				
	一般配管用ステンレス鋼弁	10Kねじ込み 10Kフランジ型		SAS 358		○ ○	○ ○		○ ○	○ ○				
コック	青銅ねじ込みコック	10Kねじ込みメンコック 10Kねじ込みグランドコック		JIS B 2191	○ ○	○ ○	○ ○		○ ○			○ ○		
地中埋設型仕切弁	水道用仕切弁	立て型	フランジ型 メカニカル型 つめ型 筒型	JIS B 2062					○ ○ ○ ○					
		横型	フランジ型						○					

使用温度85℃までの給湯配管に使用できる.

(k) ポリエチレン管

曲りに対し化学的強化を図った架橋ポリエチレン管は,小口径の冷温水配管などに用いられる.樹脂管共通の耐食性と曲りが,自由に調節できるという加工面の有利さをもっている.

(l) ポリブテン管

ポリエチレン管同様,小口径配管で曲りを自由に調節したい小口径配管に用いられている.

(m) 排水用耐火二層管

保温が不要なため経済的に有利である.防火区画貫通部対策品である.軽量で施工性が良い.これらの利点を生かして排水管に使用している.

(n) コンクリート管

遠心式鉄筋コンクリート管(通称・ヒューム管)は土中埋設用排水管として使用される.

〔2〕 弁 類

空気調和・衛生設備に用いられる弁の種類に,仕切弁,玉形弁,バタフライ弁,ボール弁,逆止弁などがある.その他,特殊弁として衝撃吸収弁,自動空気抜き弁,蒸気トラップなどがある.

表3・7に一般弁類の規格および使用区分を,

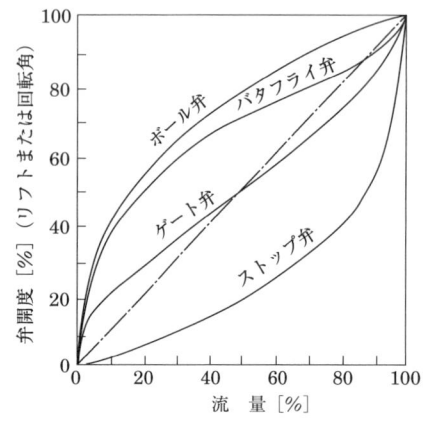

図 3・17 各種弁の流量・開度特性

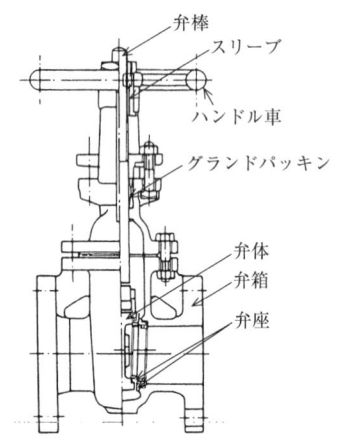

図 3・18 青銅製仕切弁（フランジ形・外ねじ）[*1]

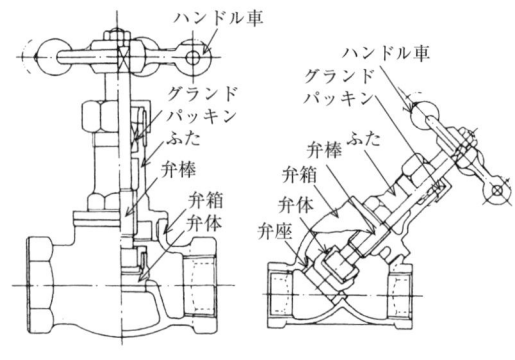

（a）青銅ねじ込み型玉形弁　（b）青銅ねじ込み型Y形弁
図 3・19 青銅ねじ込み型玉形弁[*2]

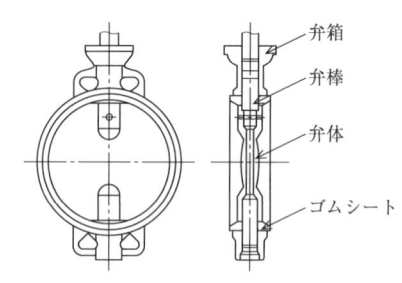

図 3・20 バタフライ弁[*3]

図 3・17 には各種弁の流量と開度特性を示す．

（a）仕 切 弁

ゲート弁とも呼ばれる．弁本体が上下して管路を開閉する．全閉，全開状態でのみ用いる．流量調整用には使用しない．弁の開閉に従い，バルブハンドルが上下する外ねじ型と，上下しない内ねじ型がある．図 3・18 に外ねじフランジ型仕切弁を示す．

（b）玉 形 弁

ストップ弁またはグローブ弁とも呼ばれる．弁体と弁座のすきまを変化させ，流量を調節する．

流れの入口と出口がストレートなものが玉形弁，直角なものがアングル弁，弁体の先が針状のものがニードル弁と呼ばれる．自動制御弁は玉形弁の一種である．図 3・19 に青銅製玉形弁姿図を示す．

（c）バタフライ弁

弁箱内で弁棒を軸として，円盤状の弁体が回転し開閉する．その姿がチョウのように見えることからバタフライ弁と名付けられた．大口径弁でも，狭い場所に取付け可能である．流量調整にも比較的適している．図 3・20 にウォームギヤ式バタフライ弁を示す．

（d）ボ ー ル 弁

孔の開いた球状の弁体を 90°回転することにより管路を開閉する．操作が容易で密閉性に優れている．

ファンコイルまわりなどの小口径で，仕切りを必要とする箇所に用いられることが多い．

（e）逆 止 弁

通称チェッキ弁と呼ばれる．ポンプ停止時などに，管内流体が逆流して落下することを防止するため設ける．スイング式，リフト式とばねを用いたスモレンスキー式がある．その他の逆

[*1] 空気調和・衛生工学会編：空気調和・衛生工学便覧，第 10 版，Ⅰ巻，p.752（1981 年）
[*2] 同書，p.756
[*3] 空気調和・衛生工学会編：空気調和・衛生工学便覧，第 13 版，第 5 巻，p.72（2001 年）

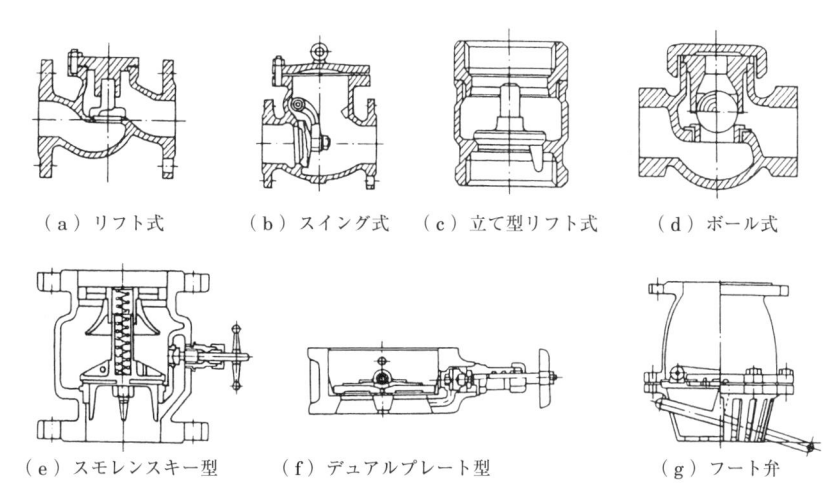

(a) リフト式　(b) スイング式　(c) 立て型リフト式　(d) ボール式

(e) スモレンスキー型　(f) デュアルプレート型　(g) フート弁

図3・21　逆止弁の形式*1

止弁として，ポンプが水槽より高い位置にあるとき，ポンプ停止時に水が水槽に戻りだすことを避けるため，水槽内配管下部に設けるフート弁がある．図3・21にチェッキ弁類を示す．

(f) その他の弁類

その他の弁類には管内流体の圧力調整用として減圧弁，流量調節用として温度調節弁，自動制御弁，定流量弁がある．管内圧力の異常上昇に対する安全逃し装置には安全弁がある．管内に滞留し，流体の円滑な流れを妨げる空気(エア)を自動的に排出するには，自動エア抜き弁がある．マンションなどの高層建物において，給水栓を急に開閉すると，配管内が負圧になり衝撃が発生することがある．これを防止するために，各水栓の近くに水撃防止弁を設置する．

流量調節や流路の開閉以外の目的をもつ弁に，ストレーナ，トラップがある．ストレーナは管内に混入した異物，ごみなどを捕集し除去するものであり，形状よりY形，U形，V形ストレーナと呼ばれる．図3・22に各種ストレーナを示す．

蒸気トラップは蒸気配管の熱交換器直後(レタン側)に取り付け，還水だけを通してボイラへ戻すものである．

3・2・2　管の接合

〔1〕炭素鋼管

炭素鋼管の接合には，ねじ接合，溶接接合，フランジ接合およびメカニカル接合がある．

(a) ねじ接合

一般に空調設備で50 A以下，衛生設備で100 A以下の配管接合にねじ接合を行う．ねじの種類にはテーパねじ，平行ねじがある．圧力のかかる配管には管用テーパねじ(JIS B 0203)

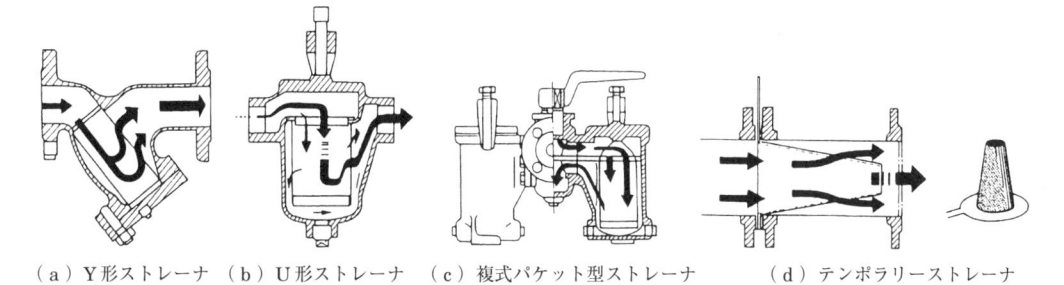

(a) Y形ストレーナ　(b) U形ストレーナ(バケット型)　(c) 複式バケット型ストレーナ　(d) テンポラリーストレーナ

図3・22　各種ストレーナ*2

＊1　空気調和・衛生工学会編：空気調和・衛生工学便覧，第11版，I巻，p.887(1987年)
＊2　同書，p.890

を用いなければならない．

ねじ切りは切削油を用い，正しく行う必要がある．ねじ部は長過ぎても，短か過ぎてもいけない．そのため自動切上げ装置付きねじ切り機で加工することが好ましい．近年，ねじ部の減肉しない転造ねじが出現し，腐食が進行しやす

表3・8　鋼管の標準的なねじ切り寸法

呼径	基準径の位置 a	許容差±b	基準径の位置を超える有効ねじ長さ（最小）f	有効ねじ長さ（最小）$a+b+f$	切上り部長さ（最大）	ねじの全長基準値 L
15	8.16	1.81（1.0山）	5.0	14.97	4.54（2.5山）	19.51（10.8山）
20	9.53	1.81（1.0山）	5.0	16.34	4.54（2.5山）	20.88（11.5山）
25	10.30	2.31（1.0山）	6.4	19.10	5.77（2.5山）	24.87（10.8山）
32	12.70	2.31（1.0山）	6.4	21.41	5.77（2.5山）	27.18（11.5山）
40	12.70	2.31（1.0山）	6.4	21.41	5.77（2.5山）	27.18（11.5山）
50	15.88	2.31（1.0山）	7.5	25.69	5.77（2.5山）	31.46（13.6山）
65	17.46	3.46（1.5山）	9.2	30.12	5.77（2.5山）	35.89（15.5山）
80	20.64	3.46（1.5山）	9.2	33.30	5.77（2.5山）	39.07（16.9山）
100	25.40	3.46（1.5山）	10.4	39.26	5.77（2.5山）	45.03（19.5山）

ねじ切り姿図

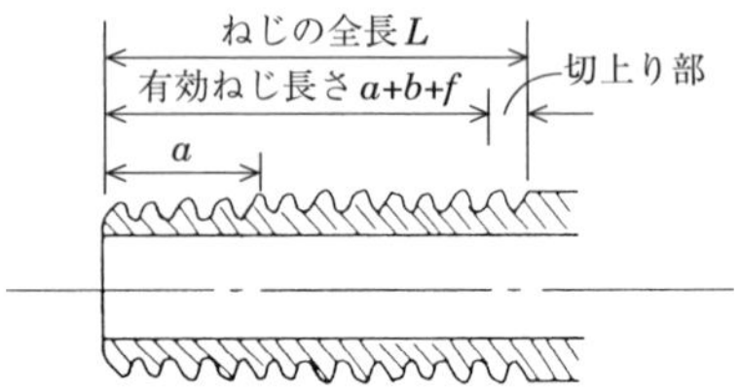

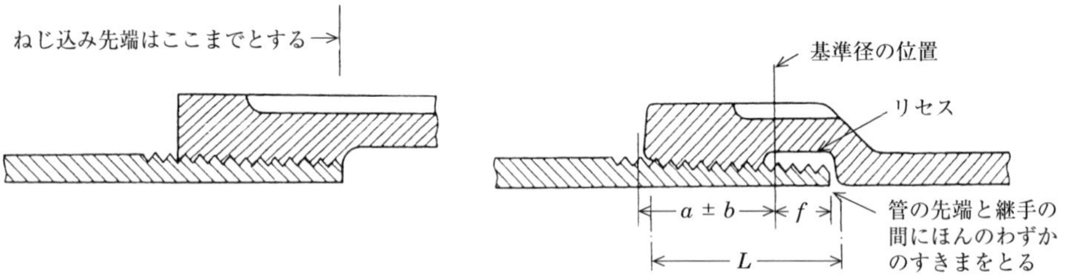

（a）一般配管用ねじ接合　　　　（b）排水管用ねじ接合

図3・23　ねじ接合の種類[1]

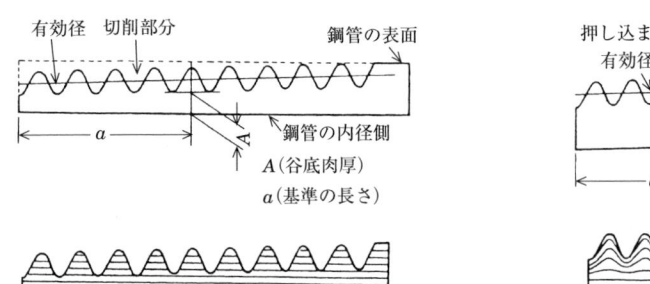

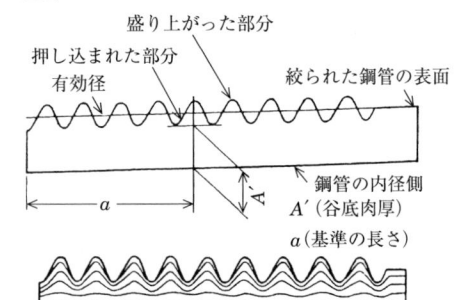

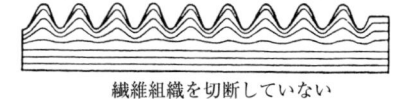

（a）切削ねじ　　　　　　　　　（b）転造ねじ

図3・24　切削ねじと転造ねじの比較[2]

---

[1] 建築設備技術者協会編：空気調和・給排水設備施工標準，改訂第3版，p.108（1993年）
[2] 安藤紀雄：空調設備配管設計・施工の実務技術，p.279，理工図書（1994年）

い管ねじ部防食に期待されている．**表3・8**に鋼管の標準的なねじ切り寸法を，**図3・23**にねじ接合の種類を，**図3・24**には切削ねじと転造ねじの比較を示す．

ねじ込み施工における留意点は，次のとおりである．

1) ねじ部に付着した切削油，水分などを除去し，シールテープまたは液状ガスケットを塗布する．

　ねじ込み用シールテープ：厚さ0.1 mm，幅13 mm．おねじ部に平均に巻き付けるだけで高い気密性をもつものである．

　液状ガスケット：ヘルメチックやヘルメシールなどの合成樹脂製塗布材．化学薬品に強く，耐油性をもち，一般配管のほか，$-30 \sim +130℃$の蒸気・油・薬品などの配管に用いることができる．

2) 適切な位置までねじ込む．ねじ込み過ぎは水漏れの原因となるため，特に注意する．

3) 締め付けたねじを戻してはいけない．

4) ねじ込んだ後，残りねじ部およびパイプレンチなどの刃形跡に，錆止めペイントを塗布する．

（b）溶接接合

配管溶接は一般にアーク溶接が用いられ，突合せ溶接，差込み継手，カラー継手を利用したすみ肉溶接を行う．

図3・25に鋼管のすみ肉溶接要領を示す．

突合せ溶接では開先加工や面取りが不十分で

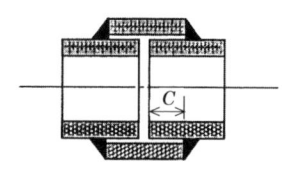

差込み深さC：80 A以下　　37 mm
　　　　　　　100～300 A　 40 mm

（a）カラー式

すみ肉溶接の脚長xは$1.0\,t$以上

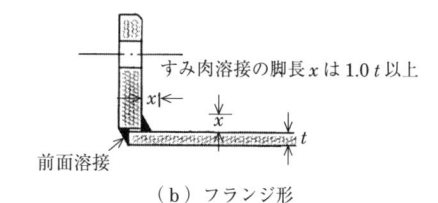

前面溶接

（b）フランジ形

図3・25 鋼管のすみ肉溶接接合[*]

あったり，ルート間隔が正しく保持されないと，溶込み不良を生じ，溶接強度が低くなる．

開先は一般にV形開先が用いられる．ルート間隔，ルートフェイス，開先角度を適切にとることで，十分な溶込みを期待できる．

自動溶接機を用いる場合，その自動溶接機に最も適した開先形状とする必要がある．

溶接の精度は溶接士の技量により決まるため，JIS Z 3801「溶接技術検定における試験方法および判定基準」に適合した溶接士，または同等以上の技量を有する技能者が溶接することが望ましい．

表3・9に溶接接合部分の開先形状と寸法を示す．

溶接施工の留意点は，次のとおりである．

1) 水平固定した管の溶接は原則，下向き溶接とする．やむをえない場合，下から上へ

表3・9 鋼管突合せ溶接の開先形状・寸法[*]

開先形状	t[mm]	a[°]	a[mm]	b[mm]	JIS G 3452の呼び径
	4.0以下	—	0.0～1.5	—	50以下
	4.0超え20.0以下	60～70	2.0～4.0	0.0～2.4	65以上

※　SHASE-S 010-2000 空気調和・衛生設備工事標準仕様書

[*]　建築設備配管研究会：建築設備配管の実務読本，p.199，オーム社(1993年)

の巻上げ溶接とする．
2) 雨や雪により配管表面がぬれている場合や強風時は，溶接アークが不安定になるので作業しない．
3) 周囲気温が低いとき，バーナなどで予熱した後，作業に入る．
4) 溶接棒は吸湿しないよう，容器に入れ保管する．
5) 溶接作業終了後，ワイヤブラシなどで溶接部の清掃を行い，錆止め塗料または無機質亜鉛末塗料などを用いて補修塗装を行う．

（c） フランジ接合

管の取外しが必要な箇所，大口径の弁類との接合，または工場加工配管の接合用として用いられる．

フランジ接合にはねじフランジと溶接フランジがあり，管内圧力に応じた製品を使用する．

ガスケットは厚さ3mm以下のものを使用する．パッキンを片寄って締め付けてはならない．そのため，ボルトを均等に締め付けていく．

（d） メカニカル接合

メカニカル接合はねじや溶接によらず，専用の継手に管を差し込み，ボルトで締め上げ，接合するものである．

継手部は可とう性，伸縮性があり，引抜け防止措置として，管外面に専用工具による溝を施したグルーブ型，鋼製リングを溶接したリング型およびカラー管を溶接したショルダ型，圧力がかからない排水用としてMDジョイントなどがある．

これらは，施工性の良い省力化工法として開発されてきたが，差込み不足，ガスケットの装着不良，ボルト締付け不良などにより水漏れを起こすため，施工にあたっては十分な管理が必要である．

図3・26に鋼管のメカニカル接合方法を示す．

〔2〕 硬質塩化ビニルライニング鋼管・ポリエチレン粉体ライニング鋼管

接合にはねじ接合とフランジ接合がある．

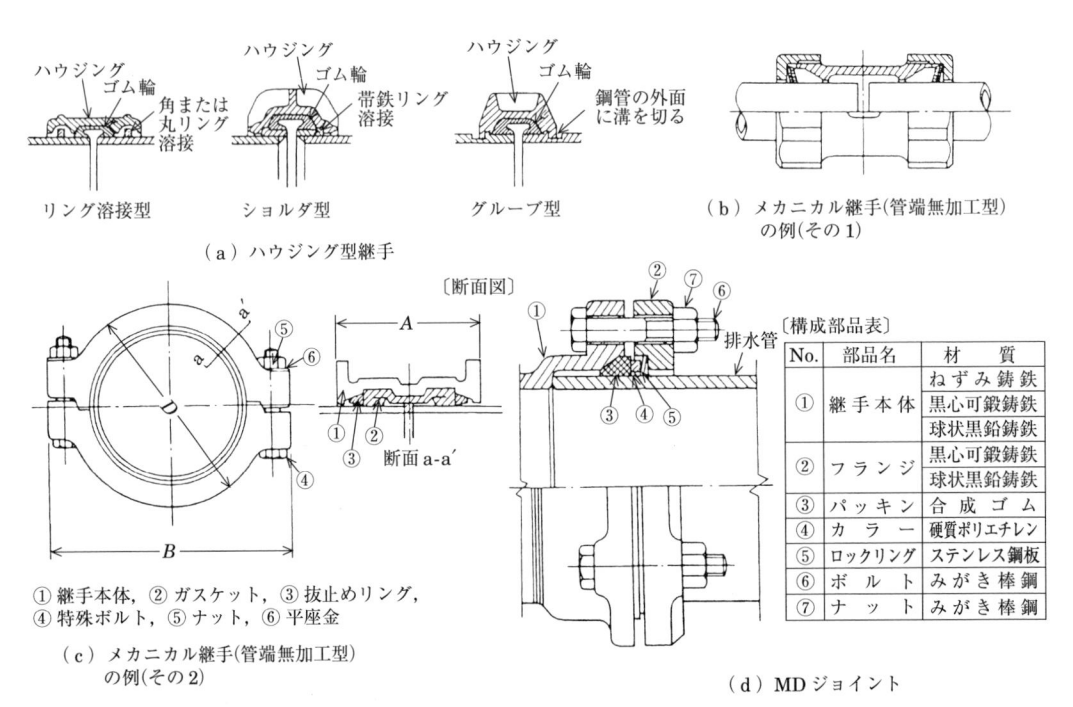

図3・26 鋼管用メカニカル接合*

---

* 空気調和・衛生工学会編：空気調和・衛生工学便覧，第11版，Ⅰ巻，p.835（1987年）

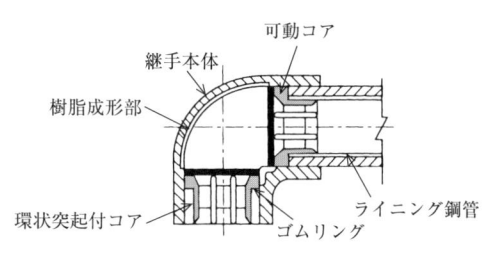

（a）コア内蔵型A方式
（b）コア内蔵型B方式
（c）コア内蔵型C方式
（d）可動型

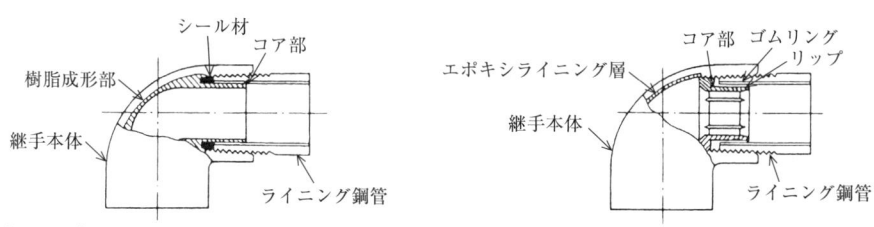

注 コア内蔵型A方式のコアとライニング鋼管との間のシール方法は，メーカーごとに特長がありそれぞれ異なる．

図3・27 硬質塩ビライニング鋼管用の接合方式[*1]

（a） ねじ接合

ねじ接合の方法は炭素鋼管と同様である．接合には管端防食継手を使用する．接合には，図3・27に示すような管端防食継手を使用する．

ねじ込みの際，ねじ込み過ぎは内部樹脂コアを破壊し，ねじ込み不足は端部がコアに届かないため管端の防食不良となる．そのため，正しくねじ込みを行うことが重要である．

（b） フランジ接合

フランジ接合は，管にフランジを溶接した後，ライニング加工を行う工場加工品に適している．

やむをえずフランジを現場取付けする場合，硬質塩化ビニル短管を重ね合わせて接着する．これは，熟練作業を要するので極力避ける．

ねじ込みフランジを用いる場合は管端コアを挿入する．

図3・27に給水および給湯配管として用いる硬質塩化ビニルライニング鋼管の接合方法を示す．

〔3〕 ステンレス鋼管

ステンレス鋼管の接続には，溶接接合，フランジ接合およびメカニカル接合がある．

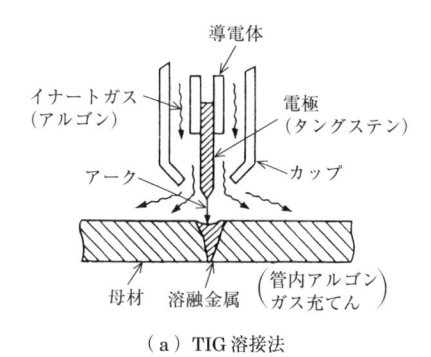

（a）TIG溶接法
（b）フランジ法

図3・28 ステンレス鋼管用の溶接接合[*2]

[*1] 空気調和・衛生工学会編：給排水衛生設備計画設計の実務の知識（改訂2版）p.52, オーム社（2001年）
[*2] 建築設備配管研究会：建築設備配管の実務読本，p.204, オーム社（1993年）

表3・10 ステンレス鋼管のメカニカル接合*

接合方式	施工方法
プレス接合 （プレス式）（ダブルプレス式） ゴムリング　プレス部　ゴムリング パイプ　　継手本体 ラインマーク　ラインマーク	専用締め付け，工具でプレス接合する． プレス接合には，プレス式，ダブルプレス式，グリップ式がある．
拡管接合 （凸形拡管形状）（テーパ拡管形状） ゴムパッキン　　　ゴムパッキン パイプ　　　　　　　　パイプ 袋ナット　継手本体　袋ナット	管を拡管し，袋ナットを締め付け，接合する． 拡管形状には，凸形拡管形状とテーパ拡管形状がある．
ナット接合 袋ナット　継手本体 スリーブ 管	袋ナットを締め付け，接合する． ナット接合には，圧縮式と管に溝を付けるドレッサ形スナップリング式がある．
転造ねじ式接合 バックアップリング 特殊チップ　Oリング　Cリング　リテーナ 締め込み前　　　　　　　　　締め込み後 インジケータ　　標線マーキング	転造ねじを形成するナットを締め付け，接合する．
差込み接合 　　　　　くい込み環 ゴムパッキン　パイプ 本体	管に溝を付け，継手に差し込み，接合する．
カップリング接合 スペーサ　ボルト 　　　　　　　本体 　　　　グリップリング 　　　パッキン	ボルトを締め付け，接合する．

* ステンレス協会作成

図3・29 鋳鉄管の接合方法*

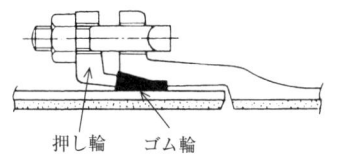

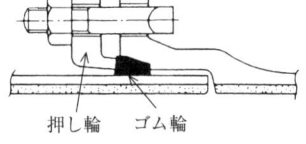

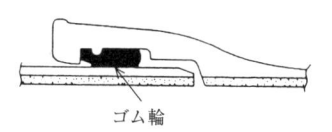

(a) 　メカニカル接合(K型継手)
(b) 　メカニカル接合(A型継手)
(c) 　ゴム輪接合

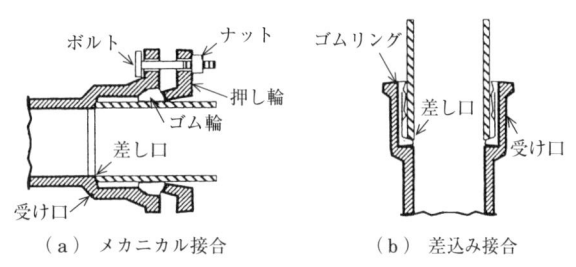

図3・30 排水用鋳鉄管の接合方法

(a) メカニカル接合
(b) 差込み接合

(a)　溶 接 接 合

溶接には手動溶接と自動溶接がある．ステンレス鋼は薄肉のため，均一に溶接する必要があるので，工場で溶接加工を行うことが望ましい．

やむをえず現場作業となる場合は，TIG（タングステンイナートガス）自動円周溶接機を用いた自動溶接とする．

図3・28にステンレス配管のTIG溶接およびフランジ接続方法を示す．

(b)　フランジ接合

ステンレス鋼は薄肉であるため，ステンレス製のラップジョイントを端部に溶接し，鋼製のルーズフランジを用いる．フランジ用パッキンはよく密着し，吸湿性がなく，かつ塩素イオンが溶出しないものを使用する．

(c)　メカニカル接合

メカニカル管継手による接合法には，種々の方法がある．ステンレス協会規格（SAS 322）によるそれぞれの工法の例を表3・10に示す．各方式の接合方法の詳細は，製造者の技術資料などによること．

〔4〕　鋳　鉄　管

給水用のダクタイル鋳鉄管の主な接合法は，メカニカル接合（K型・A型）とゴム輪接合（T型）があり，排水用鋳鉄管の接合法にはメカニカル型と差込み型がある．

メカニカル接合は，鋳鉄製押し輪とゴム輪を差し口に入れ，受け口に差し込んだ後，ボルト・ナットで均一になるように締め付ける．

ゴム輪接合と差込み接合は，差し口に円滑材を塗布してゴム輪（ゴムリング）を入れ，端部が受け口の底にくるまで差し込んで接合する．

図3・29に給水用鋳鉄管の接合を，図3・30に排水用鋳鉄管の接合を示す．

〔5〕　鉛　　　管

鉛管は給水管などには使用されなくなってきており，排水用として，衛生器具と排水配管の接続用に用いられている．各種管材との接続はそれぞれの鉛管接続用媒介継手を介して接合する．

〔6〕　銅　　　管

銅管の接合には，差込み接合，フランジ接合，フレア接合，ユニオン接合などがある．

(a)　差込み接合

差込み接合は，ろう付けにより接合するもので，ろうには軟ろう（はんだ），硬ろう（銀ろう，りん銅ろう）があり，一般に口径50 mm以上の場合，硬ろうを用いる．温度あるいは圧力の高い配管には硬ろうを用いる．

ろう付け加工上の留意点は，次のとおりである．

1) 軟質管は管端修正器を用いて真円とする．硬質管は不良部分を切り捨て，真円部分を差し口とする．
2) 軟ろう溶接では，フラックスを差し口に薄く均一に塗布する．
3) 配管を十分に差し込み，トーチランプまたは酸素バーナで均一に加熱する．

---

* 空気調和・衛生工学会編：空気調和・衛生工学便覧，第11版，I巻，p.843～845(1987年)

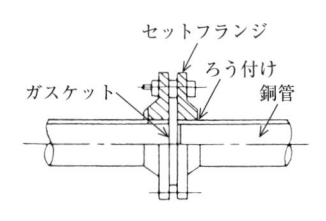

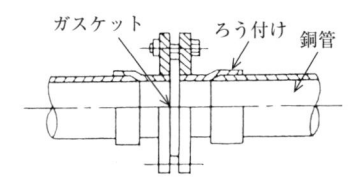

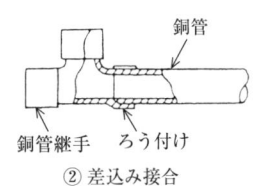

① フランジ接合　　② 差込み接合　　③ フレア接合　　④ ユニオン接合

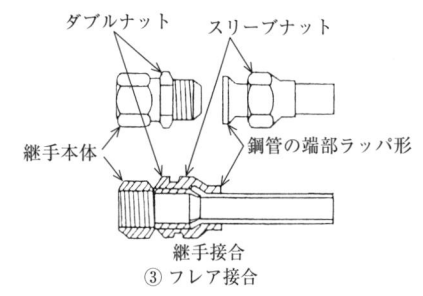

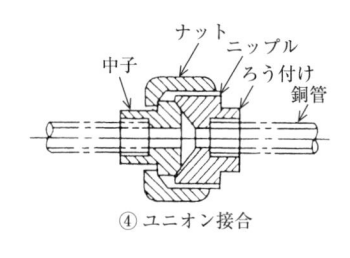

図 3・31　銅管の接合[*1]

4) ろうを接合に当て溶かし，毛細管現象によりすきま全部に流し込む．

(b) フランジ接合

差込みろう付けフランジを使用する．

(c) フレア接合

管にスリーブナットを通した後，端部をフレア加工し，圧縮継手を用いて締め付ける．一般に 20 mm 以下の小口径管の接合に用いられる．

図 3・31 に銅管の接合を示す．

〔7〕 硬質塩化ビニル管

硬質塩化ビニル配管の接合には接着 (TS) 接合，ゴム輪 (RR) 接合などがある．

(a) 接着接合

管外面および継手内面を清掃のうえ，接着材を塗布し差し込む．差込み後，所定の時間保持すれば，継手と管は一体化される．

(b) ゴム輪接合

面取りした管をよく清掃した後，ゴム輪をはめ込み，滑材を塗布した後，管を差し込む．

図 3・32 に硬質塩化ビニル管の接合を示す．

〔8〕 ポリエチレン管

ポリエチレン管の接合には，熱溶着式スリーブ接合とメカニカル接合がある．

(a) 熱溶着式スリーブ接合

管の差し口と受け口を加熱し，溶融した状態で接合する．加熱温度が高過ぎると樹脂が劣化し，低過ぎると樹脂が十分溶融しないため，接合が不完全になる．

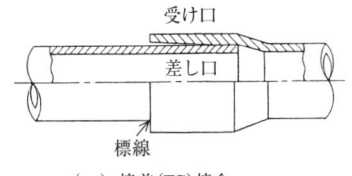

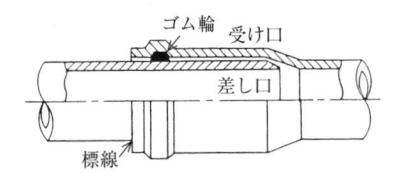

(a) 接着 (TS) 接合　　(b) ゴム輪 (RR) 接合

図 3・32　硬質塩化ビニル管の接合[*2]

---

*1　建築設備配管研究会：建築設備配管の実務読本，p.206，オーム社 (1993 年)
*2　同上，p.208

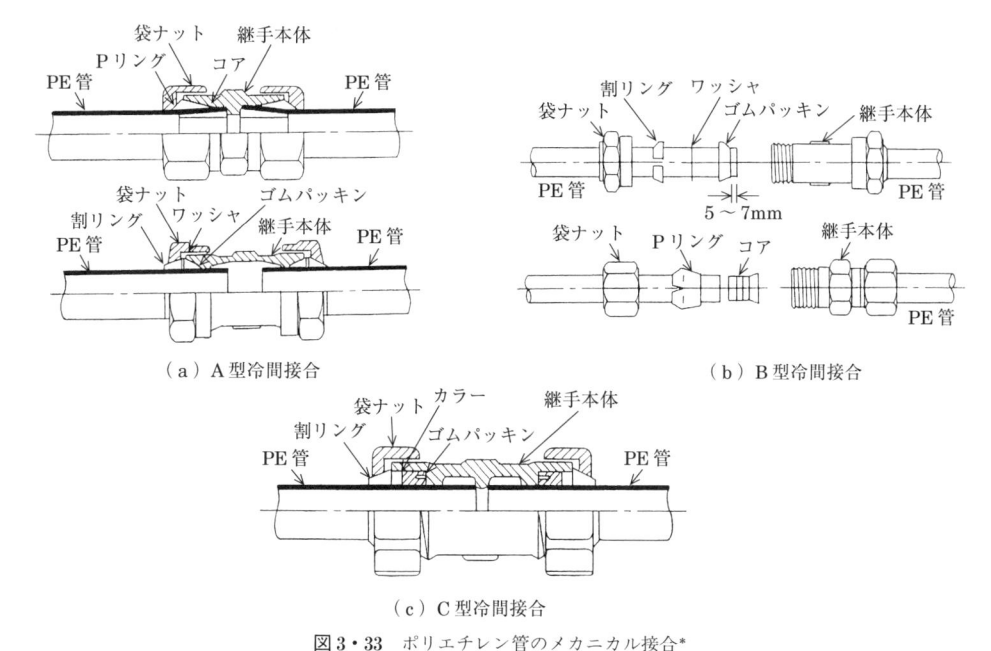

(a) A型冷間接合　　　　　　　　　　　　(b) B型冷間接合

(c) C型冷間接合

図3・33　ポリエチレン管のメカニカル接合*

(b)　メカニカル接合

金属製継手に差し込み，袋ナットで締め付け接合する．

図3・33にポリエチレン管のメカニカル接合を示す．

〔9〕　鉄筋コンクリート管

接合方法に，カラー接合とゴム輪接合がある．

(a)　カラー接合

管にカラーの半分の長さだけ差し込み，すきまに固練りモルタルを充てんしカラー付けを行って接合する．

(b)　ゴム輪接合

差し口にゴム輪をはめ，挿入器を用いてゴム輪をすきまの所定の位置に納めて接合する．管の差込みが少ないとゴム輪の圧着が不完全になり，漏水のおそれがある．

〔10〕　異種管接合

異種管の接合には，種々の継手を用いて行う必要があるため，それぞれの継手の特性を十分理解する必要がある．また，組合せによっては両者の自然電位差が大きくなるため，異種金属接触となり，激しく腐食を起こすことがあるので注意を要する．

1)　鋼管と鋳鉄管

a)　鋼管と給水用鋳鉄管：鋼管にフランジを取り付け，フランジ型鋳鉄管と接合する．

b)　鋼管と排水用鋳鉄管：鋼管に媒介継手をねじ込み鋳鉄管とメカニカル接合したり，差込みRJ管を用いたり，GS継手を用い，鋼管とねじ接合する．

2)　鋼管と銅管：アダプタ接合，フレア接合，ユニオン接合などがある．鋼管との間に電位差があるので，腐食防止のため絶縁継手とする．

3)　鋼管と鉛管：はんだ付け用ニップルを鉛管とはんだ付けし，あるいはプラスタン接合し，ソケットで鋼管と接合する．

4)　鋼管と硬質塩化ビニル管：バルブ用ソケット，鋼管用アダプタおよびテーパソケット付きユニオンにより鋼管とねじ接合する．

5)　鉛管と鋳鉄管：LY継手を用いて鋳鉄管とメカニカル接合する方法と，コーキング用フェルールによる接合がある．

---

*　建築設備配管研究会：建築設備配管の実務読本，p. 209，オーム社(1993年)

図中ラベル:

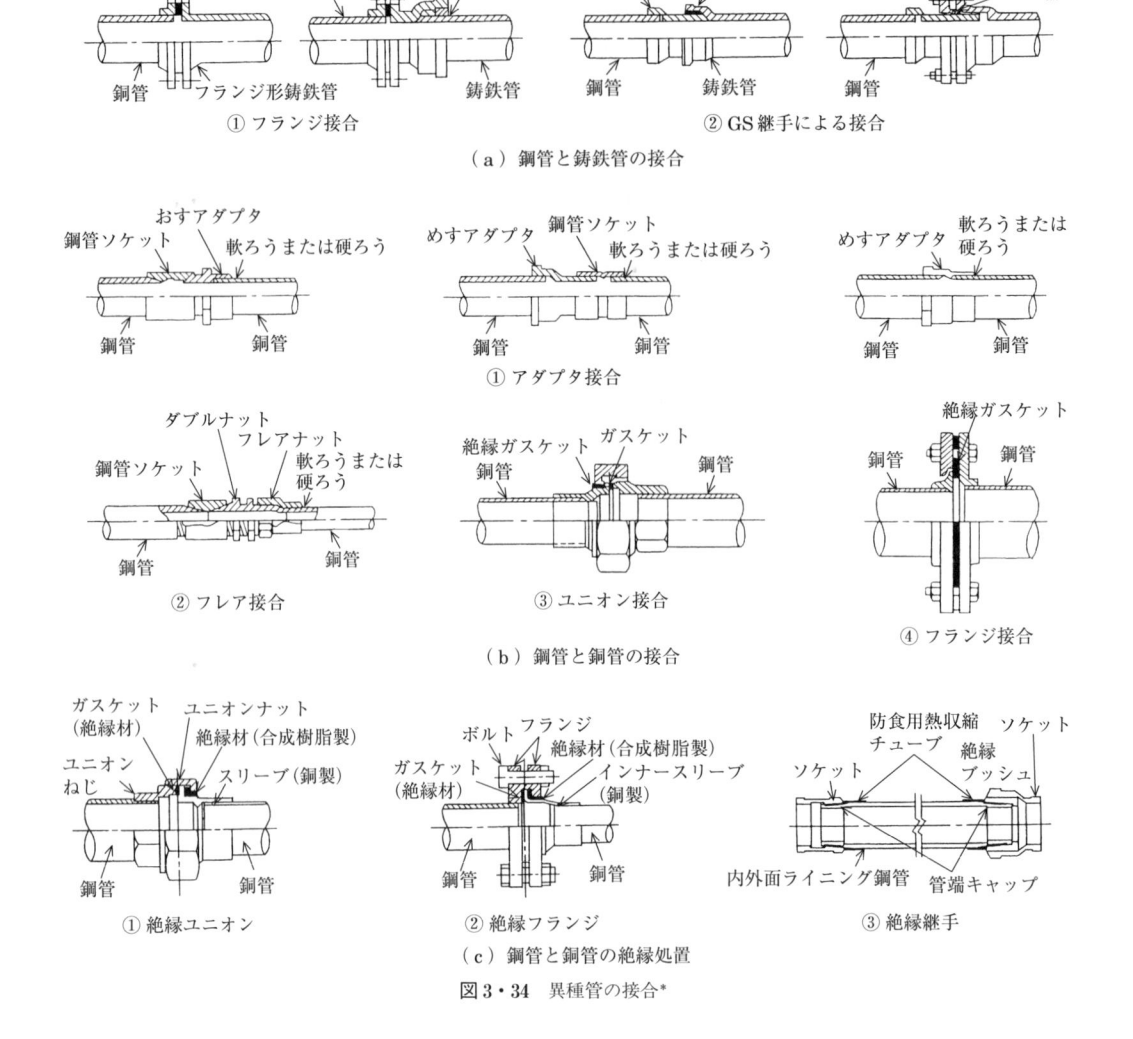

(a) 鋼管と鋳鉄管の接合
① フランジ接合 — 相フランジ、鋼管、フランジ形鋳鉄管／相フランジ、鋼管、短管甲1号、鉛コーキング、鋳鉄管
② GS継手による接合 — GS継手、鉛コーキング、鋼管、鋳鉄管／ナット、ボルト、ゴム輪、鋼管

(b) 鋼管と銅管の接合
① アダプタ接合 — おすアダプタ、銅管ソケット、軟ろうまたは硬ろう、鋼管、銅管／めすアダプタ、銅管ソケット、軟ろうまたは硬ろう、鋼管、銅管／めすアダプタ、軟ろうまたは硬ろう、鋼管、銅管
② フレア接合 — 銅管ソケット、ダブルナット、フレアナット、軟ろうまたは硬ろう、鋼管、銅管
③ ユニオン接合 — 絶縁ガスケット、ガスケット、鋼管、銅管
④ フランジ接合 — 絶縁ガスケット、鋼管、銅管

(c) 鋼管と銅管の絶縁処置
① 絶縁ユニオン — ガスケット（絶縁材）、ユニオンナット、絶縁材（合成樹脂製）、ユニオンねじ、スリーブ（銅製）、鋼管、銅管
② 絶縁フランジ — ボルト、フランジ、ガスケット（絶縁材）、絶縁材（合成樹脂製）、インナースリーブ（銅製）、鋼管、銅管
③ 絶縁継手 — 防食用熱収縮チューブ、ソケット、絶縁ブッシュ、内外面ライニング鋼管、管端キャップ

図3・34 異種管の接合*

6) 硬質塩化ビニル管とメカニカル型鋳鉄管：短管と押輪型フランジあるいはゴム輪型短管のみによる接合，ドレッサ型VCジョイントおよびVCソケットを用いて接合する方法がある．
7) ステンレス鋼管と鋼管：絶縁フランジまたは絶縁ユニオンを用いて接合する．
8) ステンレス鋼管と銅管：ステンレス鋼管側にステンレス製ねじアダプタを取り付け，銅管側に銅製ねじアダプタを取り付けてユニオンで接合する方法と，ルーズフランジを用いて接合する方法がある．

図3・34に代表的な異種管接合を示す．表3・11に異種金属接触となる配管組合せを示す．

3・2・3 配管の支持

配管の支持および固定は次のことを検討し，最も適切な工法を採用する．
1) 管本体，継手，弁類，保温材および管内流体の重量に十分耐えるものとする．
2) 管のたわみに対応できる支持間隔とする．
3) 配管のこう配調整が容易にできる構造にする．

---

* 建築設備配管研究会：建築設備配管の実務読本，p. 210〜211，オーム社(1993年)

表3・11 異種金属接触となる配管組合せ

配管材	組み合わせる配管材	異種金属接続となるもの	備　考
鋳鉄管	炭素鋼管	—	電位差なし
	鉛管	△	電位差小
炭素鋼管	ステンレス鋼管	○	腐食防止のため，絶縁継手を用いる
	銅管	○	腐食防止のため，絶縁継手を用いる
	鉛管	△	電位差小
銅管	ステンレス鋼管	○	腐食防止のため，絶縁継手を用いる
	鉛管	△	電位差小

注　異種金属接触腐食は二つの金属の接触により，卑な金属の腐食が加速される．
　　ステンレス鋼および銅・合金(貴な金属)と炭素鋼などの鉄系材料(卑な金属)の継手，弁類との接触が問題となる場合が多い．管端防食が不十分なライニング鋼管と銅合金(青銅・黄銅)やステンレス製のバルブとの接続部は，異種金属接触と管端腐食の相互作用により腐食の進行が早くなる．

4) 配管の膨張・収縮に対し，支持間隔を適切にとる．
5) 伸縮継手を設置した場合，固定方法を考慮する．
6) 地震あるいは外部からの衝撃や振動に対する振止めや固定の対策をとる．
7) 管の振動が構造体に伝播しないような構造にする．
8) 配管の曲り部，分岐部などは，その近くで支持する．
9) 機器まわり配管は，機器に配管荷重がかからないようにする．
10) 立て管は各階ごとに振止めを施し，最下階の床および必要箇所に支持を行う．

〔1〕 **横走り管・立て管**

横走り管，立て管は管材料に応じ適切な支持を行う．

(a) **横走り管の支持および振止め**

横走り管の支持および振止めには，棒鋼つりおよび形鋼振止め支持がある．**表3・12**に各種横走り管のつりおよび振止め支持間隔を，**図3・35**に配管支持例を示す．

ここに示した支持間隔は標準値であるので，配管の状態によっては支持点を増設する必要がある．

(b) **立て管の支持および振止め**

立て管の支持および振止めには，形鋼振止め支持および固定支持がある．**表3・13**に各種立て管の固定および振止め支持箇所を，**図3・36**に横引きおよび立て配管の振止め例を示す．

(c) **伸縮する配管の支持**

伸縮する横引き配管を支持する場合，ローラバンドなどを用いて，支持点で伸縮が妨げられないようにする．

立て配管を支持する場合は，支持点を軽く締め付けるにとどめ，上下の伸縮を妨げないようにする．

保温を施した配管を支持する場合は，保温材の上から平鋼などで軽く締め付ける．

〔2〕 **固定支持**

伸縮継手を取り付けた配管は，その伸縮の起点として有効な箇所で固定支持する．複式伸縮継手を用いる場合は，伸縮継手そのものを固定支持する．

固定支持にあたって，管の伸縮により支持点にかかる力(反力)は，相当に大きなものとなるため，十分に検討を行って支持部材を選定する．

また，固定点となる躯体部は柱，梁，その他主要構造部と同等の十分な耐力ある部位とする．

図3・37に配管固定支持例を示す．

〔3〕 **防振支持**

配管の振動には，機器の振動が接続された配管を通して伝わるものと，管内流体の脈動によるものがある．これらの振動は，配管のつり金物や固定金物を通して躯体に伝えられる．

躯体に伝わる振動は騒音を発生させるため，

表3・12 横走り配管の支持間隔とつりボルト径

(a)

			15	20	25	32	40	50	65	80	100	125	150	200	250	300
棒鋼による1本つりの場合	鋼管	呼び径	15	20	25	32	40	50	65	80	100	125	150	200	250	300
		支持間隔[m]	2.0							3.0						2.0	
		つりボルト	M 10									M 12				
	一般配管用ステンレス鋼管	呼び径	15	20	25	32	40	50	65	80	100	125	150	200	250	300
		支持間隔[m]	2.0									3.0					
		つりボルト	M 10									M 12				
	銅管	呼び径	10	15	20	25	32	40	50	65	80	100	125	150		
		支持間隔[m]	1.0			1.5			2.0		2.5	3.0				
		つりボルト	M 10														
	硬質塩化ビニル管	呼び径	13	16	20	25	30	40	50	65	75	100	125	150	200	250	300
		支持間隔[m]	0.75		1.0			1.2		1.5			2.0			
		つりボルト	M 10														M12
	耐火二層管	呼び径					40	50	65	75	100	125	150			
		支持間隔[m]					1.5									
		つりボルト					M 10				M 12					

注 1) SHASE-S 009（建築設備インサート）を参照すること．
　 2) つりボルトの径は，つりバンドの強度あるいは管の剛性を考慮して決めた．

(b)

分類		呼径	15	20	25	32	40	50	65	80	100	125	150	200	250	300
棒鋼つり	鋼管およびステンレス鋼管		2.0 m 以下									3.0 m 以下					
	硬質塩化ビニル管およびポリエチレン管		1.0 m 以下									2.0 m 以下					
	銅管		1.0 m 以下									2.0 m 以下					
	鋳鉄管		直管および異形管，各1本につき1箇所														
	鉛管		1.5 m 以下														
形鋼振止め支持	鋼管，鋳鉄管およびステンレス鋼管		—					8 m 以下				12 m 以下					
	硬質塩化ビニル管およびポリエチレン管		—		6 m 以下			8 m 以下				12 m 以下					
	銅管		—		6 m 以下			8 m 以下				12 m 以下					

つり金物や固定金物を防振支持材とする必要がある．

防振支持は振動を伴う配管（排水管など除く）すべてに行うことが好ましいが，地下階など躯体の剛性が十分に大きい場合や，防振支持する床・壁面が駐車場，機械室などである場合などは省略することが可能である．その際は，設計者とともによく検討を行い実行する．

図3・38に配管の防振支持例を示す．

表3・13 立て配管の固定および振止め支持箇所

固定	鋼管およびステンレス鋼管	最下階の床または最上階の床
	鋳鉄管	最下階の床
形鋼振止め支持	鋼管，鋳鉄管およびステンレス鋼管	各階1箇所
	鋳鉄管	各階2箇所
	硬質塩化ビニル管およびポリエチレン管	各階3箇所
	銅管	各階4箇所

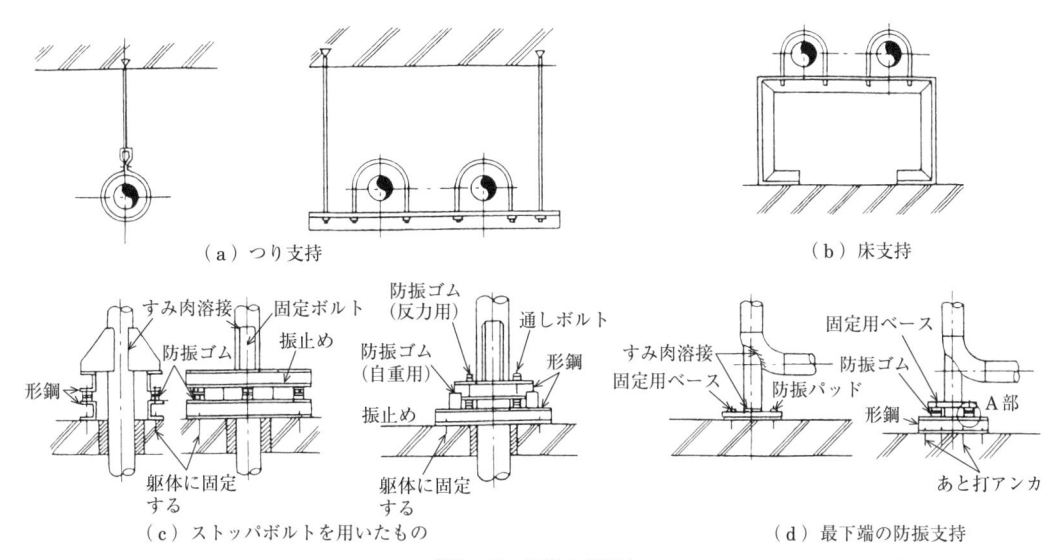

図 3・35　配管の支持[1]

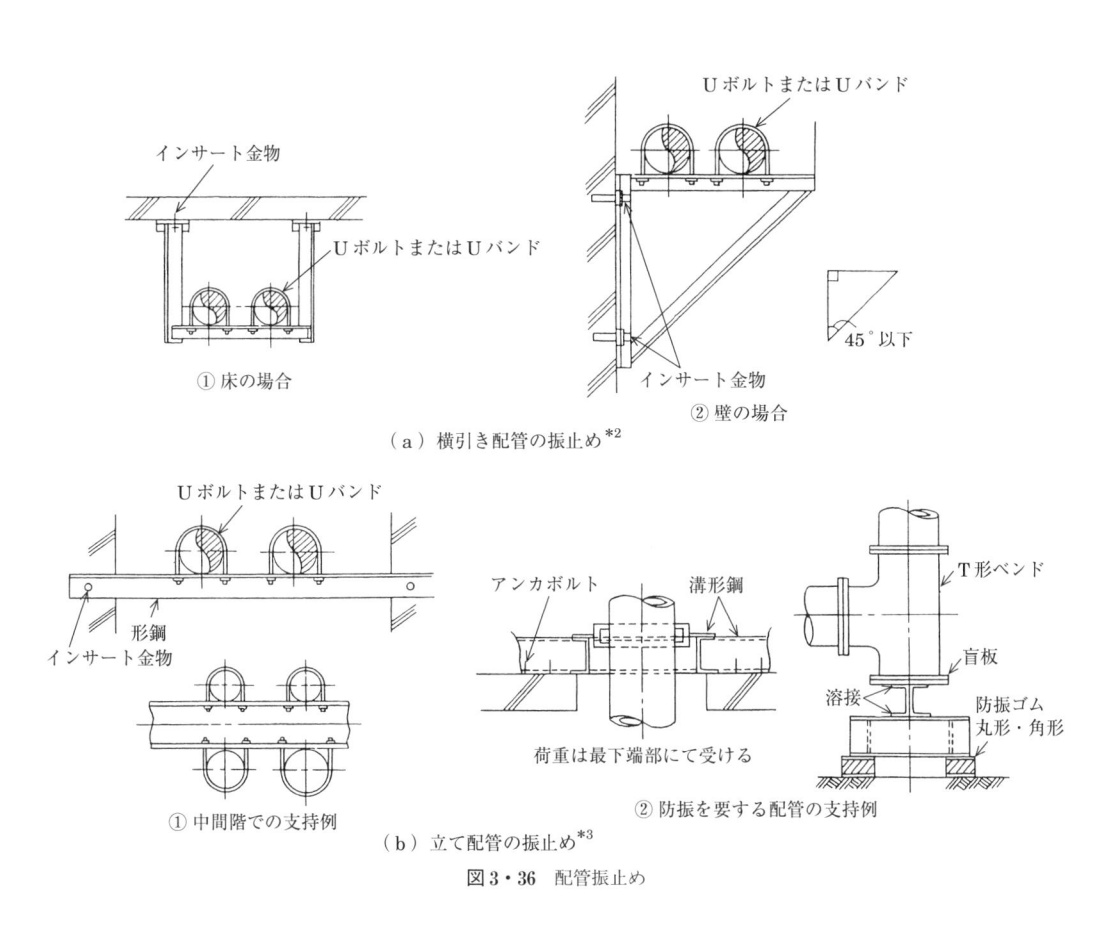

図 3・36　配管振止め

*1　空気調和・衛生工学会編：空気調和・給排水衛生設備施工・維持管理の実務の知識，p.65，オーム社(1996年)
*2　建築設備配管研究会：建築設備配管の実務読本，p.216，オーム社(1993年)
*3　同上，p.217

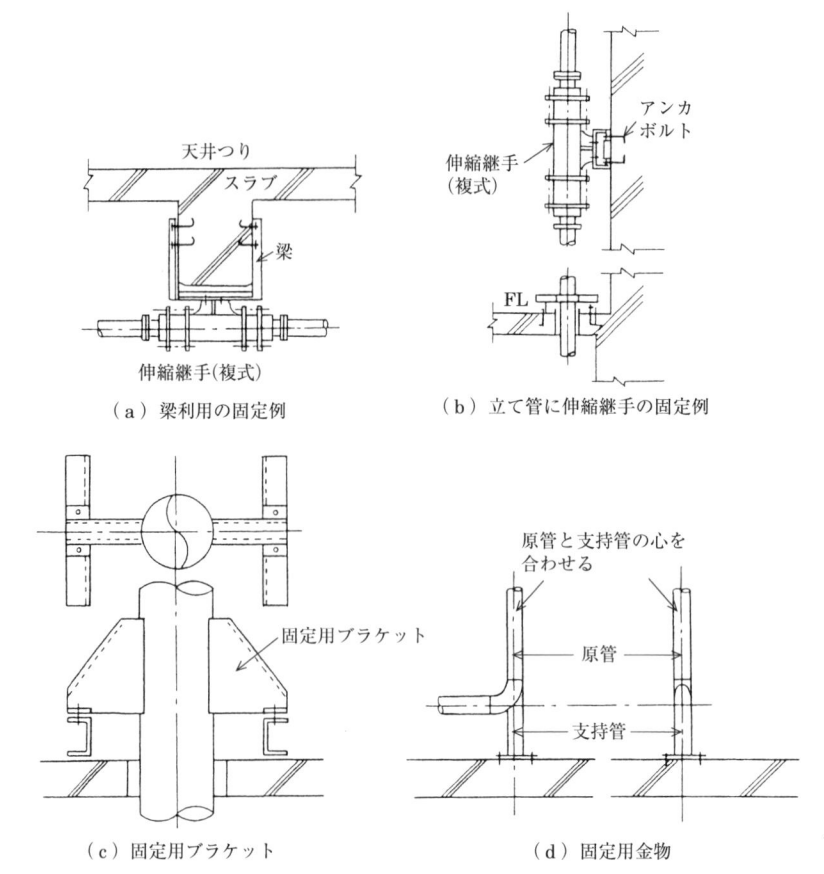

(a) 梁利用の固定例
(b) 立て管に伸縮継手の固定例
(c) 固定用ブラケット
(d) 固定用金物

図 3・37　配管の固定支持*

〔4〕 耐震支持

耐震支持の目的は，地震発生時に配管が大きく揺れ自身が破壊されること，および他の機器へ衝突し破損させることを防ぐために行う．

表 3・14 に耐震支持の適用箇所を，**表 3・15** に鋼管の耐震支持間隔を，**表 3・16** には立て配管の耐震支持間隔を示す．また，**図 3・39** には配管の耐震支持例を示す．

〔5〕 建物導入部

地盤の性状が著しく不安定で，建物と地盤の間に変位(ずれ)が生じるおそれのある場所には，たわみ継手などを用いた耐震措置を講じる．**図 3・40** に，建物と土中埋設配管の耐震絶縁処置方法を示す．また，屋外より免震建物に導入される配管も相対変位量が大きくなるので，変形量を吸収できる装置(フレキシブルジョイント)を設ける．

一般的に，変位量は 400 mm 程度とするが，設計者と協議して想定される最大変位量を採用する．

3・2・4　配管の防食

金属管は水，空気と接すると腐食しやすくなるため，かならず防食の検討を行う．

腐食は管の内面，外面がある．管内面からの腐食防止には，使用流体に対する管材の適切な選定が重要となる．施工にあたっては定められたマニュアル・留意事項を十分に守って施工する必要がある．

その他の内面防食方法に，薬剤を配管内に一定濃度で満たす方法や，電気防食を行う方法がある．

* 空気調和・衛生工学会編：空気調和・給排水衛生設備施工・維持管理の実務の知識，p.66，オーム社(1996 年)

(a) つり支持　　　　　　　　　　(b) 床支持

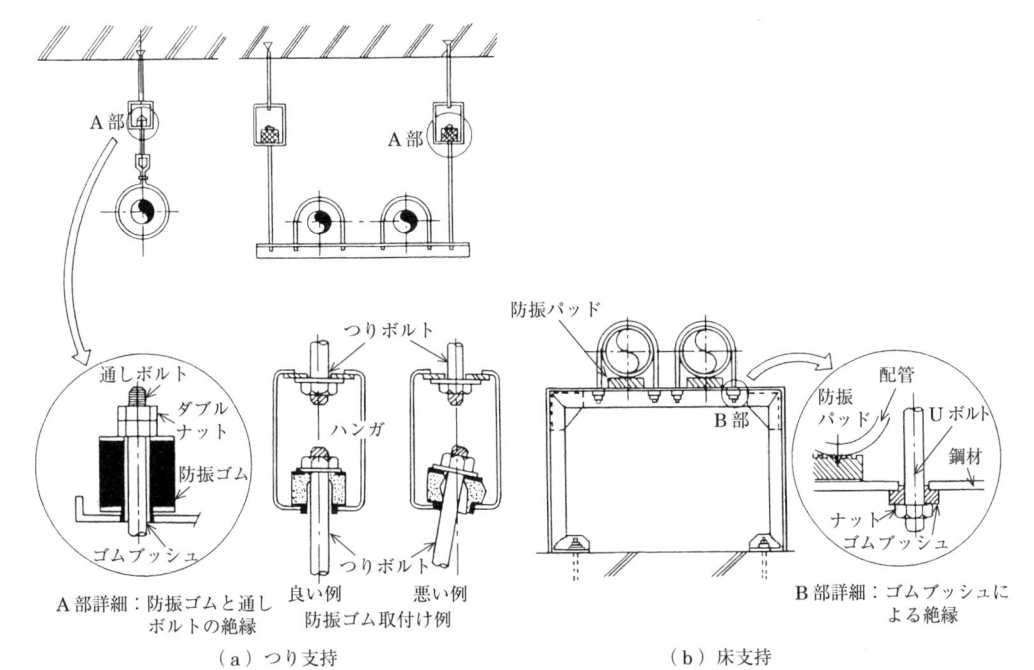

図3・38　配管の防振支持*

表3・14　耐震支持の適用

設置場所	最上階,屋上および塔屋	2階以上	1階および地階
種　類	すべてA種	50m以内に1箇所はA種,その他はB種	すべてB種
設置間隔	鋼管の支持間隔以内に1箇所		
備　考	50A以下,つり材の平均長さが30m以下の配管は除外する.		

表3・15　鋼管の耐震支持間隔

呼径（A）	15	20	25	32	40	50	65	80	100	125	150	200以上
支持間隔 [m]	5.4		6.0				9.0			12.0		15.0

表3・16　立て配管の耐震支持間隔

呼径(A)	SGP 空管		SGP 満水管		STPG 38 満水管
	溶接接合	ねじ接合	溶接接合	ねじ接合	溶接接合
65	1.0～6.4	1.5～6.4	1.0～6.5	1.5～6.5	1.0～6.4
80	1.0～7.5	1.5～7.5	1.0～7.6	2.0～7.6	1.0～7.6
100	1.5～9.7	2.0～9.7	1.5～9.8	2.0～9.8	1.5～9.6
125	1.5～9.8	2.5～11.9	2.0～12.0	2.5～12.0	1.5～11.9
150	2.0～14.1	3.0～14.1	2.0～14.2	3.0～14.0	2.0～14.1
200	2.5～18.6	3.5～18.6	3.0～18.7	4.5～15.0	2.0～18.5
250	3.0～23.0	4.5～23.0	3.5～22.0	5.5～16.0	2.5～22.9
300	3.5～27.5	5.5～27.5	3.5～23.0	6.5～16.0	3.5～27.3
350					3.5～30.6

注　耐震支持材の取付け間隔は本表の範囲内とすること.

管外面の防食は一般には塗装があるが,近年は建物内の換気が十分にされてきたため,外面亜鉛めっき管の塗装を行わないことが多くなっている.

管外面を防食する必要があるのは,金属管をコンクリートに埋設したり,土中埋設する場合である.

その他,ねじ込んだ後,残りねじ部およびパイプレンチなどの刃形跡に,さび止めペイントを塗布する.

〔1〕　土中埋設管の防食

給水,ガス,消火,油,排水などの配管は土中を経て建物に引き込まれたり供給されたりするので,これらの配管に樹脂管や外面ライニング管を用いる場合を除き,管外面の防食施工を行う.

---

*　空気調和・衛生工学会編：空気調和・給排水衛生設備施工・維持管理の実務の知識,p.67,オーム社(1996年)

66 第3章 共 通 工 事

(a) 梁, 壁の貫通部　　(b) 壁による支持　　(c) つり支持

(d) ブラケット支持　　(e) 床スラブよりの支持

横引き配管のA種耐震支持法

図3・39　配管の耐震支持[*1]

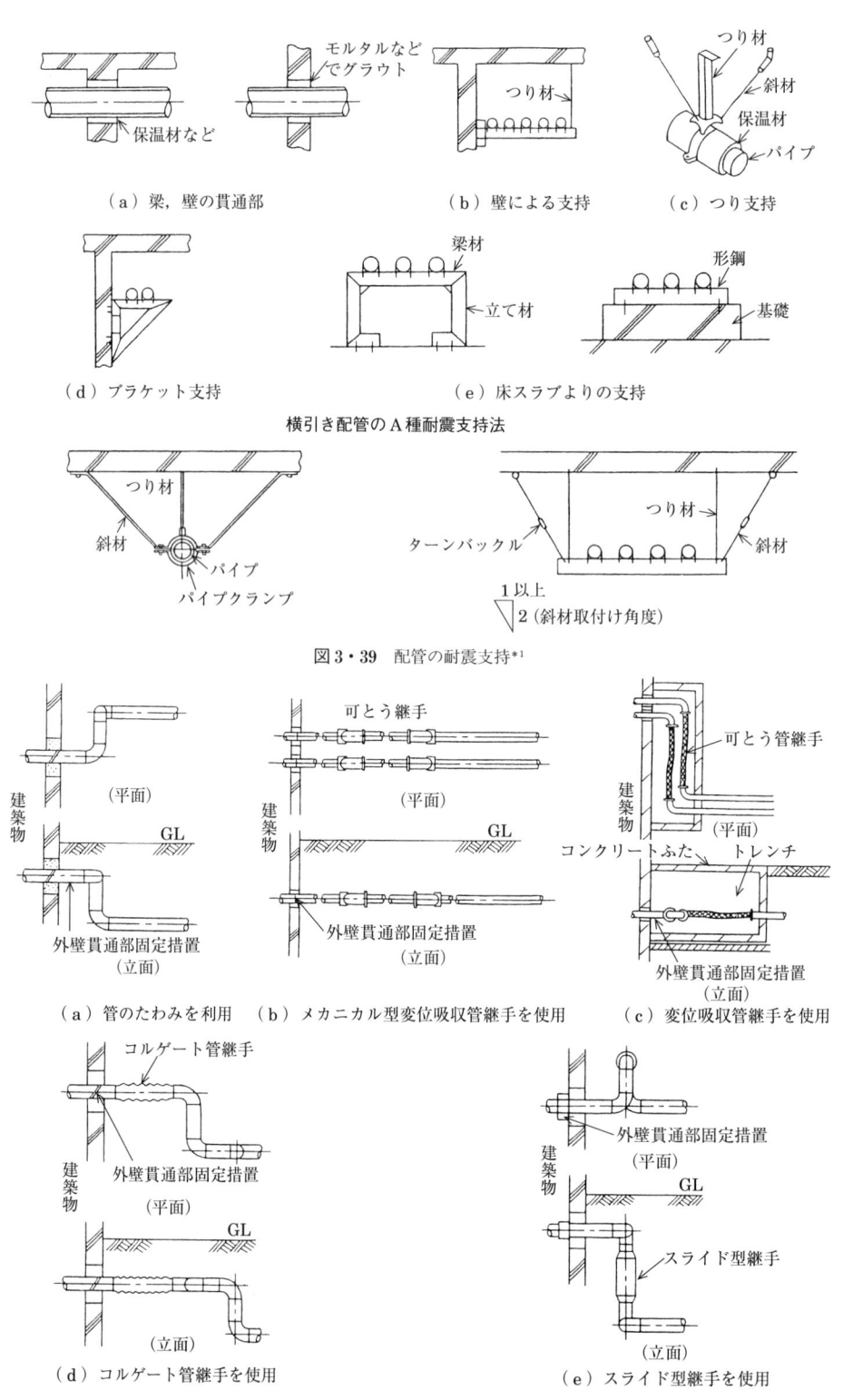

(a) 管のたわみを利用　(b) メカニカル型変位吸収管継手を使用　(c) 変位吸収管継手を使用

(d) コルゲート管継手を使用　　(e) スライド型継手を使用

図3・40　建物導入部の耐震工法[*2]

*1　建築設備配管研究会：建築設備配管の実務読本，p.222，オーム社(1993年)
*2　同上，p.220

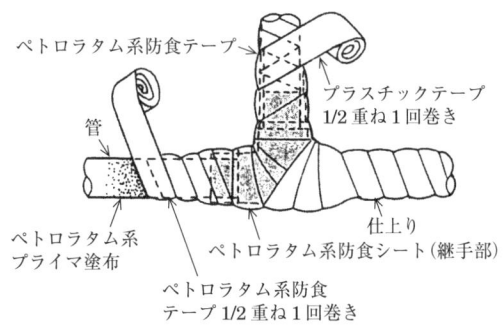

3·2 配管工事　**67**

(　　部分は，防食シートで包む部分)

図3・41　土中埋設配管の防食*

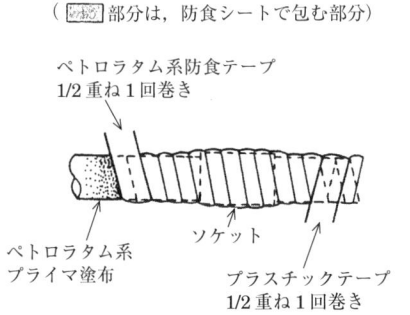

(a) 管,ソケットなど巻きやすい部分　　(b) チーズ,エルボなど巻きにくい部分

(a) 防食テープ

ペトロラタム系防食テープまたはブチルゴム系絶縁テープを使用し，管外面を防食被覆する．図3・41にペトロラタム系防食テープ処理例を示す．

(b) 外面ライニング鋼管

配管接続加工時や埋戻しなどの施工時の傷はその部分に腐食が集中し，短期間のうちに漏えい(洩)に至るため，ペトロラタム系防食テープまたは防食シートにより完全に補修を行い埋め戻す．

〔2〕　コンクリート埋設管の防食

鋼管，ステンレス鋼管，銅管，鉛管などをコンクリート内に埋設する場合，外面腐食防止用としてポリ塩化ビニル粘着テープを1/2重ねで巻く．

コンクリート埋設管の腐食による漏水被害は甚大となるためピット内配管とするか，天井内配管とし，コンクリート埋設を極力避けるほうがよい．

3·2·5　配管工事の試験・検査

配管工事の試験・検査は，配管が図面や仕様書に基づき正しく行われているか確認するもので，施工中に随時行う．

〔1〕　外観検査

施工中の外観検査は次の事項を確認し，チェックリストなどに記録する．

1) 施工された配管の材質，管口径，管経路が施工図と合致しているか．
2) 管の支持，こう配が正しく施工されているか．
3) ねじ込み配管ねじ部や溶接箇所の防せい(錆)処理が正しく行われているか．
4) 管固定，防振支持，耐震固定が正しく行われているか．
5) 必要な箇所に空気抜き，排水，プラグ止めなどの処理が確実に行われているか．

〔2〕　漏れテスト

配管の漏れテストは全数実施する．工事完了後漏れが生じると，復帰まで多大の労力とコストがかかるので，試験段階では労を惜しまず入念に実施する．

(a) 試験範囲

施工状況を考慮してブロック分けを行い，ブロックごとに漏れテストを行う．

ブロック分けに従い，必要な空気抜き弁，水抜き弁，仕切弁，仕切フランジなどを設置する．

(b) 水圧試験・保持時間

管の漏れ試験は通常，水を用いる．一般的に用いられる水圧試験値および保持時間を，表3・17に示す．

水圧試験を実施するときの留意点

1) 階別に試験を行う場合，試験圧は，試験を行う管の最上部とする．
2) 立て系統別に行う場合，試験を行う管の最上部で所要圧を満足し，かつ最下部にお

---
* 建設大臣官房官庁営繕部監修：機械設備工事施工監理指針，平成5年版，p.199，公共建築協会

表3・17 水圧・満水試験値および保持時間

種　別	系　統	試験圧力	最小保持時間	備　考
給水給湯	直　結	1.75 MPa 以上	60分	水道事業者に規程がある場合，その規程に従う
	高置水槽以下	実際に受ける圧力の2倍，最小 0.75 MPa		
	揚水管	加圧ポンプの全揚程の圧力，最小 0.75 MPa		
消火	ポンプ連結配管	ポンプ締切り圧力の1.5倍	60分	兼用される配管の場合，いずれか大きいほう
	送水口連結配管	配管の設計送水圧力の1.5倍		
排水	汚水・雑排水管	満水試験	30分	
		30 kPa	30分	
	ポンプ吐出し量	設計図記載のポンプ揚程の2倍	60分	
通気		30 kPa	30分	
冷却水冷温水		最高使用圧力の1.5倍，最小 0.75 MPa	30分	
蒸気		最高使用圧力の2倍，最小 0.2 MPa	30分	

いては管の耐圧強度を超えないこと．

（c）　空気圧試験・保持時間

管路を密閉した後，エアコンプレッサにより最高使用圧の50％まで昇圧する．

異常の有無を調べつつ，10％ぐらいずつ段階的に試験圧力（最高使用圧力の1.5倍）まで昇圧する．

異常がないことを確認したら最高使用圧力まで減圧し，30分以上放置して，漏れのないことを確認する．

漏れがあると圧力計指針が低下する．その際は，石けん水を接合部に塗布して調べる．空気圧試験は通常，水圧試験の1/2～1/4程度の圧力で実施する．0.49 MPa を超える空気圧試験は，危険なため行わない．

冷媒配管で，空気圧試験を行う際は，冷媒ガス種類に応じ定められた圧力をかけ，24時間放置して圧力計の指針が低下していないことを確認する．

（d）　試験の実施時期

漏れ試験は配管保温前に必ず行う．

（e）　満水試験

排水管などのように，水圧のかからない配管系の漏水試験に採用される．

試験方法は SHASE-S 206 の規定により，系統中の最高開口部から下へ3mまでの配管を除き，いかなる部分も3mH₂O未満の水頭で試験をしてはならないとされているため，試験範囲は，工事の効率性と規定を考慮して適切に選定する．試験系統の最高開口部を除き，器具および接続口すべてを密閉し管内を30分以上満水にし，漏れの有無を確認する．

（f）　煙試験

衛生器具取付け完了後の排水管の最終試験に煙試験がある．満水試験では，確認できない排水管の器具接続部や通気管の漏れ，トラップの封水性能などを最終的に確認する．

専用の試験器，治具を要し，試験準備が難しいので，通常は通水試験により最終確認する場合が多い．

〔3〕　竣工引渡し前検査

竣工引渡し前に，管内に使用流体を流入させ，使用可能状態にするための検査を行う．

引渡し前検査として実施する事項は，次のとおりである．

1) 各配管系統のエア抜きを行い，水張りの完了をチェックする．
2) 各バルブの開閉度チェックおよび流量調整．
3) 器具接続部の通水テストを繰り返し行い，漏れチェックを行う．
4) フラッシングを実施して，管内にごみの

ないことを確認する.
5) 各配管系の(特に給水系統は念入りに)ブローを行う. 給水系統はタンクより採水し, 水質検査を行う.

3・3 機器の搬入・据付け

機器本体ならびにその据付け部材の品質が確保され, 日常メンテナンスや機器の修理・交換が支障なく行えること, また, 地震などの災害時に損傷が生じないことなど, 機器を据え付ける場合の基本的な事項や考え方について示す.

3・3・1 機器の搬入・据付け計画の進め方

機器の搬入・据付けは, 機器の仕様や特性をよく理解し, それぞれの機器に合った搬入・据付け工事計画を立てることが必要となる.

搬入・据付け工事計画の進め方のフローを図3・42に示す.

3・3・2 機器の配置計画

搬入・据付け計画に先立ち, 設計図書の仕様書により仕様が決められた機器が, 据付け予定の各室などに, 設計どおり配置された場合, その配置が法的な要件を満たし, 日常メンテナンス, 修理・交換, リニューアルなどが支障なく行え, また搬入が支障なく行えるかを確認しなければならない.

〔1〕 機器仕様の確認

仕様書には, 標準(または共通)仕様書と特記仕様書があり, 標準仕様書には, 公共建築設備工事標準仕様書や空気調和・衛生工学会の仕様書, さらに各設計事務所や建設会社の仕様書などがある. それらの標準仕様書には各種機器に関する仕様が示されているが, 仕様書によって機器のグレードなどに差があるため, はじめに施工物件がどの仕様書に準拠しているか確認すべきである.

また, 標準仕様書以外の設計図書により, 下記に示すような仕様や, 指定メーカーの有無な

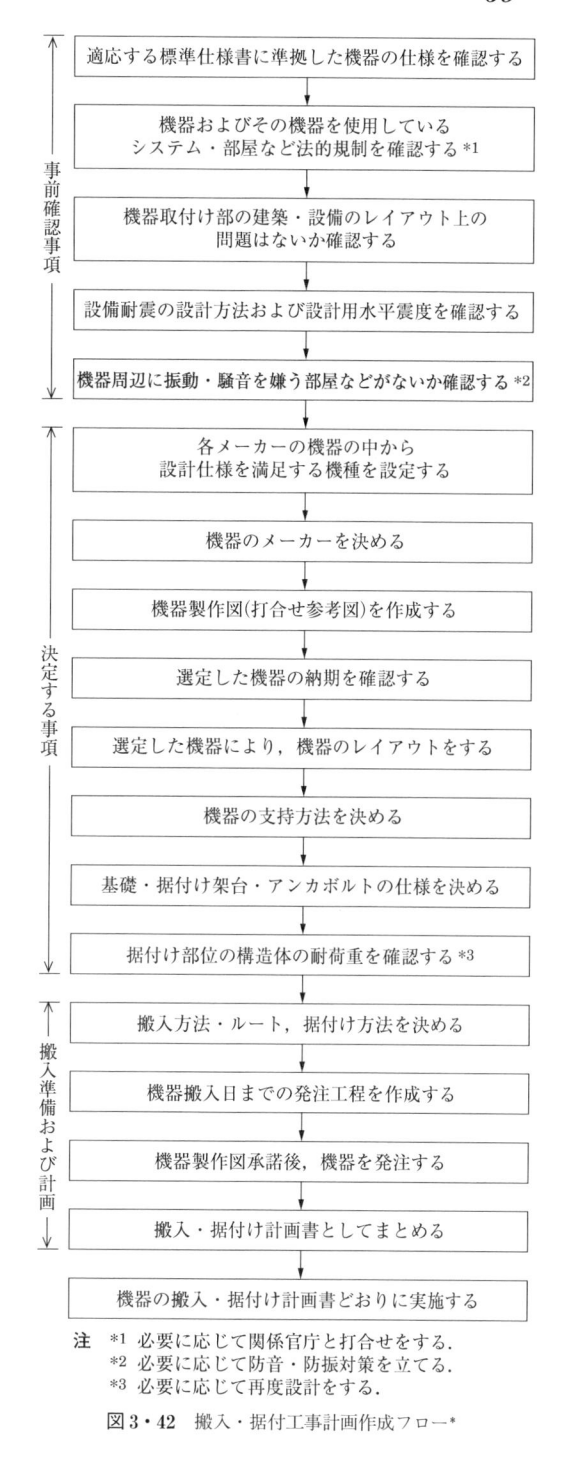

```
┌事前確認事項──────────────────┐
│ 適応する標準仕様書に準拠した機器の仕様を確認する │
│              ↓                    │
│ 機器およびその機器を使用している         │
│ システム・部屋など法的規制を確認する *1   │
│              ↓                    │
│ 機器取付け部の建築・設備のレイアウト上の    │
│ 問題はないか確認する              │
│              ↓                    │
│ 設備耐震の設計方法および設計用水平震度を確認する │
│              ↓                    │
│ 機器周辺に振動・騒音を嫌う部屋などがないか確認する *2 │
└─────────────────────────────┘
┌決定する事項──────────────────┐
│ 各メーカーの機器の中から               │
│ 設計仕様を満足する機種を設定する         │
│              ↓                    │
│ 機器のメーカーを決める              │
│              ↓                    │
│ 機器製作図(打合せ参考図)を作成する       │
│              ↓                    │
│ 選定した機器の納期を確認する          │
│              ↓                    │
│ 選定した機器により, 機器のレイアウトをする  │
│              ↓                    │
│ 機器の支持方法を決める              │
│              ↓                    │
│ 基礎・据付け架台・アンカボルトの仕様を決める │
│              ↓                    │
│ 据付け部位の構造体の耐荷重を確認する *3   │
└─────────────────────────────┘
┌搬入準備および計画─────────────────┐
│ 搬入方法・ルート, 据付け方法を決める     │
│              ↓                    │
│ 機器搬入日までの発注工程を作成する      │
│              ↓                    │
│ 機器製作図承諾後, 機器を発注する        │
│              ↓                    │
│ 搬入・据付け計画書としてまとめる        │
│              ↓                    │
│ 機器の搬入・据付け計画書どおりに実施する   │
└─────────────────────────────┘
```

注 *1 必要に応じて関係官庁と打合せをする.
   *2 必要に応じて防音・防振対策を立てる.
   *3 必要に応じて再度設計をする.

図3・42 搬入・据付工事計画作成フロー*

ども確認しておく必要がある.

確認する仕様は以下のとおりである.

---

* 空気調和・衛生工学会編:空気調和・衛生工学便覧, 第13版, 第9編, p.306(2001年)

1) 機器の種類・型式
2) 容量・圧力などの要求性能
3) 部材・部品の材質・種類
4) 機器の本体重量・運転重量
5) 電気容量
6) 耐震クラス
7) 設置場所の環境
8) 防音・防振の要否

〔2〕 法的な規制

機器の種類や能力に応じて，建築基準法・消防法・労働安全衛生法，また，公害防止などの条例に基づき，機器本体または機器を設置する部屋や場所が規制される．例えば，以下のことがある．

1) 機器を設置する部屋を耐火構造とする（ボイラ・危険物など）．
2) 機器と周辺の壁などに一定の離隔距離を確保する（ボイラ・冷凍機・受水槽など）．

〔3〕 建築・意匠上・設備間の問題

建物の設計は意匠・構造・設備・電気など多くの設計者により設計されている．それら設計の連携が十分でない場合があり，デザイン上の問題が発生することがある．例えば，屋上設置機器に対し意匠上の覆いをする場合，冷却塔やビルマル屋外機などの排熱のための気流を阻害しないよう注意が必要である（図3・43）．

また，設備機器間の取合いにおいてもトラブルとなるケースがある．以下によく発生する事例を示す．

1) 煙突の排気口近くに冷却塔を設置していたため，冷却塔に煙突の排気が流れ込み冷却水を汚染させた（図3・44）．
2) 電気室の上階に空調機が設置されており，その空調機のドレン管が配電盤上部に通っていた．
3) 飲料用の給水タンクが設置されている部屋の上部に便所があり，給水タンク上部に

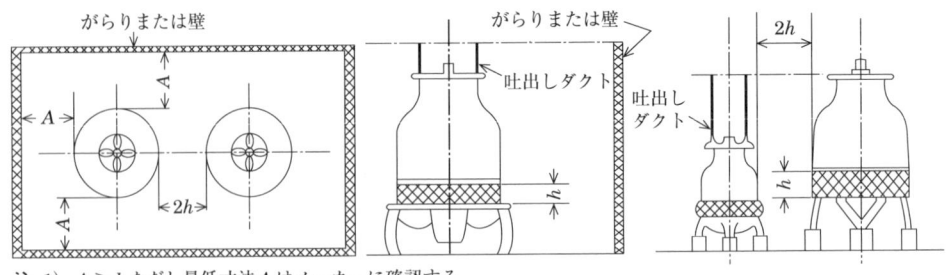

注 1) $A \geq h$ ただし最低寸法 A はメーカーに確認する．
　　2) h 寸法は冷却塔通風部高さを示す．
　　3) 壁または塔間隔が $2h$ 以内の場合は，吹出し空気がショートサーキットを起こすため吐出しダクトを設ける．

図3・43 冷却塔の設置例*

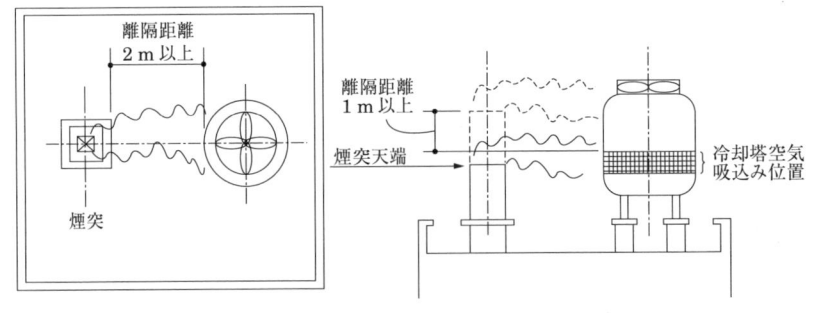

図3・44 煙突の排煙と冷却塔

---

* 空気調和・衛生工学会編：空気調和・衛生工学便覧，第13版，第9編，p.327（2001年）

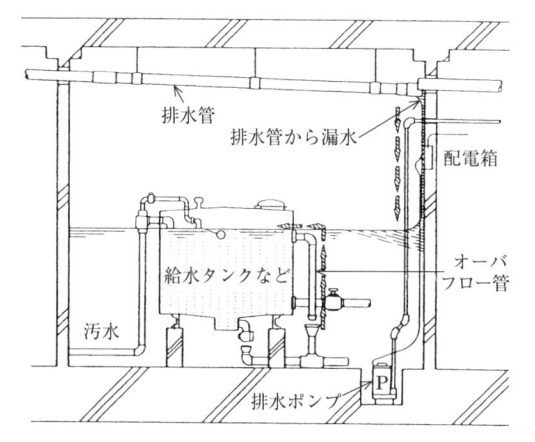

図3・45 飲料用給水タンクと排水管[*1]

排水管が通っていた(図3・45).

〔4〕 耐震の考え方

以下に建築設備の耐震設計・施工計画に関する記述をするが,その詳細については,空気調和・衛生工学会新指針「建築設備の耐震設計施工法」に示されている.また,(財)日本建築センターからも「建築設備耐震設計・施工指針1997年版」が出版されている.

(a) 設備システムの耐震性能

建築設備の耐震設計では,個々の設備機器・配管などの据付けのみでなく,建築設備全体の中で総合的な耐震性能(機能確保)を考えていくことが重要である.耐震設計は,図3・46に示す考え方を基本に設計することが望ましい.

(b) 建築物・設備機能の重要度区分

耐震設計をする場合,図3・47に示されているように,設計者が建築物およびその設備機能の重要度を分類し,次に,その重要度に従って設備耐震の設計をする.

建築物や設備機能の重要度は,建築物の用途,大地震に対する安全性および機能確保の目標に応じて3段階に区分されており,設計者に

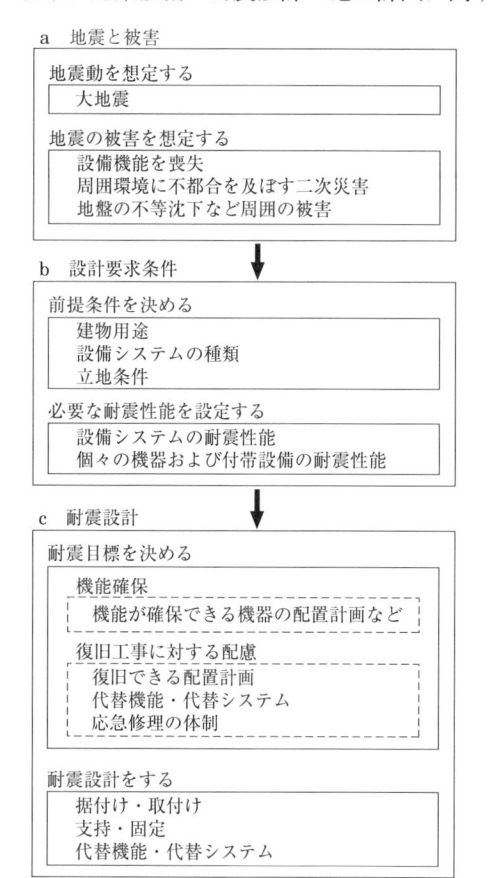

図3・46 建築設備における耐震計画フロー図[*2]

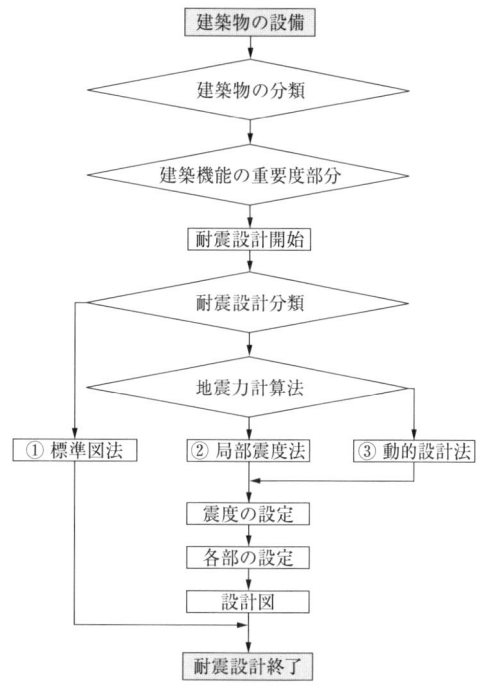

図3・47 耐震設計手順の概要[*2]

[*1] 国土交通省住宅局建築指導課,日本建築行政会議編集:建築設備設計・施工上の運用指針(2003年版),p.4,(財)日本建築設備・昇降機センター

[*2] 空気調和・衛生工学会編:空気調和・衛生工学便覧,第13版,第9編,p.312(2001年)

表3・18 建築物・設備機能の重要度と耐震クラス[*1]

建築物・設備機能の重要度	耐震クラス	対象	耐震安全性の目標
特に重要なグレード	S	災害応急対策活動に必要な施設（指揮・情報伝達・救護など） 危険物を貯蔵・使用する施設（放射性物質・病原菌・石油類・火薬類など）	大地震動後に人命の安全および二次災害の防止が図られている． 大きな補修をすることなく，すべての機能確保が継続できる．
重要なグレード	A	社会的に重要な施設（電算センター・病院など）	大地震動後に人命の安全および二次災害の防止が図られている． 大きな補修をすることなく重要な機能確保が継続できる．
通常グレード	B	上記以外の対象施設	大地震動後に人命の安全および二次災害の防止が図られている．

注 設計者の判断で，特定した設備機能の重要度を上げることができる．

表3・19 設計用標準水平震度 k_S[*2]

建築物・設備用途の重要度と耐震クラス	特に重要なグレード 耐震クラスS	重要なグレード 耐震クラスA			通常グレード 耐震クラスB		
支持・固定	防振支持・固定・水槽類	防振支持	水槽類	固定	防振支持	水槽類	固定
屋上・塔屋・上層階	2.0	2.0	1.5	1.5	1.5	1.0	1.0
2階以上の中間階	1.5	1.5	1.0	1.0	1.0	0.6	0.6
地階・1階	1.0	1.0	1.0	0.6	0.6	0.6	0.4

注 1) 上層階と2階以上の中間階の区別は，建築物の階数により区別し，下記のとおりである．
　　　6階までは最上階，9階までは上層2階
　　　12階までは上層3階，17階までは上層4階
　　　19階までは上層5階，20階は上層6階とする．
　　2) 設計用鉛直震度は，本表の1/2の値として，1.0, 0.75, 0.5, 0.3, 0.2を採用する．

より設定される．重要度区分を表3・18に示す．

なお，設備などのシステムは，機能確保のために同じレベルの耐震措置をする必要がある．また，耐震措置が施されている設備の周囲の設置物に対しても，これらの落下や転倒などにより当該設備に損傷を与えないよう，同程度の耐震措置を講じておくことが必要である．

(c) 設備耐震の設計方法

設備耐震の据付けに関する設計方法を，大別すると以下のとおりとなる．

1) 標準図法：設計を必要としない標準図（マニュアルなどを含む）による方法
2) 局部震度法：高さ60m以下の建築物
3) 動的設計法：高さ60mを超える建築物，免震建築物，制振建築物

1)の標準図法は，おおむね100kg以下の軽量機器に適用する．製造者によって汎用品として製作されており，耐震設計に基づき据付け部や支持部が標準として明示されている場合には，製造者の示す図によって設計・施工してよい．

2)の局部耐震法は，設計用標準水平震度 k_S より算出される．設計用標準水平震度は，適用階および重要度により決定される値で表3・19に示す．

表3・20 動的設計法などにより求める建築設備の設計用標準水平震度 k_H[*3]

設計用標準水平震度 k_H	算出値（k_H'）
0.4	0.42以下（通常用途の機器の場合）
0.6	0.63以下（重要用途の機器・水槽の場合）
1.0	0.63を超え1.10以下
1.5	1.10を超え1.65以下
2.0	1.65を超えるもの

[*1] 空気調和・衛生工学会編：空気調和・衛生工学便覧，第13版，第9編，p.312（2001年）
[*2, 3] 同上，p.313

図3・48 設備機器の耐震据付設計フロー[*1]

```
設 計 開 始
  │
1. 諸条件の把握と耐震設計方針の決定
   1) 公共性や企業における計画建物の地震時における役割を考慮し，建築的・設備的耐震設計の機能グレードおよび機器据付けの耐震クラスを決める．
   2) 建築物建設地域の地盤状況を把握する．
  │
2. 機器据付け設計用地震力の算出
   建築的・設備的震度の機能グレートおよび建築物高さや機器の設置階，防振の有無などから，機器などの据付用耐震クラスを定めて，地震力を算出する．
  │
3. 地震力の作用点と機器の重心位置の確認
   地震力は機器などの重心位置に集中して作用するものとして検討する．
  │
4. 機器本体の耐震性の確認
   機器本体の耐震強度を確認する．必要に応じて，機器本体および付属据付け部材について機器製造者と協議調整を行う．
  │
5. 機器の据付け部の計画と各部材の選定
   機器などの据付け部の計画により各部材の形状や強度を決定する．
  │
6. アンカボルトの選定
   1) アンカボルトの種類と許容引抜き力（材質，径，埋込み深さなど）
   2) 取付けボルトやアンカボルトの配置計画（架台のボルト穴径など）
   3) アンカボルトの設置形状と強度
  │
7. 耐震ストッパの設計
   防振した機器などの地震時の変位状況を把握し，ストッパ形状を計画し，部材強度を算出する．
  │
8. コンクリート基礎の計画と設計
   機器などに作用する震度や地震力から，その断面形状を検討し，基礎形状や強度を決定する．
  │
9. 各種支持部材の設計
   1) 頂部支持材　2) 高架台
   3) 天井つり機器などの支持部材
  │
10. 設計図書に耐震対策仕様の明記
  │
設 計 終 了
```

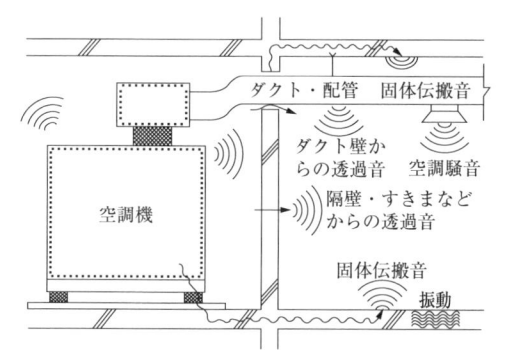

図3・49 機械室からの騒音・振動の発生概念図[*2]

3) の動的設計法では，設備機器の支持部にかかる応答倍率 β や，各階の床応答加速度から設計用水平震度 k_H を算出する（表3・20）．

(d) 設備機器の耐震設計手順

設備機器の耐震設計は，図3・48のフローに従って行う．

(e) 周辺環境への配慮（振動・騒音）

機器の振動や騒音は図3・49に示すように，いろいろなルートで機器の据え付けられている部位から外部へ伝播していく．そのエネルギーを遮音や吸音，または防振をすることにより減衰させることができる．

特に機器の据付け部位の近くに，騒音や振動を嫌う居室や精密機械設置場所がある場合は，適切な処置をする必要がある．

なお，詳細は第8章「防振工事および消音・防音・遮音工事」に示されている．

3・3・3 搬入・据付け計画の確認事項

〔1〕 搬入方法・ルートの検討

搬入は図3・50に示すフローに従って検討を進め，搬入計画書を作成する．

〔2〕 機器の支持方法

機器の支持方法は，図3・51のようにいくつかの方法がある．コンクリート基礎およびアンカボルト仕様は3・1・1「基礎」に，機器ごとの支

---
*1 空気調和・衛生工学会編：空気調和・衛生工学便覧，第13版，第9編，p.315（2001年）
*2 同上，p.306

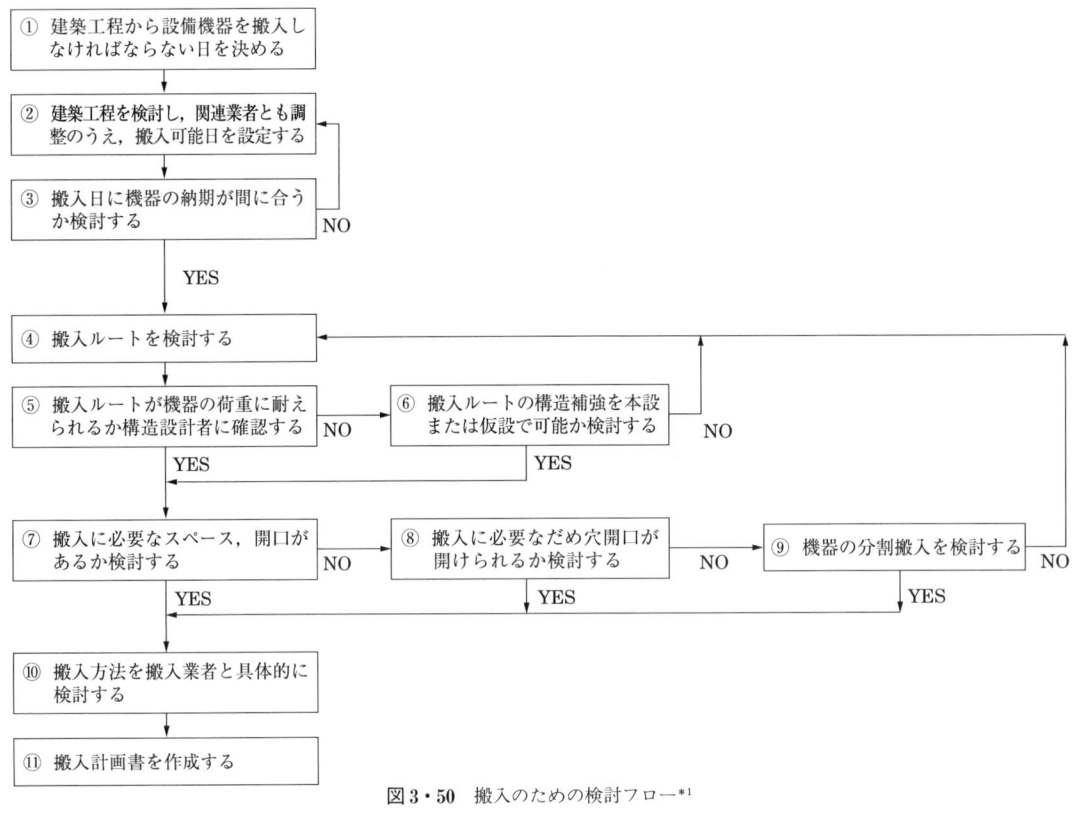

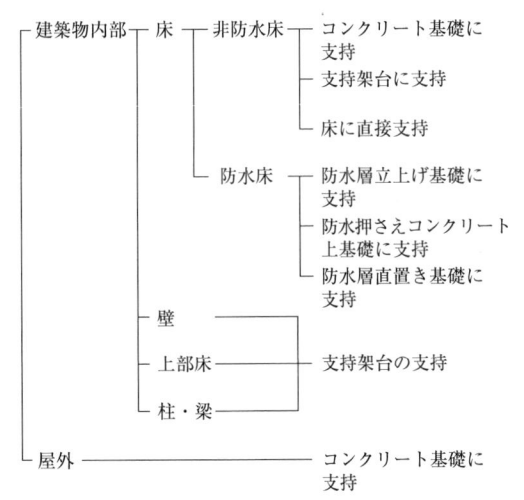

図3・50 搬入のための検討フロー[*1]

図3・51 機器の支持方法による分類[*2]

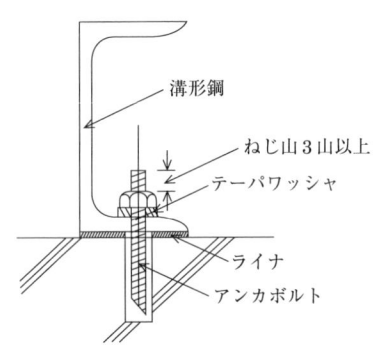

図3・52 アンカボルトのセット例[*3]

持方法については4・1「空調機器まわりの施工」および5・1・1「機器・器具まわりの施工」に詳しい内容を示す．

〔3〕 耐震施工

耐震計算をした結果，耐震に必要な機械基礎・支持架台・アンカボルト・インサート・耐震ストッパなどが適切に選択され，適切に施工されていなければならない．以下に，各材料の選定・施工上の留意点を示す．

[*1] 空気調和・衛生工学会編：空気調和・衛生工学便覧，第13版，第9編，p.307(2001年)

[*2] 同上，p.306

[*3] 空気調和・衛生工学会編：空気調和・衛生工学便覧，第13版，第9編，p.308(2001年)

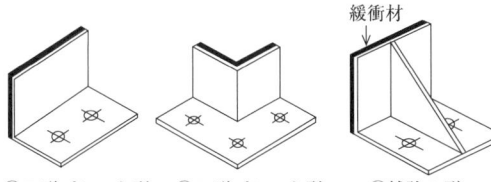

① L形プレート型　② L形プレート型（コーナ）　③ 補強L形プレート型

（a）移動防止型耐震ストッパ

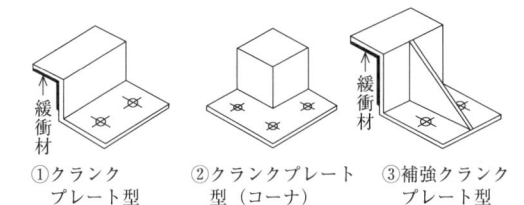

① クランクプレート型　② クランクプレート型（コーナ）　③ 補強クランクプレート型

（b）移動・転倒防止型耐震ストッパ（例）

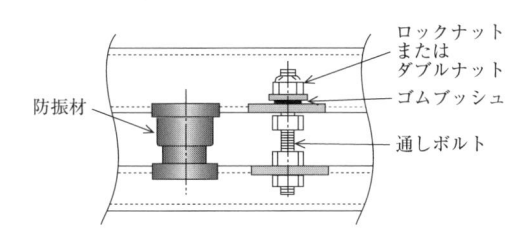

（c）通しボルト型耐震ストッパ[1]

図 3・53　耐震ストッパ（例）*

（a）　機械基礎および支持架台

機械基礎は 3・1・1「基礎」で示した施工方法に基づいて施工し，支持架台は部材にかかる長期・短期の応力に耐えられるか検討する．

（b）　アンカボルト

1) 決められた手順・方法で施工することが大切である．各製造メーカーが示している性能は良好な施工をした場合の引抜き力などであり，一般的には空気調和・衛生工学会新指針「建築設備の耐震設計施工法」に示されている値を採用する．

2) 機器のベースにチャンネル（溝形鋼）を使用し，その鋼材で機器を固定する場合，鋼材と固定ナットとの間にテーパワッシャを入れる（図 3・52）．

（c）　耐震ストッパ

1) 防振材を介して設置する機器には，耐震ストッパを設ける．地震時に機器が転倒しないような形状のものを選定する（図 3・53）．

2) 防振材がスプリングなどでたわみ量が大きい場合は，移動・転倒防止型の耐震ストッパを使用する．

3) 機器と耐震ストッパとの間隔は，おおむね 10 mm を目安とする．

参　考　文　献

1) 建築設備配管の実務読本，オーム社（1993年）
2) 提供施設整備（9）機械設備配管材料の技術動向調査，日本空気調和衛生工事業協会（1999年）
3) 空調設備配管設計・施工の実務技術，理工図書（1992年）
4) 設備配管の改修と耐久設計，彰国社（1989年）
5) 国土交通省総合政策局建設業課：管工事施工管理技術研修用テキスト，技報堂（2002年）

* 空気調和・衛生工学会編：空気調和・衛生工学便覧，第 13 版，第 9 編，p. 323（2001 年）

第4章　空気調和設備工事

4・1　空調機器まわりの施工
4・1・1　ボイラおよび煙道

〔1〕　ボイラの種類

ボイラは，本体・安全弁・水面計・圧力計などの付属品，ならびに燃焼装置・給水装置・自動制御装置・安全装置などの付属装置から構成されている．家庭用の小型を除き，厚生労働省告示の「ボイラー構造規格」，および「小型ボイラー構造規格」にて基準が定められ，また厚生労働省基準局の認可が必要である．構造的分類による，ボイラの種類を表4・1に示す．

〔2〕　ボイラまわりの施工

ボイラまわりの施工に関しては，取扱者の安全，保守管理，火災予防などの見地より，関連法規ならびにボイラメーカーの技術資料を参照して慎重に行わなければならない．ボイラは2箇所以上の出入口を設けた障壁で区画された部屋に設置し，障壁より最低0.45 m以上離し，周囲には保守点検を考慮したスペースを設ける．また，ボイラ最高部より天井までの距離を

表4・1　ボイラの種類

ボイラの種類		蒸気圧力または温水温度	蒸発量または出力	ボイラ効率[%]	主な用途	主な特徴
鋳鉄製ボイラ		0.1 MPa 以下 120℃以下	0.3～4 t/h	80～86	給湯・暖房用	分割搬入が可能．低圧小容量に適する．
丸ボイラ	立てボイラ	0.7 MPa 以下	0.1～0.5 t/h	70～75	暖房・プロセス用	保有水量が大きく，負荷変動に対し安定性が高い．中容量に適する．年間連続運転には不適．
	炉筒煙管ボイラ	1.6 MPa 以下 170℃以下	0.5～20 t/h	85～90	給湯・暖房・プロセス用・地域暖房用	
貫流ボイラ	単管式小型貫流ボイラ	3 MPa 以下	0.1～15 t/h	80～90	暖房・プロセス用	保有水量が非常に小さく立上りが早い．負荷追従性が良い．ボイラ技師免許不要．厳密な水処理が必要．
	多管式小型貫流ボイラ	1 MPa 以下	0.1～2 t/h	75～90	暖房・プロセス用	
	大型貫流ボイラ	1 MPa 以下 130℃以下	100 t/h 以上	90	発電用・地域暖房用	負荷変動の追従性が良く，効率も高い．
水管ボイラ	立て水管ボイラ	1 MPa 以下	0.5～2 t/h	85	給湯・暖房・プロセス用	保有水量が小さく負荷変動の追従性が良い．大容量，連続運転に適する．
	二胴水管ボイラ	0.7 MPa 以下	5 t/h 以上	85～90	給湯・プロセス・発電用	
電気ボイラ		120℃以下	120～930 MW	98	給湯・暖房用	電気のため，危険物扱いとならない．
真空温水器	鋳鉄製	80℃以下	120～3 000 MW	85～90	給湯・暖房用	ボイラ技師免許が不要．熱媒が密閉にて水処理がほとんど不要．低温小容量に適する．
	炉筒煙管式	80℃以下	46～1 860 MW	85～88	給湯・暖房用	
住宅用小型温水ボイラ		0.1 MPa 以下	12～41 MW	60～80	給湯・暖房用	家庭用給湯器．

表4・2 ボイラの届出

届出名称	提出先	提出時期	届出添付図面，書類
ボイラ設置届	労働基準監督署長	着工30日前	ボイラ明細書(構造検査済書)，案内図，ボイラ室配置図，系統図，配管図，煙突詳細図，基礎図，使用機器図，計装図
ボイラ構造検査申請書	労働基準局長	設置届出受理後(検査予定30日前)	委任状，ボイラ明細書，水圧証明書，案内図，配管系統図，ボイラ断面詳細図，溶接明細図
ボイラ落成検査申請書	労働基準監督署長	設置届出受理後(検査予定20日前)	
ボイラ取扱主任者選任報告書	労働基準監督署長	(落成検査申請時)	
小型ボイラ設置報告書	労働基準監督署長	設置時	小型ボイラ明細書，その他添付図面はボイラ設置届に準ずる
ボイラ設置届出書	消防署長	着工7日前	小型ボイラ明細書，その他添付図面はボイラ設置届に準ずる

注 1) ボイラ届出に関する不明な点は，ボイラ製造メーカーに確認する．
　　2) 燃料の貯蔵量，使用量により消防法(危険物)の適用を受ける．

図4・1 小型貫流ボイラ設置例

原則1.2m以上確保する必要がある．

〔3〕 煙道の施工

煙道は排気ガスに対して，十分な強度・耐食性をもつ材質により製作する．一般には鋼板製(3.2t以上)もしくはステンレス製(2.0t以上)とする．排気ガス内の結露内の漏水および排気ガス漏れがないよう気密をもたせる．また，煙道の熱による伸縮を吸収するために，伸縮継手を使用する．保守点検のために，必要箇所にマンホール，ばい煙濃度測定口(100φ)を設ける．また，必要によりばい煙濃度計取付け座を設ける．煙突の通風力が強い場合は，末端にドラフトレギュレータを設け，ボイラの不着火を防止する．ボイラまわりの施工例を図4・2に示す．

4・1・2 冷凍機

〔1〕 冷凍機の種類

空調設備に用いられる冷凍機は，小店舗用の0.5kWから地域冷暖房の35000kWクラスまで機種・使用冷媒・容量ともに各種使用されている．空調用冷凍機の分類を表4・3に示す．

〔2〕 冷凍機まわりの施工

冷凍機まわりの配管施工は，チューブの引抜きや清掃および点検時に支障がないよう，保守スペースを考慮し施工する．さらに，接続配管は容易に取り外せるようフランジ接続などとする．遠心冷凍機などでは，電動機のオーバホール時のために，電動機上部に揚重スペースや揚重手段を考慮して納める必要がある．また，チューブ洗浄用のタッピングや水抜き水張りが容易なように，周囲に排水側溝や空気抜き・水抜きバルブを設ける．周囲のメンテナンススペースについては，メーカー資料を参考に確保する必要がある．

容積式冷凍機は，高圧冷媒を使用しているため，高圧ガス取締法で定める法定トン数以上のものについては，設置の届出あるいは許可を必要とする．さらに法で定める周囲点検用スペースや取扱主任者が必要となる．また，高圧ガス取締法の対象となる場合はボイラ(火を使用す

図4・2 ボイラまわり接続例

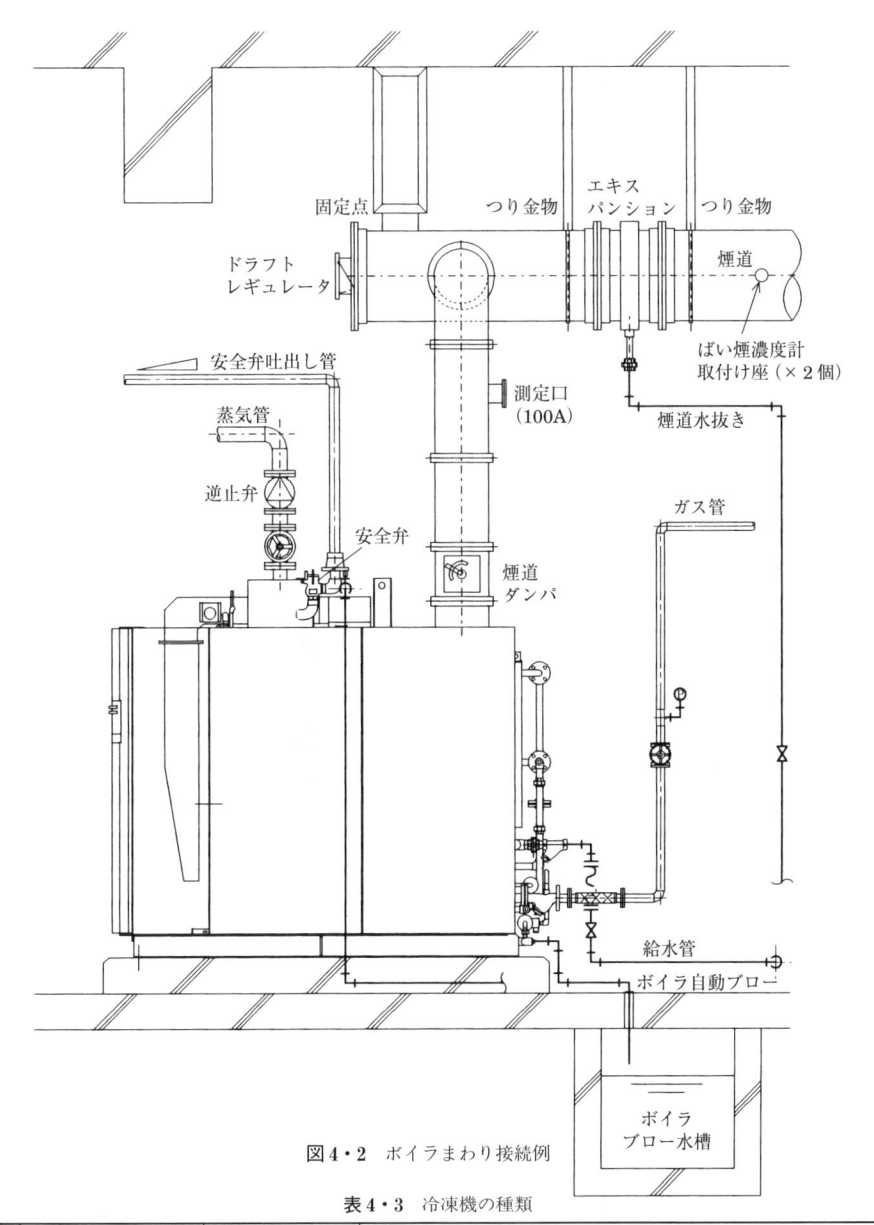

表4・3 冷凍機の種類

冷凍方式			種類	容量範囲	用途
蒸気圧縮	容積式	往復動式	小型冷凍機	0.7～42 kW	冷凍用および小規模冷房用
			高速多気筒冷凍機	28～563 kW	冷凍用，密閉型はパッケージエアコンに使用
		回転式	ロータリ冷凍機	0.7～563 kW	小型はウインドクーラに使用
			スクリュー冷凍機	35～6 680 kW	冷凍用，中大型はヒートポンプに使用
			スクロール冷凍機	5.3～15.8 kW	パッケージエアコン
	遠心式		密閉式遠心冷凍機	1.1～5 270 kW	中大規模建物の冷熱源
			開放式遠心冷凍機	2.8～35 160 kW	地域冷房の大容量機として，タービンエンジンなどと組み合わせられる
熱利用	吸収式		単効用吸収冷凍機	246～5 270 kW	背圧タービン駆動遠心冷凍機と組み合わせられることがある
			二重効用吸収冷凍機	70～5 270 kW	中大規模建物の冷熱源
			直だき冷温水発生機	26～4 920 kW	小中規模建物の暖房冷房兼用機として使用

る設備)との離隔についても法規制がある．関連法規については，製造メーカーに確認を行う必要がある．

図4・3は冷凍機まわりの施工例である．

(写真奥は遠心冷凍機，手前は吸収冷凍機)
図4・3 冷凍機まわり施工例

4・1・3 冷却塔

〔1〕 冷却塔の種類

空調設備一般的に用いられる冷却塔には，開放式冷却塔と密閉式冷却塔がある．開放式冷却塔は循環冷却水と大気を接触させるのに対して，密閉式冷却塔は内部にコイルをもち冷却水と散水用を分離し冷却水を密閉回路としている．外気との接触を断ち，冷却水の濃縮や大気ガスの溶込みをなくし，水質の悪化を防止する．しかし，どちらの冷却塔も散水による水質悪化や，凍結防止処置を考慮しなければならない．

〔2〕 冷却塔まわりの施工

冷却塔の設置に関しては，設置位置に対する配慮が必要である．レジオネラ症(厚生労働省)防止のため外気取入れ口，居室の窓，通路より10m以上離す必要がある．冬期使用の場合は，白煙に対する考慮も必要である．

開放式冷却塔まわりの施工にて注意を要する点は，冷却塔内部の水位とポンプ有効吸込み揚程(NPSH：Net Positive Suction Head)の関係である．ポンプ吸込み側に抵抗の大きなストレーナや制御弁を設けるとキャビテーションを発生し，ポンプ能力が不足する場合がある．また，ポンプ停止時の冷却水の逆流への配慮も必要である．

冷却塔を連結型とした場合，吸込み抵抗の差より各水槽の水位差が生じる．水位差を軽減するために，連通管を設ける場合がある．冷却塔本体の防振や配管の加重・振動に対し，防振継手にて縁を切る必要がある．凍結防止電気ヒータを使用する場合は，複数の安全装置を設け，焼損事故を防止する．

図4・4は冷却塔まわりの施工例である．

図4・4 冷却塔まわり施工例

4・1・4 ポンプ

〔1〕 ポンプの種類

ポンプを作動原理別に分類すると遠心型，容積型，特殊型に分類できる．空調用に用いられる主なポンプは遠心型の遠心ポンプであり，羽根車の数により単段と多段，吸込み形式により片吸込み，両吸込みがある．空調用のその他ポンプでは，油搬送用の歯車ポンプや薬注用の往復型ダイヤフラムポンプなどがある．

図4・6にポンプヘッダユニットを示す．

〔2〕 ポンプまわりの施工

ポンプまわりの配管施工において，考慮すべきこととしてキャビテーション，水撃現象，サージングの問題がある．

キャビテーションは，流体の局部的な沸騰現象のことで，発生するとポンプ能力が低下し異常振動や騒音を引き起こす．防止策としては，

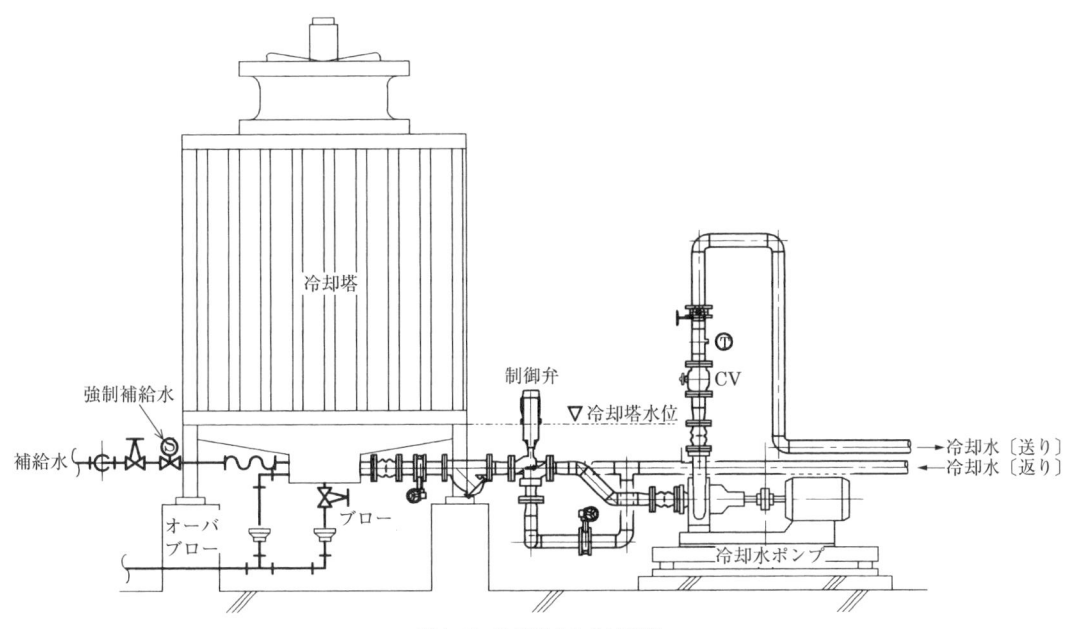

図4・5 冷却塔まわり接続例

図4・6 ポンプヘッダユニット

（写真右は両吸込みポンプ，左は片吸込みポンプ）
図4・7 ポンプまわり施工例(防振なしの場合)

ポンプ有効吸込み揚程NPSHを吸込み側抵抗以上としなければならない．

水撃現象は，ポンプ発停時の急激な水速の変化にて起こり，配管系の異常振動および衝撃音を発生する．防止策としては，配管の固定，大型ポンプではスロースタート起動とし急激な速度変化をなくす．また逆止弁は衝撃吸収型を採用する．

サージングは，ポンプ特性により設定流量より大きく下回った流量にて運転した場合に発生し，周期的に圧力と流量が変動し，うなり音と振動を起こす．防止策としては，ポンプにバイパス配管を設けて最低流量を確保するか，イン バータによりポンプモータの回転を下げる．ただし，インバータでモータ回転数を下げるとモータの冷却能力が下がり，モータが加熱損傷する場合がある．したがって，インバータを使用する場合は，ポンプ製造メーカーに下限回転数を確認する必要がある．

図4・7はポンプまわりの施工例である．

4・1・5 空調機

〔1〕 空調機の構成

空調機の基本構成は，空気中の粉じんをろ過するフィルタセクション，空気を冷却あるいは

過熱,加湿を行うコイルセクション,そして処理された空気を送り出す送風機が組み込まれたファンセクションから構成される.空気処理の目的に合わせ,その他の構成品として全熱交換器やエアワッシャなどがある.特に,外気を主として処理を行う空調機を外調機(外気処理用空調機)と呼ぶ(図4・8).外調機は室内循環系空調機に比べ,温湿度変化あるいは粉じん,ガス,塩害,凍結などの悪条件下にあるため構成・能力には細心の注意が必要である.

外調機の能力不足は建屋全体の空調環境を悪化させ,また逆に過度の能力は凍結事故や膨大なエネルギーロスを発生する.空気線図による状態の確認や粉じん・濃度計算によるフィルタの選択,適切な送風動力の選定が必要である.

図4・9は外調機の空気線図例である.

〔2〕 空調機まわりの施工

空調機まわりの施工において考慮すべき点は,各種メンテナンススペースの確保である.フィルタ交換,送風機のシャフト引抜きやコイル交換時のスペースの確保も必要である.ダクト・配管系では,空調機の振動・絶縁のために防振継手で接続し,コイル交換時を考慮したフランジを設ける.コイルには,洗浄用のタッピング,空気抜き,水抜き配管の設置が必要となる.また能力確認のために,送り・返り管に温度計,圧力計,必要により流量計を取り付ける.空調機の基礎(架台)高さは,ドレン配管の水封により決まることに注意を要す.水封が不十分であると,ドレンが排出されずに空調機か

図4・8 外調機

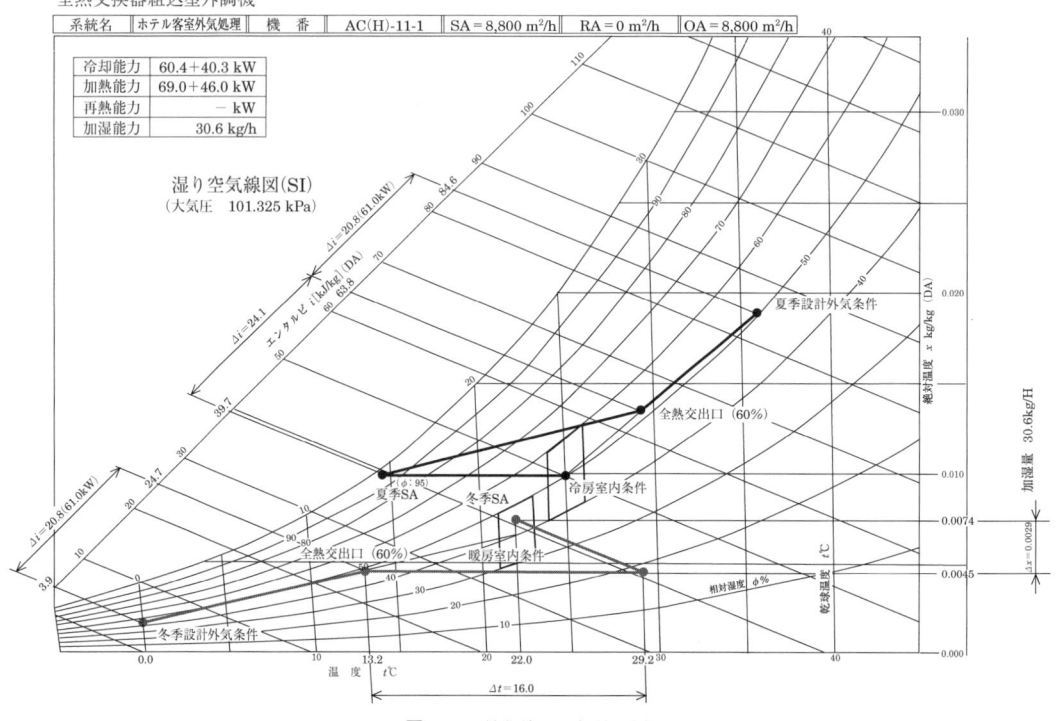

図4・9 外調機の空気線図例

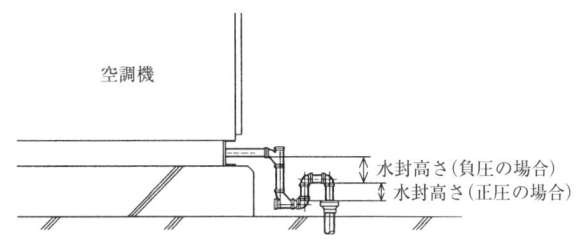

図4・10 空調機ドレン水封の考え方

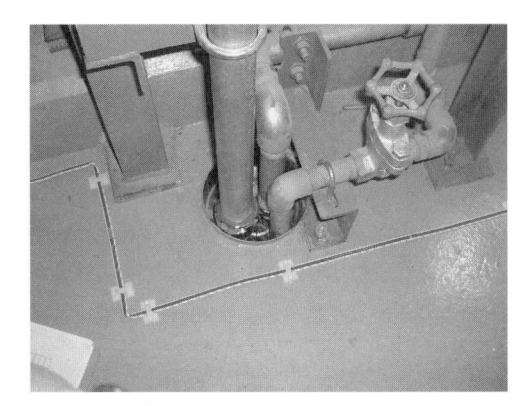

図4・11 機械式排水金物の例

図4・12 システムエアハン

ら漏水したり，ドレンパンに常時水がたまり腐食の原因となる．

図4・10のように，水封高さを考慮し空調機の基礎高さを決定する必要がある．最近は，水がなくても空気漏れを防止できる機械式排水器具が用いられるが，この場合も水封高さが必要である．通常，コイルセクションのみにドレンパンは設けられているが，雨水，雪の浸入が考えられる場合は，フィルタセクションにも排水が必要である．

図4・11に機械式排水金物の例を示す．

現在の事務所ビルなどの空調機は，変流量装置との連動制御機能や制御弁，全熱交，熱量計，温度計，インバータ盤など空調機周辺機器を内蔵し，通信制御機能をもたせたシステムエアハン（図4・12）が用いられる場合が多い．高機能をコンパクトに集約し省スペース化を図り，現場での接続作業も簡素化されている．主に前面パネルが着脱式で，保守・点検ができるようになっている．

4・1・6 パッケージ型空調機

〔1〕 パッケージ型空調機の種類

パッケージ型空調機は，冷媒コンプレッサを使用した空調機で，用途や目的に合わせ多種存在する．近年では，パッケージの特徴である個別対応，省スペース，熱回収の利点より高層ビルでも全パッケージ方式が採用される場合がある．設置形態により，天井埋込み型，カセット型，天井カセット型，天井つり露出型，床置型などがある．また，ダクト接続状況により直吹

図4・13 水冷式パッケージダクト接続型空調機

き型，ダクト接続型とに分けられる．そして，放熱方式により空冷式，水冷式がある．

図4・13に水冷式パッケージダクト接続型空調機を示す．

空冷式の施工の良さと水冷式の安定性，省スペース，熱回収の利点を生かした水熱源機＋室内機のタイプもホテルや電算室などで利用されている．

図4・14に水冷式熱源機を示す．

図4・14　水冷式熱源機

〔2〕　パッケージ型空調機の施工

室内機に関しては，空調機に対する配慮と同じく，フィルタの引き抜きスペースの確保や付属機器のメンテナンススペースの考慮が必要である．

図4・15に施工中のメンテナンススペース表示例を示す．

(ポリスチレンフォーム板でフィルタ引抜きスペースを表示)
図4・15　メンテナンススペース表示例（施工中）

水封に対する考え方も空調機と同様であるが，機種によりドレンパン部が負圧の場合と正圧の場合がある．正圧で微圧のときは，水封を設けない場合があるが，負圧のときはドレンパンがあふれる場合があるので注意する．ドレンアップ機能を有するパッケージは，特に接続に注意が必要である．メーカー能力により立上げ高さが制限されており，立上げ後の横引きはドレンの逆流を少なくするために短くする必要がある．またドレンの流れを確認するために一部，透明塩化ビニル管を使用することも有効である．ドレンアップメカは，試運転時にドレンアップが確実に作動し，漏水が発生しないことを確認することが重要である．

図4・16に施工中のドレンアップ接続例を示す．

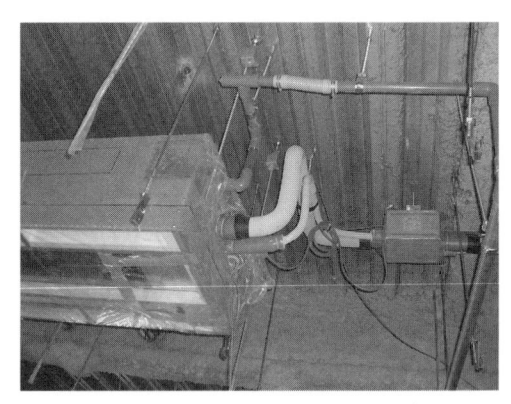

図4・16　ドレンアップ接続例（施工中）

4・1・7　ビルマルチ

〔1〕　ビルマルチの種類

ビルマルチは，パッケージ型空調機の一部で室外機に対して複数の室内機をもつパッケージエアコンである．室内機は，パッケージ型空調機と同じく用途や目的に合わせ多種存在する．

図4・17にビルマルチ室外機の例を示す．

室外機は電動圧縮機を使用した空冷式が主流だが，小電力で寒冷地の暖房運転に強いエンジン駆動圧縮機もある．近年は，深夜電力を利用した氷蓄熱槽を兼ね備えた室外機も使用される．

図4・18にガスヒートポンプ室外機の例を示

図4・17 ビルマルチ室外機

図4・18 ガスヒートポンプ室外機

図4・19 室外機吐出しフード設置例

す．

〔2〕 ビルマルチの施工

ビルマルチの室内機の施工に関しての注意点は，パッケージ型空調機と同様である．特徴としては，一つの冷媒配管系統に複数の室内機が付くため分岐管が存在する．また，室内機冷房暖房同時運転タイプ(冷暖フリー型)には液・ガス冷媒切換え装置が枝管に付いてくる．

ビルマルチにてよく起こる問題は，多くの室外機が設置され，室外機まわりに十分なスペースが確保されず室外機の給排気が互いに干渉し能力が低下することである．室外機の設置間隔や周囲の設置状況により，給排気フードを設置したり噴霧装置により夏期の高圧カットを防止する場合がある．事前に，メーカーと設置状況をよく打ち合わせることが必要である．

図4・19に室外機吐出しフード設置例を示す．

4・1・8 ファンコイルユニット

〔1〕 ファンコイルユニットの概要

ファンコイルユニットは，冷却・過熱コイルとファンおよびエアフィルタなどからなる．設置形態により，床置型・天井つり型・カセット型・ビルトイン型などもあり，床置型・天井つり型には隠ぺい仕様，露出仕様がある．その用途は広く，ビルのペリメータ用から個室用など水(中央)熱源方式の空調にて各所に使用される．能力制御は，吹出し風量を可変制御をしたり，冷水・温水を制御弁にてON-OFFあるいは比例制御を行う．冷温水を使用した二管式(冷温水コイル×1台)と，個別に冷暖切換えができる四管式(冷水コイル＋温水コイル)がある．ファンコイルユニットは，送風を停止しても自然対流や外調機からの吹込みで放熱する場合があり，室内温度上昇や冷水通流による本体の結露などのトラブルが発生することがある．したがって，ファンコイル停止時は，制御弁あるいは電磁弁にて冷温水を停止させることが望ましい．

表4・4にファンコイルユニットの仕様例を示す．

表4・4 ファンコイルユニットの仕様例

型式				＃200	＃300	＃400	＃600	＃800	＃1200
能力	コイル能力	冷房能力	顕熱量 [kW]	1.35	1.94	2.76	4.02	5.84	7.00
			全熱量 [kW]	1.74	2.57	3.56	5.35	7.19	8.83
		暖房能力	[kW]	2.95	4.17	5.70	8.43	12.01	14.67
	送風機	風量	[m³/h]	300	440	610	920	1 300	1 700
		入力（強/弱）	[W]	37/50	45/55	60/75	80/95	120/145	155/185
		電源		単相100 V，50/60 Hz					
		運転騒音	[dB(A)]	34	35	36	37.5	39	42

〔2〕 ファンコイルユニットの施工

ファンコイルユニットは，構造が簡単なためパッケージ型空調機に比べトラブルは少ない．トラブルの多くは，ドレンの漏水と配管の腐食による漏水である．ドレンの排水は，ファンコイル本体を水平に保つことと，ドレン配管のこう配を正規に確保することである．パッケージ型空調機と異なり，ドレンパンが大気開放となっているため，水封は設けない．カセット型はドレン排出口の天井面からの高さが低く，こう配がとりきれないことがあるため，特に注意が必要である．ドレンこう配がとれない場合，パッケージ型空調機と同じくドレンアップ機を使用する場合もある．

配管の腐食に関しては，冷温水配管のファンコイルとの接続部での結露に起因する場合が多い．これは一般的に保温材として使用されるグラスウール保温筒が結露により漏れ，鋼管の腐食を促進させるためである．構造的に接続部での結露を防止することは困難なため，端部での結露により保温筒がぬれることを防止することが重要である．

結露水の見切りの一例を図4・20に示す．

ドレンパン内の残留水は，ドレンパン腐食の原因となる．必ずドレンパン直近でドレン管は立ち下げる必要がある．また，接続部周辺の配管ねじ部の防食処置（さび止め塗装）も入念に行う必要がある．

4・1・9 送風機

〔1〕 送風機の種類

送風機は，吹出し圧力9.8 kPaを境にして，ファンとブロアに分類される．空調用としては，一般的に1 500 Pa以下のファンが使用される．ブロアは，真空掃除設備や浄化槽のばっ気用送風機などで使用されている．

表4・5に送風機の分類を示す．

〔2〕 送風機の施工

空調設備にて多用されるシロッコ型ファンの吐出し方向は，上部水平・垂直，下部水平の左

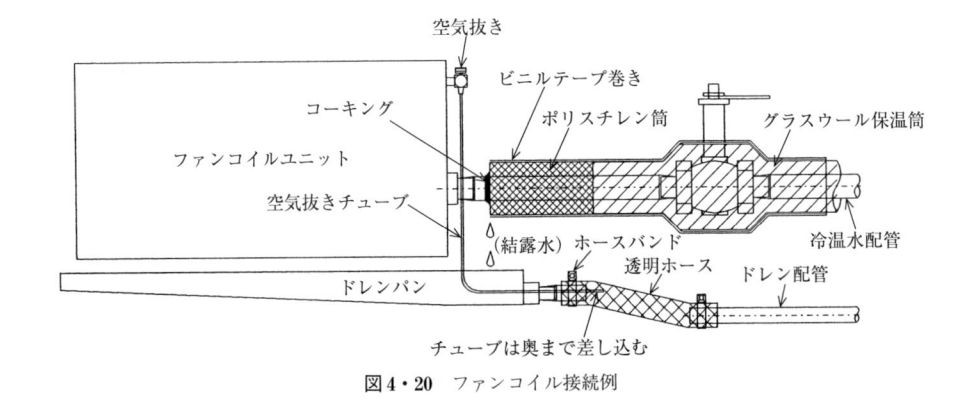

図4・20 ファンコイル接続例

表4・5 送風機の分類

機種	遠心式送風機				斜流送風機	軸流送風機			横流送風機
	多翼送風機（シロッコ）	横向き送風機	翼型送風機（ターボ）	チューブ型遠心送風機		プロペラ	チューブ	ベーン	
能力 風量 [m³/min]	10～2 000	30～2 500	30～2 500	20～50	10～300	20～500	500～5 000	40～2 000	3～20
能力 静圧 [Pa]	100～1 230	1 230～2 450	1 230～2 450	100～490	100～590	0～100	50～150	100～790	0～80
能力 効率 [%]	35～70	65～80	70～85	40～50	65～80	10～50	55～65	75～85	40～50
能力 比騒音 [dB]	40	40	35	45	35	40	45	45	30
特徴	風圧変化による風量と動力の変化が大きい．風量の増大により軸動力が大となる．	風圧変化による風量の変化は比較的大きい．軸動力はリミットロード特性をもつ．	風圧変化による風量の変化は比較的大きい．軸動力はリミットロード特性をもつ．	圧力上昇が大きい．流れの損失が大きく効率が悪い．	軸流と類似している．圧力曲線の谷は浅い．動力曲線は全体に平たん．	最高効率点は自由吹出し近辺にある．圧力変化に谷はない．	吹出し空気は環状で回転成分を有する．	圧力に谷があり，その左側での運転は不可．吹出し空気の回転成分は少ない．	羽根車の径が小さくても，効率の低下は少ない．
	低速ダクト用空調機，給排気用	高速ダクト用空調機	高速ダクト用空調機，排煙機	屋上換気扇	局所給排気	換気扇，小型冷却塔ファン	局所給排気，大型冷却塔ファン	局所給排気，トンネル換気	ファンコイル，エアカーテン

右6系統ある．送風機まわりの施工においては，吐出し風速が大きいため，ファンまわりの気流を無理なく搬送ダクトに導くことが重要である．ファン直近での急拡大や曲りは騒音・振動の発生原因となるばかりか，送風機吐出し動圧をむだに消費することにもなる．また，大型ファンはサクション側に軸受けをもつため，サクション・チャンバに軸受け・シャフト交換作業に必要な点検口を設ける．一般に送風機に接続するダクトには，ファン振動・ダクト重量の縁切り，保守時の切離しを容易にする目的でキャンバス継手を設ける．

図4・21は送風機の設置例である．

送風機における風量制御には，VD（ボリュームダンパ）で調整することが一般的であるが，吐出しダンパにて過度に絞るとポンプと同様のサージング現象が現れる．送風機特性曲線の右上り領域まで風量が下がると不安定な運転状態となり，空気の風量および静圧の周期的変動で振動・騒音を発生する．対策としては，インバータで回転数を下げるか，サクションベーンにて特性を変える．あるいは，バイパスダクトで送風機通過風量を維持し，サージング域より外すなどの対策が必要である．

図4・21 送風機設置例

4・1・10 全熱交換器

〔1〕 熱交換器の種類

空調設備で一般的に使用される空気-空気の熱交換器の種類としては，全熱交換器と顕熱交換器がある．また，熱交換方式として回転式と静止式がある．主に処理風量の大きなものには

回転式が使用され，小風量に静止型が使用されている．外気冷房時など直接換気と熱交換換気とを切り換える場合は，回転式ではロータを停止させ，静止型の場合はダクト経路の切換え（バイパス）により熱交換機能を停止させる．顕熱交換器は，プールや浴室の換気などで，主に室内の湿気を排出することを目的として使用される．全熱交換器の静止型は，単独にて直接換気に使用されることが多いが，近年オールフレッシュパッケージ（全外気対応パッケージ）に静止型全熱交換器と加湿器，高性能フィルタを組み込んだタイプがある．

一般に回転式は外調機に組み込まれ，外気冷房システムと兼用して使用される場合が多い．静止型に比べ正面面積が大きいが，ロータ厚さが薄いため大風量をコンパクトに処理できる．またロータの回転・停止により熱交換機能を制御できるため，外気冷房用のバイパスダクトが不要となる．どちらの場合も，ろ材保護（目詰まり防止）のためフィルタ設置が必要である．

〔2〕 全熱交換器まわりの施工

全熱交換器のエレメントは，吸湿性をもった難燃紙やアルミニウムシートなどで構成されている．前述のように，ごみによる目詰まりのほかに，多湿時の潮解現象に注意する必要がある．外気がらりからの雨水や雪の浸入，寒冷地では低温外気による結露や凍結に注意する．特に寒冷地では，耐湿型のエレメントの採用や結露対策のドレンパンを設け，必要により予熱ヒータを設置する．また換気ファンの接続で考慮すべきことは，リークを少なくするために給気・排気側にて静圧をほぼ合わせる必要がある．極端に静圧が異なると，リークにより有効換気量が低減したり，静止型の場合はエレメントを破壊することがある．エレメントは消耗品であるため静止型，回転型ともエレメント交換スペースを考慮しなければならない．必要スペースは，メーカー資料を参考に決定する必要がある．

図4・22に回転式全熱交換器の例を示す．

図4・22 回転式全熱交換器

4・1・11 熱交換器

〔1〕 熱交換器の種類

空調設備で一般的に使用される熱交換器の種類としては，多管式熱交換器とプレート式熱交換器がある．多管式熱交換器は構造が簡単で，蒸気-水，高温水-水の場合に適する．また，特殊素材で製作できるため，耐食性が要求される場合などに使用される．

図4・23に多管式熱交換器の例を示す．

プレート式熱交換器は，水-水，水-蒸気など伝熱効率の良さや省スペース性の利点より広く空調設備で使用されている．プレート式熱交換器は，一次，二次熱媒の温度差が少なくても熱交換が可能なため，配管防食や管内圧力区分などに使用されることが多い．

〔2〕 熱交換器まわりの施工

多管式熱交換器の施工の場合は，保守点検として水室部の清掃，チューブ引抜きスペースを

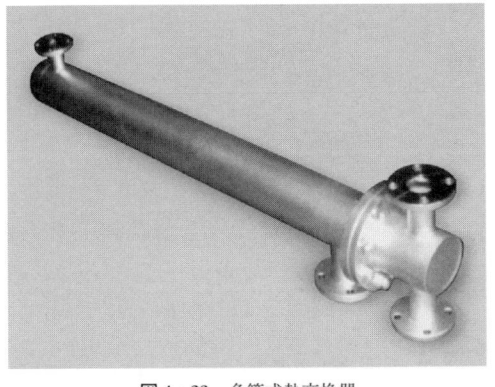

図4・23 多管式熱交換器

考慮しなければならない．法規にて定める圧力容器となる場合は，周囲点検スペースが規制されているので注意が必要である．また，チューブは薬品洗浄を行う場合があるため，水配管側に空気抜き・水抜きを兼用したバルブを設ける．

プレート式熱交換器は，メンテナンス時にプレートをセクションごとに取り外す必要があり，点検スペースは背面となる．冷水仕様の場合は，プレート式熱交換器本体が結露を起こす．断熱による結露防止は困難なため，結露が予測される場合はドレンパンを設置する場合が多い．いずれの熱交換器も熱交換効率や目詰まりの状況を確認するために温度計・圧力計，場合により流量計が必要となる．

図4・24はプレート式熱交換器の接続例である．

図4・24 プレート式熱交換器接続例

4・1・12 ホットウェルタンク

ホットウェルタンク(蒸気ボイラ還水槽)は，蒸気ドレン(還水)を回収しボイラ補給水を安定的に供給するために設ける．蒸気ドレンの戻り温度が100℃以上の場合，ホットウェルタンクで再蒸発するため，タンク内の還水で希釈するか熱交換器で冷却する必要がある．接続上の注意としては，一般の膨張タンクとほぼ同じであるが，ホットウェルタンク内は高温のため通気，オーバブローより湯気が発生する．このため，通気口やオーバブローは屋外やブロー水槽にもっていく必要がある．タンクの底部には泥だめを設ける．ボイラが24時間運転で保守時に停止できない場合はホットウェルタンクを2台設置し，切り換えて使用する．

図4・25はホットウェルタンクの接続例である．

4・1・13 膨張タンク

膨張タンクには，一般的に開放式膨張タンクと密閉式膨張タンクの2種類がある．使用目的は同じで，配管中の液体の温度変化による体積膨張と収縮を吸収し，密閉配管系の管内圧力変化を少なくするために設ける．

密閉配管系で膨張タンクがない，あるいは正常に機能しなければ，管内圧力が上昇し配管継手や機器が破損したり，補給水により系内に酸素が入り込み，配管の腐食を起こしたりする．また，開放式膨張タンクには，市水(水道水)系統と空調循環水とのクロスコネクション(空調系の水が，市水系に逆流すること)防止の働きももつ．この場合，タンク内部での吐水空間を確実にとる必要がある．密閉式膨張タンクは設置場所を選ばず機能するため，開放式膨張タンク(開放式は配管系の最高水位よりタンク底部を1.5m以上高く設置する必要がある)より自由度は高いが，管内圧力の管理が必要である．

膨張タンクの容量は，配管と装置の全保有水量と最大温度変化差より膨張量を算出し決定する．

図4・26は開放式膨張タンクの接続例である．

4・1・14 オイルタンク

オイルタンクを設置する場合，「危険物の規制に関する政令」あるいは「都道府県条例」によりタンク室の構造，防食処置，配管施工まで規定されている．特に危険物指定数量を超えて貯蔵する場合は許可申請となっているため，事前の関係管庁に対する打合せが重要である．指定数量の1未満より1/5以上は少量危険物の貯蔵・取扱いの届出が必要となる．オイルタンクは設置場所により屋内タンク，屋外タンク，地下タンク(ピット式，直埋設式)と申請・届出書

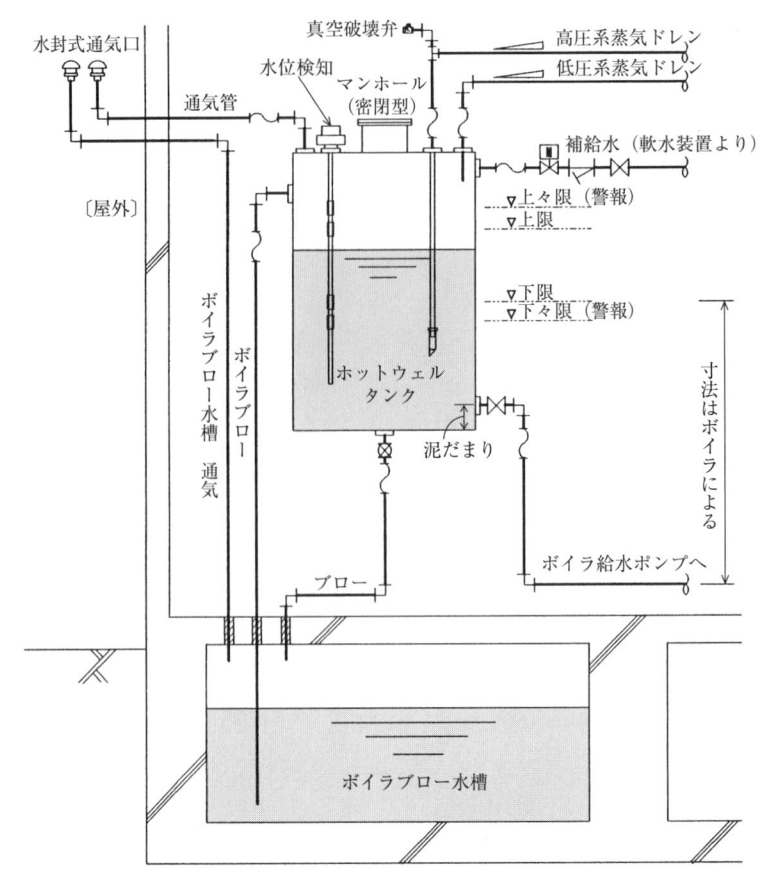

図4・25 ホットウェルタンク接続例

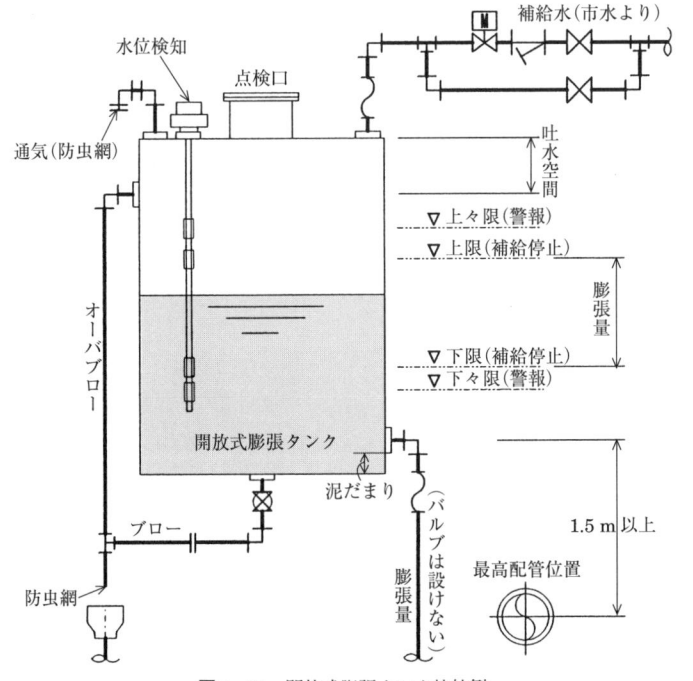

図4・26 開放式膨張タンク接続例

式が異なる．地下タンクを除き，タンク容量の110％以上の容量をもつ防油堤の設置が必要である．地下タンクの設置方法にはタンク室，直埋設，漏れ防止の3種，タンクの種類には鋼製タンク，強化プラスチック製二重殻タンク，鋼製二重殻タンク，鋼製強化プラスチック製二重殻タンクの4種がある．地下タンクの設置方法と種類の関係を図4・27に示す．防油堤内には，30cm角×15cmH以上のためますを設け，屋外では水抜き口（バルブ＋ガソリントラップ付き）が必要となる．

空調設備で一般に使用される燃料は危険物4種に指定され，その指定数量を表4・6に示す．

オイルタンクまわりの施工で考慮すべきことは，地下タンク式では上盤スラブ内には配管を埋設しないこと，埋設配管は溶接にて接続すること，埋設配管は外装被覆管（エポキシ樹脂）もしくはさび止め塗装の上にペトロラタムテープ＋防食テープの防食を行うことである．また，鉄道より半径1km以内では，埋設配管を行わない（ピット方式）．オイルタンクの耐震に対するフレキシブル継手（認定品）と，地盤沈下に対するフレキシブル継手の設置が必要である．設置位置に対する指導もあるため，早期の打合せが必要である．

図4・28に給油口別置の場合のピット式埋設

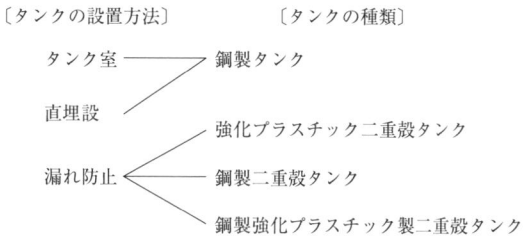

図4・27 地下タンクの設置方法と種類の関係

表4・6 危険物指定数量表

類別	特徴	品名	指定数量
4類	引火性液体（引火性の蒸気を発生燃焼する．また，水に溶けにくいので消火に水を使用できない．）	特殊引火物	50 l
		第1石油類（アセトン・ガソリン・その他）*	200 l
		アルコール類	400 l
		第2石油類（灯油・軽油・その他）*	1 000 l
		第3石油類（重油・クレオソート油・その他）*	2 000 l
		第4石油類	6 000 l
		動植物油	10 000 l
（注）		*のうち水溶性のものについて	上記数量の2倍

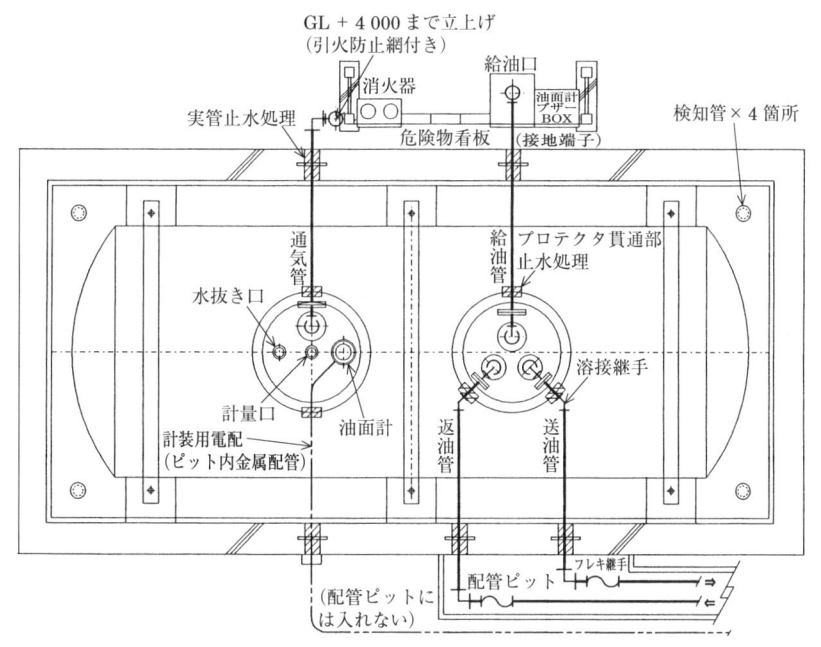

図4・28 ピット式地下オイルタンクまわり施工例（平面図）

オイルタンクまわりの施工例を示す．タンク室，プロテクタ内部への漏水対策を完全に行う必要がある．

4・1・15 オイルサービスタンク

オイルサービスタンクは，少量危険物の貯蔵・取扱い（危険物指定数量未満から1/5以上）になる場合が多い．タンク周囲のメンテナンススペースや防油堤，耐震を考慮したフレキシブル継手の使用などオイルタンクと同様の配慮が必要である．詳細については，市町村条例による規制の確認と，所轄消防署との事前打合せが必要である．オイルサービスタンクで特に注意することは，オイルタンクへの給油方法である．通常搬送手段としては歯車ポンプが使用されるが，タンクとのサクション距離が長い場合は呼び水（油）の注入方法を考慮する必要がある．オイルタンクがサービスタンクより高位置の場合，給油ポンプ連動の遮断弁（サイホン防止）を設けるが，オイルタンク部の給油管部逆止弁で密閉され，熱膨張により弁類を破壊する場合がある．この場合は，逆止弁は設けない．こう配だけの返油管，また返油ポンプは，試運転で給油ポンプと同時運転を行い，確実にサービスタンクの油量が減少することを各種警報とともに確認することが重要である．

図4・29にオイルサービスタンクまわりの様子の例を示す．

4・2 ダクト工事

4・2・1 ダクトの種類

〔1〕 ダクトの材質

ダクトに使用する材料は，空気を汚染するおそれのないこと，所定のダクト内圧を保持し変形しないこと，そして空気抵抗が少ないことが求められる．材質としては亜鉛鉄板，ステンレス鋼板，塩化ビニルライニング鋼板，硬質塩化ビニル板，グラスウール板などが使用される．

材料は表4・7に示すように，用途，目的，使用場所により使い分ける．また，このほかにア

図4・29 オイルサービスタンクまわり

表4・7 ダクト材料の用途区分*

ダクト材料	主な用途
亜鉛鉄板	一般空調，換気，排煙
鋼板	防火貫通部，高温空気
ステンレス鋼板	多湿箇所の排気，塩害対策，腐食空気の排気
塩ビライニング鋼板	多湿箇所の排気，腐食空気の排気
硬質塩化ビニル板	腐食性ガスの排気
グラスウール板	低圧ダクトにおける一般空調，消音対策

ルミニウム合金で表面処理したガルバリウム鋼板が塩害対策の必要な屋外ダクトや外気取入れダクトなどで用いられ，グラスウール保温材の内外面を被覆し，らせん鉄線で補強した自由度の高いグラスウール製フレキシブルダクトがダクトと制気口の接続や長尺の枝ダクトに用いられる．

4・2・2 ダクト・ダクト付属品の選定および施工

〔1〕 低速ダクト・高速ダクトの選定

わが国では，従来からダクト内を通過する風

---

* 空気調和・衛生工学会編：空気調和・給排水衛生設備施工・維持管理の実務の知識，p.77，オーム社(1996年)

表4・8 ダクト呼称と圧力範囲[*1]

圧力分類による ダクト呼称	圧力範囲		流速範囲 [m/s]	単位摩擦損失の範囲 [Pa/m]
	常用圧力[Pa]	制限圧力[Pa]		
低圧ダクト	＋500 以下 －500 以内	＋1 000 －750	15 以下	0.8～1.5
高圧1ダクト	＋500 を超え＋1 000 以下 －500 を超え－1 000 以内	＋1 500 －1 500	20 以下	1.5～3.0
高圧2ダクト	＋1 000 を超え＋2 500 以下 －1 000 を超え－2 000 以内	＋3 000 －2 500	20 以下	3.0～6.0

注 1) 常用圧力とは,通常運転時におけるダクト内圧をいう.
　　 2) 制限圧力とは,ダクト内のダンパ急閉などにより,一時的に圧力が上昇する場合の制限圧力をいう.
　　　　制限圧力内では,ダクトの安全強度が保持されているものとする.
　　 3) 高圧1ダクト・高圧2ダクトを排煙用ダクトに用いる場合の流速上限は,25 m/s 程度とする.

速を基準として 15 m/s 以下の低速ダクトと 15 m/s を超える高速ダクトに区分してダクトの構造基準を定めていたが,現在ではダクト内圧力を基準とした低圧ダクト(ダクト内圧力±500 Pa 以下),高圧1ダクト(ダクト内圧力±1 000 Pa 以下),高圧2ダクト(ダクト内圧力±1 000 Pa を超えるもの)の3クラスに区分して規格化したものが用いられている.ダクト圧力分類と圧力範囲,流速範囲など摩擦法における単位摩擦損失の範囲を表4・8に示す.

〔2〕 一般ダンパ・VD・MDの取付け

ダクト内を通過する空気の量を調整したり,遮断したりするものをダンパといい,代表的なものを表4・9に示す.

風量調整ダンパは手動で羽根の向きを変え風量調節などを行うものでボリュームダンパ(VD)といい,モータダンパ(MD)はモータ駆動で調節するものをいう.

VDには図4・30に示すよう羽根の向きにより平行翼と対向翼があるが,平行翼より対向翼のほうが風量制御に適し,平行翼は全開か全閉に切り換える目的での使用に適している.図4・31に空調機まわりにおけるVD,MDの取付け例を示し,図4・32に送風機まわり,分岐のあるダクト,吹出し口近傍に取り付けた例とその善しあしを示す.VDは騒音発生の原因となるので特に吹出し口,吸込み口付近に設置する場合は適切な消音措置が必要である.

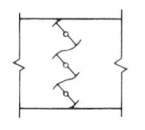

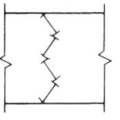

図4・30 平行翼ダンパと対向翼ダンパ[*2]

表4・9 ダンパの種類[*3]

種　類	記号	機能および用途
風量調整ダンパ	VD	風量調整または遮断
モータダンパ	MD	自動制御用
チャッキダンパ	CD	逆流防止用
防火ダンパ	FD	防火区画用(温度ヒューズ付き)
防火兼用風量調整ダンパ	FVD	防火区画用および風量調整兼用(温度ヒューズ付き)
防煙ダンパ	SD	煙感知器連動防火区画用
防煙兼用防火ダンパ	SFD	煙感知器連動防火区画用(温度ヒューズ付き)
ピストンダンパ	PD	消火ガス連動用
防火兼用ピストンダンパ	PFD	消火ガス連動用(温度ヒューズ付き)

＊1 HASS 010-2000 および空気調和設備計画設計の実務の知識(改訂2版)
＊2 空気調和・衛生工学会編：空気調和・衛生工学便覧,第13版,5材料・施工・維持管理編,p.417(2001年)
＊3 空気調和・衛生工学会編：空気調和・給排水衛生設備施工・維持管理の実務の知識,p.81,オーム社(1996年)

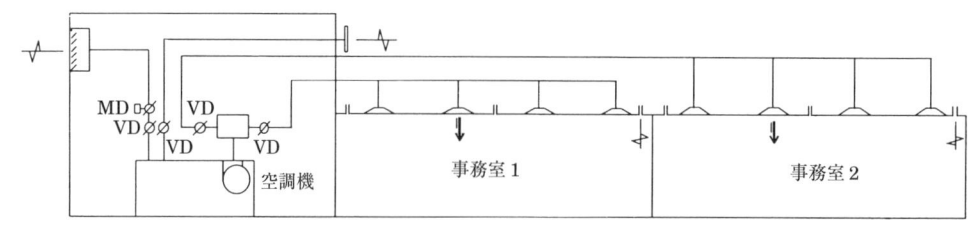

図4・31 空調機まわりのVD, MDの取付け例

（a）単独送風機とダンパ

（b）多連送風機（パッケージ）とダンパ

（c）分岐部のダンパ取付け要領

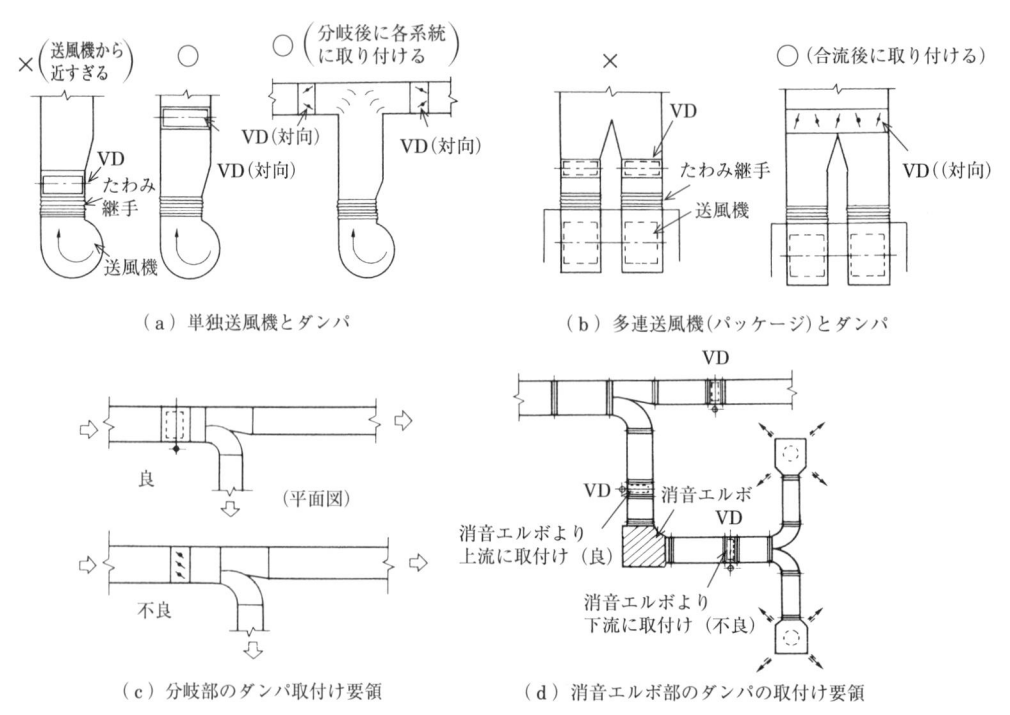

（d）消音エルボ部のダンパの取付け要領

図4・32 送風機まわり，分岐のあるダクト，吹出し口近傍での取付け例*

〔3〕 防火ダンパ取付け場所と取付け方法

　火災時にダクトが火炎や煙の通路になって延焼しないように，防火区画を貫通するダクトには，その貫通部に防火ダンパを設けるよう法で定められている．通常の防火区画貫通部には温度ヒューズ付防火ダンパ(FD)を設けるが，煙が異なる用途の部分または他の階に伝播するおそれがある防火区画貫通部には，煙感知器で作動する防煙ダンパ(SD)を設ける．図4・33に防火・防煙ダンパの設置例を示す．

　また，防火区画に防火ダンパを取り付ける場合は図4・34に示すようにダンパ本体を支持し，1.5 mm厚以上の鋼板でできた短管などを貫通部に取り付ける．なお，温度ヒューズ付き防火ダンパのヒューズ溶解温度は一般空調，換気系は72℃，ちゅう房系は120℃，排煙系は280℃とし，排煙系に用いる防火ダンパをHFDという場合がある．

　排煙ダクトの主ダクトには，原則として防火ダンパを設置してはいけないことになっており，主ダクトが多くの防火区画を貫通しないように，主ダクトと排煙機の配置を計画するときには注意が必要である．図4・35に排煙機，排煙シャフトの配置についての良否を示す．

〔4〕 器具の選定と取付け方法

　天井面や壁面に取り付け，空調空気や換気用

---

* 空気調和・衛生工学会編：空気調和・衛生工学便覧，第13版，5 材料・施工・維持管理編，p.418（2001年）

4·2 ダクト工事

凡例

⊗ SFD	温度とヒューズ付き防煙ダンパ	Ⓢ	煙感知器
⊘ SD	防煙ダンパ	Ⓢ*	空調機が煙感知器連動運転制御装置付きの場合は不要
● FD	温度とヒューズ付き防火ダンパ	AC	空調機
● SD	(空調機が煙感知器連動運転制御装置付きの場合は，FD)	Ⓕ	排気または給気用送風機
	吹出し口		耐火構造等の防火区画(異種用途区画を除く)
	吸込み口		異種用途区画

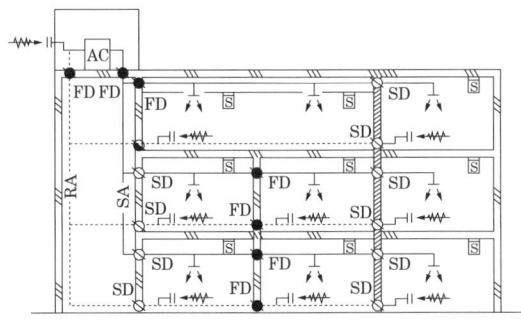

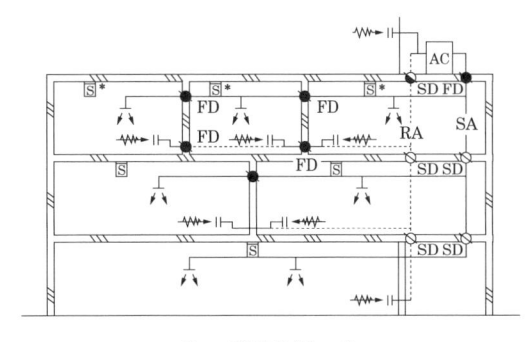

ダンパ設置例(その1)　　ダンパ設置例(その2)

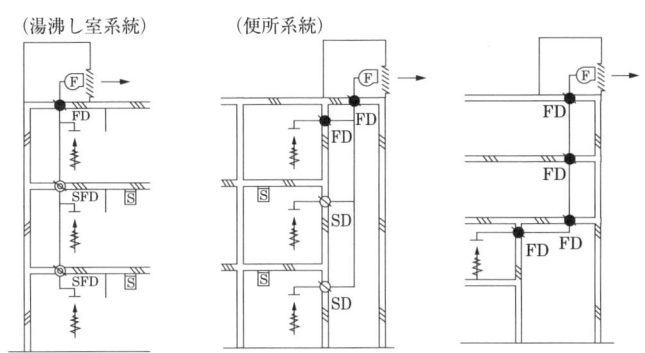

(湯沸し室系統)　　(便所系統)

注 避難上および防火上支障がない場合は，SFDをSDまたはFDとすることができる．

図4・33　防火・防煙ダンパ設置例[*1]

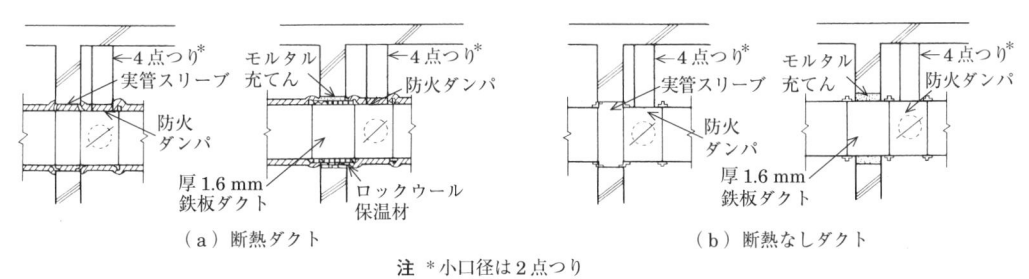

(a) 断熱ダクト　　(b) 断熱なしダクト

注 *小口径は2点つり

図4・34　防火区画の防火ダンパ取付け例[*2]

[*1] 国土交通省総合政策局建設業課/国土交通省大臣官房官庁営繕部設備課監修：管工事施工管理技術研修用テキスト　平成13年度版技術編(第Ⅰ巻)，p.318，(財)全国建設研修センター(2001年)

[*2] 空気調和・衛生工学会編：空気調和・衛生工学便覧，第13版，5材料・施工・維持管理編，p.423(2001年)

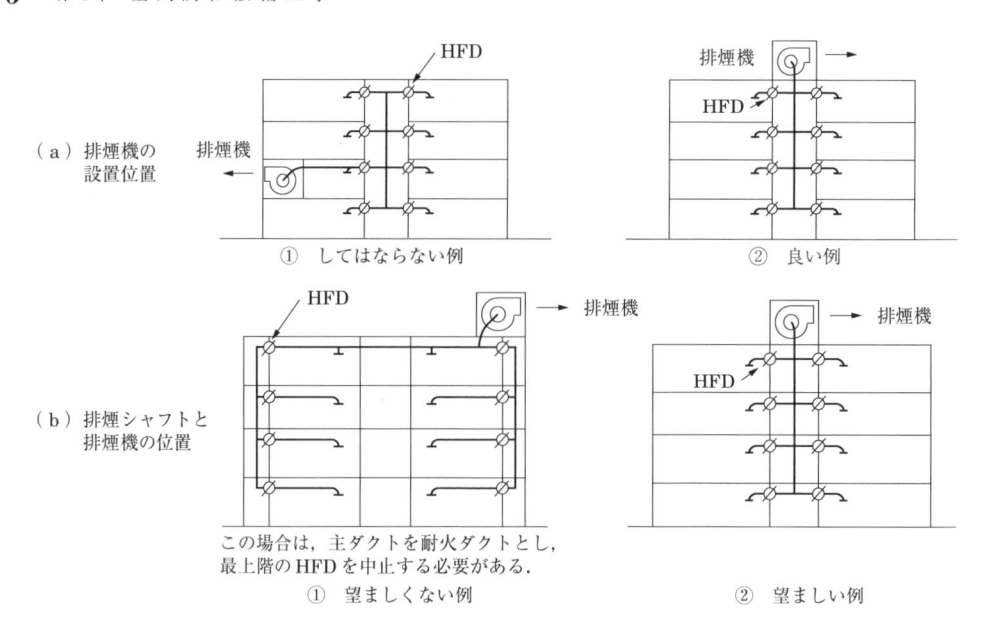

図 4・35 排煙シャフトと排煙機の位置[*1]

(a) 排煙機の設置位置
① してはならない例
② 良い例

(b) 排煙シャフトと排煙機の位置
① 望ましくない例
この場合は，主ダクトを耐火ダクトとし，最上階の HFD を中止する必要がある．
② 望ましい例

表 4・10 吹出し口および吸込み口の種類

種類	機能および用途
アネモ型	丸型と角型があり，天井面に設置する吹出し器具として一般的に用いる．室内空気を誘引する効果が大きく拡散半径が大きい．
パン型	アネモ型と同様，天井用の吹出し器具に用い，丸型と角型がある．アネモ型より室内空気を誘引する効果は小さい．
ノズル型	到達距離が大きくホール，劇場，工場などの大空間用の天井用，壁用吹出し口として多く用いられる．
パンカ型	ノズル型吹出し口の一種で，吹出し方向や風量の調節が容易なため，工場やちゅう房などの局所冷房（スポットクーリング）用に利用される．
ライン型	縦横比が大きく意匠的に目立たないことから近年天井用の吹出し，吸込み器具に使用し，特にガラス面などペリメータの負荷処理に多用されている．
多孔板型	誘引効果が大きいので天井が低い事務所やクリーンルーム用吹出し口に用いられる．また，パンチンググリルとして換気用吸込み口にも用いられる．
ユニバーサル型	V 型，H 型，VH 型などがあり，羽根角度で到達距離や降下度を調整できるので，壁面や下がり天井側面からの吹出し口に用いる．V 型，H 型は吸込み口にも用いられる．

表 4・11 吹出し口，吸込み口の許容風速[*2]

部屋の用途		許容吹出し風速[m/s]
放送局		1.5~2.5
住宅，アパート，教会，劇場，ホテル，高級事務所		2.5~0.75
個人事務所		4.0
映画館		5.0
一般事務所		5.0~6.25
店舗	2 階以上	7.0
	1 階	10.0

吸込み口の位置		許容通過風速[m/s]
居住域より上		4 以上
居住域内	付近に座席なし	3~4
	座席あり	2~3
扉付きのがらり		1~1.5
扉のアンダカット		1~1.5

[*1] 国土交通省総合政策局建設業課/国土交通省大臣官房官庁営繕部設備課監修：管工事施工管理技術研修用テキスト　平成 13 年度版技術編（第 I 巻），p.333，（財）全国建設研修センター(2001 年)
[*2] 空気調和・衛生工学会編：空気調和設備計画設計の実務の知識（改訂 2 版），p.202, 204，オーム社(2002 年)

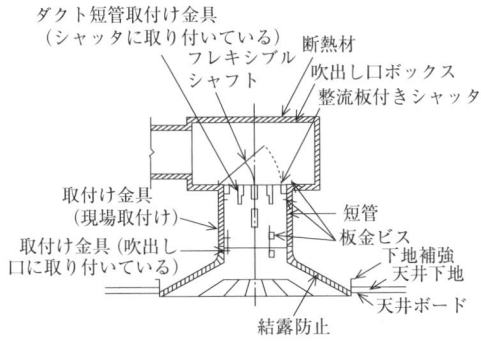

(a) アネモ型・パン型

図中ラベル: ダクト短管取付け金具（シャッタに取り付けている）, 断熱材, フレキシブルシャフト, 吹出し口ボックス, 整流板付きシャッタ, 取付け金具（現場取付け）, 短管, 板金ビス, 取付け金具（吹出し口に取り付いている）, 下地補強, 天井下地, 結露防止, 天井ボード

1) 整流板取付け時には，風の流れ方向に注意する．
2) 必ず3点以上の取付けピースに，脱落しないよう取り付ける．
3) 器具を取り付けるときは，ビスを締め上げすぎて天井ボードを破損しないように注意しながら，器具とボードの間にすきまが開かないように取り付ける．
4) コーンの落下防止対策を行う．

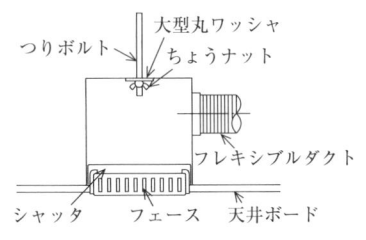

(b) ユニバーサルレジスタ

図中ラベル: つりボルト, 大型丸ワッシャ, ちょうナット, フレキシブルダクト, シャッタ, フェース, 天井ボード

1) 施工性を考慮して，サイズは150×150以上とする．
2) 天井下から見えやすいので，ボックス内面はつや消し黒ペンキにて塗装する．
3) アモネ型 3) と同じ．

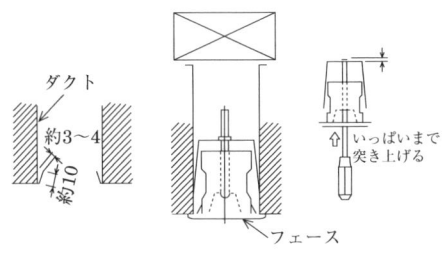

(c) ラインディフューザ

図中ラベル: ダクト, 約3〜4, 約10, いっぱいまで突き上げる, フェース

1) フェースの額縁が小さいので，天井ボード開口を正確に行う．
2) 長手方向に連続して配置する場合は，特に曲がらないように注意しながら，同一直線上に配置する．
3) アネモ型 3) と同じ．

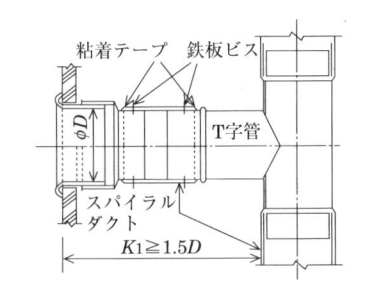

(d) ノズル型

図中ラベル: 粘着テープ, 鉄板ビス, φD, T字管, スパイラルダクト, $K_1 \geq 1.5D$

1) 器具の取付け位置に正確にネック出しをする．
2) ノズルはダクトに差込みだけなので，要所につりをとる．
3) アモネ型 3) と同じ．

図 4・36 主な器具の取付け方法*

の新鮮空気を吹き出すものを吹出し口といい，室内の空気を吸い込むものを吸込み口という．**表 4・10** に吹出し口および吸込み口の種類と機能および用途，**表 4・11** に発生騒音からくる吹出し口，吸込み口の許容風速を示し，**図 4・36** に主な器具の取付け方法を示す．また排煙ダクトに接続して火災時に手動開放装置などで開放し，煙を吸い込むものを排煙口という．排煙口

* 空気調和・衛生工学会編：空気調和・衛生工学便覧，第13版，5材料・施工・維持管理編，p.421 (2001年)

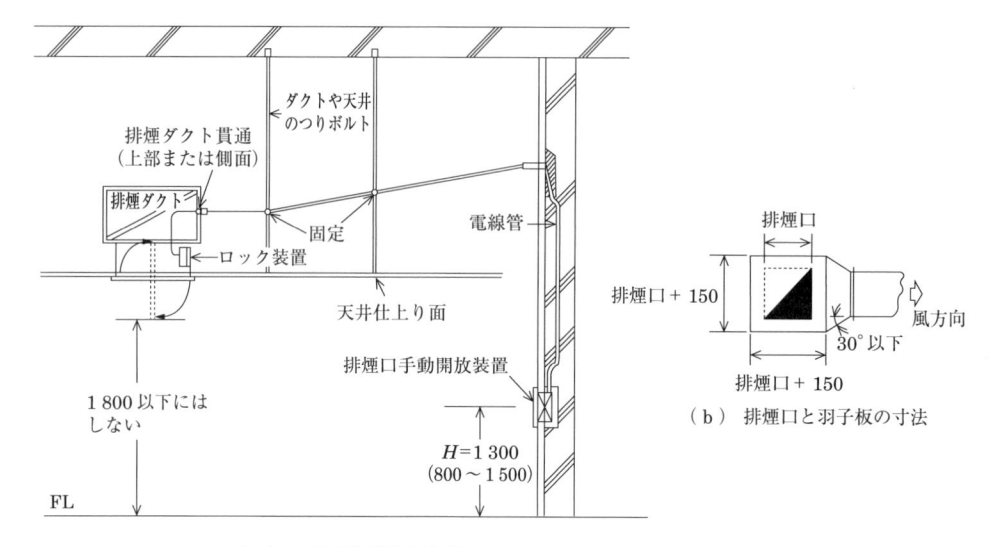

(a) 一般天井部分取付け例

(b) 排煙口と羽子板の寸法

図 4・37　パネル型排煙口の取付け例*

にはパネル型，スリットフェース型，ダンパ型などがあり，通常は天井面，壁面の取付けにパネル型を用い，天井チャンバ方式の場合などにダンパ型が用いられる．図4・37にパネル型の取付け例を示す．

〔5〕 ちゅう房フードと排気ダクトの選定と取付け方法

ちゅう房排気ダクトに使用する材料は一般ダクトと同様，亜鉛鉄板が最も多用されているが，最近，大型の業務用ちゅう房ではステンレス鋼板が用いられるようになってきている．ダクト内は油や結露水が滞留するので，すきま部が生じないようにシールを施す．また，ダクト内にたい積したダストは可燃性のため火災時に引火し，火災拡大の危険があるため，定期的な点検・清掃が必要である．そのため，ダクトには点検口を設ける．ちゅう房排気ダクトは，ダストのたい積防止のために，搬送速度を7.5〜9 m/sを基準に決定する．排気フード・排気ダクトの板厚は，入力合計75.3 Mj/h（1 800 kcal/h）を超えるか，それ以下かによって，**表4・12**および**別表1，2，3，4**に区分される（通達：「火炎予防条件準則の運用について」平成3年消防予第206号）．フードの取付けに際しては，集気部，垂下り部の形状や火源との位置関係などの基準が法規により規定されており，それに従う．**図4・38**にフードの標準的な取付け施工例を示す．

〔6〕 がらりの選定と取付け

外壁面に取り付けて新鮮外気を取り入れたり，室内空気を外部に排出する目的で用いる器具をがらりといい，外気がらり，排気がらり，排煙がらりなどがある．がらりは雨水，雪，その他異物や虫などが入らない構造とし，外風圧の影響で給排気能力低下が生じないよう取付け位置に配慮する．また，がらりの風速は，騒音や雨水浸入の関係から最大許容風速以内にする．**表4・13**に各がらりの許容風速を示し，**図4・39**にがらりと接続チャンバの取付け例を示す．

外気取入れ口の取付け位置は建築基準法でGL＋3 m，ビル管理法でGL＋10 mと取付け高さが規定されており，煙突や冷却塔，排気がらりとの位置関係にも注意して，排出空気のショートカットを起こさないように注意する．また，便所，湯沸し室，キッチンなどの排気を個別に行う場合，**図4・40**に示すベントキャップを外壁面に取り付けて処理するのが一般的であ

*　金井邦助・塩澤義登・浅岡則明共著：図解　空気調和施工図の見方・書き方，p.63，オーム社（2002年）

表4・12 排気フード・排気ダクトの板厚*

一般家庭用は，従来のレンジフードを使用することが認められている．

条件	排気フード板厚	排気ダクト板厚		摘要
		角型ダクト	円型ダクト	
入力合計18 000 kcal/hを超える	別表1	別表2	別表5	
入力合計18 000 kcal/h以下	別表3	別表4	別表6	
入力合計18 000 kcal/h以下かつ使用頻度が低い	一般のレンジフードでよい	別表4	別表6	家庭用

別表1

フードの長辺 [mm]	板厚[mm]	
	ステンレス鋼板	亜鉛鉄板
450以下	0.5以上	0.6以上
450を超え1 200以下	0.6以上	0.8以上
1 200を超え1 800以下	0.8以上	1.0以上
1 800を超えるもの	1.0以上	1.2以上

別表2

ダクトの長辺 [mm]	板厚[mm]	
	ステンレス鋼板	亜鉛鉄板
450以下	0.5以上	0.6以上
450を超え1 200以下	0.6以上	0.8以上
1 200を超え1 800以下	0.8以上	1.0以上
1 800を超えるもの	0.8以上	1.2以上

別表3

フードの長辺 [mm]	板厚[mm]	
	ステンレス鋼板	亜鉛鉄板
800以下	0.5以上	0.6以上
800を超え1 200以下	0.6以上	0.8以上
1 200を超え1 800以下	0.8以上	1.0以上
1 800を超えるもの	1.0以上	1.2以上

別表4

ダクトの長辺 [mm]	板厚[mm]	
	ステンレス鋼板	亜鉛鉄板
300以下	0.5以上	0.5以上
300を超え 450以下	0.5以上	0.6以上
450を超え1 200以下	0.6以上	0.8以上
1 200を超え1 800以下	0.8以上	1.0以上
1 800を超えるもの	0.8以上	1.2以上

別表5

ダクトの長径 [mm]	板厚[mm]	
	ステンレス鋼板	亜鉛鉄板
300以下	0.5以上	0.6以上
300を超え 750以下	0.5以上	0.6以上
750を超え1 000以下	0.6以上	0.8以上
1 000を超え1 250以下	0.8以上	1.0以上
1 250を超えるもの	0.8以上	1.2以上

別表6

ダクトの直径 [mm]	板厚[mm]	
	ステンレス鋼板	亜鉛鉄板
300以下	0.5以上	0.5以上
300を超え 750以下	0.5以上	0.6以上
750を超え1 000以下	0.6以上	0.8以上
1 000を超え1 250以下	0.8以上	1.0以上
1 250を超えるもの	0.8以上	1.2以上

る．

〔7〕 ボックスチャンバの取付け

吹出し口や吸込み口などを取り付ける場合，ボックスおよび羽子板を用いる方法やダクトに直付けする方法がある．取付け器具の寸法に対する取付け面の寸法は図4・41に示すような基準で決める．システム天井に取り付ける吹出し口ではボックスなどを介せず，フレキシブルダクトを用いて直接接続する場合が多い．また，空調機の給気または還気接続口と接続し，複数のダクト系統に分岐するために設けるのが，サプライチャンバ(プレナムチャンバ)，レタンチャンバである．送風機騒音を減衰するために内張りするのが一般的であるが，消音を目的として設置する場合は，チャンバを用いるより消音エルボにしたほうがよい．また，チャンバ入口風速は7 m/s以内が望ましい．

---

* 国土交通省大臣官房官庁営繕部監修：機械設備工事監理指針（平成13年版），p.509，公共建築協会（2001年）

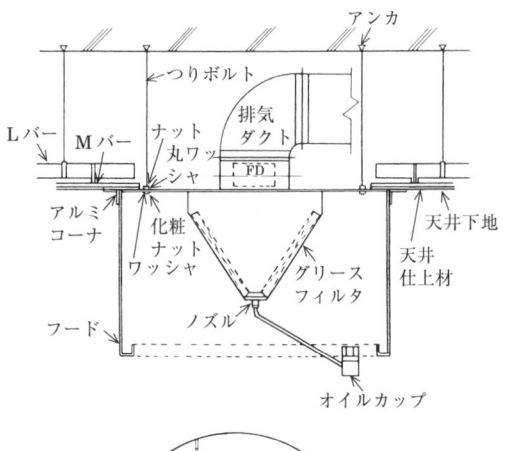

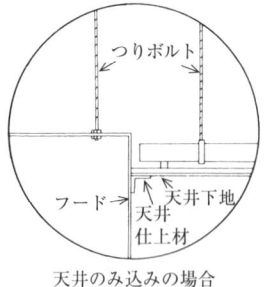

図 4・38 フードの標準的な取付施工例[*1]

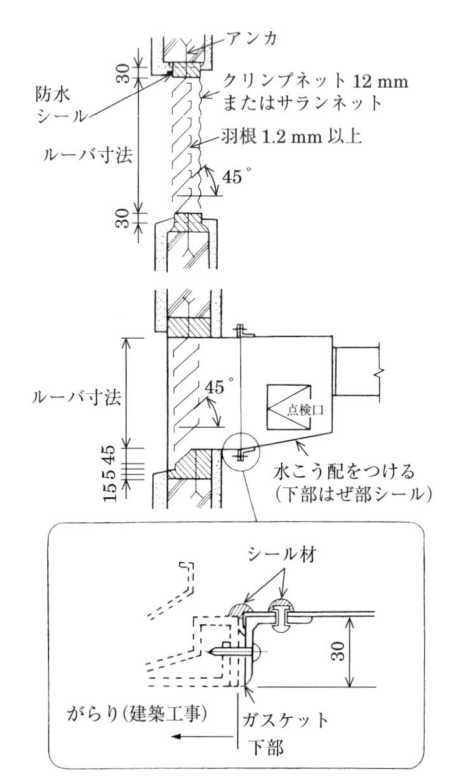

図 4・39 がらりと接続チャンバの取付例[*2]

表 4・13 がらりの許容風速

がらりの種類		許容風速[m/s]
外気取入れがらり 排気がらり	住宅	4
	公共建築	5
	工場	6
排煙がらり		10 以下

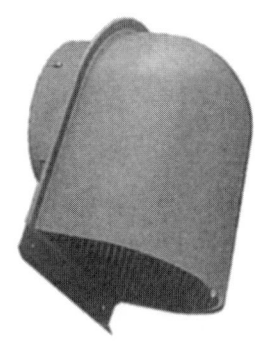

図 4・40 ベントキャップ[*3]

4・2・3 ダクト工事(鉄板)

〔1〕 ダクトの板厚

ダクトの板厚は通常,物件ごとの仕様書などで規定されるが,長辺の寸法を基準に決め,異形ダクトの場合はその最大長辺寸法を基準に決める.

亜鉛鉄板および塩化ビニルライニング鋼板製ダクトにおける一般的な板厚について,**表 4・14** には長方形ダクトの場合を,**表 4・15** にはスパイラルダクトの場合を示す.

ダクト圧力区分については,4 章 4・2・2 を参照のこと.

〔2〕 ダクトの補強

ダクト内を通過する空気による振動・騒音の発生を防止するため,またダクト内の圧力によるダクトの異常な膨らみ・へこみや破損を防止するため,適切な補強を行う.

補強の方法には,補強リブ,形鋼による方法,タイロッドによる方法などがある.**図 4・**

[*1] 空気調和・衛生工学会編:空気調和・衛生工学便覧,第 13 版,5 材料・施工・維持管理編,p. 425(2001 年)
[*2] 同上,p. 419
[*3] I 社ホームページより

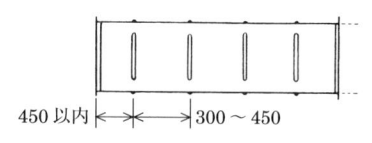

図4・42 リブ補強の方法 ［mm］[*2]

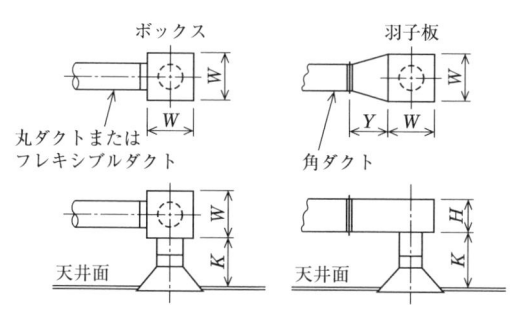

ボックスおよび羽子板の標準寸法 [mm]

アネモ型番	W	Y	H	K
#15以下	300	150	200	200
#20～#25	430	200	200	250
#30	530	300	300	300

（a）アネモ型（パン型の場合）

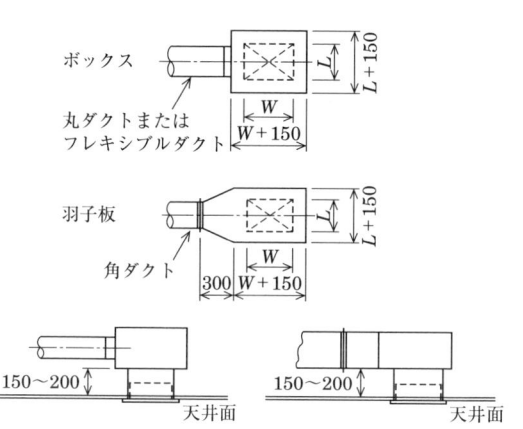

注 ボックスまたは羽子板の下端部と天井面との離れは150～200 mmとする．

（b）天井付けユニバーサルレジスタの場合

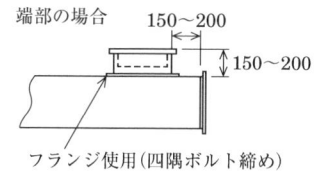

注 接続フランジおよび補強アングルの位置は避けること．
（c）横吹出し，吸込みの場合
図4・41 取付け器具の寸法に対する取付け面の寸法[*1]

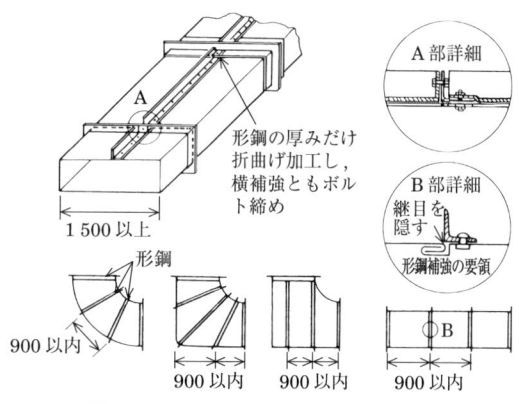

図4・43 形鋼による補強の方法 ［mm］[*3]

42～図4・44に各種の補強方法について示す．

〔3〕ダクトの工法別接続

ダクトを接続する方法は現在ではフランジ接合が主流であり，アングルフランジ工法，コーナボルト工法に分類される．コーナボルト工法はさらに共板フランジ工法，スライドオンフランジ工法に分類され，従来のアングルフランジ工法に対して，工場製作・加工，現場つり込みの省力化が図れるため，広く導入されている．中でも共板フランジ工法の普及率が高い．表4・16にこれら3工法の構造概要を示す．

〔4〕たわみ継手

たわみ継手は送風機など，振動する機器とダクトを接続する場合に，振動の伝達を防止するために用いるが，まれに伸縮を吸収するエキスパンションとして用いられることがある．

排煙機とダクトとの接合は鋼板継ぎを原則とするが，排煙ダクト系にたわみ継手を用いる場合は，日本建築センターの防災性能評定品とする．

たわみ継手の長さは150～200 mmとし，大きな心ずれがないよう取り付ける．

図4・45にたわみ継手の取付け方，図4・46に排煙系に使用するたわみ継手の例，表4・17に送風機の大きさとたわみ継手の長さを示す．

---

* 1 金井邦助・塩澤義登・浅岡則明共著：図解 空気調和施工図の見方・書き方, pp.57～58, オーム社(2002年)
* 2 日本建築設備士協会：空気調和・給排水設備施工標準(1984年)
* 3 池本弘：空調設備のダクト施工, 井上書院(1979年)

表4・14 鋼板製ダクトの板厚(長方形ダクトの場合)(SHASE 010-2000)

ダクト圧力区分	低圧ダクト[mm]	高圧1ダクト[mm]	高圧2ダクト[mm]	板厚[mm]
ダクトの長辺	450 以下	—		0.5
	450 を超え 750 以下	—		0.6
	750 を超え 1 500 以下	450 以下		0.8
	1 500 を超え 2 200 以下	450 を超え 1 200 以下		1.0
	2 200 を超えるもの	1 200 を超えるもの		1.2

注 1) 共板フランジ工法におけるダクトの長辺は，最大 2 200 mm までとする．
  2) 共板フランジ工法のダクトでは，断面の縦横比を 1：4 以下とする．1：4 の比を超えるときには十分な強度を有するよう，補強材により補強する．

表4・15 鋼板製ダクトの板厚(スパイラルダクトの場合)(SHASE 101-2000)

ダクト圧力区分	低圧ダクト[mm]	高圧1ダクト[mm]	高圧2ダクト[mm]	板厚[mm]
ダクトの内径寸法	450 以下	200 以下		0.5
	450 を超え 710 以下	200 を超え 560 以下		0.6
	710 を超え 1 000 以下	560 を超え 800 以下		0.8
	1 000 を超えるもの	800 を超え 1 000 以下		1.0
	—	1 000 を超えるもの		1.2

図4・44 タイロッドによる補強の方法[*1]

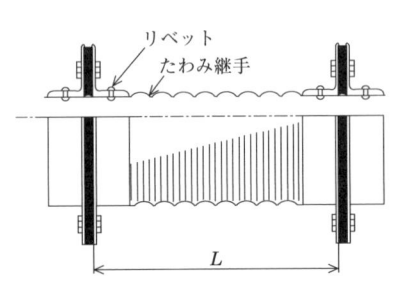

図4・45 たわみ継手の取付け方[*2]

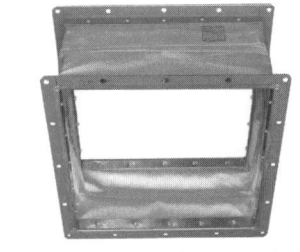

図4・46 排煙系に使用するたわみ継手の例[*3]

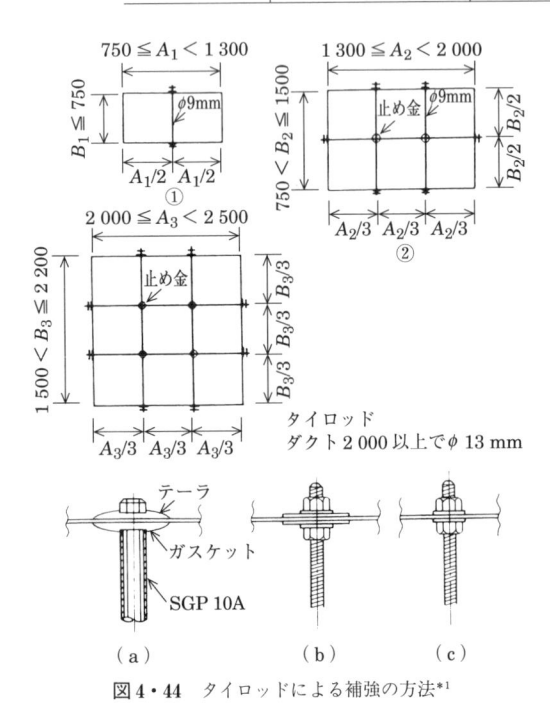

〔5〕 局所変形

ダクトの曲り部をエルボといい，内側曲率半径 R はダクト幅 W の 3/4 以上が望ましいが，実質として 1/2 以上を守る．これ以下の場合は乱流による圧力損失を減らすため，図4・47 に示すようなガイドベーンを設ける．分岐の方法には，図4・48 に示すような割込み分岐と片テーパ付直付け分岐があり，従来割込み分岐がよいとされてきた．しかし，分岐部での圧力損失や騒音の原因となったり根元部で空気漏れが生じるなどの問題もあり，送気側で主ダクトの風速が 8 m/s 以上の場合以外では，片テーパ付き直付け分岐が多く用いられる．ダクト断面を

[*1] 空気調和・衛生工学会編：ダクトの新標準仕様技術指針・同解説，p.68(1993年)
[*2] 関東空調工業会編：標準ダクトテキスト 平成12年度版，p.62，関東空調工業会(2000年)
[*3] 同上

表4・16 鋼板製長方形ダクトのフランジ接続部の構造[*1]

	アングルフランジダクト (AFダクト)	コーナボルト工法ダクト	
		共板フランジダクト (TFダクト)	スライドオンフランジダクト (SFダクト)
構成図	ダクトを折り返す	ダクト本体を成形加工しフランジ製作 / 内側にかしめる	ダクトに差し込み,スポット溶接
フランジ接続方法			
構成部材	① ボルト(全周) ② ナット(全周) ③ アングルフランジ ④ リベット(全周) ⑤ ガスケット	① ボルト(四隅コーナ部のみ) ② ナット(四隅コーナ部のみ) ③ 共板フランジ ④ コーナ金具(コーナピース) ⑤ フランジ押さえ金具(クリップ・ジョイナ) ⑥ ガスケット ⑦ シール材(四隅コーナ部)	① ボルト(四隅コーナ部のみ) ② ナット(四隅コーナ部のみ) ③ スライドオンフランジ ④ コーナ金具(コーナピース) ⑤ フランジ押さえ金具(ラッツ・スナップ・クリップ・ジョイナ) ⑥ ガスケット ⑦ シール材(四隅コーナ部)
フランジ製作	等辺山形鋼でフランジを製作する	ダクト本体を成形加工してフランジとする	鋼板を成形加工して,フランジを製作する
フランジの取付け方法	ダクト本体にリベットまたはスポット溶接で取り付ける	フランジがダクトと一体のため,組立時にコーナピースを取り付けるだけ	フランジをダクトに差し込み,スポット溶接する
フランジの接続	フランジ全周をボルト・ナットで接続する	四隅のボルト・ナットと専用のフランジ押さえ金具(クリップなど)で接続する	四隅のボルト・ナットと専用のフランジ押さえ金具(ラッツなど)で接続する

表4・17 送風機の大きさとたわみ継手の長さ

送風機 No.	1	2	3	4	5	6	7
長さ L[mm]	150	150	150	200	200	250	250

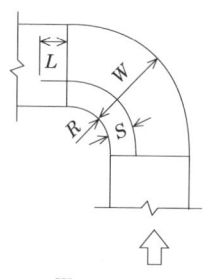

$R<\dfrac{W}{2}$ の場合 $S=L=\dfrac{1}{3}W$

図4・47 ガイドベーン付きエルボ[*2]

変化させる場合,圧力損失を小さくするため,なるべく緩やかな角度にする.図4・49に示すように,拡大部は15°以下,縮小部は30°以下が望ましい.拡大部の限度は30°,縮小部の限度は45°とし,それを超える場合は放射状に分流板を取り付ける.

〔6〕 測 定 口

風量測定口は,空調機の給気・還気および外気取入れの各ダクト,送風機まわりその他必要

[*1] 空気調和・衛生工学会編:空気調和・衛生工学便覧,第13版,第5巻,p.404(2001年)
[*2] 日本建築設備士協会:空気調和・給排水設備施工標準(1984年)

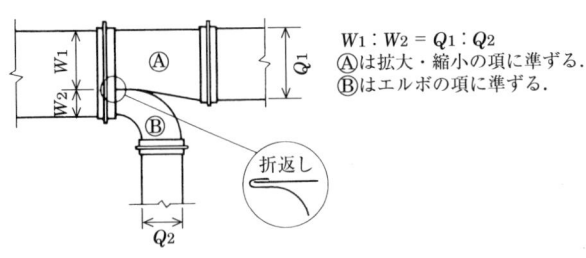

$W_1 : W_2 = Q_1 : Q_2$
Ⓐは拡大・縮小の項に準ずる．
Ⓑはエルボの項に準ずる．

折返し

注 1) W_1 が 150 mm 以下の場合は，割込み分岐とせずに直付け分岐とする．
  2) 割込みだき合せ部は，気密を保つように折り返す．

（a）割込み分岐

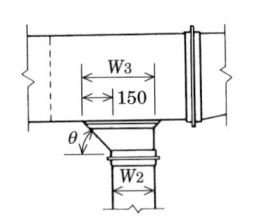

取出し $W_3 = W_2 + 150$ mm, $\theta = 45°$ を標準とする．

（b）片テーパ付直付け分岐

図 4・48　分岐の方法[*1]

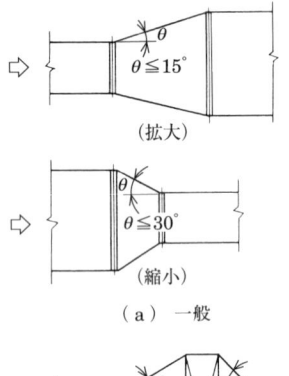

(拡大) $\theta \leq 15°$

(縮小) $\theta \leq 30°$

（a）一般

$\theta \leq 30°$　$\theta \leq 45°$

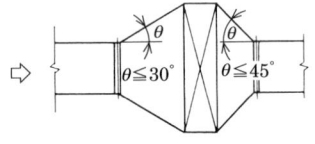

（b）コイルまわり・チャンバまわりなど

図 4・49　ダクト断面変化の方法[*2]

風量測定口
（長辺側で層流となった部分）
300 300

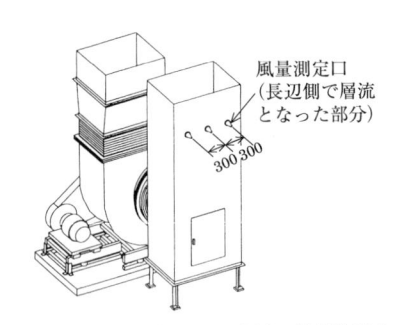

図 4・50　送風機まわりの測定口取付け例[*3]

取付け個数はダクト幅方向に 200～300 mm ピッチで取り付けるようにして決めるのが一般的である．

図 4・50 に送風機吸込みダクトへの取付け例，図 4・51 に空調機まわりにおける取付け箇所の例を示す．

〔7〕ダクト支持方法

一般的にダクトのつりや支持は表 4・18，表 4・19 に示すように，棒鋼や形鋼を用いて行い，ダクト形状，ダクト工法や施工場所などにより

な場所に設け，熱線風速計によるダクト内風速の測定のほかに，静圧，温湿度などの測定にも利用する．

風速測定を主目的で取り付ける場合は，送風機の吐出し部，ダンパ，曲り，分岐，拡大など局所変形部のすぐ下流を避け，ダクト内の気流が安定した場所を選ぶ．

＊1　空気調和・衛生工学会編：空気調和・衛生工学便覧，第 13 版，5 材料・施工・維持管理編，p. 417（2001 年）
＊2　同上，p. 416
＊3　同上，p. 422

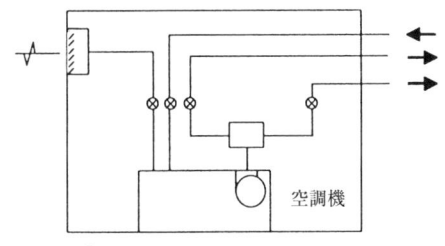

図 4・51 空調機まわりの取付け箇所例

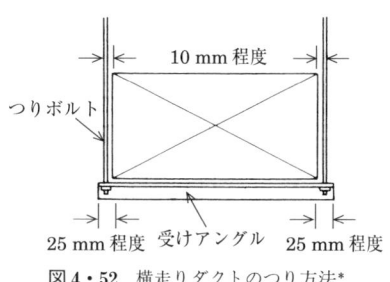

図 4・52 横走りダクトのつり方法*

最大つり間隔を使い分ける．図 4・52 に横走りダクトのつり方法，図 4・53 に支持方法を示す．立てダクトの支持は図 4・54 に示す方法で 1 フロアに 1 箇所行うものとし，階高が 4 m を超える場合は中間に支持を追加する．複数の横走りダクトのつり，支持方法は図 4・55 に示すように，山形鋼や C 形鋼を用いた共通の中間支持材を設ける方法がとられる．つり棒が長い場合は，図 4・56 の方法で振止めを行い，振動の伝播を防止する必要がある場合は，図 4・57 に示すような方法で防振材をつり材，支持材に組み合わせる．鉄骨梁から支持をとる場合は図 4・58 のような形状の鉄骨用支持具を用いて行い，床上ダクトおよび送風機吸込みチャンバの支持は図 4・59 に示す方法で行う．

〔8〕 送風機まわりダクト接続

送風機に接続するダクトはその形状により送

表 4・18 長方形ダクトのつりおよび支持（SHASE-S 010-2000）

ダクトの長辺[mm]	つり金物 最小寸法		振止め金物 最小寸法	最大つり間隔[mm]	
	山形鋼寸法[mm]	棒鋼[mm]	山形鋼寸法[mm]	アングルフランジ工法 スライドオンフランジ工法	共板フランジ工法
750 以下	25×25×3	9	25×25×3	3 680	3 000
750 を超え 1 500 以下	30×30×3	9	30×30×3	3 680	3 000
1 500 を超え 2 200 以下	40×40×3	9	40×40×3	3 680	3 000
2 200 を超えるもの	40×40×5	9	40×40×5	3 680	3 000

注 1) 横走りダクトには，形鋼振止め支持を 12 m 以下の間隔で設ける．なお梁貫通箇所など，振れを防止できる箇所は振止めとみなす．
2) 主機械室に設けるダクト長辺が，450 mm 以下のダクトおよび共板工法ダクトのつり間隔は 2 000 mm 以内とする．
3) 主機械室に設けるアングルフランジ工法，スライドオンフランジ工法のダクト長辺が，450 mm を超える場合のダクトつり間隔は 2 500 m 以内とする．
4) 2)，3)の場合でも，ダクト上辺の面と構造スラブ下面とのすきまが 750 mm 未満の場合のつり間隔は，表の値としてもよい．
5) 共板フランジ工法において，ロックウール 50 mm 厚以上の保温を施したものは，つり間隔 2 000 mm 以内とする．

表 4・19 スパイラルダクトのつりおよび支持（SHASE-S 010-2000）

ダクトの長辺[mm]	つり金物 最小寸法		振止め金物 最小寸法	最大つり間隔[mm]
	平鋼寸法[mm]	棒鋼[mm]	山形鋼寸法[mm]	
1 250 以下	25×3	9	25×25×3	3 000

注 1) つり材には平鋼，棒鋼を使用し，大型の場合には 2 点つりとする．
2) 小口径ダクト（300 mmφ 以下）の場合のつり金物は，厚さ 0.8 mm 以上の亜鉛鉄板を帯状に加工したものを使用する．
3) 横走りダクトにも受ける形鋼振止め支持は，表 4・18 の注 1)に準ずる．

* 井上宇市編：ダクト設計施工便覧，丸善（1980 年）

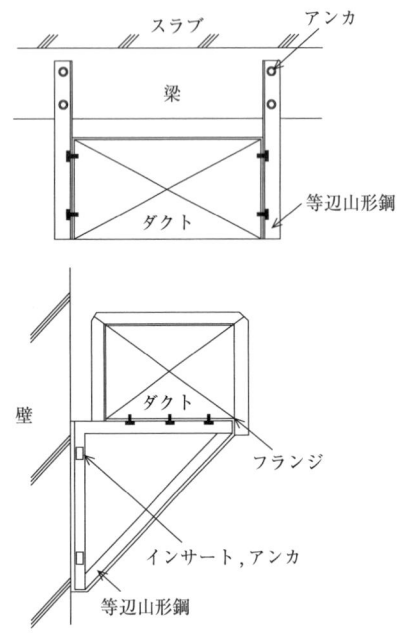

図4・53 横走りダクトの支持方法[*1]

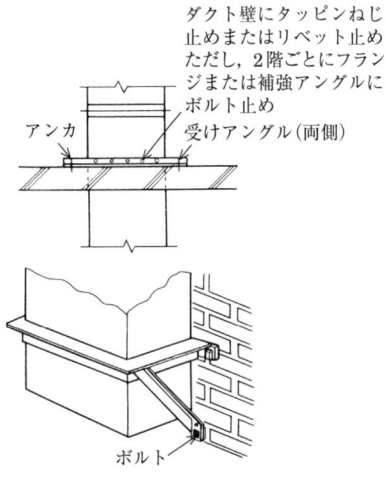

図4・54 立てダクトの支持方法[*2]

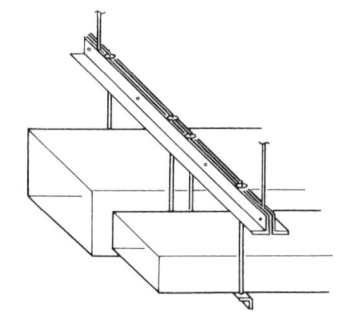

図4・55 複数の横走りダクトのつり，支持方法[*3] 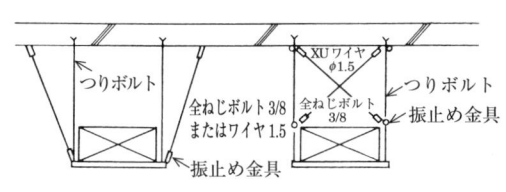
（a）山形鋼共通梁の例
（b）溝形鋼共通梁の例

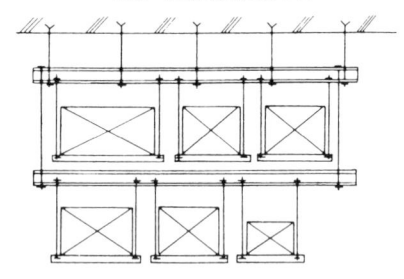

図4・56 振止めの方法[*4]
（a）長方形ダクトの場合 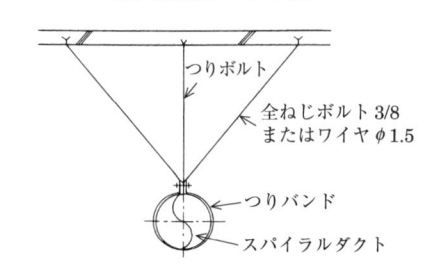
（b）円形ダクトの場合

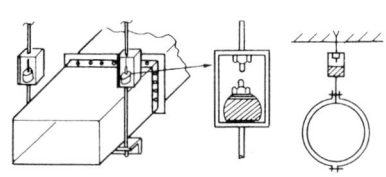

図4・57 防振つりの方法[*5]
ダクトの防振つり

風機の性能に大きく影響し，特に吸込み側ダクトはその形状の良否で，送風機本来の性能が得られない場合も生じるので注意が必要である．**図4・60**に床置き送風機吸込みダクトの接続方法を示し，**図4・61**に接続ダクトの適否を示す．

[*1～3] 空気調和・衛生工学会編：空気調和・衛生工学便覧，第13版，5材料・施工・維持管理編，p.406（2001年）
[*4, 5] 同上，p.407

鉄骨用支持具

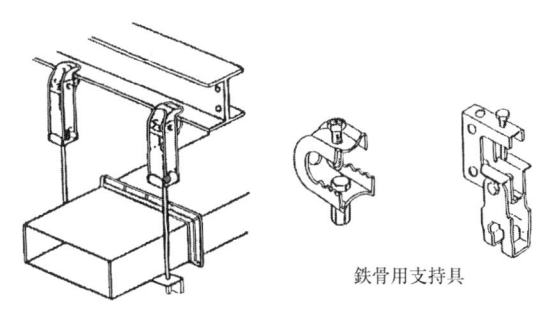

図4・58 鉄骨梁への支持方法[*1]

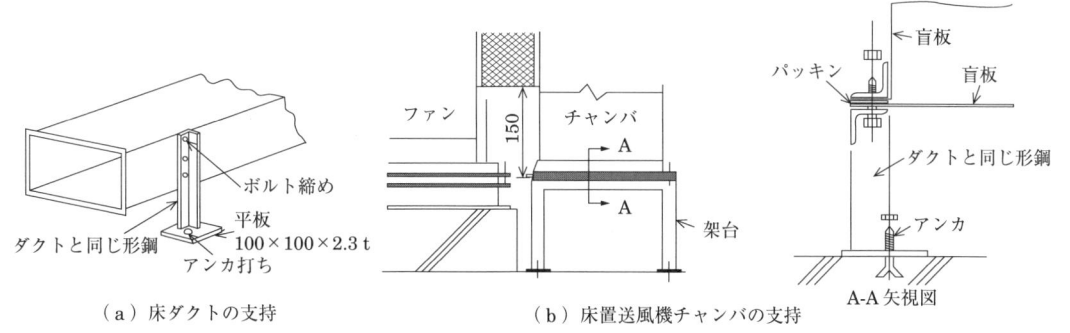

（a）床ダクトの支持

ダクトと同じ形鋼
ボルト締め
平板 100×100×2.3 t
アンカ打ち

（b）床置送風機チャンバの支持

ファン　150　チャンバ　架台

盲板
パッキン
盲板
ダクトと同じ形鋼
アンカ

A-A矢視図

図4・59 床からの支持方法[*2]

吸込み側ダクト
送風機

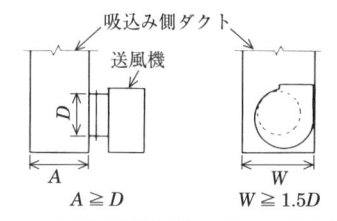

$A \geq D$　　$W \geq 1.5D$

図4・60 床置き送風機吸込みダクトの接続方法[*3]

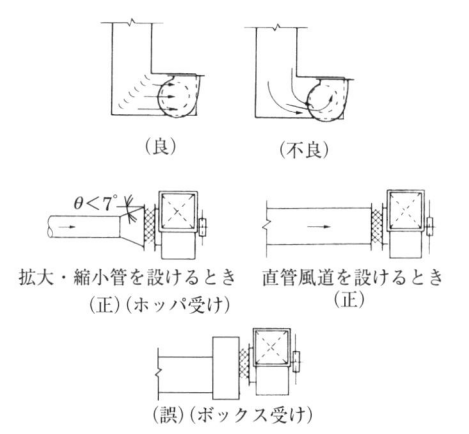

（良）　（不良）

$\theta < 7°$

拡大・縮小管を設けるとき　　直管風道を設けるとき
（正）（ホッパ受け）　　　　　（正）

（誤）（ボックス受け）

図4・61 吸込み側ダクト接続の適否[*4]

[*1] 関東空調工業会編：標準ダクトテキスト 平成12年度版，p.45，関東空調工業会（2000年）
[*2～4] 空気調和・衛生工学会編：空気調和・衛生工学便覧，第13版，5 材料・施工・維持管理編，p.421（2001年）

また，図4・62に吐出し側ダクトの適否を示す．送風機は，一般に図4・63のように吐出し方向を選べるので，ダクトの展開方向を考慮して圧力損失が少ない形式を選定する．

〔9〕 ダクトの外壁貫通

ダクトが外壁などを貫通する場合は，雨水の浸入防止を確実にしなければならない．

ダクトを屋上に出す場合は図4・64に示すように，ハト小屋を設けて側壁部を貫通させる．貫通スリーブは鋼板製実管スリーブ（内フランジ型）とするのが望ましい．また，保温ダクトを外壁貫通する場合は図4・65に示すように，ラッキング材端部からの雨水浸入防止に注意する．

4・2・4 その他のダクト

〔1〕 ステンレス（SUS）ダクト

SUSダクトは高湿度箇所の排気・ガスの通るダクト，ちゅう房のフードや業務用のちゅう房排気ダクト，塩害対策が必要な地域のダクトなどに用いられる．

ダクト内圧によるダクト種別は，表4・8の鋼

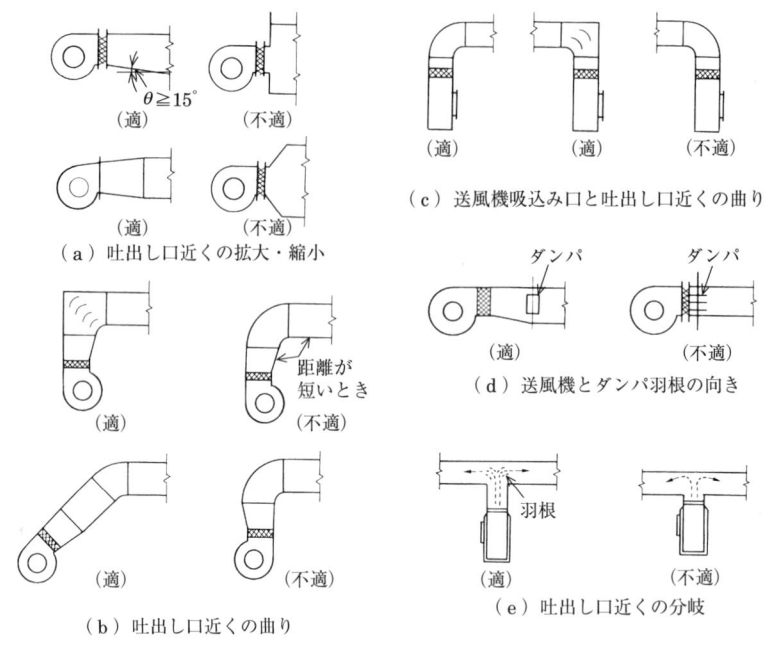

(a) 吐出し口近くの拡大・縮小
(b) 吐出し口近くの曲り
(c) 送風機吸込み口と吐出し口近くの曲り
(d) 送風機とダンパ羽根の向き
(e) 吐出し口近くの分岐

図4・62 吐出し側ダクト接続の適否[*1]

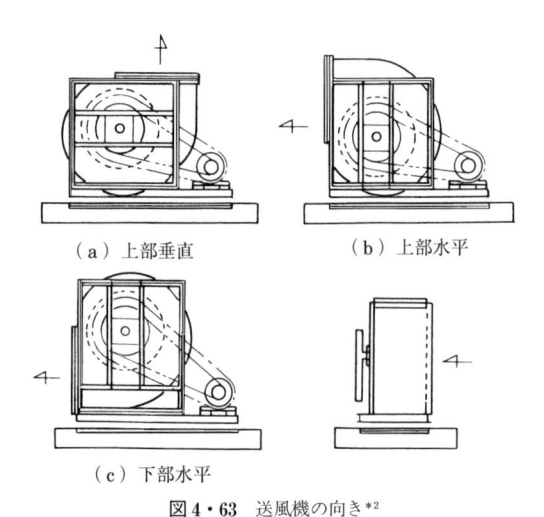

(a) 上部垂直
(b) 上部水平
(c) 下部水平

図4・63 送風機の向き[*2]

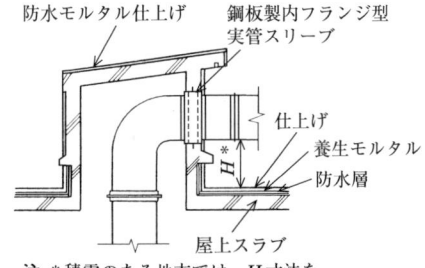

図4・64 屋上スラブ貫通施工例[*3]

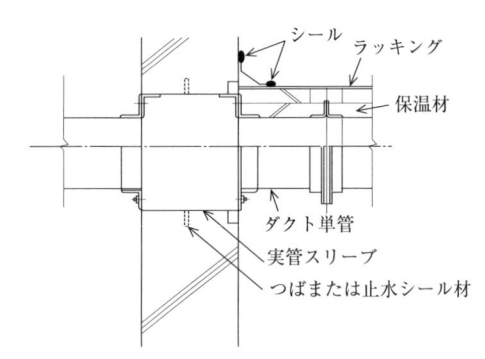

注 *積雪のある地方では，H寸法を積雪量に見合う寸法とすること．

図4・65 保温ダクトの壁貫通施工例[*4]

板製ダクトと同じものが適用され，板厚は**表4・20**，**表4・21**による．長方形ダクトの接続法は，鋼板製ダクトと同様に，アングルフランジ，共板フランジ，スライドオンフランジの各工法があり，スパイラルダクトも鋼板製ダクトと同様に差込み継手または接合用フランジを用いて行う．

横走りダクトは棒鋼つりとして3000 mm間隔で行い，長方形ダクトのつりおよび支持は**表**

[*1] 井上宇市編：ダクト設計施工便覧，丸善(1980年)
[*2～4] 空気調和・衛生工学会編：空気調和・衛生工便覧，第13版，5材料・施工・維持管理編，p.422(2001年)

表4・20 ステンレス鋼板製ダクトの板厚(長方形ダクトの場合)(SHASE-S 010-2000)

ダクト圧力区分	低圧ダクト[mm]	高圧1ダクト[mm]	高圧2ダクト[mm]	板厚[mm]
ダクトの長辺	750以下	—		0.5
	750を超え1 500以下	—		0.6
	1 500を超え2 200以下		450以下	0.8
	2 200を超えるもの		450を超え1 200以下	1.0
	—		1 200を超えるもの	1.2

表4・21 ステンレス鋼板製ダクトの板厚(スパイラルダクトの場合)(SHASE-S 010-2000)

ダクト圧力区分	低圧ダクト[mm]	高圧1ダクト[mm]	高圧2ダクト[mm]	板厚[mm]
ダクトの内径寸法	560以下		250以下	0.5
	560を超え800以下	250を超え560以下		0.6
	800を超え1 000以下	560を超え800以下		0.8
	1 000を超えるもの	800を超え1 000以下		1.0
		1 000を超えるもの		1.2

表4・22 長方形ダクトのつりおよび支持 (SHASE-S 010-2000)

ダクトの長辺[mm]	つり金物 最小寸法		振止め金物 最小寸法
	山形鋼寸法[mm]	棒鋼[mm]	山形鋼寸法[mm]
750以下	25×25×3	9	25×25×3
750を超え1 500以下	30×30×3	9	30×30×3
1 500を超え2 200以下	40×40×3	9	40×40×3
2 200を超えるもの	40×40×5	9	40×40×5

注 表4・18の注に準ずる.

4・22による.またスパイラルダクトのつりおよび支持は鋼板製ダクトの表4・19に準ずる.

〔2〕 **硬質塩化ビニル製ダクト**

硬質塩化ビニルは耐食性に優れているため,腐食性ガスなどを含む排気ダクトに用いられ,鋼板製ダクトと同様,内部圧力により低圧ダクト,高圧1ダクト,高圧2ダクトに分類される.表4・23にその基準と板厚を示す.

また,ダクト内外の空気温度は40℃以下とし,建築基準法によりダクトに不燃材を用いることが規定される規模の建築物には使用できない.

ダクトの接続は,長方形ダクトの場合は図4・66に示すような塩化ビニル製アングルのフランジ接合とし,その規格は表4・24による.

円形ダクトの接続は図4・67に示す方法がある.ダクトのつりおよび支持の方法は表4・

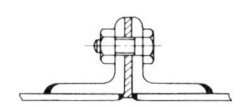

図4・66 硬質塩化ビニル製長方形ダクトの接合[*1]

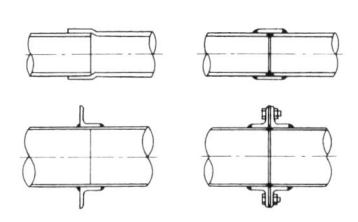

図4・67 硬質塩化ビニル製円形ダクトの接合[*2]

表4・23 硬質塩化ビニル製長方形ダクトの板厚(SHASE-S 010-2000)

ダクト圧力区分	低圧・高圧1ダクト[mm]	高圧2ダクト[mm]		板厚[mm]
	1 000 Pa以下	1 000 Paを超え1 500 Pa以下	1 200 Paを超え2 000 Pa以下	
ダクトの長辺	450以下	500以下	—	3
	500を超え1 000以下	—	500以下	4
	1 000を超え2 000以下	500を超え2 000以下	500を超え2 000以下	5
	2 200を超えるもの	2 000を超えるもの	2 000を超えるもの	6

[*1, 2] 吉村幸雄:空気調和・衛生工学,62-5(1988年5月)

表4・24 硬質塩化ビニル製長方形ダクトの接続(SHASE-S 010-2000)

ダクトの長辺[mm]	接合用フランジ			
	硬質塩化ビニル製アングル最小寸法[mm]	最大間隔[mm]	接合ボルト[mm]	
			最小呼び径	最大間隔
500 以下	50×50×6	4 000	M 8(M 10)	100(75)
500 を超え 1 000 以下	60×60×7	4 000	M 8(M 12)	100(75)
1 000 を超え 1 500 以下	60×60×7	3 000	M 8(M 12)	100(75)
1 500 を超え 2 000 以下	60×60×7	3 000	M 8	100
2 000 を超え 3 000 以下	60×60×7	2 000	M 8	100

注 1) 接合ボルトおよびナットは,ステンレス鋼製または硬質塩化ビニル製(ダクト長辺1 500 mm 以下)とする.
2) 接合ボルトの( )内は,硬質塩化ビニル製ボルトの場合を示す.
3) フランジ接合の場合には,フランジと同じ幅の発泡軟質塩化ビニルまたは軟質チューブガスケットで厚さ 3 mm 以上のものを使用し,ボルトで気密に締め付ける.
4) 接合ボルトの径について,十分なフランジのへりあき寸法を確保できるボルト径以下とする.

表4・25 硬質塩化ビニル製長方形ダクトのつりおよび支持(SHASE-S 010-2000)

ダクトの長辺[mm]	つり金物最小寸法			支持金物最小寸法	
	山形鋼寸法[mm]	棒鋼[mm]	最大間隔[mm]	山形鋼寸法[mm]	最大間隔[mm]
500 以下	30×30×3	9	4 000	30×30×3	4 000
500 を超え 1 000 以下	40×40×3	9	4 000	40×40×3	4 000
1 000 を超え 1 500 以下	40×40×3	9	3 000	40×40×3	4 000
1 500 を超え 2 000 以下	40×40×5	9	3 000	40×40×5	3 000
2 000 を超え 3 000 以下	40×40×5	9	2 000	40×40×5	3 000

注 1) 金物は鋼製とする.ステンレス鋼製とする場合は,特記による.
2) 横走り主ダクトに設ける形鋼振止め支持は表4・18の注1)に準ずる.

表4・26 硬質塩化ビニル製円形ダクトのつりおよび支持(SHASE-S 010-2000)

呼称寸法[mm]	つり金物			支持金物	
	平鋼寸法[mm]	棒鋼[mm]	最大間隔[mm]	山形鋼寸法[mm]	最大間隔[mm]
300 以下	30×3	9(1本つり)	4 000	30×30×3	4 000
300 を超え 500 以下	40×3	9(2本つり)	4 000	40×40×3	4 000

注 1) 金物は鋼製とする.ステンレス鋼製とする場合は特記による.
2) 呼称寸法 300 mm 以下の場合のつり金物は表4・19の注2)に準ずる.
3) 横走り主ダクトに設ける山形鋼振止め支持は表4・18の注1)に準ずる.

25,表4・26 による.

〔3〕 グラスウールダクト

高密度のグラスウールを板状,筒状に加工したもので,吸音性・加工性・施工性の良さから,ダクト内圧力 500 Pa 以下,風速 15 m/s 以下の低圧ダクト・エアチャンバ・消音チャンバ・吹出し吸込み口ボックスに多く用いられる.

一方,ダクト内温度は 75℃以下,周囲温度は $-30 \sim 70$℃の範囲で使用し,排煙ダクト,ちゅう房など火気使用室の排気ダクト,立てダクトおよび多湿箇所では使用できない.

ダクト用グラスウールは長方形ダクト用,円形ダクト用ともに密度 60 kg/m³ 以上,厚さ 25 mm 以上で外面にガラス糸で補強されたアルミニウム箔で被覆されたものとする.

建築基準法によりダクトに不燃材を用いることが規定される規模の建築物には,日本建築セ

(a) 左側ダクト接合面　(b) 右側ダクト接合面

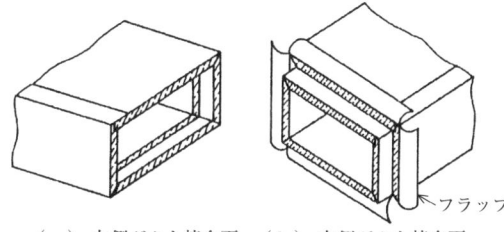

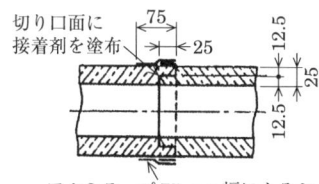

図4・68　長方形ダクトの相欠けによる接合
(SHASE-S 101-2000)

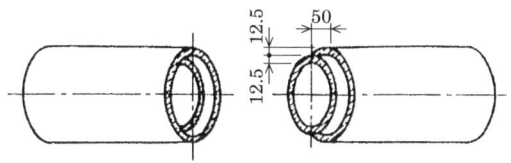

(a) 左側ダクト接合面　(b) 右側ダクト接合面 [mm]

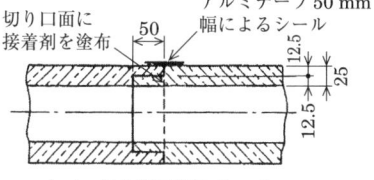

(c) 接合断面詳細 [mm]

図4・69　円形ダクトの相欠けによる接合
(SHASE-S 101-2000)

(a) 左側ダクト接合面　(b) 右側ダクト接合面

(c) 接合断面詳細 [mm]

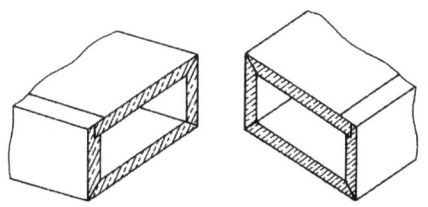

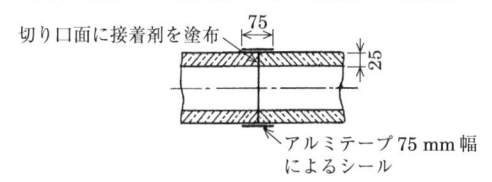

図4・70　長方形ダクトの突合せによる接合
(SHASE-S 101-2000)

ンターの防災性能評定品を使用する．

ダクトの接続は，長方形ダクト，円形ダクトとも図4・68～図4・71に示す相欠け継手または突合せ継手による．

ダクトのつりおよび支持は，長方形ダクトでは50×25×5×0.5t以上の軽量鋼製下地材，円形ダクトでは25×0.4t以上の鋼帯を使用する．つり棒鋼は呼び径6以上の全ねじを用い，表4・27，表4・28に示す支持間隔とする．

(a) 左側ダクト接合面　(b) 右側ダクト接合面

(c) 接合断面詳細 [mm]

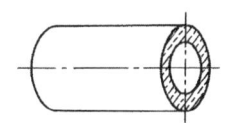

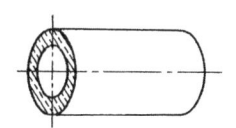

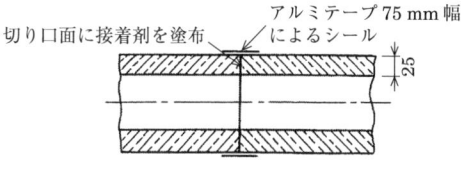

図4・71　円形ダクトの突合せによる接合
(SHASE-S 101-2000)

表4・27　長方形ダクトのつりおよび支持
(SHASE-S 101-2000)

補強材	最大間隔[mm]
なし	2 400
あり	2 000

表4・28　円形ダクトのつりおよび支持
(SHASE-S 101-2000)

呼称寸法[mmφ]	最大間隔[mm]
300以下	2 400
300を超えるもの	2 000

4・3　配管工事

4・3・1　水配管の共通留意点

〔1〕送り管と返り管

冷却水とは冷却するのを目的とする水である．したがって，温度の低い水を供給する側の管が送り管で，熱交換後，温まって冷却塔に返ってくる側の管が返り管である．さらに，温水を例にとれば，熱いほうが送り管で，冷えて返

ってくるほうが返り管である．

図4・72に冷却塔，冷凍機，空調機とその送り，返りの配管例を示す．

〔2〕 クローズ回路とオープン回路
（a） クローズ回路（密閉回路方式）

水が大気に開放されない方式で，空気の混入による腐食が少ない．配管系は常に大気圧以下とならないように，膨張水槽の高さ・接続点を決める．

膨張水槽の接続点の位置により，配管系の圧力分布が変わるので注意を要する．

（b） オープン回路（開放回路方式）

水が大気に開放される方式で，冷凍機と開放式冷却塔間をポンプで循環する場合，さらに蓄熱槽からのくみ上げ回路もこれにあたる．落水側の配管抵抗は見込まないが，落水防止弁がある場合は抵抗を見込む．

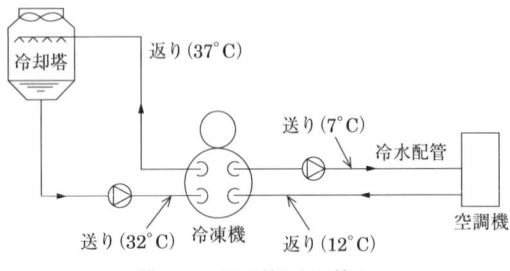

図4・72 送り管と返り管[*1]

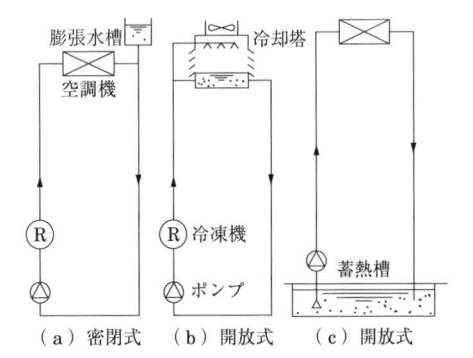

図4・73 密閉回路方式と開放回路方式[*2]

開放回路方式は水が大気に触れるため，空気の混入により腐食が生じやすいので，水処理の考慮も必要となる．密閉回路方式と開放回路方式の既略フローを図4・73に示す．また，間違った配管例を図4・74に示す．

〔3〕 水用バルブ

水用バルブには，水の閉止を主目的とする仕切弁，ボール弁，バタフライ弁などがあり，流量調整を主目的とする玉形弁，逆流防止用として防止弁や管内のごみやスケールを取り除く目的のためストレーナなどがある．表4・29に水用バルブの規格と名称（種類）を示す．

〔4〕 水用制御弁
（a） 冷温水コイル（二方弁・三方弁）まわりの配管

(i) 配 管 要 領

図4・75に，冷温水コイル（二方弁）まわりの配管を示す．

(ii) 施工上の留意点

1) 冷温水コイル接続配管は，フランジ継手にて接続する．
2) コイルまわりの配管は，保温スペースを考慮し配管する．
3) エア抜弁（A）二（三）方弁装置や冷温水コイルが，主管より上にある場合などに設ける．
4) 圧力計の設置は特記による．
5) 冷温水コイルに対する配管出入口の接続は，水の流れが空気の流れの方向に対して逆（カウンタフロー）になるように接続する．
6) 二（三）方弁装置のバイパス管の管径は，二（三）方弁と同径とする．
7) 接続配管の管径が40A以下で温度計を取り付ける場合は，温度計取付部の管径を50Aにする．

〔5〕 特 殊 継 手
（a） 伸縮継手の支持・固定（横取付け）取付け要領

(i) 配 管 要 領

図4・76に伸縮継手（複式）の固定ガイドを，

[*1] 空気調和・衛生工学会編：空気調和・給排水衛生設備施工・維持管理の実務の知識，p.86，オーム社（1996年）
[*2] 空気調和・衛生工学会編：空気調和設備計画設計の実務の知識（改訂2版），p.244，オーム社（2002年）

図 4・74 間違った配管例[1]

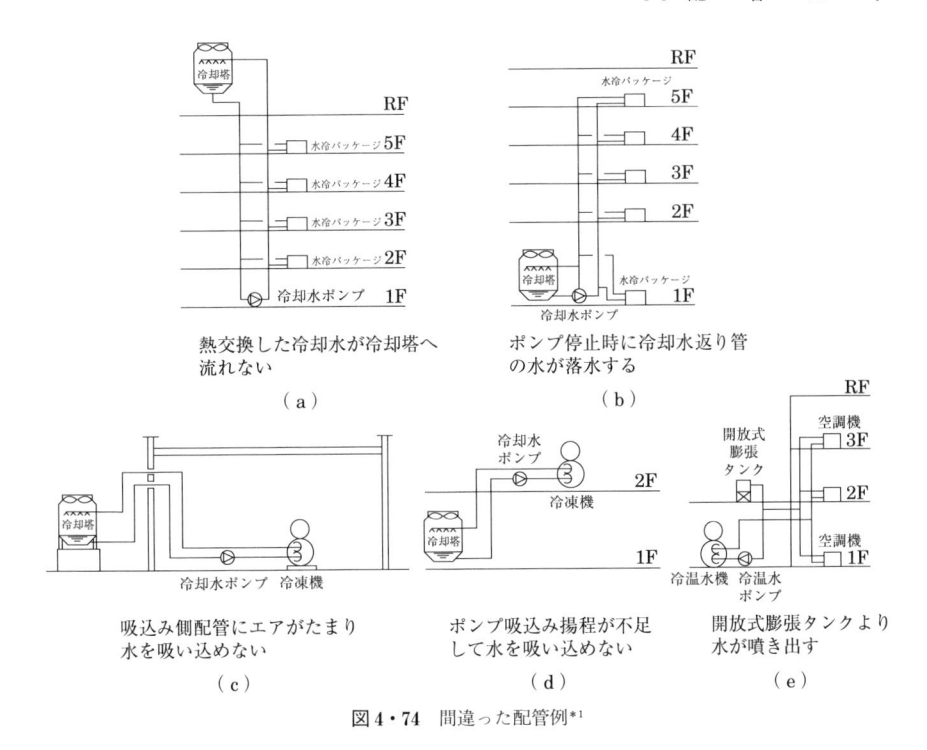

(a) 熱交換した冷却水が冷却塔へ流れない
(b) ポンプ停止時に冷却水返り管の水が落水する
(c) 吸込み側配管にエアがたまり水を吸い込めない
(d) ポンプ吸込み揚程が不足して水を吸い込めない
(e) 開放式膨張タンクより水が噴き出す

表 4・29 水用バルブの規格と名称(種類)[2]

寸法区分		規格		最高許容圧力〔MPa〕	温度基準
		規格番号	名称(種類)		
仕切弁	呼び径 50 以下	JIS B 2011	青銅弁 (5 K・10 K ねじ込み仕切弁) (10 K フランジ形仕切弁)	5 K：0.49 10 K：0.98 16 K：1.57 20 K：2.06	120°以下
		JIS B 2051	可鍛鋳鉄 10 K ねじ込み形弁(仕切弁)		
	呼び径 65 以上	JIS B 2031	ねずみ鋳鉄弁(5 K・10 K フランジ形外ねじ仕切弁)		120°以下
		JIS B 2071	鋼製弁(10 K・20 K 外ねじ仕切弁)		
玉形弁	呼び径 50 以下	JIS B 2011	青銅弁 (5 K・10 K ねじ込み玉形弁) (10 K フランジ形玉形弁)	5 K：0.49 10 K：0.98 16 K：1.57 20 K：2.06	120°以下
		JIS B 2051	可鍛鋳鉄 10 K ねじ込み形弁(玉形弁)		
	呼び径 65 以上	JIS B 2031	ねずみ鋳鉄弁(10 K フランジ形玉形弁)		120°以下
		JIS B 2071	鋼製弁(10 K・20 K 玉形弁)		
逆止弁	呼び径 50 以下	JIS B 2011	青銅弁 (10 K ねじ込みスイング逆止弁) (10 K ねじ込みリフト逆止弁)	5 K：0.49 10 K：0.98 16 K：1.57 20 K：2.06	120°以下
		JIS B 2051	可鍛鋳鉄 10 K ねじ込み形弁(リフト逆止弁・スイング逆止弁)		
	呼び径 65 以上	JIS B 2031	ねずみ鋳鉄弁(10 K フランジ形スイング逆止弁)		120°以下
		JIS B 2071	鋼製弁(10 K・20 K スイング逆止弁)		

[1] 空気調和・衛生工学会編：空気調和・給排水衛生設備施工・維持管理の実務の知識, p.86, オーム社(1996 年)
[2] 公共建築協会編：機械設備工事共通仕様書(平成 9 年版), p.35, 日本空調衛生工事業協会, 公共建築協会(1997 年)

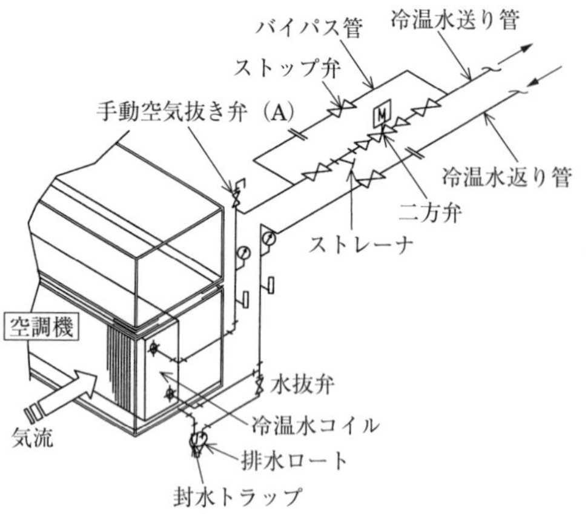
バイパス管
冷温水送り管
ストップ弁
手動空気抜き弁（A）
冷温水返り管
二方弁
ストレーナ
空調機
水抜弁
冷温水コイル
気流
排水ロート
封水トラップ

図4・75　冷温水コイル(二方弁)まわり配管図

図4•77に伸縮継手(単式)の支持固定を，図4•78に座屈防止用形鋼振止め支持を示す．

(ii)　施工上の留意点

1)　伸縮継手を配管系内で用いる場合は，固定点およびガイドを適正な間隔で設ける．

2)　ガイド支持はUハンド・Uボルトなど，およびパイプシュー，パイプガイドの使用を原則とする．

3)　固定点にUボルトを使用する場合は，Uボルト管に溶接し，ダブルナットで固定する．

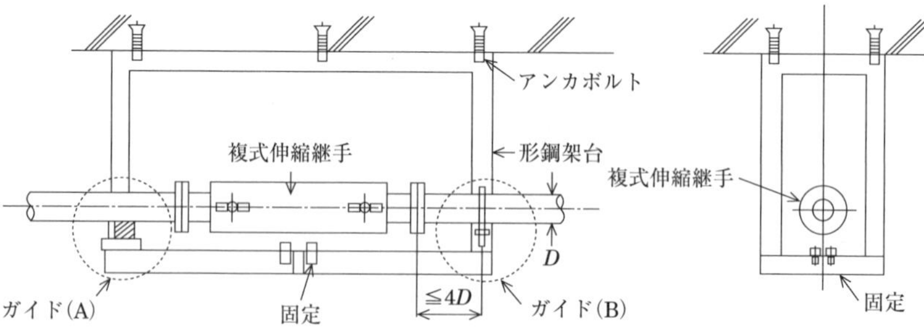
アンカボルト
複式伸縮継手
形鋼架台
複式伸縮継手
D
ガイド(A)
固定
≦4D
ガイド(B)
固定

図4・76　伸縮継手(複式)の固定ガイド

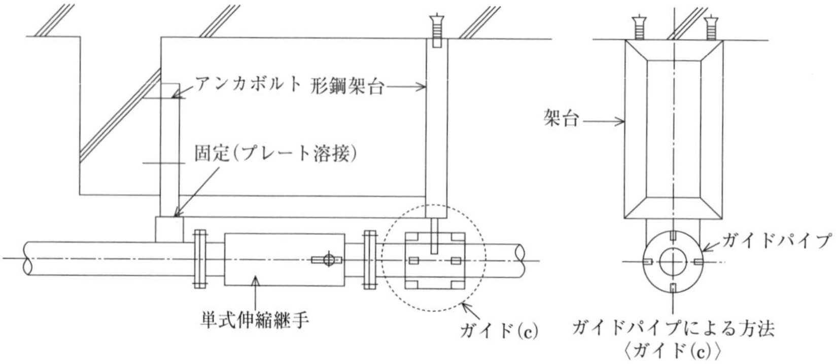
アンカボルト
形鋼架台
架台
固定(プレート溶接)
ガイドパイプ
単式伸縮継手
ガイド(c)
ガイドパイプによる方法
〈ガイド(c)〉

図4・77　伸縮継手(単式)の支持固定

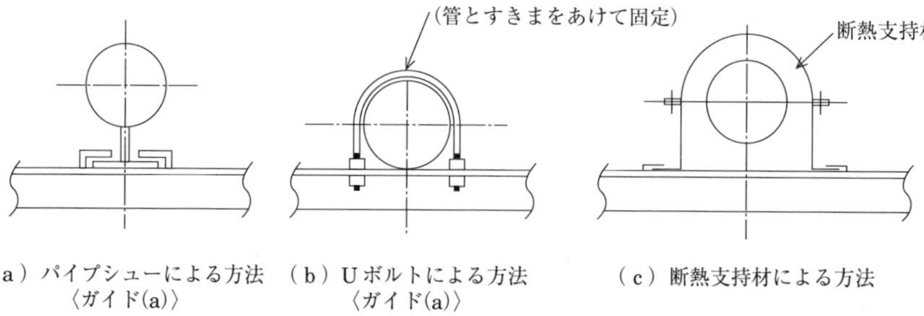
Uボルト
(管とすきまをあけて固定)
断熱支持材
（a）パイプシューによる方法
〈ガイド(a)〉
（b）Uボルトによる方法
〈ガイド(a)〉
（c）断熱支持材による方法

図4・78　座屈防止用形鋼振止め支持

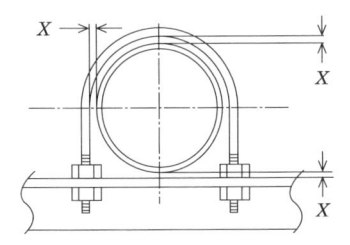

図4・79 Uボルトによるガイド

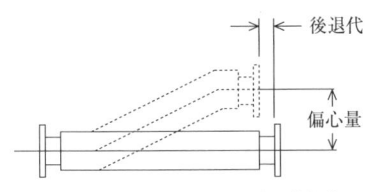

図4・80 フレキシブル継手の後退代

4) Uボトルによるガイドにおいて，X寸法を大きくとらない（Xは3～5mm程度とする；図4・79）．
5) 伸縮継手の面間設定ボルトは，テスト完了まで取り外さない．

(b) フレキシブル継手取付け要領
(i) 取付け要領
　図4・80にフレキシブル継手の偏心量後退代を示す．フレキシブルジョイントは偏心量が大きくなると後退代が大きくなるので，取付けにあたってはメーカーに許容後退代を確認する．

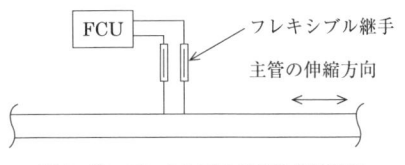

図4・81 フレキシブル継手取付け配置

(ii) 取付け上の留意点
1) 変位吸収の方向を考慮した取付け位置とする．図4・81にフレキシブル継手の取付け位置を示す．
2) フレキシブルジョイントの長さは，軸直角方向の変位置に適合した全長とする．
3) ベローズ型は，全長に比べて軸直角変位置が大きいので，FRP製タンクなどに用いられる．
4) ゴム製フレキシブルジョイントを屋外配管に取り付ける場合は，直射日光によるゴム本体の老化劣化を防ぐため，カバーを取り付ける．

〔6〕 水用計器類
(a) 圧力計
(i) 圧力計取付け位置
　表4・30に圧力計取付け部位を示す．
(ii) 圧力計選定上の留意点
1) 圧力計，連成計および水高計は，JIS

表4・30 圧力計取付け部位

機器名	圧力計測部位	取付け箇所	備考
冷凍機・吸収冷凍機 冷温水発生機	凝縮器圧力損失	凝縮器配管出口・入口	
	蒸発器圧力損失	蒸発器配管出口・入口	
ポンプ	ポンプ揚程	配管出口・入口	入口側負圧の場合は連成計
冷却塔	冷却塔圧力損失	冷却水配管出口・入口	密閉型冷却塔の場合
空調機	冷水コイル圧力損失	冷水コイル配管出口・入口	
	冷温水コイル圧力損失	冷温水コイル配管出口・入口	
	蒸気入口圧力	蒸気配管入口	
温水発生機(真空・無圧)	温水コイル圧力損失	温水コイル配管出口・入口	
熱交換器(蒸気/水)	熱交換器圧力損失	温水配管出口・入口	
	蒸気入口圧力	蒸気配管入口	
熱交換器(水/水)	熱交換器圧力損失	水配管出口・入口	一次・二次側とも
冷温水ヘッダなど 蒸気ヘッダ	ヘッダ内水圧力	ヘッダ	圧力容器は最高使用圧力の1.5倍の圧力計を取り付ける
	ヘッダ内蒸気圧力	ヘッダ	
減圧弁	蒸気入・出口圧力	減圧弁一次側・二次側	

表4・31 温度計取付け部位

機器名	温度計測部位	取付け箇所	温度レンジ	備考
冷凍機・吸収冷凍機	冷却水温度	疑縮器配管出口・入口	$-10\sim50$ ℃	
	冷水温度	蒸発器配管出口・入口	$-10\sim50$ ℃	
冷温水発生機	冷却水温度	疑縮器配管出口・入口	$-10\sim50$ ℃	
	冷温水温度	蒸発器配管出口・入口	$0\sim100$ ℃	
冷却塔	冷却水温度	冷却水配管出口・入口	$-10\sim50$ ℃	
空調機	冷水温度	冷水コイル配管出口・入口	$-10\sim50$ ℃	
	冷温水温度	冷温水コイル配管出口・入口	$0\sim100$ ℃	
温水発生機(真空・無圧)	温水温度	温水コイル配管出口・入口	$0\sim100$ ℃	
熱交換器	温水温度	温水配管出口・入口	$0\sim100$ ℃	
還水槽	還水温度(槽内)	還水槽	$0\sim100$ ℃	

B 7505「ブルドン管圧力計」によるものとし,コック付きとする.
2) 目盛には使用圧力を表示する.
3) 最高目盛は使用圧力の1.5~3倍とする.
4) 連成計の真空側目盛は0.1 MPaとする.
5) 水高計の水高の目盛は最高水高の1.5倍程度とする.

(b) 温度計
(i) 温度計取付け位置
表4・31に温度計取付け部位を,図4・82に取付け位置を示す.
(ii) 温度計選定上の留意点
1) ボイラおよび貯湯タンクに取り付ける温度計は,JIS B 7529「蒸気圧式指示温度計」によるブルドン管膨張式円形指示計とする.
2) 保護管は,原則として溶接または銀ろう付けのものを使用する.
(iii) 温度計取付け上の留意点
1) 温度計の取付け高さは,床から1.5 m程度の見やすい位置を標準とする.
2) 高所に取り付ける場合は,表示部が45°

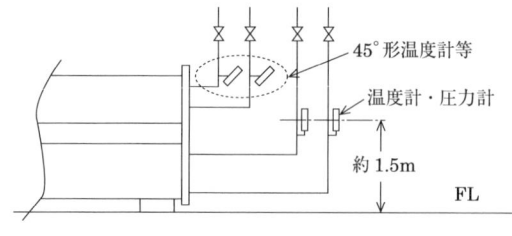

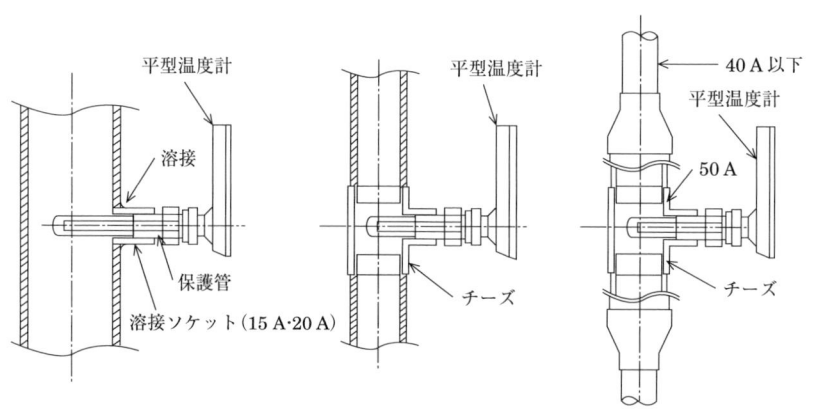

図4・82 温度計取付け位置

(a) 溶接接合の場合　(b) ねじ接合(50 A以上)の場合　(c) ねじ接合(40 A以下)の場合
図4・83 温度計取付け要領

表4・32 各種水封トラップの比較[1]

種類		Pトラップ	ドラムトラップ	チャッキトラップ
形状		(鉄製)	(鉄製)	
気密性	夏	良	良	良
	冬	悪	悪	良
適合圧力	正	適	適	不適
	負	適	適	適
加工性		悪	悪	良
保温の有無		あり	あり	なし
必要スペース		大	中	小
メンテナンスの必要性		あり	あり	ほとんどなし
価格		安	高	安
備考		空調機基礎が低い場合,施工が困難	空調機基礎が低い場合,床埋込みしなければならない	空調機内負圧分ドレンパンにドレンがたまり,停止時に多量に出る

傾斜したものなどを使用し,標示部が容易に見えるように取り付ける.
3) 温度計は保護管(ウェル)付けとする.
4) 保温する配管の場合は,保護管に保温厚を見込む.
5) 温度計取付け部の配管径は,原則として50Aを最小とする.
6) 屋外にアルコール型温度計を取り付ける場合は,屋外用(青液)を使用する.

図4・83に温度計取付け要領を示す.

〔7〕 排水トラップ

空調機のコイルは,原則湿度分が凝縮してドレン水が出る.ドレン水排内から排出するのに空気の出入をなくし,虫などが入らないよう排水トラップが必要となる.

表4・32に各種水掛けトラップの比較を示す.

〔8〕 ヘッダまわり配管

ヘッダは,各配管系統の弁操作のために設ける.ヘッダ径は,最大接続管径の2サイズアップを目安とするが,最大流量時の流速が1.5 m/s以下になるようにする.配管間隔は,以下の2項目にて決定する.

1) バルブハンドル間隔(GV, SV)
2) 断熱後のフランジ間隔(BV)

弁の心は,床上1300mm程度とする.予備用タッピングを設けておくとよい.

配管の接続順序は,図4・84に示すように,二次側からの戻りとバイパスが十分に混合するようにする.

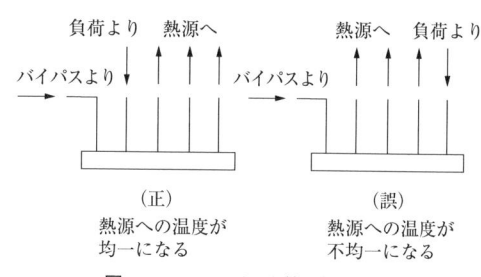

図4・84 ヘッダの配管接続順序[2]

(正) 熱源への温度が均一になる
(誤) 熱源への温度が不均一になる

---
*1 空気調和・衛生工学会編:空気調和設備計画設計の実務の知識(改訂2版),p.256,オーム社(2002年)
*2 同上,p.239

〔9〕 ポンプキャビテーション

（a） キャビテーション

キャビテーションとは，配管中の液の流れの中で，その静圧が蒸気圧以下になると液体に溶解している気体が液体から分離し，部分的に蒸発を起こし気泡を発生することをいう．空調配管では，静圧の低いポンプの吸込み側や，飽和蒸気圧の高い温水配管中の管路構成要素部分で起こりやすい．キャビテーションが起こると振動や騒音を発生するだけでなく，送水ができなくなるなど，エネルギーの損失やポンプの損傷につながる．

（b） ウォータハンマ

配管内を液体が満水で流れているとき，途中の弁・水栓などにより配管内の流体の流れを瞬間的に閉止すると，液は非圧縮性のため慣性力により，閉止した上流側の圧力は急激に上昇する．この圧力は，圧力波となって閉止点と送水源の間を往復し徐々に圧力は減衰していく．この現象をウォータハンマ（水撃）という．

ウォータハンマが大きい場合は，機器類・配管・継手・配管付属機器に振動や衝撃音を与え，漏水のもとになる．防止するためには，急激な圧力上昇を吸収するウォータハンマ防止器を取り付ける．これは，窒素ガスを封入したベローズ型や空気を封入したエアバック型がある．また，高揚程のポンプを用いた場合も発生する．ポンプ停止時に，配管内の液の慣性力でポンプ吐出し側は正常な圧力より低下するが，次に逆流してくる．このとき，ポンプ吐出し側のチェック弁で閉止されているため急激に圧力が上がり，ウォータハンマを発生する．防止にはチェック弁にスイング型を使用せず，スプリングを用いた衝撃吸収型を使用するのがよい．

図4・85にウォータハンマの図解を示す．

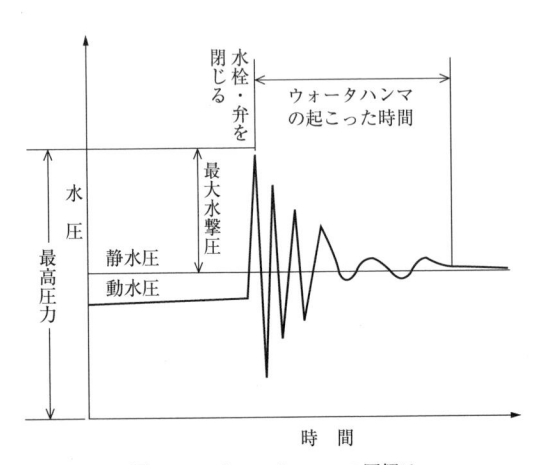

〔10〕 冷却水の落水防止

冷却塔は通常屋上など管路の最高部に設置されるが，開放式の冷却塔がコンデンサ類の空調機器より下部に設置される場合，ポンプを停止をしたときに，コンデンサや配管中の水が冷却塔に落下しオーバブローとならないように，またポンプ起動時に冷却塔水槽の水位が極度に低下しポンプがエアを吸い込んだり，本来不要な補給水の供給を行わないために，落水に対する処理が必要となる．

落水防止には，

1) 冷却水系統の下部に設置される冷却塔近傍の戻り配管に電動式の弁を設置し，ポンプの停止に連動して閉鎖させる方法
2) 冷却水配管系の最上部で戻り配管を一度立ち上げ，ここにサイホンブレーカとなるチェッキ弁を取り付ける

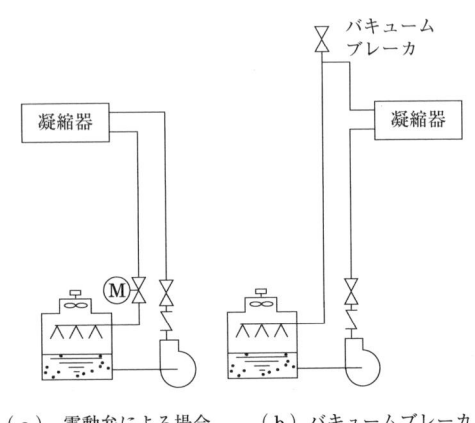

図4・85 ウォータハンマの図解[*1]

（a）電動弁による場合　（b）バキュームブレーカによる場合

図4・86 冷却塔が凝縮器より下にある場合の配管[*2]

[*1] 空気調和・衛生工学会編：空気調和・衛生工学便覧，第13版，4巻，p.117（2001年）
[*2] 同上，p.364

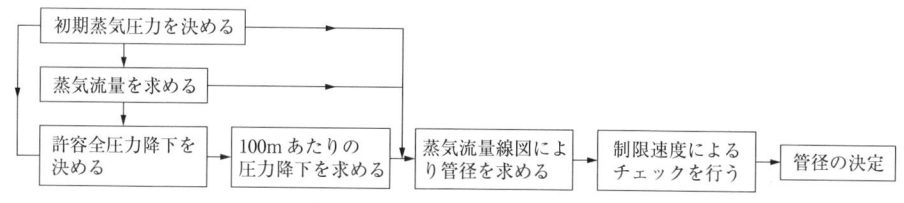

図4・87 蒸気配管径の決定手順[*1]

などの方法が用いられる．サイホンブレーカを使用する方法は，戻りの縦管分の管内保有水量は落水するため，冷却塔水槽容量と合わせた検討を行い，採用する方法を選択する．

図4・86に冷却塔が凝縮器より下にある場合の配管を示す．

〔11〕 水質管理

冷却水配管は一般的に開放式の冷却塔を使用するため，大気中のじんあいやCO_2，SO_2が冷却塔内で冷却水と接触し水に溶け込んで汚染状態となる．また，冷却塔が気化熱を利用し冷却を行う原理から，補給水中のシリカ成分をはじめ不純物が濃縮されていく．これらの成分は冷却水配管中に付着し管路を徐々に閉鎖していくとともに，SO_2などは酸性成分として冷却水のpHを上げ藻類や細菌およびバクテリアが繁殖し，これらが配管材を内部から腐食させていく．これらの防止には，冷却水中に防食剤や殺藻剤を定期的に投入したり，強制的に補給水を供給して冷却水を冷却塔からオーバブローさせ，不純成分を希釈させpHを下げる必要がある．

蓄熱水槽を使用する循環システムでは，水槽の構成材料からの溶出や，表面からの自然蒸発，また結露水の浸入，菌，バクテリアの繁殖などで水質が徐々に悪化していく．特に，細菌類とじんあいが混じり合ったスライムは配管系統内を流れ熱交換器の効率を低下させるばかりでなく，配管内金属表面にスライムなどが付着すると，その下流側では，孔食が始まり孔食が成長していくと機器寿命の短縮となる．

対策には蓄熱槽の水質，pH，電気電導度の管理分析を行い，基準値を超えた場合，水槽水の入替えや防食剤の投入などの水処理を行う必要がある．

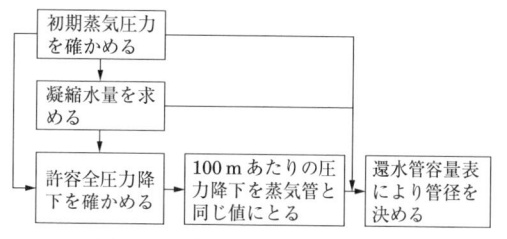

図4・88 高圧還水管径の決定手順[*2]

4・3・2 蒸気配管の施工上の留意点

〔1〕 蒸気配管径の決定留意点

蒸気配管径の決定は，水配管の場合と同様に等摩擦法にて算出するのが一般的である．

蒸気配管径の決定手順フローを図4・87に示す．

一般的に立上り管の管径は，制限流量の管径から横走り管管径より大きく（1サイズアップ）する．

〔2〕 蒸気還水管径の決定留意点

還水管内の流れ（流動状態）には，乾式と湿式と呼ばれる状態がある．乾式は還水管の底部を還水が流れ，上部の空間は空気および蒸気で満たされているものであり，順こう配配管における還水はこの状態である．他方湿式は還水が配管内で満水状態に流れているもので，空調用の横走り管では一般に採用されない．

高圧還水管径の決定手順フローを図4・88に示す．

還水管径の決定は上記フローによる．

[*1] 空気調和・衛生工学会編：空気調和設備計画設計の実務の知識（改訂2版），p.243，オーム社（2002年）

[*2] 同上，p.247

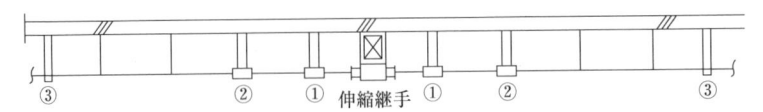

① 第一ガイド：伸縮継手の直近に設ける．
② 第二ガイド：第一ガイドの両隣ガイド
③ 配管固定点：収縮継手のメーカーカタログから反力を求め十分な強度をもたせる．
伸縮継手：複式の場合は伸縮継手も固定する．

図4・89　伸縮継手の固定方法例[*1]

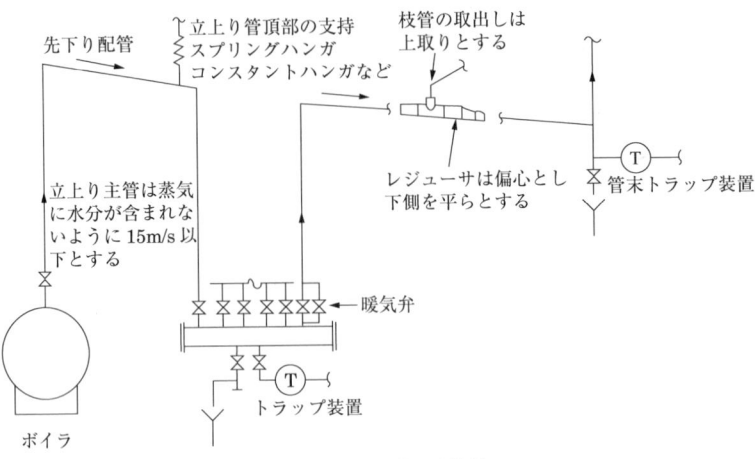

図4・90　蒸気配管の配管例[*2]

〔3〕　配管の熱膨張と伸縮継手

蒸気配管は，熱膨張による配管や支持金物などの破損を防ぐため伸縮継手を用いたり，伸縮曲管による伸縮吸収を行う．

（a）　伸縮曲管による吸収

伸縮曲管による伸縮吸収は，配管の可とう性を解析する必要がある．その解析方法は多数あり，図表やパソコンを利用する場合も多い．

（b）　伸縮継手による吸収

温度による熱膨張を吸収するため伸縮継手を使用すると，軸方向の応力が発生し，両端固定部や配管に曲げ応力が発生し，両端固定部や配管に曲げようとする力が生ずる．配管の曲りや座屈を防ぐのに，十分な固定金物を設ける必要がある．図4・89に固定方法を示す．

伸縮継手が座屈しないように，伸縮継ぎ手の前後にガイドを設ける（つり支持は不可）．伸縮継手の計算に用いた配管ラインの両端は固定する．

〔4〕　配管こう配と管末トラップ

蒸気配管は通気始めは配管が冷えているため，管内で蒸気が凝縮してドレンになる．このドレンを排出しやすくするため，配管は先下り配管とする．また立上り部分には管末トラップを設け，速やかにドレンを排出させる．図4・90に蒸気配管の配管例を示す．

〔5〕　蒸気配管の支持

蒸気配管の支持は配管の膨張による移動に対処するため，図4・91に示す配管支持部材を用いる．また，支持金物の過熱防止の目的から使用する断熱支持材（インシュレーションスリーパ）は耐熱性の断熱支持材を用いる．

〔6〕　立て管頂部の支持

立て管頂部を支持する場合には，図4・92に示す点に注意し，配管が膨張したとき浮かないように支持する．

〔7〕　減圧弁の取付け

減圧弁以降の配管・機器類の保護のため，減圧弁以降には安全弁を同ラインに取り付ける．

[*1, 2] 空気調和・衛生工学会編：空気調和・給排水衛生設備施工・維持管理の実務の知識，p.91，オーム社（1996年）

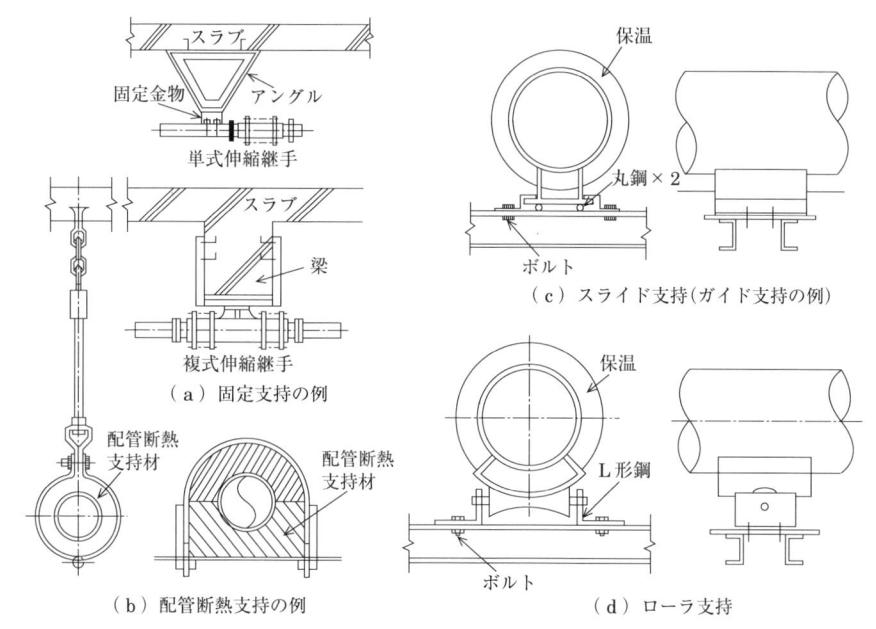

図 4・91　蒸気配管の支持例[1]

図 4・92　立て管頂部の支持例[2]

図 4・93　蒸気用減圧弁装置の組立例[3]

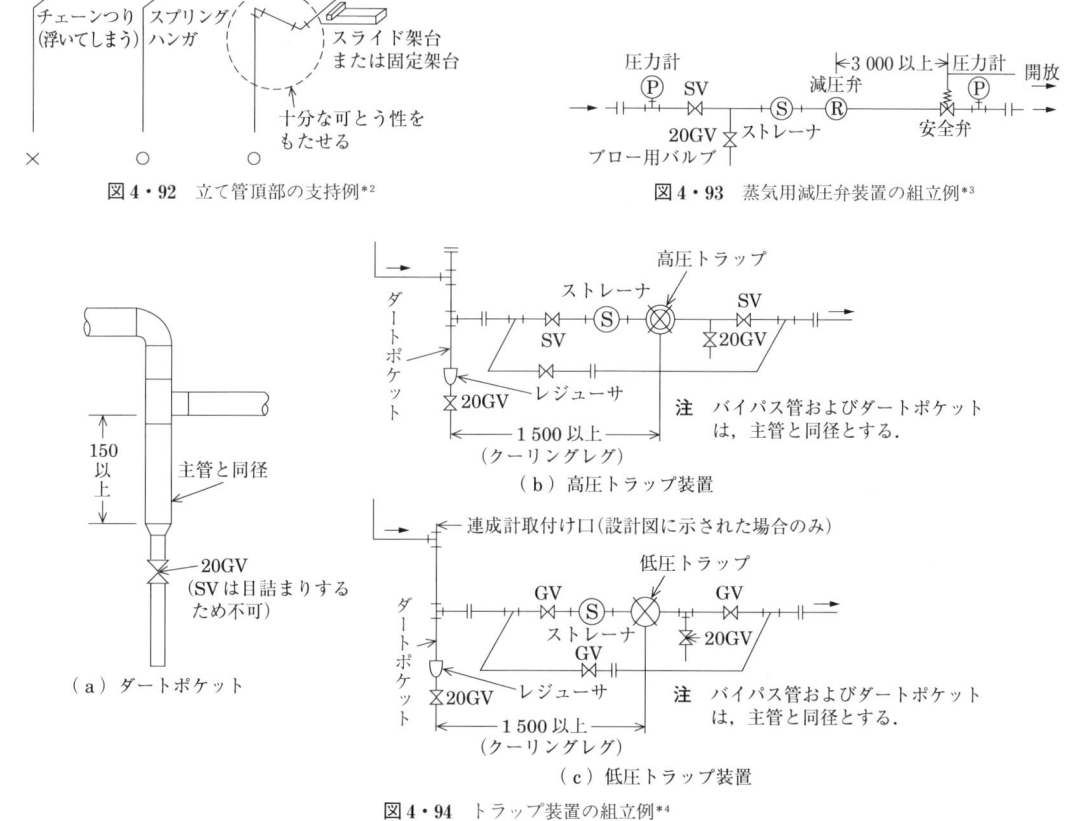

図 4・94　トラップ装置の組立例[4]

*1～3　空気調和・衛生工学会編：空気調和・給排水衛生設備施工・維持管理の実務の知識, p.92, オーム社(1996年)
*4　同上, p.93

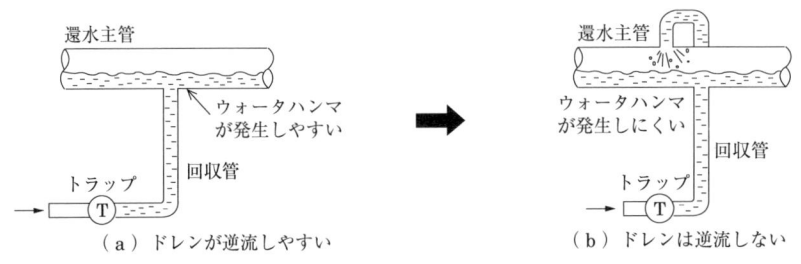

図4・95 還水主管への接続例[*1]

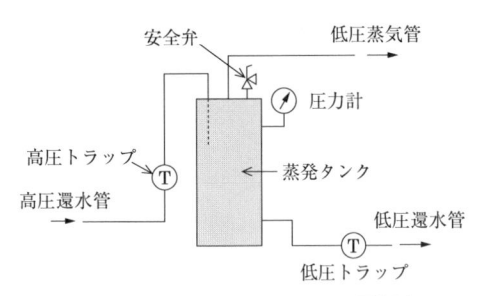

図4・96 フラッシュタンクまわり要領図

また，二次側の圧力が一次側の1/10以下の場合は，減圧弁を2段に取り付ける二段減圧方式とする．図4・93に蒸気用減圧弁装置の例を示す．

〔8〕 トラップ装置の組立て

機器・配管で生じた凝縮水を排出するために，蒸気とラップを設ける．図4・94に高圧トラップの組立図を示す．機器とトラップの間は，凝縮の再蒸発を防止するため，十分な冷却スペース（クーリングレグ）をとる．

〔9〕 蒸気返り管とウォータハンマ

還水主管が蒸気トラップより高い位置を通る場合は，図4・95に示す配管とする．これは還水主管からの逆流を防止し，また回収管から還水主管へ入る際のウォータハンマを防止するためである．

〔10〕 圧力の異なる還水管の混合禁止

高圧系統の還水と低圧系統の還水を同一の返り管に直接接続すると，低圧側の還水が戻りにくくなるため，高圧の還水管と低圧の還水管は別配管とする．もし，高圧還水を低圧還水に接続する場合には，フラッシュタンク（図4・96）を設けるなど再蒸発を防ぎ，低圧に減圧してから接続する．また，高圧還水を合流させるときの騒音ウォータハンマ防止として，渦状のじゃま板を内部に設置した簡便な配管付属機器が普及している（図4・97）．

〔11〕 蒸気トラップ

蒸気トラップには次の機能がある．
1) 水を速やかに，かつ完全に排出する．
2) 混入している空気も排出できる．
3) 生の蒸気を逃がさない．
4) 蒸気トラップは以下に示すような種類があり，目的・用途に応じて使い分ける．

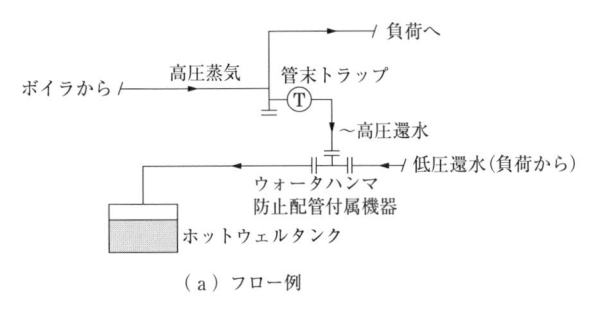

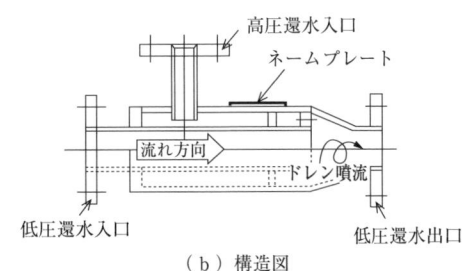

図4・97 ウォータハンマ防止付属管機器[*2]

[*1] 空気調和・衛生工学会編：空気調和・給排水衛生設備施工・維持管理の実務の知識，p.97，オーム社（1996年）
[*2] 同上，p.248

（a） バケットトラップ

上向き・下向きの2種類があり，間欠動作で多量の凝縮水を排出できる機能をもち，また低圧〜高圧の広い範囲で使用できる．主に空調機，ユニットヒータなどに使用される．

（b） フロートトラップ

さらに，大量の凝縮水を連続的に排出する機能をもつが，空気を通さないため自動空気抜き弁を内蔵してこれを排出する．使用圧力は高圧（0.4 MPa 程度）であり，主に空調機，熱交換器，吸収冷凍機や貯湯槽に使用される．

（c） 衝撃式トラップ

オリフィス型とディスク型がある．蒸気と凝縮水の流体的・熱的性質の相違を利用して2流体を分離するもので，構造が簡単である．主に管末トラップに使用される．

（d） 熱動トラップ

ベローズなどの熱膨張を利用したもので，間欠動作で空気も通す．一般に低圧で主に暖房用放熱器に使用される．トラップを選定するにあたっては，凝縮水の最大流量で選ぶとともに，なるべく圧力損失の少ないものを選定することが重要である．選定は，凝縮水発生量と作動圧によって行う．

〔12〕 蒸気コイルの凍結防止

寒冷地で0℃以下の外気を予熱するために蒸気コイルを使用する場合で，凍結のおそれがある場合にはコイルの凍結防止を考慮し，以下の対応が必要となる．

1） 還水の温度が設定以下になれば，自動的に凝縮水を排水する．
2） 空調機のコイル二方弁が閉止したとき，自動的に凝縮水を還水管に戻す．

4・3・3 油配管の留意点

〔1〕 油管系の決定法

灯油や重油などの粘度は同温の水と比べると高く，温度が上がるにつれ大きく減少する．また，普通に使われる送油量程度では送油管内

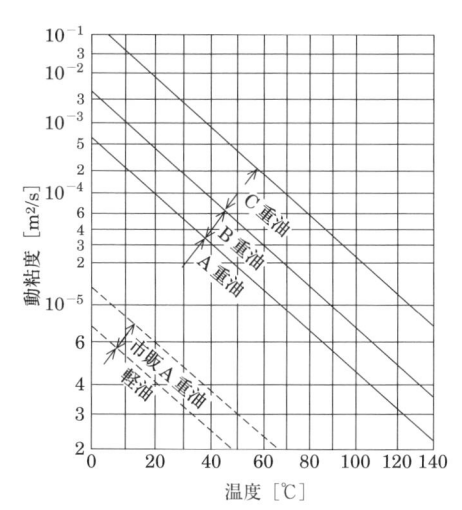

図4・98 重油の粘度*1

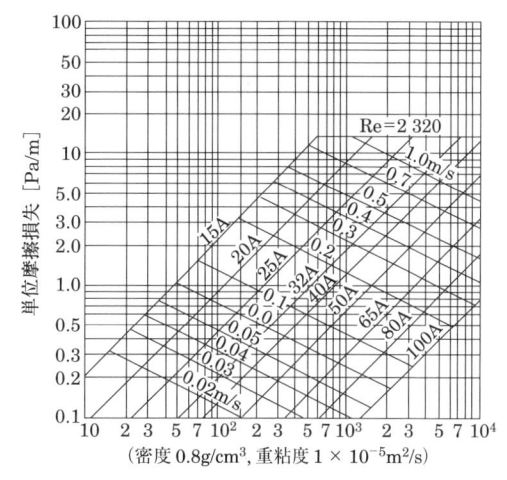

図4・99 油配管流量線図*3
（密度 0.8g/cm³，重粘度 1×10⁻⁵ m²/s）

表4・33 管内流速の推奨範囲*2

動粘土 [m²/s]	ポンプ送油 吸込み側 [m/s]	ポンプ送油 吐出し側 [m/s]	自然流下
2×10⁻⁴	0.13〜0.2	0.4	1以下
1×10⁻⁴	0.25〜0.4	0.6〜0.7	

表4・34 燃料油の密度*4

種 類	密 度 [g/cm³]
灯 油	0.79〜0.80
軽 油	0.83〜0.84
A重油	0.83〜0.85
B重油	0.91〜0.92
C重油	0.94〜0.95

*1 空気調和・衛生工学会編：空気調和・衛生工学便覧，第13版，3 空気調和設備設計編, p.390（2001年）
*2〜4 同上, p.391

の流れは層流（$Re<2\,320$）になっているため注意が必要となる．

重油の動粘度 $\nu[\mathrm{m^2/s}]$ と温度の関係を図4・98に示す．

油配管の管径は，一般に流速によって決められ，低粘度の場合 1.5～3 m/s，高粘度の場合 0.5～2 m/s 程度が用いられている．

重油配管の管内流速はおよそ表4・33に示すような流速が用いられる．

また，油ポンプは歯車式が広く使用されている．歯車ポンプは自吸引作用があり，揚程が変わっても吐出し量があまり変化しないのが特徴となっている．

図4・99に密度 $0.8\,\mathrm{kg/m^3}$ 動粘度 $1\times10^{-5}\,\mathrm{m^2/s}$ の油に対する流量と単位摩擦損失を示す．動粘度と密度がこれと異なる場合は，これらの比により圧力損失を補正する．

図4・99に油配管流量線図を，表4・34に燃料油の密度を示す．

〔2〕 油配管用継手・ガスケット・接合材・弁類

油配管用管材は配管用炭素鋼管（JIS G 3452）の黒管が，埋設管ではポリエチレン被覆鋼管（JIS G 3469）が一般的に用いられる．また，小規模の灯油配管で銅管を，埋設部でポリエチレン被覆銅管が用いられることがある．

管の接合部はねじ込み式でよいが，埋設部分はすべて溶接式とし，やむをえず，ねじ込み式を使う場合は，継手部に点検口などが必要となる．

〔3〕 油配管の要領

主タンクがサービスタンクより高い位置の場合，返油ポンプを設ける．

返油ポンプを運転することにより，主タンクからの過剰給油を防止する．また，主タンクから送油管を通じて油が自然流下するのを防止するために，遮断弁装置を設置することが必要となる．

主タンクがサービスタンクより低い位置にある場合，返油管の管径は返油ポンプの送油管と同径，返油ポンプのない場合は送油管の2サイズアップとし，こう配は主タンクへ向かって順こう配とする．また逆止弁とポンプまわりの遮断弁間の管路が長い場合，ポンプ停止時に温度変化などにより油が高圧となり漏えい事故が起きやすいので，圧力を逃がす工夫が必要となる．

図4・100(a)に返油ポンプがある場合を，(b)に返油ポンプがない場合の配管要領を示す．

〔4〕 地下タンクまわり・サービスタンクまわりの配管

図4・101に地下オイルタンクまわりの配管要領を示す．埋設配管を黒ガス管（JIS G 3452）にした場合はペトロラタムテープ巻きなどが必要となる．

図4・102にオイルサービスタンクまわりの配管要領を示す．防油堤の容量は原則としてサービスタンク容量以上とする必要がある．またフ

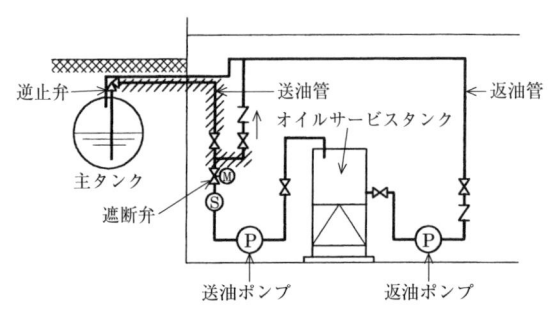

(a) 返油ポンプがある場合

(b) 返油ポンプがない場合

図4・100　油配管要領

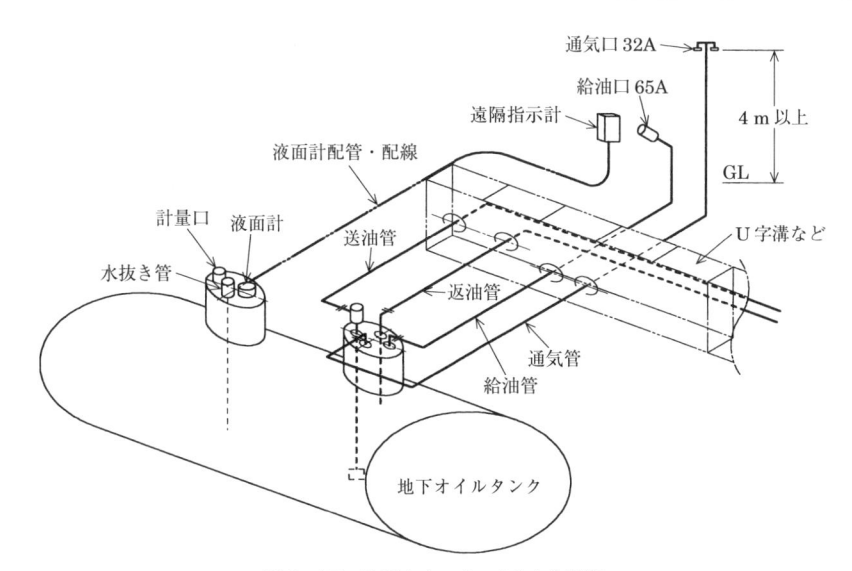

図4・101 地下オイルタンクまわり配管

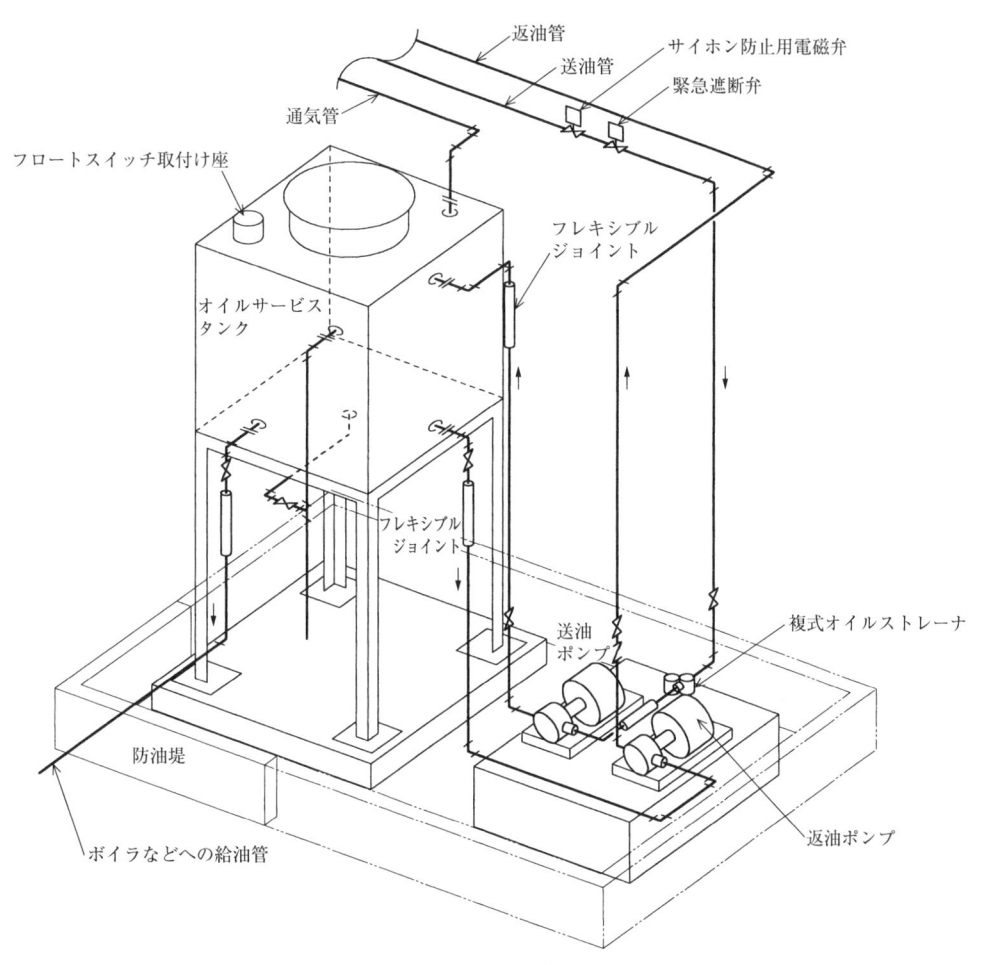

図4・102 オイルサービスタンクまわり配管

レキシブルジョイントの長さは呼び径 40 以上は日本消防安全センター認定品とする．

4・3・4 冷媒配管の留意点

〔1〕 冷媒配管用銅管

冷媒配管に用いる銅配管は，JIS H 3300-97「銅及び銅合金継目無管」のリン脱酸銅（C 1220）による銅管とし，冷媒用銅管の寸法は JIS B 8607「冷媒用フレア及びろう付管継手」による．

銅管は，その引張強さおよび硬さなどにより O材（軟質材），OL材（軽軟質材），1/2 H 材

メーカーと防災評定番号	施工方法	適用箇所	施工条件
I 社 BCJ-防災-948	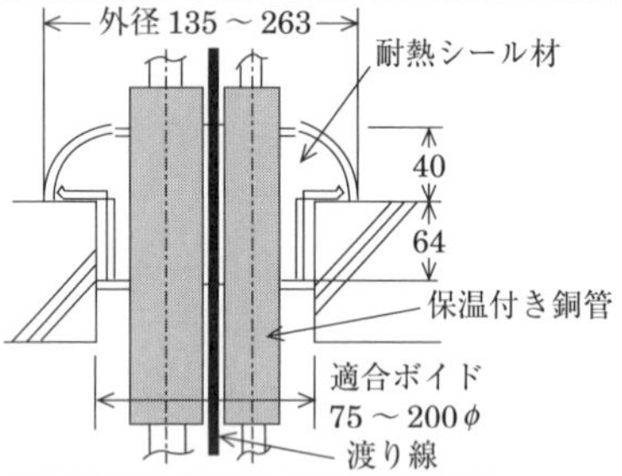 外径 135〜263, 耐熱シール材, 40, 64, 保温付き銅管, 適合ボイド 75〜200φ, 渡り線	床用（IRC-Y） 壁用（IRC-K） （IRC-Z） 防火区画用	・壁面より 27 mm 以上，スリーブ間 53 mm 以上必要 ・貫通孔≦210 mm ・IRC-Z は保温材厚さ 10 mm 以下
T 社 BCJ-防災-1153（床用） BCJ-防災-1154（壁用）	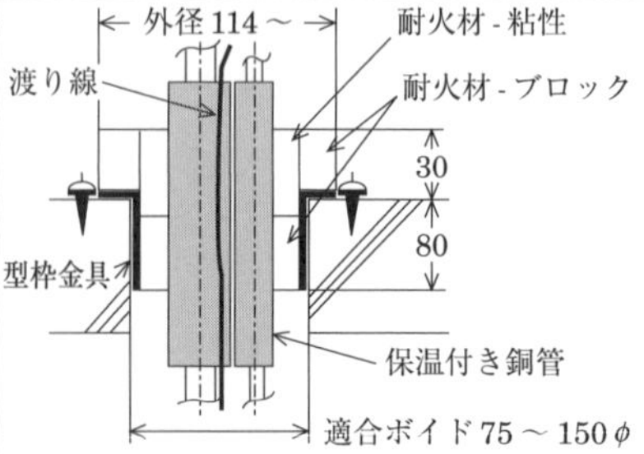 外径 114〜, 耐火材-粘性, 耐火材-ブロック, 渡り線, 30, 80, 型枠金具, 保温付き銅管, 適合ボイド 75〜150φ	床用（NT-F） 壁用（NT-W） 防火区画用	・保温付き銅管 2 系統，制御用ケーブル 2 本まで貫通可能
F 社 日本建築センター BCJ-防災-897 日本消防安全センター 評8-039号	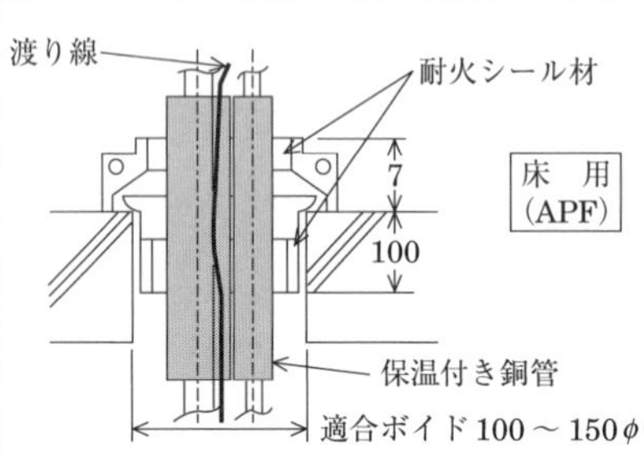 渡り線, 耐火シール材, 床用（APF）, 7, 100, 保温付き銅管, 適合ボイド 100〜150φ	床用（APF） 壁用（APF） 防火区画用 共住区画	・制御用ケーブル処理可 ・貫通孔 50 mm 以上 ・令8区画には使用不可 ・保温付き銅管 4 本まで（壁用は 6 本まで）
F 社 日本建築センター BCJ-防災-920 日本消防安全センター 評7-031号	電線, 冷媒管, モルタルなど, 1 m 以上, 1 m 以上, L, D	防火区画 令8区画 共住区画 壁・床共可能	機器制御用ケーブル最大 2 本．ケーブルの有無により L, D 寸法異なる ケーブル貫通不可 $D ≦ φ\ 260$ mm $L ≧ 200$ mm 機器制御用ケーブル最大 2 本 $D ≦ φ\ 260$ mm $L ≧ 200$ mm

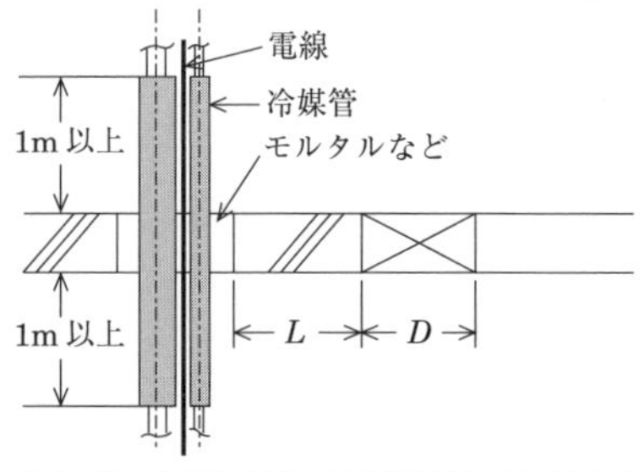

図4・103 防火区画貫通処理例*

＊ S社施工要領書（配管編）R 1 改訂版（2001 年）

(半硬質),H材(硬質)に分類され,フレア接続には軟質のO材またはOL材が使用され,ろう付け接続には1/2H材またはH材を使用する.また,断熱材があらかじめ取り付けられた被服銅管があり,少容量の空調機の冷媒配管工事では工事の簡略化と断熱仕様の安定のため,多く使用されている.
(金属材質による分類17種:金属加工による強度分類4種:肉厚による分類の3分類)

〔2〕 冷媒配管の接合

銅管の接合にはろう付け接合,フレア接合,フランジ接合,フェルール接合がある.ろう付け接合を行う場合,使用するろう棒はJIS Z 3261「銀ろう」,JIS Z 3264「りん銀ろう」を用いたろう付けを行う.いずれの場合もフラックスを用い,溶けたろうで管を溶着させる.

フラックスは酸化皮膜を溶解除去し銅管とろうとが接着をしやすくさせるためのものである.

施工上の留意点は,次のとおりである.
1) 差込み接合を原則とし,機器接続など取外しの必要のある箇所は,フレア接合・ユニオン接合・フランジ接合などにて接合する.
2) 接合にあたっては,管の外面の酸化膜や油脂をサンドペーパなどできれいに取り除く.
3) 差込み接合は,管の外面および継手の内面を十分清掃した後,管を継手に正しく差し込み,適温に加熱して軟ろう合金または硬ろう合金を流し込む.
4) 曲げ部分の接合は,直管被覆銅管の場合はエルボを使用し,コイル被覆銅管の場合はパイプベンダでの曲げ加工を原則とし,その曲率は$7.5D$以上とする.
5) フレア接合の銅管のフレア加工は,専用の加工治具を使用する.
6) 新冷媒(R 407 C)系において,フレア加

表4・35 冷媒の種類と特徴*

項 目	新冷媒		長期対応冷媒		短期対応冷媒
冷媒名 化学式	HFC 407 C	HFC 410 A	HFC 134 a CH_2FCF_3	HCFC 123 $CHCl_2CF_3$	HCFC 22 $CHClF_2$
用途	ビルマルチ 業務用PAC チラー	ルームエアコン	遠心冷凍機	遠心冷凍機	全般
使用期限	—	—	—	2010年	2010年
冷媒組成	3種混合冷媒 HFC 32 (23 wt%) HFC 125 (25 wt%) HFC 134 a (52 wt%)	2種混合冷媒 HFC 32 (50 wt%) HFC 125 (50 wt%)	単一冷媒 HFC 134 a	単一冷媒 HCFC 123	単一冷媒 HCFC 22
オゾン破壊係数 温室効果係数	0	0	0 <0.1	0.02 <0.1	0.05 0.07
燃焼性 毒性	不燃性 なし	不燃性 なし	不燃性 なし		不燃性 なし
作動圧力 能力特性	1.1倍 HFC 22比98%	1.6倍 HFC 22比大	0.6倍 HFC 22比60%		1(基準)
配管		HFC 22比小口径 高圧対応必要			
メンテナンス性	回路中冷媒不足 冷媒回収後 新規冷媒を 必要量充てん	暖冷媒は液相にて 取り扱い 混合比を変えないで 充てんする			

* T社資料ほか

工，フレア部に塗布する油は合成油(エーテル)を使用する．
7) フレア工具やトルクレンチは，HCFC系冷媒(R 22)とHFC系新冷媒(R 407 C)とを使い分ける．
8) 配管施工中は，異物や水分が入らないように窒素ガスを常に充てんさせ，開口を封じておく．

〔3〕 防火区画貫通処理

冷媒配管の防火区画の貫通部は，原則として建築基準法に適合する工法，または日本建築センターの冷媒配管防火区画貫通部措置工法(BCJ評定済工法)による．

なお，使用に際しては，認可条件などをよく把握のうえ施工し，BCJ工法により防火区画貫通を処理した場合は，BCJ認定番号を記したマークを施工場所の近くに貼る．

図4・103に防火区画貫通処理の代表例を示

表4・36 配管の支持間隔[1]

部 位	支持分類	管呼び径[mm]	
		19.05以下	22.22以下
横走り配管	支　　持	1.0 m以内	1.5 m以内
	耐震振止め	必要なし	6 m以内
立て配管	支　　持	各階1箇所以上	
	耐震振止め	各階1箇所以上	

保温付き被覆銅管の支持においては，結露などに留意し施工する．

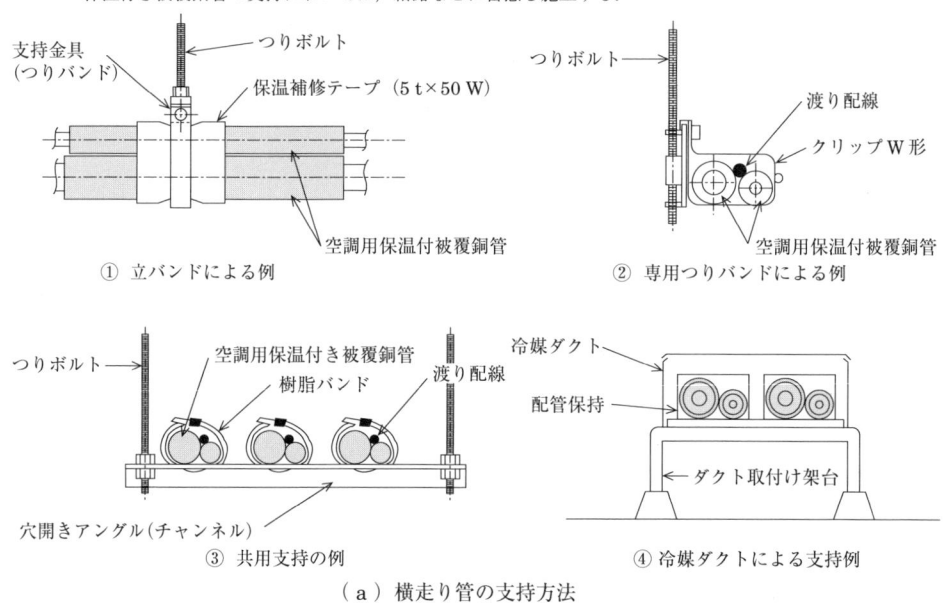

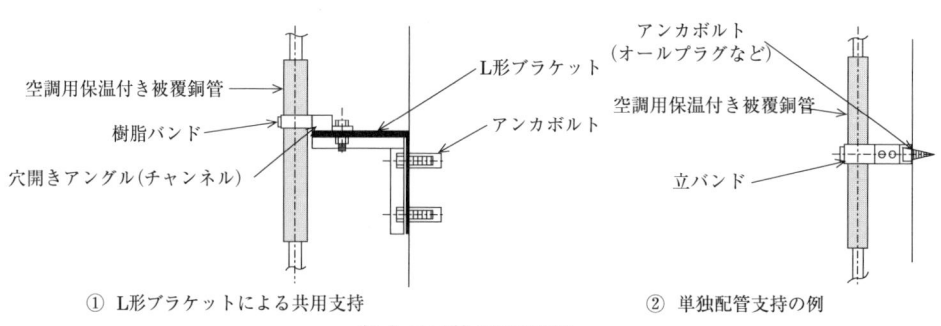

① 立バンドによる例
② 専用つりバンドによる例
③ 共用支持の例
④ 冷媒ダクトによる支持例

(a) 横走り管の支持方法

① L形ブラケットによる共用支持
② 単独配管支持の例

(b) 立て管の支持方法

図4・104 配管支持例[2]

＊1，2　S社施工要領書(配管編)R 1改訂版(2001年)

〔4〕 管のフラッシング

配管工事においてろう付け作業中に銅管内に生じた酸化皮膜の除去，配管内に入り込んだ水分や異物の除去，そして配管系などの接続確認を含めて管内のフラッシングを行う．なお，フラッシングにはかならず窒素を使用し，フロンや炭酸ガスなどは使用しない．

〔5〕 冷媒の種類

従来型のCFC（chlorofluorocarbon）系冷媒に比べ塩素を含まずオゾン層に影響の少ないHFC（hydrofluorocarbon）系冷媒と，対流圏での寿命が短いHCFC（hydrochlorofluorocarbon）系冷媒が代替冷媒として使用されているが，温室効果がCO_2より強いため各国での見解が異なる．しかし，日本ではHFCが主流である．

それぞれの冷媒には固有の特徴があり，従来冷媒に比べての能力比率の大小，常用時の圧力の大小などによって各空調機メーカーでも機器の用途によって使用冷媒が異なるため，それぞれの特徴を十分把握して施工，メンテナンスを行うことが必要になる．

表4・35に冷媒の種類と特徴を示す．

〔6〕 冷媒管の支持方法

横走り管の支持（固定点を除く）および立て管の振止めは，結露防止を考慮し断熱材の上から支持をする．一般的に使用されるポリエチレンフォームは減肉するため，つりバンド部に幅広タイプを使用し，この部分はテープで補強する．

耐震については「建築設備耐震設計施工法」に準じ，計算詳細は同書解説を参照されたい．

横走り管は自重支持とし，自重支持3箇所に1箇所は耐震支持を行う．

銅管は熱による伸縮量が大きいため，立て管で軟質管材の場合は各階ごとに固定し，硬質管材の場合は上下両端で固定して中央でオフセットをとるか，最上階固定で固定して最下階でフレキジョイントをとる．

表4・36に配管支持間隔，図4・104に配管の支持例を示す．

第5章　給排水衛生設備工事

5・1　給水設備工事

5・1・1　機器・器具まわりの施工

機器・器具まわりの施工にあたっては，まず搬入方法，据付け位置・方法などを確認して施工を行う．また，基礎の必要な機器については，基礎の築造が完了していることを確認する．

〔1〕　貯　水　槽

（a）　設置位置・構造・据付け工事

飲料用貯水槽（給水タンク）の設置位置に関しては，1975年（昭和50年）の建設省告示第1597号に規定されており，その要旨の解説を以下に示す．

1) 建物の屋内，屋上または最下階の床下に設置する場合．

a) 水槽の周囲に必要なスペースおよび注意事項については図5・1に示す．
b) 飲料用開放水槽の内部構造および接続配管については図5・2に示す．

2) 1)の場所以外に設ける場合：水槽の底が地盤面下にあり，かつ当該水槽からくみ取り便所の便槽，浄化槽，排水管（水槽の水抜き管またはオーバフロー管に接続する排水管を除く），ガソリンタンクその他衛生上有害なものの貯留または処理に供する施設までの水平距離が5m未満である場合においても，1)の場合と同じである．

また，塔屋上部に高置水槽を設置する場合における高置水槽周囲は，内法0.6m以上とし，原則として周囲に高さ1.1m以上の安全さく（手すり）を設ける必要がある（図5・3）．ただし，当該水槽周囲に保守点検スペースがあり，

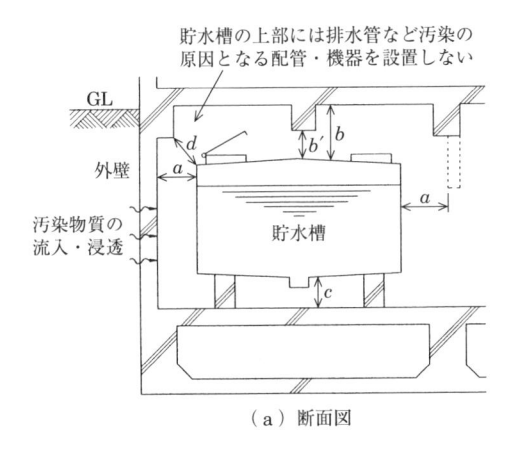

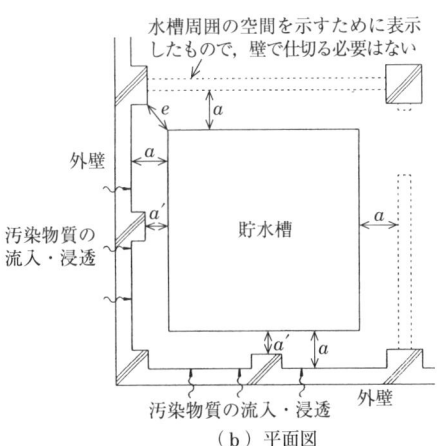

（a）断面図

（b）平面図

注1) a，b，c のいずれも保守・点検を容易に行える距離とする（標準的には a，$c \geqq 60$ cm，$b \geqq 100$ cm）．また，梁・柱などはマンホールの出入りに支障となる位置としてはならず，a'，b'，d，e は保守・点検に支障のない距離とする（標準的には a'，b'，d，$e \geqq 45$ cm）．
2) 貯水槽などの天井，底または周囲は，建物の他の部分と兼用してはならない．
3) 最下階の床下その他浸水により，オーバフロー管から水が逆流するおそれのある場所に貯水槽などを設置する場合は，浸水を容易に覚知することができるよう浸水を検知し，警報する装置の設置その他の措置を講じる．

図5・1　飲料用貯水槽の屋内設置位置例

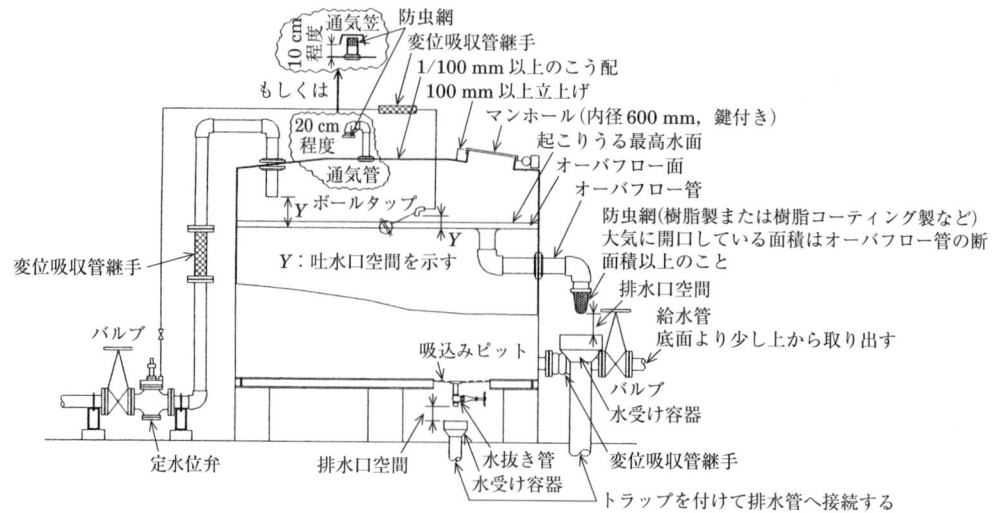

図5・2 飲料用水槽の構造および接続配管の留意点

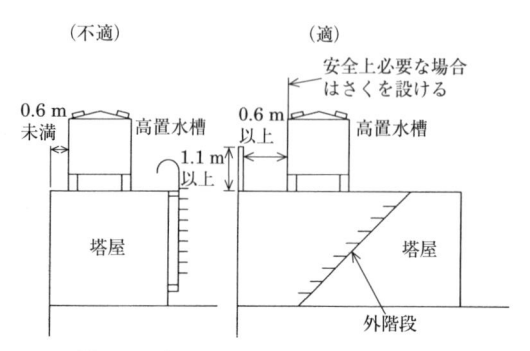

図5・3 高置水槽の点検スペースと安全処置

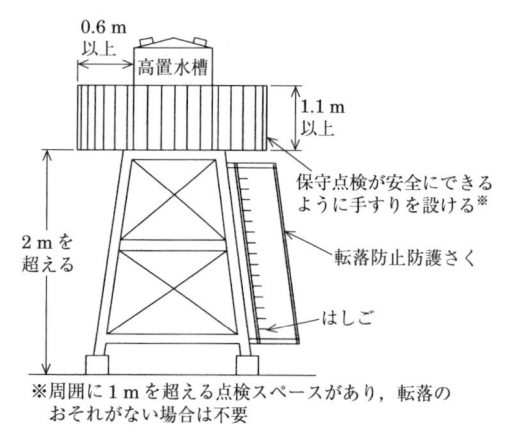

図5・4 高架水槽の点検スペースと安全処置

転落のおそれがないと判断される部分はこの限りではない．

なお，架台上部に高架水槽を設置する場合における高架水槽の架台高さ寸法が2mを超える場合は，当該高架水槽周囲に幅0.6m以上の点検歩廊を設け，高さ1.1m以上の安全さく（手すり）を設ける必要がある[1]（図5・4）．

（b） 水槽とポンプまわりの配管関連

水槽とポンプまわりの配管関連および留意事項を図5・5に示す．

（c） 水槽の分類

水槽は，表5・1のように分類される．また，図5・6に単板型と保温板型の構造を示す．

(i) パネル型貯水槽の組立留意事項

1) 鉄骨平架台を基礎の上に乗せ，アンカボルトにより緩みが生じないようにスプリングワッシャ・ダブルナットを使用して，基礎に固定する．

2) 底板パネルを組み合わせて架台に乗せ，据付け金具で架台に固定する．

3) 側壁パネルを組み立て，必要に応じて内部補強・外部補強を取り付け，天井パネルを組み立てる．

(ii) 一体型水槽の据付け留意事項

一体型貯水槽も鉄骨平架台を基礎の上に固定し，その上に貯水槽を乗せ，据付け金具で架台に固定する．

架台に乗せる際に，貯水槽をつり上げる場合には，取付け単管やマンホールなどの突起にロ

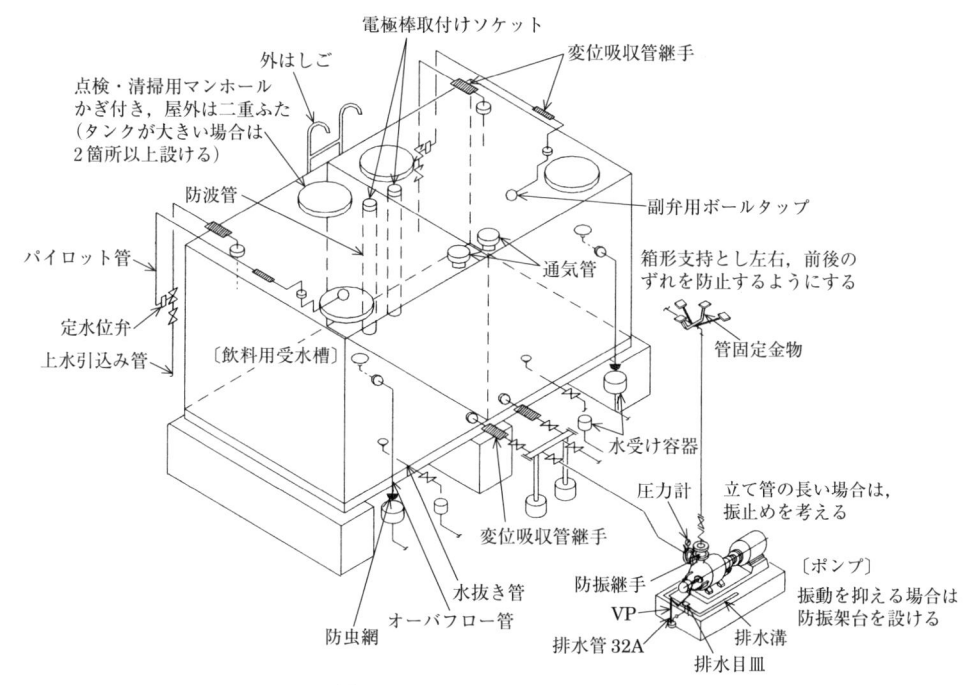

図5・5 貯水槽・ポンプまわり配管

表5・1 水槽の種類[1]

分類（材質）	FRP製	ステンレス製水槽	鋼板製水槽	木製水槽
本体構造	一体型	溶接型	溶接型	はめ合せ組立型（丸鋼バンド締付け）
	パネル型	ボルト組立型	ボルト組立型	
保温構造	単板型	単板型	単板型	単板型
	保温板型	保温板型	保温板型	—
形状	角形	角形	角形	—
	円筒形	円筒形	円筒形	円(楕円)筒形
	球形	球形	—	—
特徴	軽量，腐食なし，劣化あり，強度若干弱，柱・梁抜型形状可，遮光要(防藻)	気水部発せい防止要，高強度，柱・梁抜型形状可	重い，防せい材補修要，高強度，柱・梁抜型形状可	軽量，木の香り，腐食あり，劣化あり，強度若干弱，柱・梁抜型形状不可

1) 設置場所では屋外設置，屋内設置の2種類がある．
2) 用途では受水槽，中間水槽，高置水槽の3種類がある．

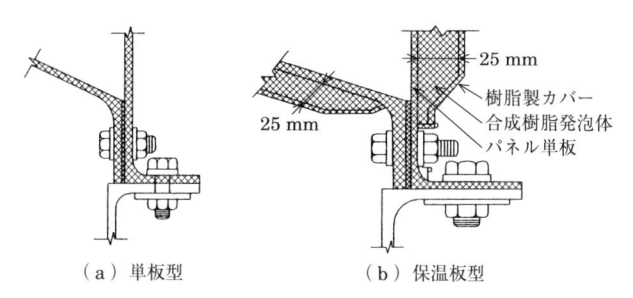

（a）単板型　　（b）保温板型

図5・6 単板型と保温板型[2]

*1, 2 リビングアメニティ協会ホームページを参考に作成．

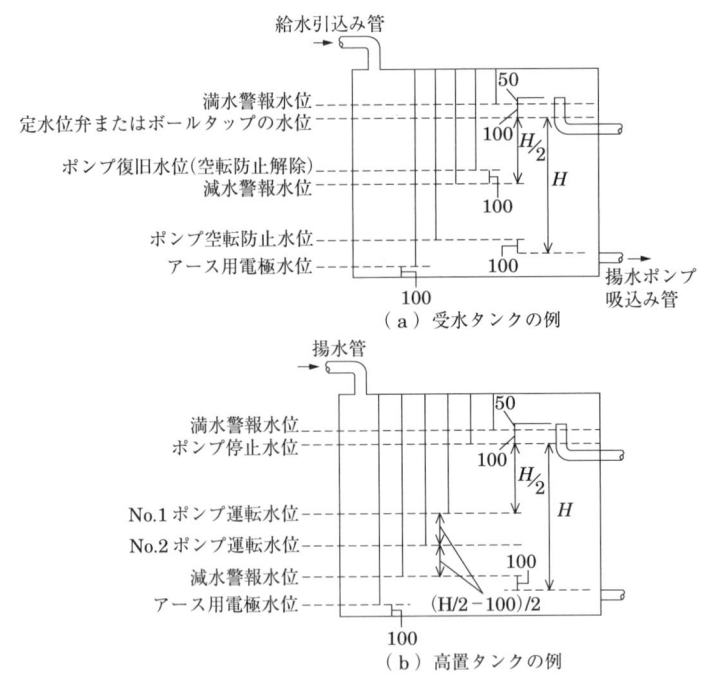

図5・7 水槽の水位設定例

（a）受水タンクの例
給水引込み管／満水警報水位／定水位弁またはボールタップの水位／ポンプ復旧水位（空転防止解除）／減水警報水位／ポンプ空転防止水位／アース用電極水位／揚水ポンプ吸込み管

（b）高置タンクの例
揚水管／満水警報水位／ポンプ停止水位／No.1 ポンプ運転水位／No.2 ポンプ運転水位／減水警報水位／アース用電極水位／$(H/2-100)/2$

ープがかからないように，また貯水槽に損傷を与えないように，ロープの接触部には緩衝材を使用する．特に，FRP 製の貯水槽では注意が必要である．

(iii) 木製貯水槽の組立て

木製貯水槽は組立式で，底板・側板とも1枚ごとに凸部と凹部をつくり，順次はめ込んで組み立て，外側から丸鋼バンドでたが状に締め付ける．このため，形状は丸形楕円形である．基礎の上に根太を基礎と直交させるように配置し，底板を根太上で組み合わせて側板を定番に合わせながら組み上げる．

(d) 槽の水位制御（電磁弁・ボールタップ制御）

ボールタップは，比較的小さな水槽の水位を一定に保つ弁である．大きな受水槽などにおいてボールタップを使用すると，水面の波立ちによってボールタップが開閉を繰り返し，ウォタハンマの発生原因となるような場合は，定水位弁を使用する．なお，水位制御を行う場合，ボールタップの代わりに電磁弁または電動ボール弁と電極棒を使用する場合もある．また，最近では，電極棒の代わりに圧力センサを使用し水位コントロールを行う方式も開発され，休日，平日などの水位変更保守管理が容易なものもある．図5・7 に水槽の運転水位と警報水位設定例を示す．

(e) 耐震遮断弁

地震の際に水槽に接続されている配管の損傷などにより，貯水がなくなることを防止するために，図5・8 に示すように感震器と連動する緊急遮断弁を設ける．

〔2〕 給水ポンプ

給水ポンプは，高置水槽方式の場合の揚水ポ

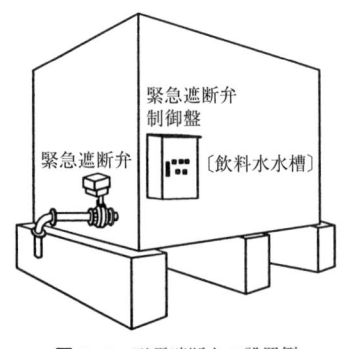

図5・8 耐震遮断弁の設置例

ンプとポンプ直送方式の場合の給水ポンプユニット（自動給水装置）が代表的なものであり，それぞれに床置(陸上)型と水中型がある．

（a）床置き(陸上)型ポンプ

揚水ポンプと水槽まわりの配管は，図5・5を参照されたい．設置の留意事項は以下のとおりである．

1) グランドからの排水は，基礎に排水溝を設け，または防振架台の排水口に接続して排水する．ただし，グランド漏水を確実に集水できるタイプのポンプでは，排水管で別個に導いて基礎の排水溝を省略することができる．この場合，この配管のサポートを確実にとる．
2) 排水溝のこう配は1/100以上とし，目皿，排水管をへて側溝に放流する．
3) ポンプを2台以上設置する場合，基礎コンクリート相互の間隔はポンプ最大幅以上確保する（共通基礎の場合は，ポンプの間はポンプ最大幅以上確保する）．
4) ポンプ口径と配管径が異なる場合，弁および防振継手はポンプ口径と同径とする．弁以降を異径ソケットで配管径に合わせる．
5) 基礎にのせたポンプはカップリングボルトを外し，図5・9に示すように水平度をチェックし，水平度が許容値を超えた場合は，ポンプ共通床盤と基礎との間に金属薄板を挿入して水平度を調整する．カップリ

（カップリング面間の誤差）
すきまゲージまたはテーパゲージでA，Bを測定し，L(A-B)が0.1mm以内であれば良好である．Aは普通2〜4mmである．

（カップリング外周の段違い）
Sをカップリングの周囲4箇所で測定し，0.05mm以内であれば良好である．

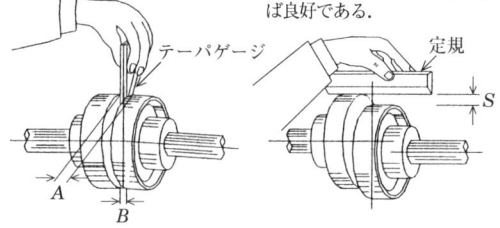

図5・9 水平度のチェック

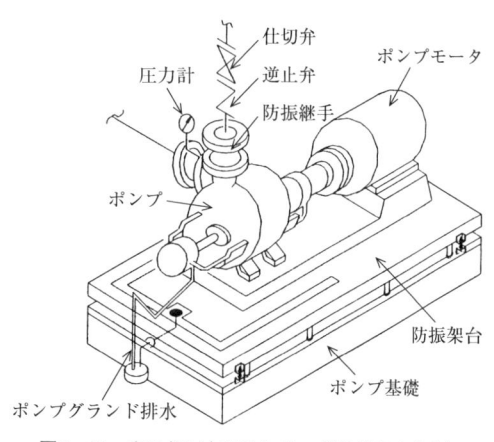

図5・10 床置(陸上)型揚水ポンプ(防振架台付き)

ングボルトを締めた後，再度水平度をチェックする．

6) 図5・10のようにポンプに防振装置を設ける場合は，防振継手に最も近傍の配管支持部にはポンプと同性能の防振装置を設ける．
7) ポンプ吸込み側がポンプより下面にある場合，吸込み管はポンプに向かって上りこう配を設ける（こう配は1/50〜1/100にとるのが望ましい）．

（b）水中ポンプ

水中ポンプの設置上の留意事項を以下に示す．

1) ポンプの据付け位置は，水槽の壁面からポンプの心までポンプ外径の1.5倍以上，2台以上設置する場合の間隔は心々でポンプ外径の3倍以上にする．
2) ポンプは，地震などの際に移動しないように適切に支持する．
3) 水中ケーブルは，傷つけたりしないように注意しながら吐出し管に固定する．また，槽内でたるませないようにし，感電するおそれがあるため，ケーブルは水槽内で接続しない．
4) 回転方向を確認する．良否の判定は，連成計の指針が所定圧力の半分程度の場合は回転方向が逆である．
5) 貯水槽一体型横型水中ポンプは，貯水槽の水を抜かずにポンプの維持管理ができる

が，ポンプの引抜きスペースが必要である．

（c） 加圧給水ポンプ（図5・11）

設置の留意事項は以下のとおりである．

1) 防振架台を設けた場合は，防振継手と維持管理用弁を設ける．
2) 増圧直結給水用で減圧逆止弁を使用しているものは，間接排水を設ける．

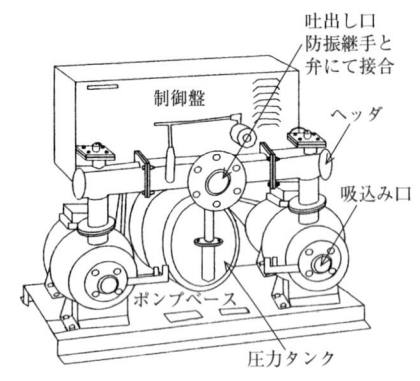

図5・11 加圧給水ポンプ

〔3〕 減 圧 弁

配管上の注意事項を以下に示す．

（a） 減圧弁を主管，ゾーニング，グループなどに設置する場合

設置の方法は，設備のグレード，機器の保護の重要性などにより，減圧弁を1個とバイパス（減圧弁なし）を設ける場合および減圧弁を2個設ける場合などが考えられる．さらに，減圧弁を2個設ける場合は，並列および直列の方法が考えられる．

(i) 減圧弁を1個とバイパス（減圧弁なし）を設ける場合

最も一般的な方法であり，減圧弁が故障した場合でも二次側最大圧力が1MPa程度に抑えられる場合，一般的機器はこの程度の圧力ではすぐに壊れることはないので，減圧弁を修理するまでの間，動水圧を下げたバイパスを使用することで問題ないと考えられる．

また，図5・12のように安全逃し弁を設けることにより，減圧弁が故障した場合でも二次側圧力を一定値以下に抑えることが可能である．

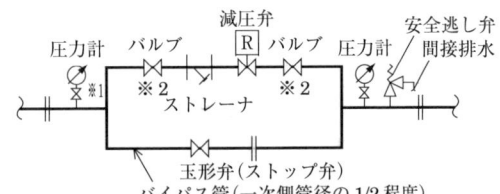

※1 このバルブは，耐久性のある弁とする．GV，ストップ弁またはボール弁とし，ゲージコックなどは使用しない．本管に直付けのため，もしコックがだめになると本管の水抜きが必要となるからである．
※2 ゲート弁（GV）またはボール弁とする．

図5・12 バイパス付き減圧弁装置まわり配管例

(ii) 並列に減圧弁を2個設ける場合

1個を完全に予備として稼働させないでおくと，水あかなどにより固着し必要なときに稼働しないおそれがある．管理状況が良く1週間程度で手動バルブを操作し，交互に稼働させていればよいが，手間がかかり人的操作となるので信頼性が乏しくなる可能性がある．電動バルブにより自動で切り替えることも可能であるが，イニシャルコストおよびメンテナンスコストがかかるため，電動バルブによる切替えは行われていない．

そこで，図5・13に示すように1台の減圧弁の容量を最大使用時の70％程度とし，2台同じものを設置する．圧力設定は，2台とも同レンジとし2個とも作動させておくのがよい．メンテナンス時および故障時には，最大使用水量の70％となるが，大きな支障はないと考える．

もし，このバランスで作動させてチャタリング（開いたり閉まったりを短時間で繰り返しカタカタ音を発生させる）現象を起こした場合は，例えば0.8MPaから0.2MPaに減圧するような場合，二次側の一方を0.18MPa，もう一方を0.21MPa設定のように0.03MPa程度の差

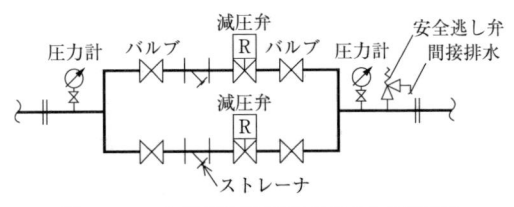

図5・13 2個並列設置減圧弁装置まわり配管例

をつけるのがよい．この場合は，当然，0.21 MPa 設定のほうが先に稼働し，二次側の使用流量が多くなって，圧力が 0.18 MPa になったときにもう一方が稼働しだすようになり，流量比はアンバランスなものとなるが，チャタリング防止上やむをえないのではないかと考えられる．

〔4〕 量 水 器
(a) 水道量水器施工の要点と設置要領

水道メータの施工の要点を以下に示す．また，表5・2，表5・3にメータボックスの参考寸法，図5・14，図5・15に量水器の設置例について東京都および大阪市の例を示す．

1) 計量法に定める検定合格品を用いる(計量法に基づく検定有効期間は8年である)．
2) 水道本管直結部に設ける量水器は，水道事業者の規格に合格したもので，貸与または指定されたものを用いる．
3) バキュームブレーカ取付けの場合は所轄水道事業者と打ち合わせる．
4) 量水器は管内を洗浄後水平に取り付ける．
5) 仕切弁，量水器ソケットなどのねじ込みには，シールテープを使用する．
6) 単箱接線流羽根車式，軸流羽根車式量水

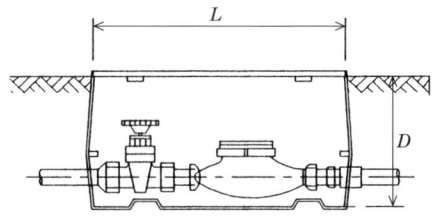

図5・14 量水器の呼び径が 13〜40 A の場合

表5・2 13〜40 mm の量水器ボックス寸法 ［mm］

項　目	東京都水道局			大阪市水道局		
呼び径	幅	L	D	幅	L	D
13	210	370	210	210	300	150
20・25	230	470	220	230	480	180
30・40	290	550	260	290	580	300

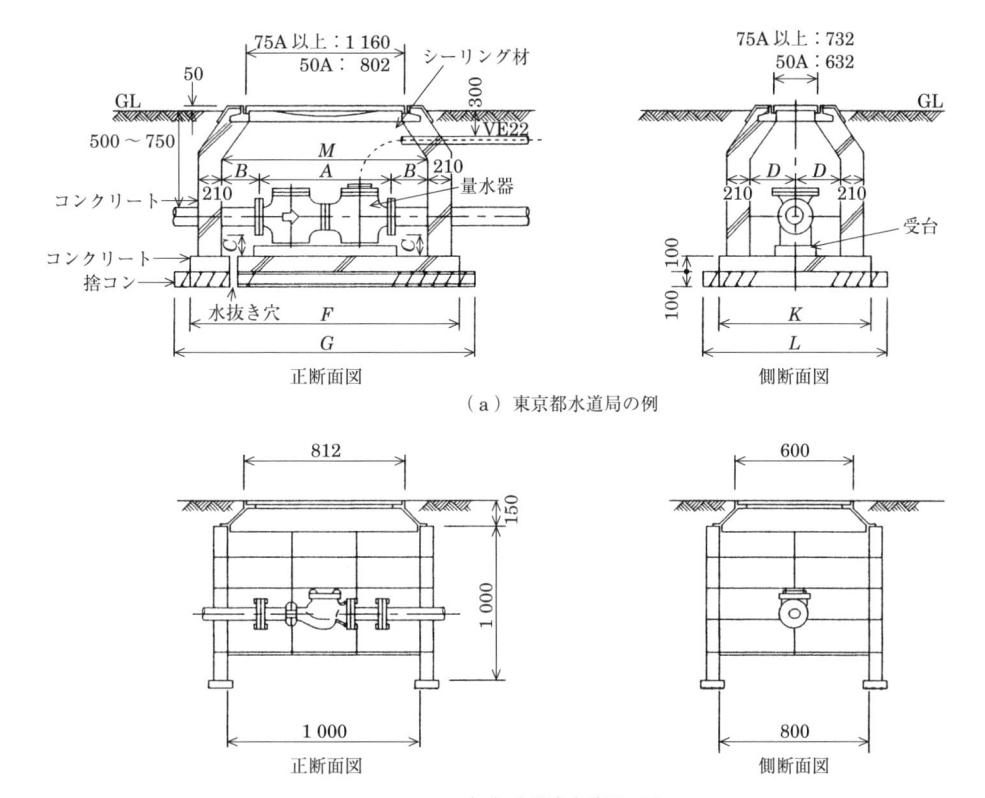

(a) 東京都水道局の例

(b) 大阪市水道局の例

図5・15 東京都および大阪市公設（40 A 以下）メータ設置要領図

表5・3 50 mm 以上の量水器ボックス参考寸法 [mm]

項目 呼び径	東京都水道局									大阪市水道局 幅×長さ×深さ
	A	B	C	D	F	G	K	L	M	
50	560	170	60	350	1 360	1 480	1 140	1 260	900	800×1 000×1 150
75	630	175	70	350	1 540	1 660	1 240	1 360	980	(メータボックスの内法寸法)
100	750	175	70	350	1 660	1 780	1 240	1 380	1 100	コンクリートブロック製
150	1 000	200	100	400	1 960	2 080	1 340	1 460	1 400	(190×390×100)
200	1 160	250	110	450	2 220	2 230	1 440	1 560	1 660	
ふた(X, Y)	呼び径50は632×802, 呼び径75以上は732×1 160									812×660

器の取付けには上流側に口径の5倍，下流部に3倍以上の直管部を設ける．

7) 量水器の設置場所は点検しやすい，乾燥していて汚水などが入らない所を選定する．

8) 冬期に量水器が凍結しないよう断熱処置をする．

9) ビニル管の場合は，青銅製バルブソケットを使用する．

（b） 集合住宅用量水器設置要領の要点と設置要領

集合住宅量水器の設置要領の要点と，**図5・16**に設置要領の例を以下に示す．

1) 減圧弁は，給水方式および地域により異なるので所轄の水道局に確認する．

2) 減圧弁は，各メーカーにより寸法およびねじ込み代が異なるので確認する．

3) 基本的に量水器の二次側には，量水器交換が容易なように量水器伸縮ソケットを設ける．

4) 減圧弁および量水器まわりに保守スペースを確保する．

5) 量水器の検針・交換が容易に行える保守スペースを確保する．

6) ナットやねじの締付け作業が可能な保守スペースを確保する．

7) ポンプ直送方式での量水器の二次側には逆止弁を設ける．

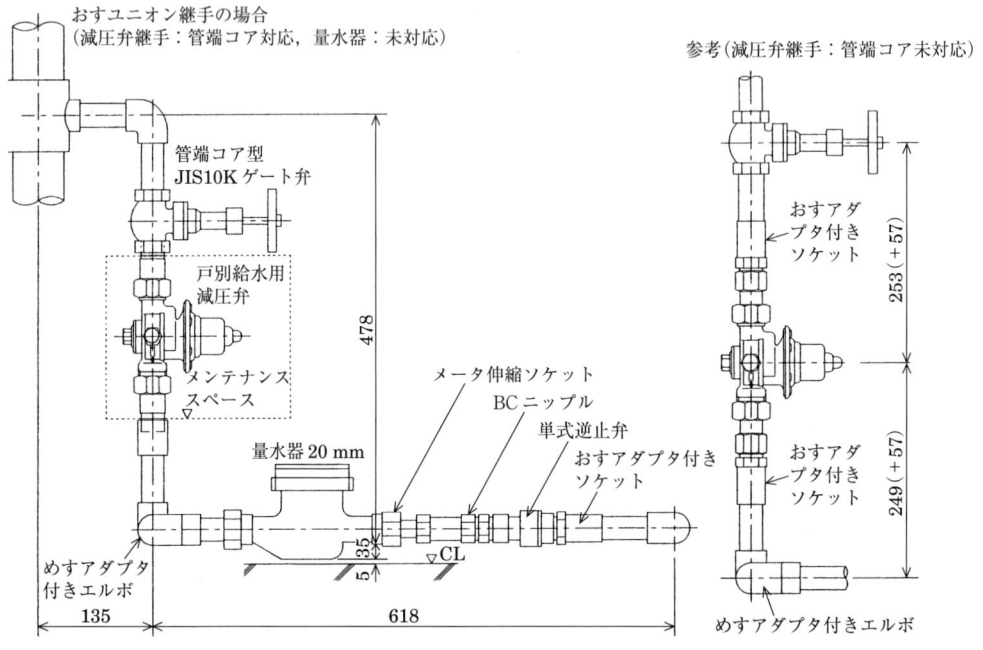

図5・16 集合住宅メータ設置要領図の一例

（c） 集合住宅用量水器ユニット

集合住宅において，各戸の水道量水器を新規に設置する場合，図5・17に示す量水器ユニット（水道量水器と継手類が固定され，ユニット化したもの）を設置することが東京都水道局より義務付けられ，平成16年1月1日以降に建築確認申請が提出された物件から適用されることになった．また，他の水道事業体でも採用されてきている．

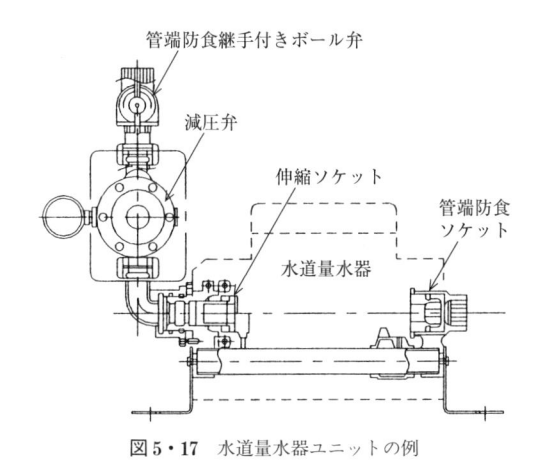

図5・17 水道量水器ユニットの例

集合住宅のパイプシャフト内では，給水管以外の配管などが込み入るため，十分な施工スペースが確保しにくく，量水器の取替え工事の際に支障をきたす場合があり，量水器業者の新規参入を促進するため，従来の配管工法で水道量水器を接続していたねじの形状に左右されない，新しい接続構造となっている．

（d） 寒冷地メータ設置の要点

以下に要点を示す．
1) 屋外埋設配管は必ずその地方の凍結深度以下に埋設する（地方自治体の規定に基づく）．
2) 小型メータきょう（筐）の場合，水量器きょう内部に「保温中蓋」を設け防寒措置を行う．
3) 集合住宅の水量器の場合，水道水量器本体に専用の発泡スチロール製のカバーで覆い凍結を防ぐ．パイプシャフト内をプラス温度に保つために廊下側内側に断熱材の内貼りなどを設置する．給水管およびメータを凍結防止ヒータで巻く，また採暖用に100Vコンセントをパイプシャフト内に取り付ける．

5・1・2 給水配管の留意点

給水配管は，耐食性および不浸出性を考慮して，樹脂管，樹脂ライニング鋼管，ステンレス鋼管などを使用する．配管材の選定にあたっては，水道直結部分に関しては，監督官庁や水道事業者によるものとし，その他の部分に関しては，水質，区画貫通処理，耐震性，経済性および雑用水などとの誤接合防止のための管種分けなどを考慮して決定する．

弁も同様に耐食性などを考慮して，青銅弁，ナイロンコーティング弁，ライニングバタフライ弁およびステンレス鋳鋼弁などを用いる．

なお，樹脂ライニング鋼管と青銅弁などの異種金属を接合する場合は，異種金属接触腐食に十分注意をし，確実な絶縁を行う．

ステンレス鋼管を使用する場合は，フランジ接合の場合などではすきま腐食に注意し，テフロンカバーガスケットなどを使用する．

また躯体からの迷走電流などに注意し，要所に絶縁処置を行うことが望ましい．

また，飲料系統に使用する配管材料として，鉛の溶出規制が強化されている．従来水道管として，水量器まわりなどの施工性が良いとの理由で「鉛管」が使われてきた．現在でも過去に地中埋設されてそのまま使用しているものがある．また，これまでの快削性を有する銅合金は，切削加工性を高めるため鉛の添加が不可欠であった．給水栓をはじめとする水栓金具にも鉛を含んだ銅合金が使用されており，水道水への鉛成分の溶出が人体に悪影響を与えることが問題視されるようになってきた．世界的に鉛の溶出に対する規制が強化されている．

わが国では，平成15年に鉛の水質基準が以前の$0.05\,\mathrm{mg}/l$から$0.01\,\mathrm{mg}/l$に強化されたことにより鉛給水管の布設替えなど，その対策が進んでいる．現在では，ほとんどの水道水にかかわる材料は，鉛レスのものとなってきてい

配管の分岐は，立て管から枝管を分岐する場合は，図5・18のように施工し，鳥居配管にならないようにする．また，横走り管からの分岐は，図5・19のように施工し，横走り管より上方へ供給する場合は上取り，下方へ供給する場合は下取りとする．

急閉止型水栓などを使用し，ウォータハンマを生じる危険がある場合は，その直近にウォータハンマ防止装置を設ける．

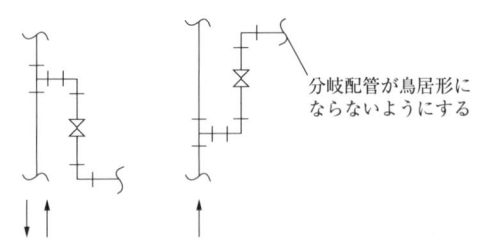

図5・18 立て管からの分岐

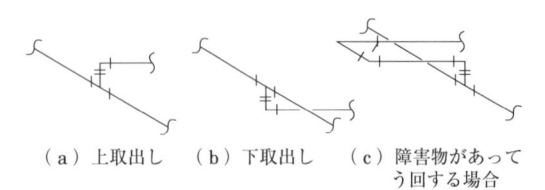

（a）上取出し　（b）下取出し　（c）障害物があってう回する場合

図5・19 横走り管からの分岐

5・2 給湯設備工事

5・2・1 機器・器具まわりの施工

〔1〕 貯湯槽・熱交換器

貯湯槽の種類は，加熱装置が組み込まれたものとそうでないものとに大別され，それぞれ常に水圧のかかっている密閉型と，水面を制御する開放型がある．以降は，主として密閉型の貯湯槽について記す．図5・20に加熱装置組込み密閉型貯湯槽まわりの施工例を，また貯湯槽の材質の比較を表5・4に示す．

熱交換器の種類・構造は極めて多い．図5・21と図5・22にプレート式とシェルアンドチューブ式まわりの施工例を，また表5・5に給湯設備に用いられるものの種類を示す．

貯湯槽・熱交換器が労働安全衛生法による圧力容器に該当する場合には，届出および手続きを行う．逃し管を設ける場合は，管径25A以上とする．

貯湯槽の基礎は，横型の場合は，はり型基礎，立て型の場合は，べた基礎または独立基礎とする．熱交換器の基礎は，べた基礎とする．

シェルアンドチューブ型の熱交換器2台以上を設置する場合は相互間隔をフランジ間で600mm以上確保する．温水側前面にはチューブ

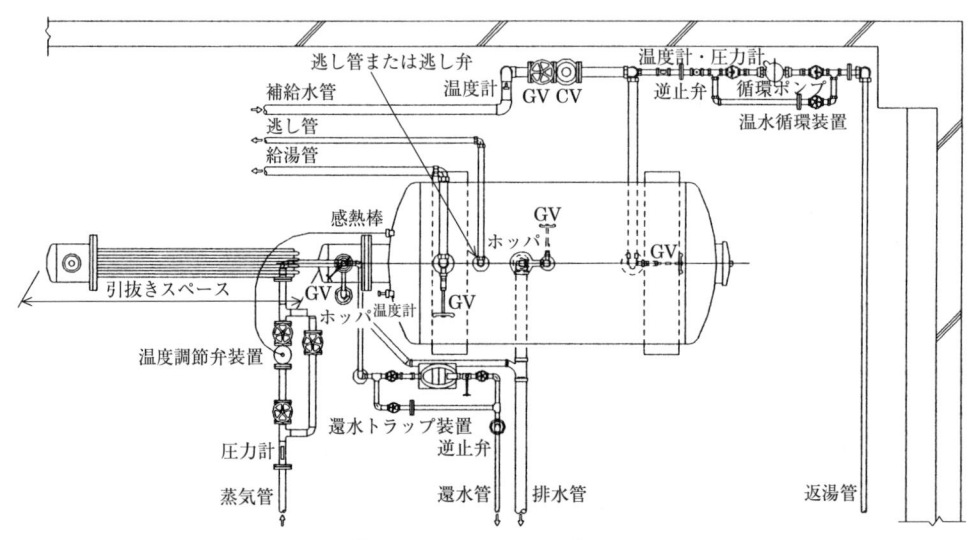

図5・20 貯湯槽まわりの施工例

表5・4 貯湯槽の材質比較表*

材質	防せい名	用途	特長	特殊工法
軟鋼板	エポキシ樹脂コーティング 0.6〜0.8 mm	一般給湯用 温水 60℃以下	1) 熱硬化性樹脂：熱を加えることで表面硬質となり，耐食性増 2) 鉄との密着度大：使用中若干の膨潤現象が出ることがある 3) 3〜5年で補修・塗替えを考慮，補修可能	1) ガラスクロスを中間に入れる 2) ガラスチップを入れる．積層ごとに熱硬化 ピンホール・膜厚保検査
軟鋼板	特殊添加物入り酸化カルシウムセメントライニング 13〜14 mm	一般給湯用 温水 高温水 沸騰水 426℃以下	1) 水硬性の酸化カルシウムセメントで，最高426℃までの使用温度に耐える 2) 膨張係数は中程度の軟鋼とほぼ同じ，通常のモルタルセメントに比べて機械的性質は大，吸水率極低，水を張ったまま搬入する必要がある．経年により，薄い表面剥落が生じることがある．補修は簡単，24時間前後に使用可能	1) ブラスト後，こてで塗布 2) 水硬性のため，硬化後10日間程度の養生期間を設け，被膜の強度を向上させる．
軟鋼板	FRPライニング	一般給湯用 温水・温泉 連続使用 80℃以下	1) FRP 3層張りの上に仕上げコート塗布，成形は比較的容易 2) ライニングの総厚さは2.0〜3.0 mm，耐薬品が良好 3) 現場での補修が可能	エポキシ樹脂＋ガラスマット2層 エポキシ樹脂＋サーフェスマット1層の積層
軟鋼板	フレークライニング	一般給湯用 温水・温泉 連続使用 80℃	1) エポキシ樹脂ベースで，各種の酸・塩類などの長期接触に耐える 2) 常温硬化タイプで伸長率が大，耐疲労性・耐水性が良好 3) 現場での補修が可能，ライニング厚さは0.4〜0.7 mm	エポキシ樹脂にガラスフレーク(雲母状)を化学処理．はけ・ローラで2回塗り，トップコートで仕上げ
ステンレス鋼板	SUS 304	一般給湯用 温水 70℃以下 塩素イオン 20 mg/l 以下	1) 耐食性大，清潔美麗，塩素イオンに弱く，応力腐食割れが起こりやすい 2) 修理困難，90℃で腐食率最高	余盛りを削り#300以上の研磨を施工，完成後電気防食装置を取り付ける
ステンレス鋼板	SUS 316	一般給湯用 温水 70℃以下 塩素イオン 20 mg/l 以下	304と同じであるが，炭素含有量低く，耐粒界腐食性向上	
ステンレス鋼板	SUS 316 L	一般給湯用 温水 70℃以下 塩素イオン 20 mg/l 以下	304の性質にニッケル・クロム量を増加，モリブデンなど耐食鋼を含有し，耐孔食性を向上	
ステンレス鋼板	SUS 444	一般給湯用 温水 70℃以下 塩素イオン 20 mg/l 以下	1) 炭素および窒素を極低濃度に低減したCr-Moフェライト系で，応力腐食割れに対する抵抗が大 2) 水素ぜい(脆)化に注意が必要．修理困難	1) 溶接条件・作業管理を重視 2) 酸洗いまたは研磨
クラッドステンレス鋼板	SS 400＋SUS 304	一般給湯用 温水 70℃以下 塩素イオン 20 mg/l 以下	1) 軟鋼とステンレス鋼との異種金属どうしを冶金学的に接合し，互いの良さを生かした複合板である 2) 材料の性質上，応力腐食割れが比較的起こりにくい．修理が可能 3) その他はステンレス鋼と同じ	1) #300以上の研磨を施工 2) SUS 444を除き，完成後電気防食装置を取り付ける
クラッドステンレス鋼板	SS 400＋SUS	一般給湯用 温水 70℃以下 塩素イオン 20 mg/l 以下		
クラッドステンレス鋼板	SS 400＋SUS 316 L	一般給湯用 温水 70℃以下 塩素イオン 20 mg/l 以下		
クラッドステンレス鋼板	SS 400＋SUS 444	一般給湯用 温水 70℃以下 塩素イオン 20 mg/l 以下		

* 空気調和・衛生工学会編：空気調和・衛生工学便覧，第13版(2001年)

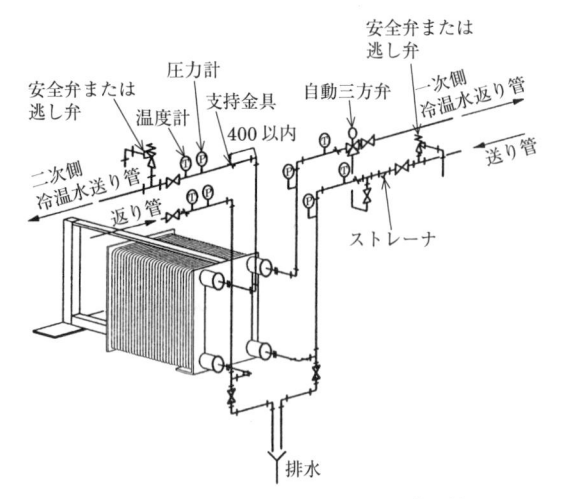

図5・21 プレート式熱交換器まわりの施工例

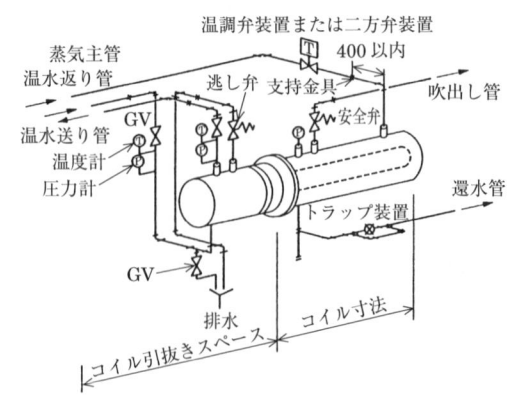

図5・22 シェルアンドチューブ式熱交換器まわりの施工例

引抜きスペース（チューブ長さ＋500 mm 以上）を確保する．架台はコンクリート基礎上に堅固に取り付け，高さは600〜750 mm 程度とする．

安全装置として加熱媒体側には安全弁，給湯側には逃し弁または逃し管をかならず設ける（コイルなし貯湯槽に安全装置が施されている場合は不要である）．

貯湯槽には，外部電源方式または流電陽極方式の電気防食措置を施す（SUS 444 を本体に使用する場合を除く）．

給湯管と貯湯槽との接続部は，電気防食のため絶縁継手を使用する．補給水管材は，逆止弁以降を給湯管と同材質にする．貯湯槽排水管材は，給湯管と同材質にする．

圧力計および温度計は目視が容易な位置に取り付ける．空気抜き，水抜きを設け，排水は目視できるように間接排水にする．

弁および管の取付けに際しては，その荷重や熱応力がかからないよう接続部の近くで支持する．

プレート熱交換器まわりはガスケット取替え，分解，点検，洗浄，組立作業などを考慮し600 mm 程度のスペースを確保する．

貯湯槽の温度制御の例を，**図5・23** に示す．

貯湯槽に取り付けた温度調節器（TW）からの温度感知により，蒸気の電動二方弁を制御して貯湯槽を設定温度にする．また，温度検出器（TEW 1）により温度を，またポンプインターロック信号により循環ポンプの運転状況などを中央制御盤室などへ表示する．

〔2〕 **ガス湯沸し器・温水発生機**

ガス湯沸し器には，小型の開放型，中・大型の半密閉型，密閉型などがあり，**図5・24〜図5・26** に取付け基準を示す．

湯沸し器には，最大24台まで連結し1200号までの大容量給湯ができるものもある．この場合は，一般的には循環ポンプ・逃し弁および密閉式膨張タンクなどを設ける．**図5・27** に3台の連結給湯器まわり配管例を示す．

真空式温水発生機は，労働安全衛生法によるボイラには該当しないが，大気汚染防止法および条例，ならびに消防法による届出および手続を行う．**図5・28** に真空式温水発生機まわり配管例を示す．

可とう継手は配管の伸縮に伴う応力，ならびに荷重が直接温水機本体に加わらないようにするため設置する．

排水管は，温水機ごとに単独に間接排水する．給湯管と温水機との接続部は異種金属接触腐食および電食防止のため，絶縁継手を使用する．

真空式温水発生機には，地震時に燃料を遮断するための感震装置を設ける．

チューブの引出しスペースや分解修理のためのメンテナンススペースを十分確保する．

表5・5 給湯用熱交換器の種類*

種類		構造	特徴	通常利用できる流体		概略熱通過率（管外側面積基準）[W/(m²·K)]
				管内側	管外側	
円筒多管式熱交換器	概要	太い丸胴内に多数の細管を収めたもの．構造堅固，管内清掃容易で汚れに強いので，用途が極めて広い				
	全固定式	両端の管板が固定されており，チューブの熱膨張の逃げ場がない	構造簡単，しかし温度差が大きいときは不可．シェル側清掃困難	液体（水など）冷媒	液体・冷媒など液体（水など）	800～3 500 600～1 800
	U字管式	管板を片方のみとし，U字管を取り付ける．したがって，管群を引き抜き出せる	構造簡単，熱膨張可・チューブ外面の清掃もできるチューブ交換困難	液体（水など）蒸気（凝縮）	液体・蒸気など液体（水など）	1 200～3 500 600～3 000
	遊動頭式	片側の管板が胴内面をスライドして動きうる	構造複雑なるも堅固かつ熱膨張・チューブ交換・シェル側清掃いずれもよい	液体（水など）蒸気（凝縮）	液体・蒸気など液体（水など）	1 200～3 500 600～3 000
二重管式熱交換器		細いチューブを1本ないし数本まとめ，太い管内に入れて両端を封じたもの	構造簡単，しかし大容量のものはできない．清掃は困難なことが多く簡易型	液体冷媒（液・ガス）	液体冷媒（液・ガス）	400～1 400 200～600
貯槽式熱交換器		貯槽内に蛇管型コイルやU字管式管群を取り付けたもの	構造極めて簡単，性能はよくないが，修理なども容易	液体・蒸気	液体（水など）	300～1 400
渦巻型熱交換器		薄板を2枚重ねてらせん状に巻き，出入口を付けたもの	清掃可能かつコンパクト，ただし，腐食で漏れ発生時の修理不能	液体	液体	700～2 500
プレート式熱交換器		流体通路をプレス成形したプレートを，周囲にパッキンを入れて両面より締め付けたもの．あるいはプレートをブレージングにより一体化したもの	熱応力に強い．小温度差に有効．あまり高圧には向かない．両面より締め付けたものは分解・清掃容易，一体化したものは軽量・コンパクト．分解・清掃不可	液体・冷媒	液体・冷媒	1 000～5 000
ヒートパイプ式熱交換器		単管またはループ型管の内部に作動流体を封入，管外はペアまたはフィン付き，管内にウィックまたは細溝を施したものもある	見掛け上の熱伝導率が高く，一様温度で作動．構造簡単で，取扱い容易．使用温度範囲が広い	液体・気体	液体・気体	効率60～80%

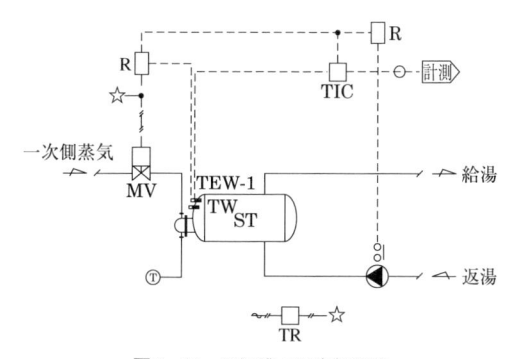

図5・23 貯湯槽の温度制御例

* 空気調和・衛生工学会編：空気調和・衛生工学便覧，第13版(2001年)

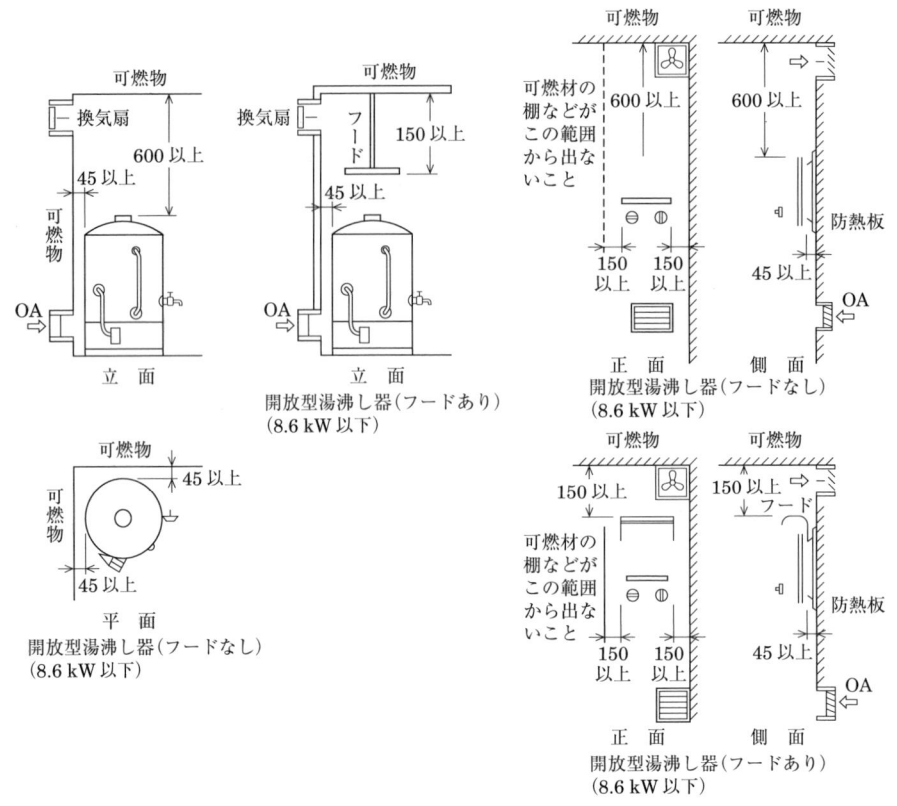

図5・24　開放型ガス湯沸し器の取付け基準

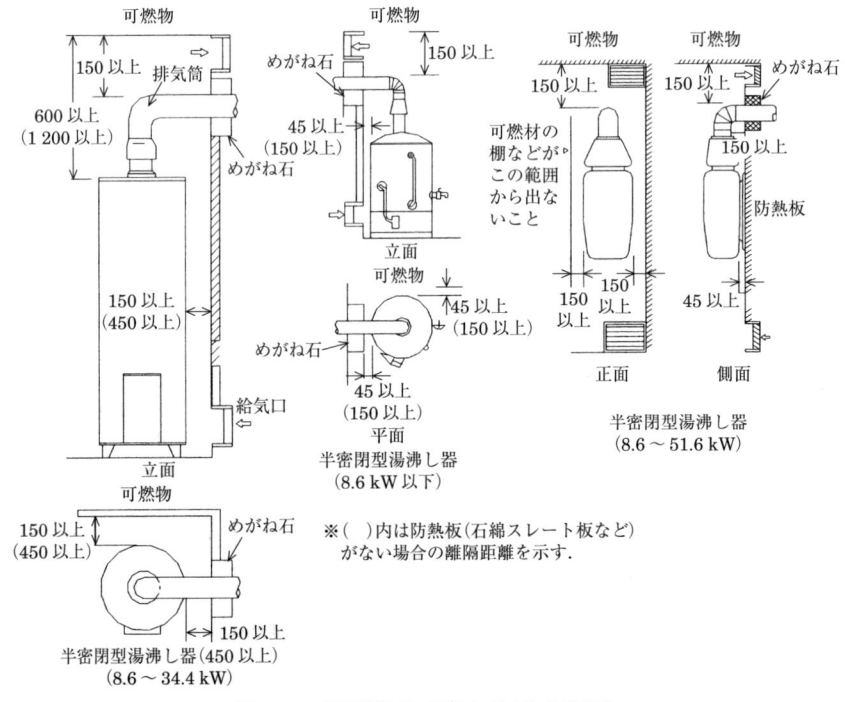

図5・25　半密閉型ガス湯沸し器の取付け基準

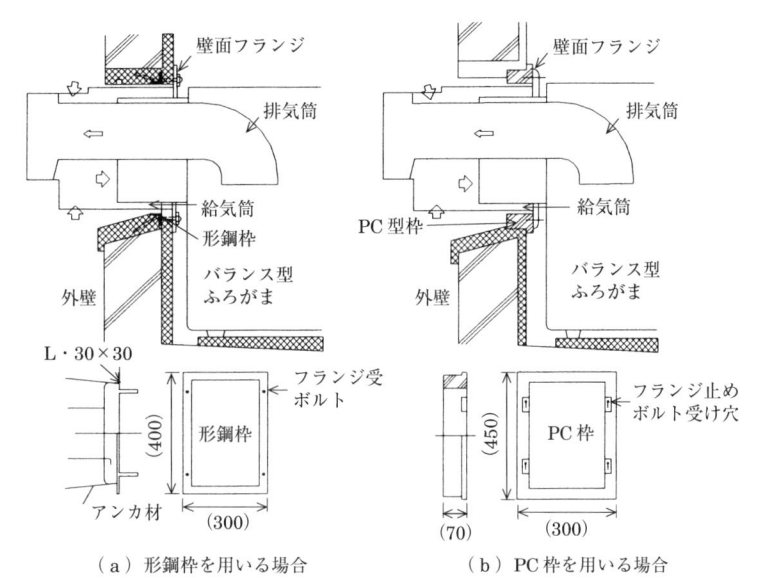

図5・26 密閉型ガス湯沸し器の取付け基準

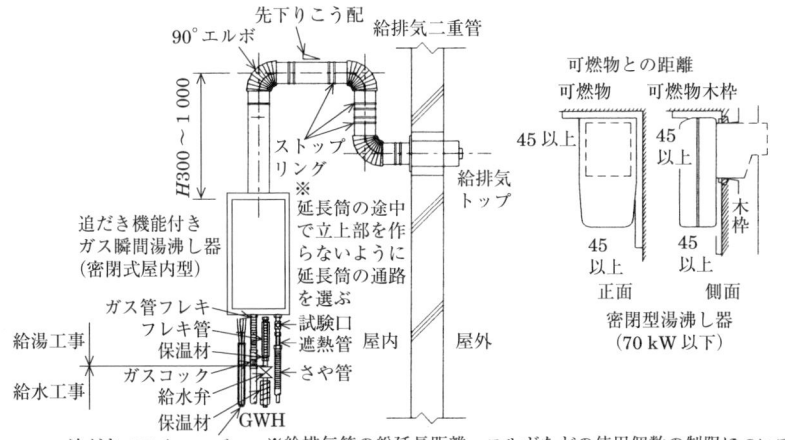

真空式温水発生機には，2台以上の110～170 kW程度の温水発生機を並列接続して台数制御を行うモジュラ式給湯（多缶設置）を行うものがある．

無圧式温水発生機は，真空式温水発生機と同様であるが，無圧（開放）缶水量を大きくして蓄熱量をもたせた蓄熱給湯型の無圧式温水発生機がある．蓄熱給湯型無圧式温水発生機には高出力熱交換器が装備されており，高温の大容量無圧缶水で常に蓄熱し，蓄熱槽なしで貯湯式給湯ボイラのように瞬間給湯ピーク負荷に対応できる．

〔3〕 貯湯式湯沸し器

図5・29に壁掛け貯湯式電気湯沸し器標準取付け例を示す．壁面取付け湯沸し器は固定を堅固に行わないと，脱落による水損および飲料用ボイリング型湯沸し器などは，熱湯が貯湯されているので大やけどの危険性がある．したがって，固定用ボルトは耐震計算により選定されたものを使用し，かつ固定用下地材との引抜力は耐震計算によって必要とされる引張力よりも，ある程度余裕のある引抜力が確保される必要がある．

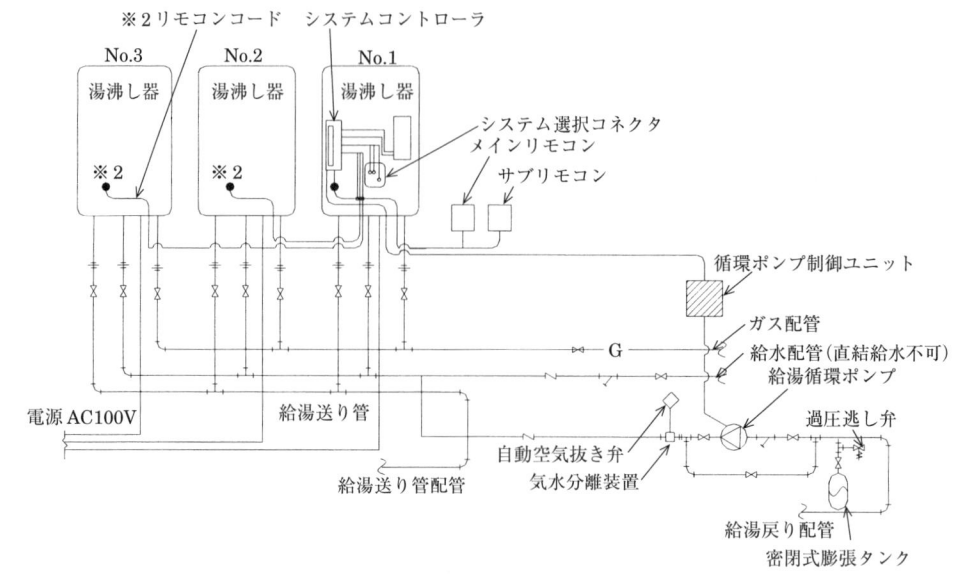

図 5・27 連結給湯器まわり配管例

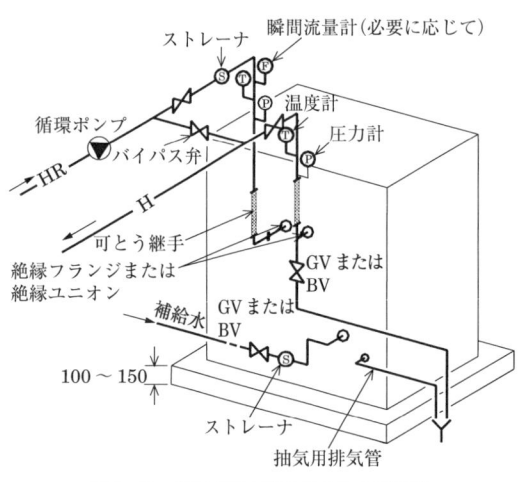

図 5・28 真空式温水発生機まわり配管例

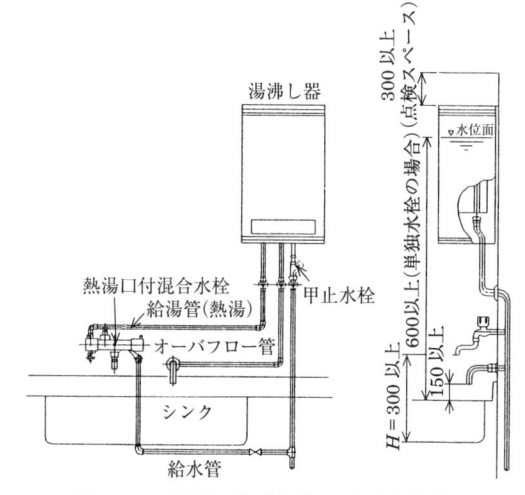

図 5・29 壁掛け貯湯式湯沸し器標準取付け例

〔4〕 小型床置き電気温水器

図 5・30 に小型床置電気温水器標準取付け例を示す．コンセントがあれば簡単に設置できるため洗面器などの給湯設備として多用されているが，膨張水の処理を排出装置などで間接排水する必要がある．

〔5〕 大型電気温水器

図 5・31 に大型電気温水器標準取付け例を示す．減圧弁の設定圧力は，80〜85 kPa，高圧力型は 150 kPa とする(JIS による)．逃し弁は万一の作動不良を考慮し，給水側，給湯側の 2

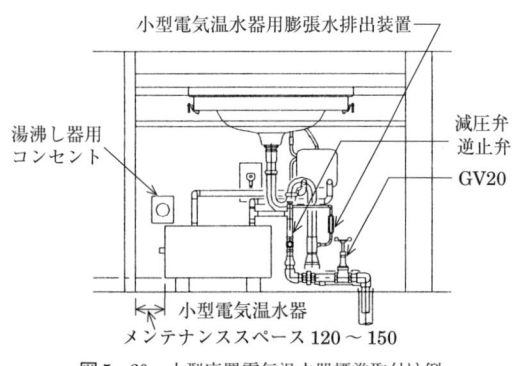

図 5・30 小型床置電気温水器標準取付け例

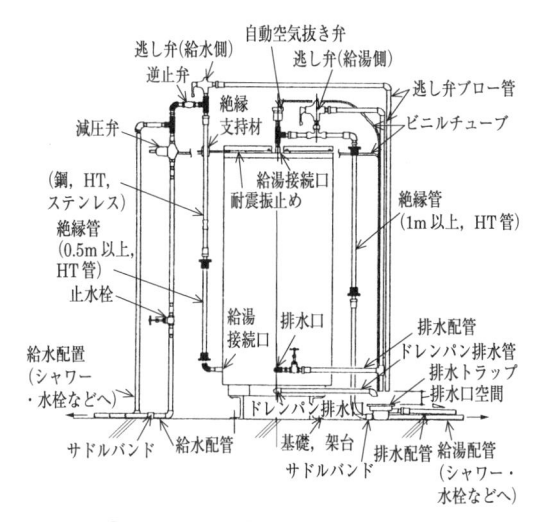

図5・31 大型電気温水器標準取付け例

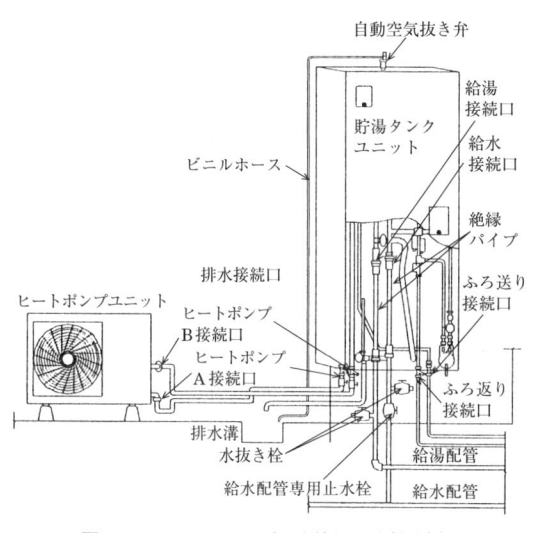

図5・32 ヒートポンプ温水機標準取付け例

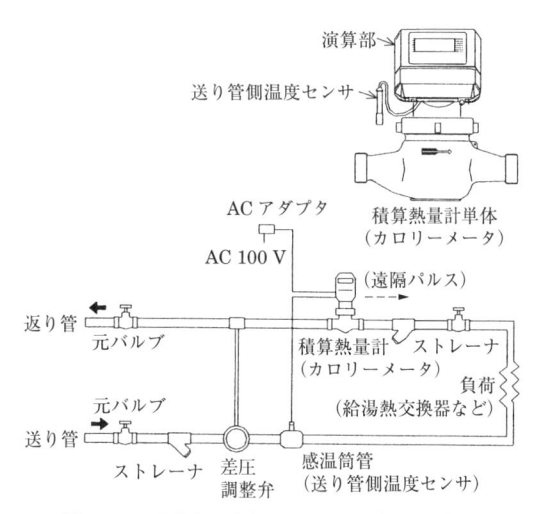

図5・33 積算熱量計(カロリーメータ)取付け例[*1]

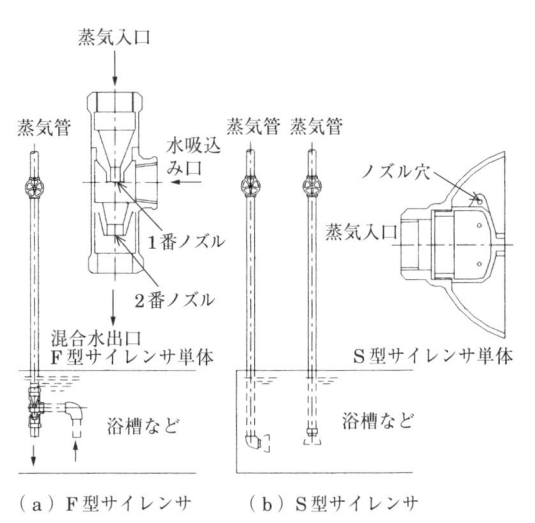

図5・34 サイレンサ単体および取付け例[*2]
(a) F型サイレンサ
(b) S型サイレンサ

箇所に設置する．逃し弁の設定圧力は給湯側(設定最高圧力 95～97 kPa，高圧力型は 150 kPa：JIS による)が給水側より低い圧力で作動するよう設定する．対地電圧 150 V 以下の湯沸し器の場合，給湯管の絶縁管の有効長さは 1 m 以上，給水管の絶縁管の有効長さは 0.5 m 以上とする(内線規定による)．排水管，逃し弁ブロー管および自動空気抜き弁，負圧作動弁のブロー用のビニルチューブは 150 mm の排水口空間を確保する．

〔6〕 ヒートポンプ温水機

図5・32にヒートポンプ温水機標準取付け例を示す．従前は河川などの熱や排水の廃熱，清掃工場の廃熱などを利用するものが多かったが，最近はオゾン層破壊係数ゼロの自然冷媒(CO_2)を採用した自然冷媒ヒートポンプ給湯機で周囲の空気熱を利用する方法が普及してきている．COP(Coefficient of Performance)が 4 以上の高効率なものもある．

〔7〕 その他機器・器具類

図5・33に流量と温度差を計量し，使用熱量を積算する積算熱量計(カロリーメータ)とその取付け例，図5・34に蒸気で直接給水を加温す

[*1, 2] 空気調和・衛生工学会編：空気調和・衛生工学便覧，第 13 版(2001 年)

るサイレンサ単体およびその取付け例，図5・35に中央給湯方式で使用する給湯用循環ポンプ取付け例，さらに図5・36に中央給湯方式で空気を抜くための気水分離装置およびその取付け例をそれぞれ示す．

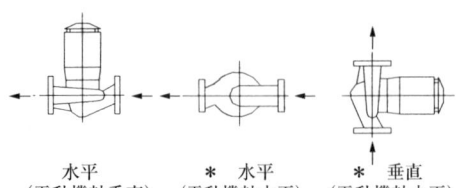

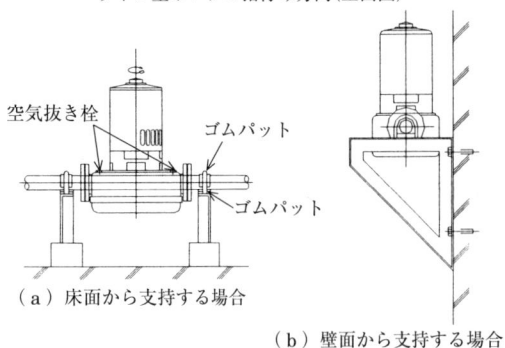

5・2・2 給湯配管の留意点

給湯配管の配管材は，銅管・ステンレス鋼管および耐熱性硬質塩化ビニルライニング鋼管などを使用する．なお，集合住宅の住戸内部および戸建て住宅などにはポリブテン管・架橋ポリエチレン管などの樹脂管が多く採用されている．

弁は，耐食性を十分考慮して青銅弁，青銅ボール弁，ステンレス鋳鋼弁などを用いる．

給湯配管では，熱伸縮量を吸収するために，スイベルジョイント，伸縮曲管または伸縮継手を使用する．

配管の分岐部には，むりな力が働かないように，枝管はエルボを3個以上用いて分岐する（図5・37，図5・38）．

以下に中央式給湯方式の注意点を列記する．

1) 給湯温度は配管の腐食防止のため，また温度が低いとレジオネラ属菌などの細菌が増殖するので，55〜60℃とする．
2) 横引き管を短くして返湯管の長さが短くなるようにする．
3) 各枝管および立て系統の配管は流量制御，およびメンテナンスを兼ねた弁を上下に設ける．
4) 銅管を使用する場合は，潰食および孔食を生じさせないように，管内流速を0.5〜1.2 m/s程度とする．
5) 配管こう配は先上りこう配とし，1/200以上を確保する．
6) 逆こう配および空気だまりなどの箇所ができる配管形態は避ける．
7) 給湯循環ポンプは，返湯管に設ける．
8) 給湯循環ポンプの容量，揚程は必要最小

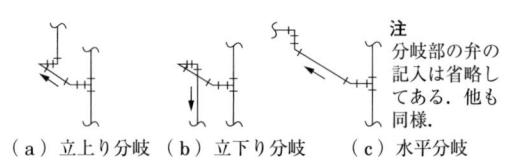

図5・35 循環ポンプ取付け例

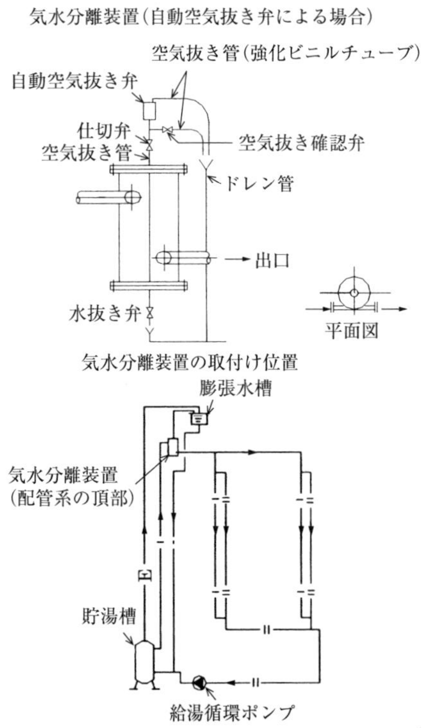

図5・36 気水分離装置および取付け例

図5・37 立て管からの分岐方法例
(a) 立上り分岐　(b) 立下り分岐　(c) 水平分岐
注 分岐部の弁の記入は省略してある．他も同様．

横走り管

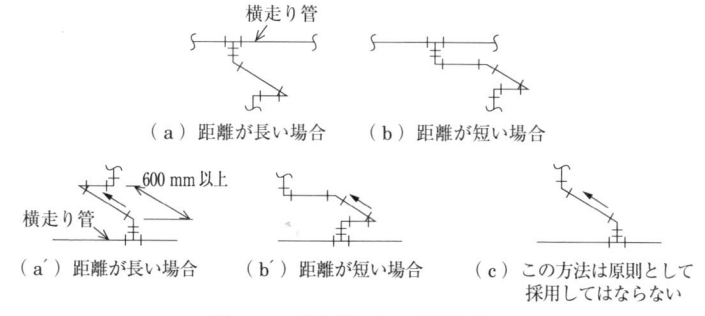

(a) 距離が長い場合　　(b) 距離が短い場合

600 mm以上
横走り管

(a') 距離が長い場合　(b') 距離が短い場合　(c) この方法は原則として採用してはならない

図5・38　横主管からの分岐方法例

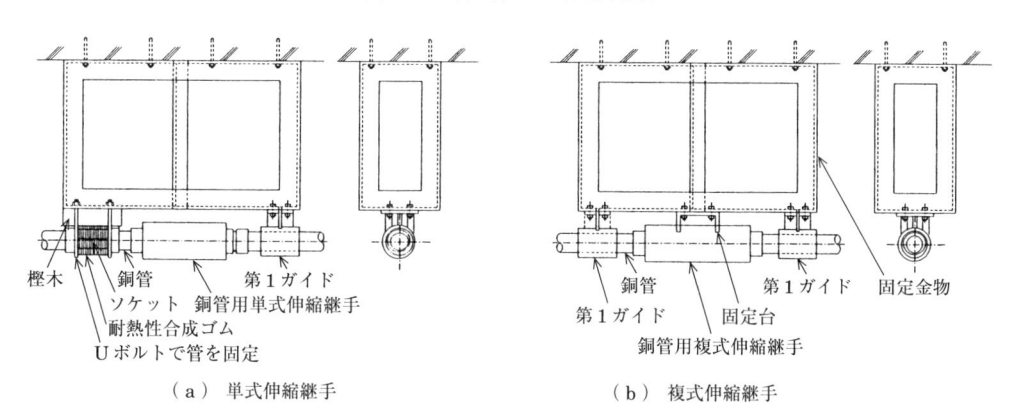

樫木　銅管　　　　第1ガイド
ソケット　銅管用単式伸縮継手
耐熱性合成ゴム
Uボルトで管を固定

(a) 単式伸縮継手

銅管　　　　　　第1ガイド　固定金物
第1ガイド　固定台
銅管用複式伸縮継手

(b) 複式伸縮継手

図5・39　銅管の横主管に伸縮継手を設ける場合

限のものとする．

9) 給湯循環ポンプの吐出し側には圧力計，吸込み側には圧力計または連成計を設ける．

10) 給湯循環ポンプは管内流速を調整して引渡しを行う．

11) 給湯循環ポンプおよび弁の材質は青銅製（ステム材を含みすべて）またはステンレス製とする．

12) 給湯系に鉄製の製品は使用しない．耐熱塩化ビニルライニング鋼管などで鉄と銅（銅合金を含む），ステンレスを接続する場合，異種金属接触防止継手を設ける．

13) 凍結のおそれのある地区では開放型膨張水槽を室内に設けるか，密閉型膨張水槽を室内に設ける．

14) 膨張水槽を採用しても逃し弁は取り付ける．

次に伸縮継手を設ける場合の注意点を記す．

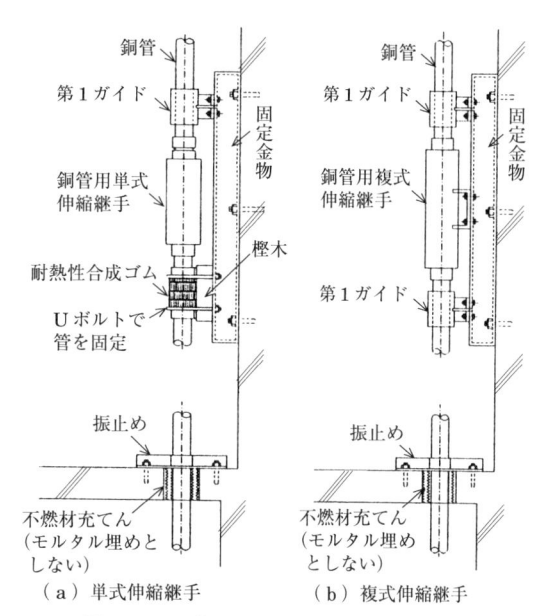

銅管　　　　　　　　　銅管
第1ガイド　固定金物　　第1ガイド　固定金物
銅管用単式伸縮継手　　銅管用複式伸縮継手
耐熱性合成ゴム　樫木
Uボルトで管を固定　　第1ガイド
振止め　　　　　　　振止め
不燃材充てん　　　　不燃材充てん
（モルタル埋めとしない）　（モルタル埋めとしない）

(a) 単式伸縮継手　　(b) 複式伸縮継手

図5・40　銅管の立て管伸縮継手を設ける場合

1) 銅管の場合（図5・39，図5・40）

 a) 32 A以上の配管の場合，直線配管距離30 mごとを標準として伸縮継手を設

表5・6 ステンレス管許容伸縮量表

	エルボを2個使用の場合 エルボを2個使用したときの配管の許容伸縮量							
L[mm]	1 500		2 300		3 000		4 500	
たわみ量 呼び径	2δ[mm]	P 応力[N]	2δ[mm]	P 応力[N]	2δ[mm]	P 応力[N]	2δ[mm]	P 応力[N]
13	28	18	64	12	113	9	254	6
20	20	45	45	30	81	22	181	15
25	16	77	35	51	63	38	141	26
30	13	130	30	90	53	70	119	43
40	10	210	24	140	42	110	94	70
50	9	270	21	180	37	140	83	90
60	7	530	17	350	30	270	67	180
75	6	860	13	570	24	430	53	290
80	5	1 540	11	1 030	20	770	45	520

エルボを4個使用の場合 エルボを4個使用のときの補正値		
L_2/L_1	$\alpha (L_1=\alpha L)$	$\beta (P_1=\beta P)$
0.2	1.620	1.7
0.4	0.559	1.8
0.6	0.513	2.0
0.8	0.477	2.1
1.0	0.447	2.3
1.2	0.423	2.4
1.4	0.402	2.5
1.6	0.383	2.7
1.8	0.368	2.8
2.0	0.345	2.9

表の使用方法	例:配管径40で伸縮量24 mmの対応する対策(ステンレスの線膨張係数 17.3×10^{-3} mm/(℃・m))	
	1. エルボを2個使用する場合	2. エルボを4個使用する場合
	表から $L=2\,300$ mm 応力 $P=140$ N(固定点反力)	$L_2/L_1=0.8$ とすると $L_1=\alpha L=0.477\times 2\,300=1\,100$ mm $L_2=880$,応力 $P=\beta P=2.1\times 140=300$ N(固定点反力)

ける.

b) 複式の場合,左右の伸縮量が同じになるよう位置決めする.

c) 配管の伸縮がスムーズに吸収できるように固定金物およびガイドを設ける.

d) 配管接続部分はフランジ型または差込みろう付け型を使用する.

2) ステンレス管の場合(図5・41,表5・6)

a) 呼び径80以下のステンレス鋼管の伸縮対策は配管のたわみを利用して行う.

b) 伸縮量が大きい場合,また納り上など配管のたわみを採用できない場合は伸縮継手を使用する.

c) 伸縮を吸収するためオフセット配管に使用するエルボは溶接で接合する.

d) 配管の伸縮がスムーズに吸収できるように固定点,およびガイドを設ける.

e) 躯体に固定した支持材に固定バンドなどで配管を固定する.

f) 伸縮を吸収する配管部(配管の変形する部位)は,変形を阻害しない支持とする.

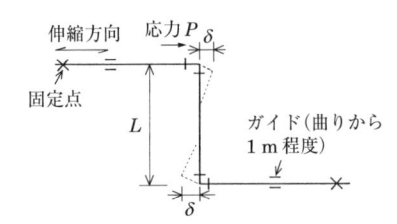

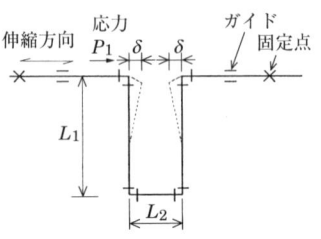

図5・41 ステンレス管の伸縮対策

5・3 排水通気設備工事

5・3・1 機器・器具まわりの施工

〔1〕器具類の取付け

(a) 掃除口

床上掃除口は,掃除に支障ないよう周囲に空間を確保する.掃除口の大きさは配管口径とする.配管口径が100 mmを超える場合は100 mmでもよい.掃除口上面と床仕上面が水平

になるように取り付ける．本体とコンクリートのすきまをモルタルで穴埋めし固定する．防水層に設置する場合は，防水層の水が受けつばに集まるようにレベルを設定し，受けつばの水抜き用小穴が防水工事でふさがれないように養生しておく．掃除口は工事中損傷を受けないよう養生する．図5・42に床上掃除口(防水型)の設置例を示す．

（b）床排水トラップ

床排水トラップは，排水目皿位置が床こう配の最下部となるように設置する．側溝に設置する場合は，排水目皿周囲に50mm以上の空間を確保する．トラップの封水切れのおそれがある場所には設置しない．取付け方法は掃除口に準じる．図5・43に床排水トラップ(非防水型)の設置例を示す．

（c）ルーフドレイン

ルーフドレインは先付け工法にて施工する．取付け要領を図5・44に示す．型枠上に ① 先付け用固定金具，② レベル調整用スペーサ(塩化ビニル管)を設置し，スペーサ上に ③ ルーフドレイン本体をセットする．本体に ④ 養生ふたを取り付け，⑤ ナットで固定する．防水，仕上工事終了後ストレーナを取り付ける．差込み式は屋内部では使用しない．

（d）通気金物

結露水が通気金物から滴下しないように，通気管は排水管に向かい下りこう配とする．ただし，取付け用スリーブは，逆に外部に向かって下りこう配とする．取付け位置は窓などの開口部から600mm以上立ち上げるか，もしくは水平距離で3m以上離す．ひさしなどの下部には取り付けない．通気金物は外壁仕上面と垂直になるように取り付ける．本体および接続配管とコンクリートのすきまをモルタルで穴埋めし固定する．本体周辺から雨水の浸入がないように通気金物の周囲をシーリングする．図5・45に通気金物の設置例を示す．

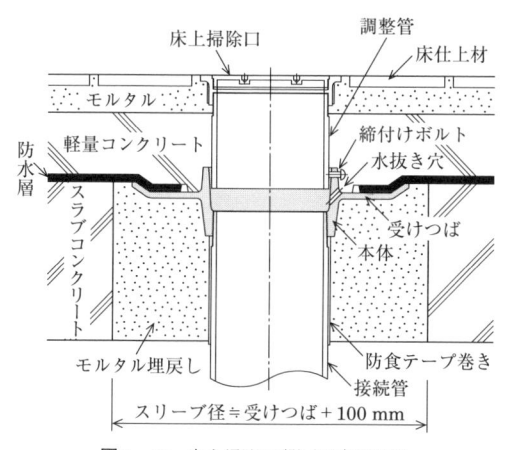

図5・42 床上掃除口(防水型)設置例

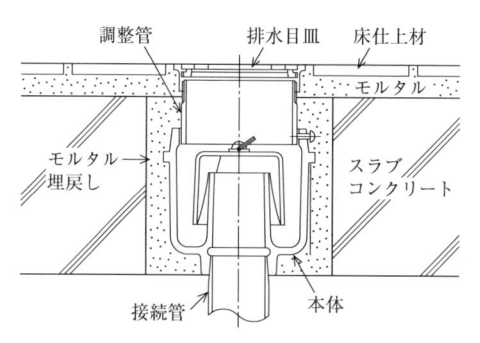

図5・43 床排水トラップ(非防水型)設置例

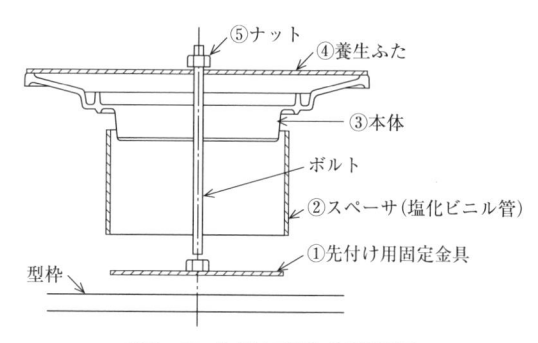

図5・44 先付け工法取付け要領図

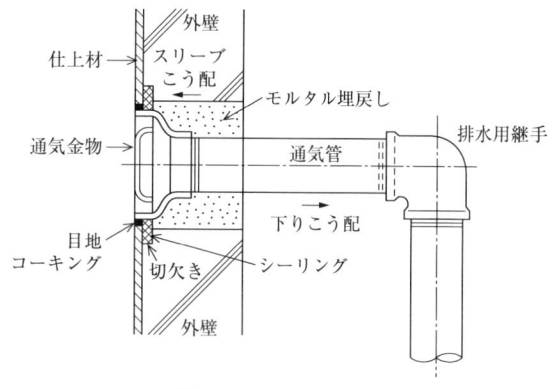

図5・45 通気金物設置例

〔2〕 阻集器の取付け

排水中に含まれる望ましくない（あるいは再利用可能な）物質を，分離・収集する目的で配管系の途中に設置する装置を阻集器という．一般にトラップ機能も併せもっている．分離・収集する対象によってグリース阻集器，オイル阻集器，プラスタ阻集器などさまざまな種類がある．分離・収集された物質の除去作業が必要になるので点検清掃の容易な場所に設置する．ここでは使用頻度の高いグリース阻集器を例にとって記述する．

グリース阻集器は床上や地中に設置される場合もあるが，多くはちゅう房内の側溝に設置しスラブにつり下げる方式が多い．この場合の施工手順は下記による．

1) コンクリート打設の際阻集器本体が納まる大きさの型枠を入れ開口を設ける．型枠はつばの部分だけを大きくしておくと阻集器設置後の穴埋め，補強工事が楽になる．
2) 流れ方向，防水層レベルに注意し阻集器本体を所定の位置に仮設置する．
3) つりフックをスラブ鉄筋に溶接する．
4) 排水流出管を接続する．
5) 防水工事前に阻集器本体とコンクリートのすきまをモルタルなどで穴埋めし固定する．
6) 防水工事終了後軽量コンクリート打設前にふた面が床仕上面の高さになるように，枠，ふたを取り付ける．枠，ふたは損傷を受けないよう養生する．

図5・46にグリース阻集器の設置例を示す．

総重量によってはアングルなどで支持する．スラブにつり下げる方式の場合は，スラブ開口面積が大きいのでコンクリート打設前までにグリース阻集器の位置を決め，開口補強を行う．阻集器位置が梁に近接している場合は，流出管方向が梁に当たらないよう注意する．スラブにつり下げる方式は，多くの場合防火区画の貫通となる．耐火型として認定された市販品が出ているのでそれを使用する．

地中に埋設する場合は，点検清掃に容易な場所で，阻集器に直接荷重がかからないよう車路，駐車場などを避けて設置する．雨水が浸入しないよう，阻集器の天端は周囲の仕上げよりやや高くし，ひさしの下などに設置することが望ましい．

〔3〕 排水槽およびポンプ

排水槽は貯留する排水の種類によって，汚水槽，雑排水槽，湧水槽，雨水槽などに分けられる．

(a) 汚水・雑排水槽

汚水・雑排水槽と排水ポンプの設置例を図5・47に示し，留意事項を以下に記す．

1) 排水槽は雑用水槽とは隣接させない．湧水槽以外の水槽（蓄熱槽，消火水槽など）とも隣接はなるべく避ける．
2) 排水槽の底のこう配は吸込みピットに向かって1/15以上1/10以下とし，内部の保守点検を容易にかつ安全に行うことができる位置に有効内径600 mm以上のマンホ

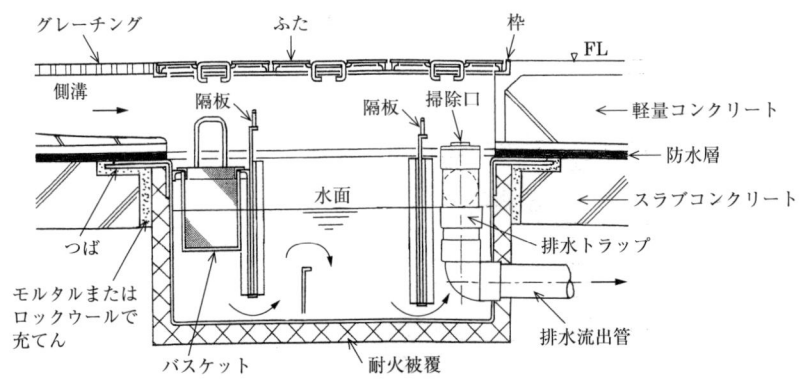

図5・46 グリース阻集器設置例（スラブつり下げ方式）

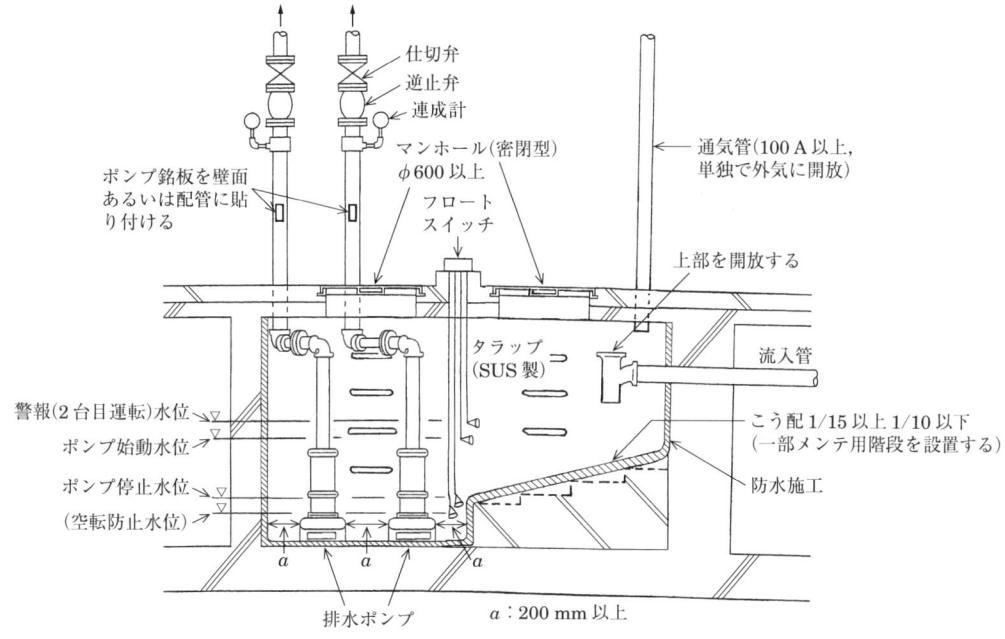

図 5・47 汚水・雑排水槽

ールを原則 2 箇所以上設ける．
3) 有効容量は，排水量の変動が少ない場合は時間平均排水量の 1 時間分程度とする．排水量の変動が大きい場合は時間平均排水量の 1.5～2 時間分とし，過大には設定しない．
4) ポンプピットはポンプ吸込み部周囲に 200 mm 以上確保したうえで，清掃やメンテに支障ないようになるべく広くする．
5) ポンプピット位置は流入口より離れた位置とする．
6) 着脱装置付きポンプの場合はポンプ引上げ用マンホールを設ける．
7) ちゅう房排水は原則として雑排水槽とは分けて専用の水槽とする．
8) 水槽内の配管および支持金物には耐食処理を施す．
9) 通気管は 100 mm 以上とし，単独で大気に開放する．
10) 水位制御に電極棒を使用する場合は，検出部以外はビニル管などでカバーする．汚水槽，ちゅう房排水槽の水位制御は，汚物や油脂分が電極棒に付着し誤作動するのでフロート式とする．
11) フロート式制御器に流入水が直接当たらないようにする．
12) ケーブル類は槽内ではジョイントしない．水中ポンプ付属のケーブルは，盤またはジョイントボックスまでの長さを確保する．ケーブル類の槽貫通部は，シールなどの処理を行う．
13) 槽内清掃用に点検マンホール近くに，水栓およびコンセントを設置する．

（b）湧水槽

地下階のある建物には周壁や底盤などから浸入する湧水を処理するため湧水槽が設けられる．一般に各種水槽などに使用される部分以外の地下ピット全域を湧水槽とする．湧水槽と湧水ポンプの設置例を**図 5・48**に示す．

（c）排水ポンプ

排水ポンプには一般に水中ポンプが使用される．排水用水中ポンプは，固形物通過能力により汚水用水中ポンプ，雑排水用水中ポンプ，汚物用水中ポンプに分かれる．汚水用，汚物用などの区別は羽根車の形状による．**表 5・7**に各ポンプの特徴を示す．

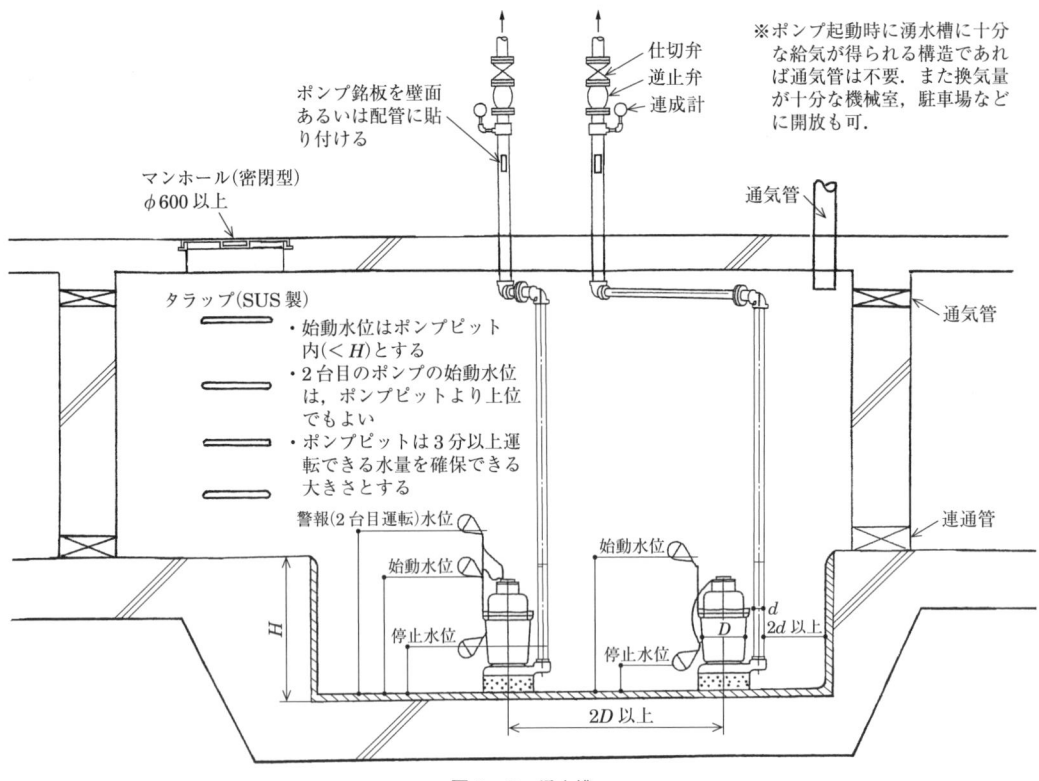

154　第5章　給排水衛生設備工事

図5・48　湧水槽

（図中注記）
※ポンプ起動時に湧水槽に十分な給気が得られる構造であれば通気管は不要．また換気量が十分な機械室，駐車場などに開放も可．

- ポンプ銘板を壁面あるいは配管に貼り付ける
- 仕切弁
- 逆止弁
- 連成計
- マンホール（密閉型）φ600以上
- 通気管
- タラップ（SUS製）
- 連通管
- 始動水位はポンプピット内（<H）とする
- 2台目のポンプの始動水位は，ポンプピットより上位でもよい
- ポンプピットは3分以上運転できる水量を確保できる大きさとする
- 警報（2台目運転）水位
- 始動水位
- 停止水位
- $2d$以上
- $2D$以上

図5・49　汚水水中ポンプ

図5・50　汚物水中ポンプ

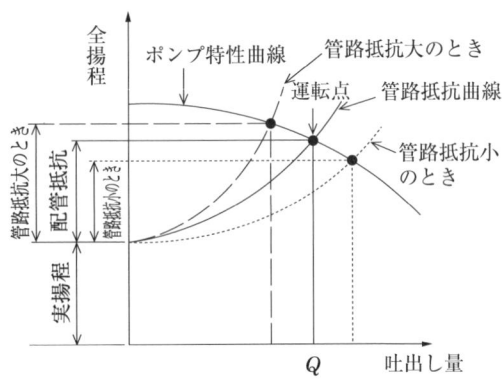

図5・51　ポンプ特性曲線と管路抵抗曲線

　ポンプ揚程は，実揚程＋配管摩擦抵抗で求める．排水ポンプはバルブによる流量調整を行わないので，揚程の過大設定はそのままポンプ吐出し量の増となり思わぬトラブルを引き起こすので，揚程算定にあたっては注意が必要である．

　ポンプは図5・51に示すように，ポンプ特性曲線と管路抵抗曲線の交点で運転される．管路の抵抗が大になれば，交点は左に寄り吐出し量は減少する．逆に抵抗が小になれば，交点は右に寄り吐出し量は増大する．一般には大き目のポンプを選定し，管路を絞るなどで所定の吐出し量を確保できるが，排水ポンプは管路を絞れないので，管路抵抗が小さい場合は交点が右に寄り，吐出し量が増えることになる．排水ポンプの場合は，吐出し量が多少減っても，ポンプの運転時間を長くすることで解決できる場合も

表5・7 排水水中ポンプの種類

ポンプの種類		対象排水	最小口径	通過できる固形物の大きさ(粒径)	特徴
汚水ポンプ		湧水・雨水・浄化槽処理水など固形物を含まない排水	40	4 mm以下	羽車としてオープン型がよく使用される．固形物通過能力はないが，揚水能力は高い．吸込み口にストレーナをもつ．
雑排水ポンプ		小さな固形物を含む排水	50	20 mm以下	汚水ポンプ，汚物ポンプの中間的な要素をもつ．
汚物ポンプ	一般	汚物・ちゅう房排水など固形物を含む排水	80	53 mm以下	羽車はノンクロッグ型，ブレードレス型がよく用いられる．
	ボルテックス型		65		羽根車の回転により発生する渦流により揚水させるので，ポンプ口径と同じ大きさの固形物まで通過できるが効率は悪い．

多い．特性曲線を理解したうえで，適正なポンプを選定する必要がある．

5・3・2 排水・通気配管の施工

〔1〕 屋内排水管の施工

(a) 一般事項

屋内排水管の施工にあたって留意する点を以下に示す．

1) 適切なこう配を保持する．表5・8に排水横引き管の最小こう配を示す．

表5・8 排水横引き管の最小こう配(SHASE-S 206)

管径[mm]	最小こう配
65以下	1/50
75，100	1/100
125	1/150
150～300	1/200

2) 二重トラップにならないように配管する．
3) 掃除口を設置する場合を除き，行止り配管はしない．
4) 配管経路は，排水機能に支障がない範囲でできるだけ最短な経路とする．
5) 器具排水管を排水横枝管に合流させる際は，図5・52に示すように，水平に対して45°以内の角度で合流させる．
6) 排水横枝管などが合流する際は，図5・53に示すように，水平に近いレベルで合流させ，その流入角度は45°以内とする．
7) 排水横主管および横枝管にはT字継

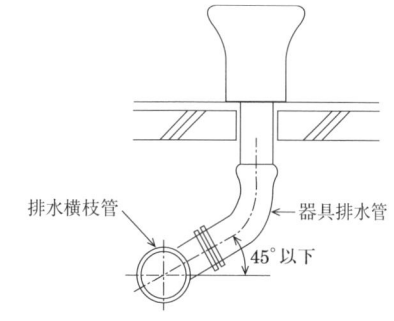

図5・52 器具排水管と横枝管の接続

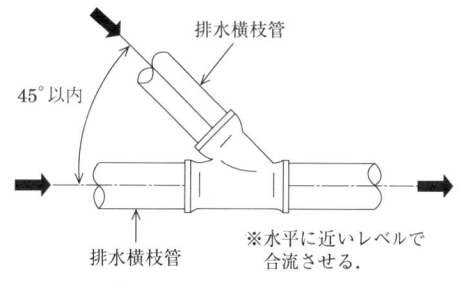

図5・53 排水横枝管の合流

手・ST継手・クロス継手は使用しない．

8) 排水横枝管を排水立て管に接続する際は，ST継手を使用する．
9) 最下階の排水横枝管は立て管に接続せず，単独で排水ますまで配管する．やむをえず横主管に接続する場合は，立て管位置より3m以上，下流側で接続する．
10) オフセットを設ける場合の管径は，下記の基準で決定する．

 a) 立て管に対して45°以下のオフセッ

トは，垂直な立て管とみなす．
b) 立て管に対して45°を超えるオフセットの場合は，上流側立て管は上流側の負荷にて口径を決める．オフセット部は上流側負荷により横主管として口径を決める．下流側立て管は全体の負荷から口径を決める．ただし，オフセット部の口径が大きい場合は，オフセット部の口径とする．

オフセットを設けた場合，オフセット部分の上下600 mm以内は，排水横枝管を接続できない．ただし45°以下のオフセットの場合に限り，後出の図5・56に準じて通気管を設けた場合には接続できる．以上述べた内容を図5・54に示す．

11) 汚水の逆流やトラップの破封により衛生上危険な状態となる機器・装置からの排水は，間接排水とする．

12) 機器・装置からの間接排水管の長さは極力短くし，所要の排水口空間を確保したうえで適切なトラップを有した排水ホッパなどへ排出させる．排水が清水に近い場合は所要の排水口空間を確保したうえで屋上，機械室などの側溝等に放流してよい．

(b) 伸頂通気および特殊排水継手方式

伸頂通気方式および特殊排水継手方式の場合は，上に述べた事項に加え以下の点に留意する．

1) 排水立て管には原則としてオフセットを設けない．また排水立て管の最下部は，大曲り継手または同等の性能を有する継手を使用する．

2) 立て主管位置より下流側3 m以内で排水横主管の方向変換は行わない．また，立て主管はそれぞれ単独で排水ますへ接続する．

(c) 排水ポンプ吐出し管（機械式排水管）

排水ポンプ吐出し管の施工にあたって，注意する点は以下のとおりである．

1) 口径はポンプ口径以上とし，流速は1.5 m/s以下が望ましい．

2) 屋外ますまで単独系統とする．重力排水系統や他の機械式排水系統とは，屋外ますで合流させる．

3) 機械式排水管は先上り配管とするが，最頂部の屋外排水ますへの横引き管は，自然流下で排水できるように先下りのこう配とする．

4) 機械式排水管の継手にMDジョイントは原則使用しない．

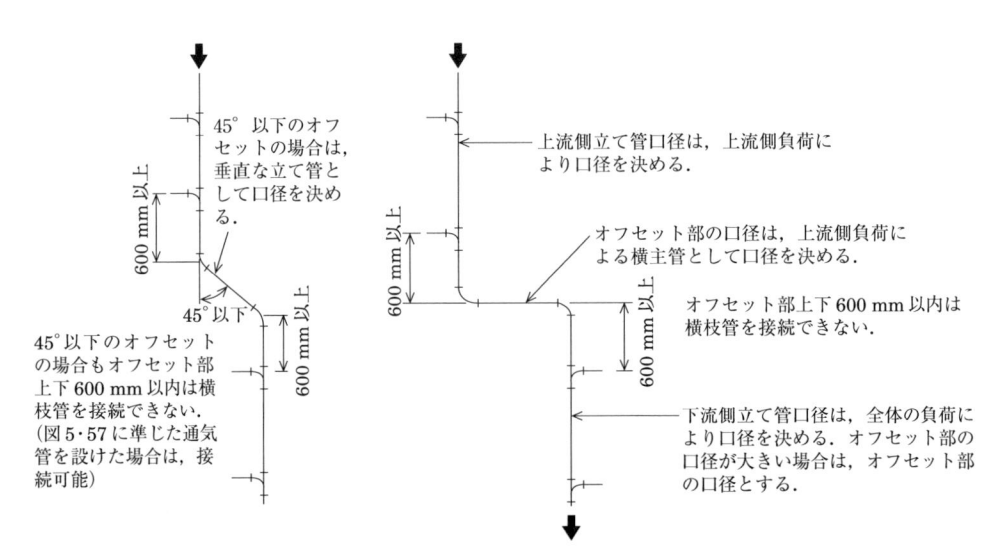

図5・54 オフセットを設けた場合の配管要領

〔2〕 通気管の施工
（a） 一般事項

通気管の施工にあたって，留意する点を以下に示す（図5・55参照）．

1) 排水立て管の上部は伸頂通気管として延長し大気に開放する．
2) 通気立て管の上部はそのまま大気に開放するか，最高位器具のあふれ縁より150 mm以上高い位置で伸頂通気管に接続する．
3) 通気立て管の下部は，最低位の排水横枝管より低い位置でY継手で排水立て管に接続する．口径は通気立て管の口径とする．
4) 通気管は，結露などによる水滴が自然流下により排水管へ流れるように，1/100程度のこう配をとる．
5) 屋内分流式（汚水と雑排水を別系統にする場合）の場合は通気管も別系統とするのが望ましい．
6) ループ通気管は，排水横枝管の最上流の器具排水管合流点の下流側より取り出す．
7) 排水横枝管から通気管を取り出す場合は，図5・56に示すように，垂直軸から45°以内の角度で取り出す．
8) ループ通気管は，その階における最高位器具のあふれ縁より150 mm以上高い位置で横走りさせ排水立て管に接続させる．やむをえず床下を走らせる場合は，できる限り上りこう配とし，排水立て管に接続する位置は，その階における最高位器具のあふれ縁より150 mm以上高い位置とする．
9) ループ通気方式で8個以上の大便器を受け持つ排水横枝管，あるいは大便器と洗面器など排水レベルの違う器具が混在する排水横枝管には，逃し通気管を設けることが望ましい（ただし最上階部分は不要）．
10) ループ通気方式で10階層を超える排水横枝管を受け持つ排水立て管には，最高部より数えて10階層を超えたところごとに1箇所結合通気管を設ける．結合通気管の下端は，その階層の排水横枝管が排水立て管に合流する点より下部にとり，Y継手

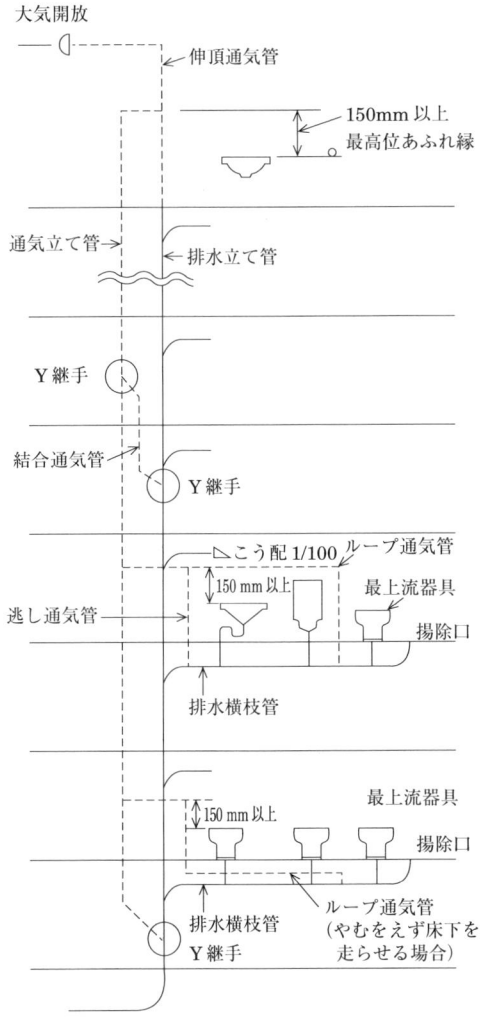

図5・55 通気配管の留意事項の図例

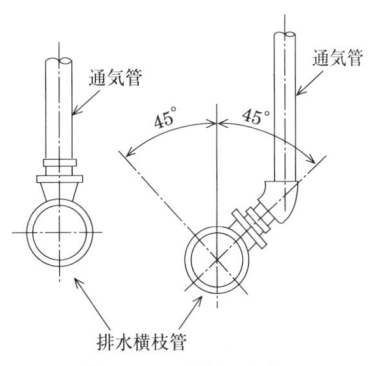

図5・56 通気管の取出し

で排水立て管より立ち上げる．上端は，その階層の床面より1m以上高い位置でY継手で通気立て管へ接続する．口径は通気立て管の口径とする．
11) ループ通気方式で立て管途中に45°を超えるオフセットを設けた場合の通気は，以下のいずれかに適合するように設ける．
 a) オフセットの上部と下部が，それぞれ単独の排水立て管として通気管を設ける．
 b) オフセット部に逃し通気管と結合通気管を設ける．

図 5・57 にその要領を示す．

(b) 排水用通気弁

通気管の末端は大気開放が原則であるが，排水管内が負圧時には開口し通気の機能を果たし，排水管内が正圧時には閉じることにより防臭性能を発揮する「排水用通気弁」を屋内に設置する方式も一定の条件の下，認められている．

〔3〕 屋外排水管の施工

(a) 屋外排水管

屋外排水管の施工にあたって，留意する点を以下に示す．
1) 排水管の合流箇所，方向変換する箇所には排水ますを設ける．
2) 直進距離が管径の120倍を超えない範囲で，排水ますを設ける．
3) 排水ますは建物に近い位置に設ける．設置位置は建物外壁より1m以内が望ましい．
4) 掘削幅は管径，深さに応じ，余裕のあるものとする．掘り過ぎないようにし，床付け面は十分突き固め，管こう配に合わせて仕上げる．
5) 下振り，水準器などにより正確に心出しを行い，原則として受け口またはソケットを上流に向け下流側から敷設する．
6) 埋戻しは接続部の硬化を待って行う．管の下部にすきまができないよう十分締め固めながら，砂あるいは良質土にて埋め戻す．
7) 地盤が軟弱な場合は不等沈下対策を講じる．不等沈下対策の例を図 5・58 に示す．
8) 埋設深度(土かぶり)が表 5・9 に示す埋設深度より浅い場合は，管に加わる荷重を考慮し防護策を講じる．防護策としては図 5・58 に示す砂基礎やコンクリート基礎のほか，さや管による方法などがある．

(b) 排水ます

排水ますの施工にあたって，留意する点を以下に示す．
1) 排水ますは，接続する排水管の径，本数，接続方向，深度に適した大きさとする．下水道事業体よりますの大きさと深さ，会合本数に対する指針が出されているが，要は流れを阻害しないインバートを形成できかつ掃除のしやすい大きさとすることである．会合本数が多い場合は，形状を

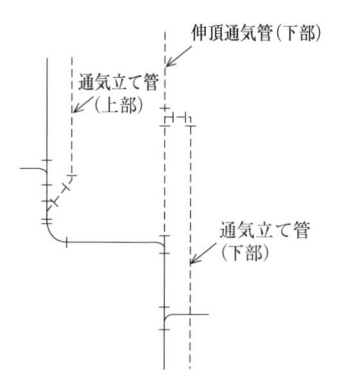

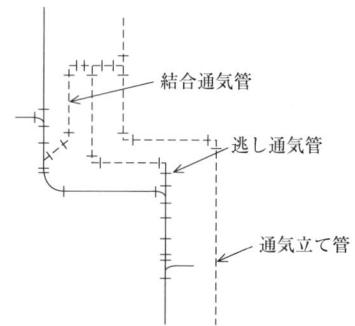

(a) 上部と下部単独に通気管を設ける　　(b) 逃し通気管と結合通気管を設ける

図 5・57　オフセットの場合の通気の取り方

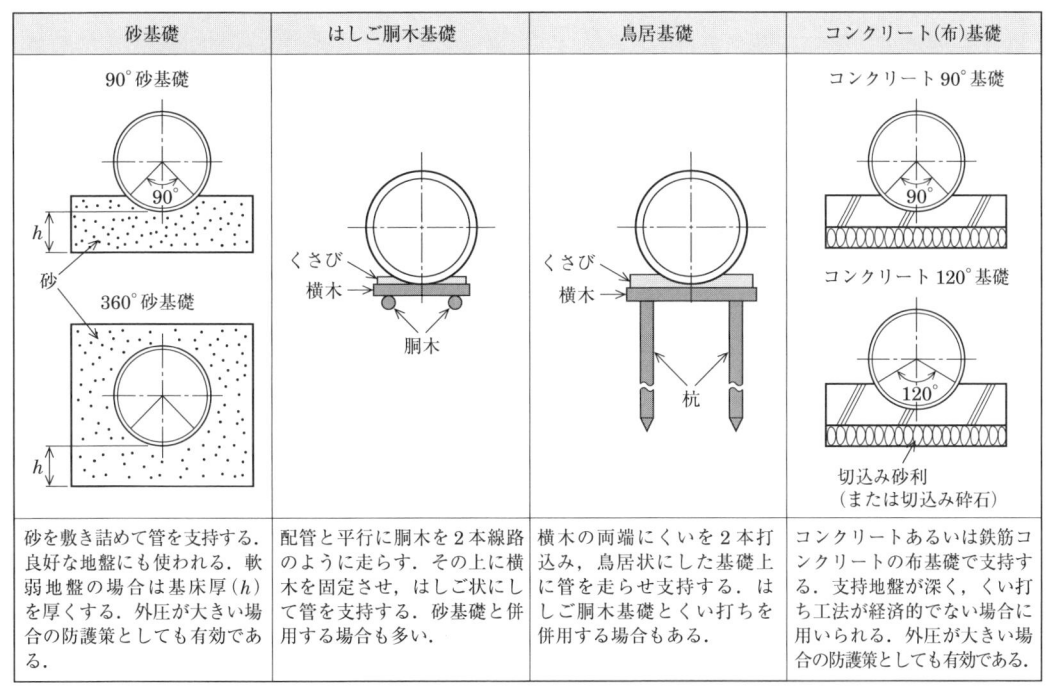

砂基礎	はしご胴木基礎	鳥居基礎	コンクリート(布)基礎
90°砂基礎／360°砂基礎	くさび・横木・胴木	くさび・横木・杭	コンクリート90°基礎／コンクリート120°基礎／切込み砂利（または切込み砕石）
砂を敷き詰めて管を支持する．良好な地盤にも使われる．軟弱地盤の場合は基床厚(h)を厚くする．外圧が大きい場合の防護策としても有効である．	配管と平行に胴木を2本線路のように走らす．その上に横木を固定させ，はしご状にして管を支持する．砂基礎と併用する場合も多い．	横木の両端にくいを2本打込み，鳥居状にした基礎上に管を走らせ支持する．はしご胴木基礎とくい打ちを併用する場合もある．	コンクリートあるいは鉄筋コンクリートの布基礎で支持する．支持地盤が深く，くい打ち工法が経済的でない場合に用いられる．外圧が大きい場合の防護策としても有効である．

図5・58 不等沈下対策の例

表5・9 敷地内屋外排水管の埋設深度（SHASE-S 206）

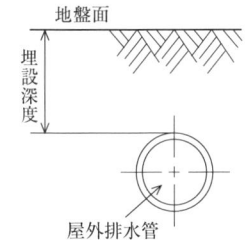

地盤面の用途	埋設深度[mm]
自動車などの重量物の道路	750 以上
人・自転車などの道路	450 以上
庭・畑などの空地	200 以上

長方形にすることも考慮する．
2) 基礎は砂利または切込み砕石（クラッシャラン）を，仕上り厚5cmになるよう突き固める．既製の底塊を使用しない場合は，さらに厚さ50mm以上の捨てコンクリートを施す．
3) インバートは排水管の中心線を基準に，固めのモルタルでおおよその形をつくり，その表面を同じく固めのモルタルで，平滑な半円形に仕上げる．排水管が屈曲，会合する場合は，図5・59のように，排水管位置は側壁の中心ではなく，曲線ができるだけゆるくなる方向にずらす．
4) インバートの法面幅は10～20cm，頂部

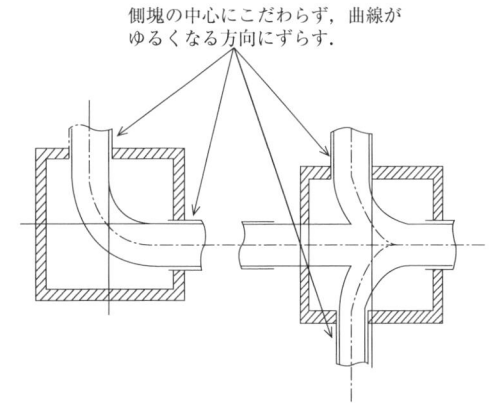

図5・59 インバートの切り方

は管の天端よりやや低め，低部は管の中心よりやや高めとする．インバートの断面を図5・60に示す．

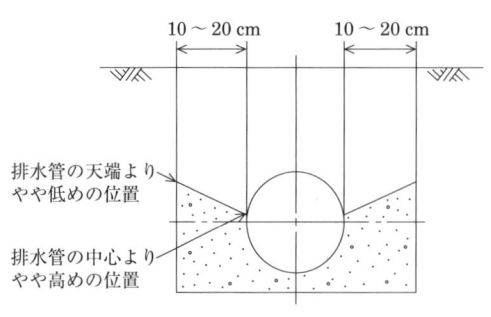

図5・60 インバート断面

(c) 小型プラスチック製ます

小型プラスチック製ますの施工にあたって,留意する点を以下に示す.

1) 基礎は厚さ5cm程度の砂基礎とする.
2) 立上り管と小型ます接合の際に,小型ますがずれたり傾いたりしやすいので,ていねいに行う.
3) 埋め戻す際は,立上り管にふたまたは養生して土砂が中に入るのを防止する.小型ますは埋戻し時に移動しやすく,立上り管も傾いたりしやすいので,周囲を均等に突き固めながら注意して埋め戻す.立上り管上部が変形するとふたの開閉が困難になるので,ふたの周囲は特に注意する.また小型トラップますは,脚やトラップの周囲が空洞になりやすいので,特に入念に突き固める.

図5・61に小型プラスチック製ますの例を示す.

〔4〕雨水排水管の施工

(a) 雨水排水管

雨水排水管の施工にあたって,留意する点を以下に示す.

1) 同一屋根面の雨水立て管は最低2本設ける.
2) 公共下水道が合流式でも,建物内では雨水排水管と他の排水管は別系統とし屋外でトラップますを介して排水ますで合流させる.屋外部分も別系統とし,最終ますで合流させるほうが望ましい.
3) 敷地内の雨水が隣地や道路に流出しない

図5・61 小型プラスチック製ますの例

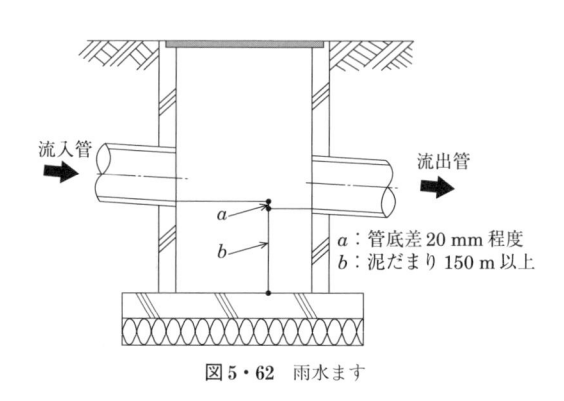

図5・62 雨水ます

よう側溝,格子ますなどを設け,建物雨水とともに公共下水道などへ排出する.

(b) 雨水ます

雨水ますの施工にあたっては以下の点に留意する.その他排水ますの留意事項に準じる.

1) 雨水ます底部には,150mm以上の泥だまりを設ける.
2) 流入管と流出管には,20mm程度の管底差をつける.
3) 格子ますの場合は,周囲の雨水が集まるよう格子ぶたのレベルを調整する.

図5・62に雨水ますの例を示す.

5・4 衛生器具設備工事

5・4・1 衛生器具類まわりの施工

器具の納り，取付け位置(間隔，高さ，使い勝手，タイル割りなど)，取付け方法の検討を行う．

また，器具によって取付け時期が異なるので搬入時期を考慮する．

参考取付け寸法を図5・63に，参考取付け高さを表5・10に示す．

〔1〕 取付け上の留意点

取付け上の留意点は以下のとおりである．

1) 施工中の器具は，汚損・損傷を避けるため適切な養生を行う．
2) 器具を壁に取り付ける場合，バックハンガ，フランジ取付け位置に必要に応じて取付け用の補強を入れる．コンクリートまたはれんが壁の場合はエキスパンションボルトを使用するか，木れんが(防腐剤を塗布したもの)をあらかじめ壁体に堅固に埋め込む．軽量鉄骨ボード壁の場合には鉄板またはアングル加工材を，木造壁には堅木材などのあて木をあらかじめ取り付けておく．
3) 陶器の一部をコンクリートまたはモルタルに埋め込む場合は陶器との接触部に，厚さ3 mm以上のアスファルト被覆を施し緩衝帯とする．
4) 陶器の締付けは均等に行い，片締めにならないようにする．また陶器が割れないよう，締過ぎに注意する．

〔2〕 大便器の取付け

和風大便器・洋風大便器の取付け上の留意点は，以下のとおりである．

(a) 洋風便器の寸法

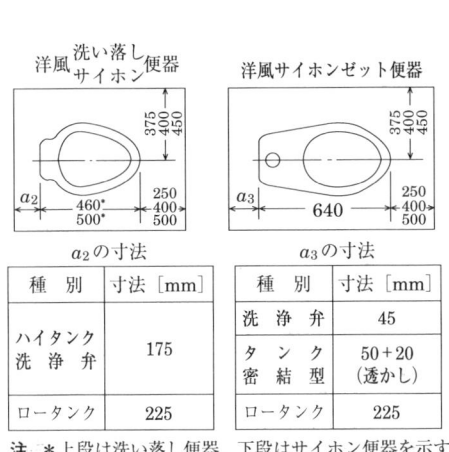

a_2 の寸法

種別	寸法 [mm]
ハイタンク 洗浄弁	175
ロータンク	225

a_3 の寸法

種別	寸法 [mm]
洗浄弁	45
タンク密結型	50＋20 (透かし)
ロータンク	225

注 ＊上段は洗い落し便器．下段はサイホン便器を示す．

(b) 和風便器の寸法

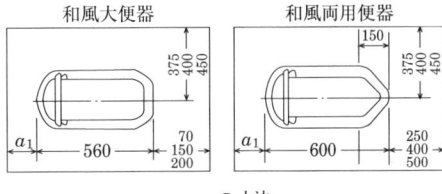

a_1 の寸法

種別	寸法 [mm]
側壁・側床または前壁洗浄弁	150以上
前床洗浄弁隅付ロータンク	175以上
ハイタンクサイホンゼット大便器	200以上

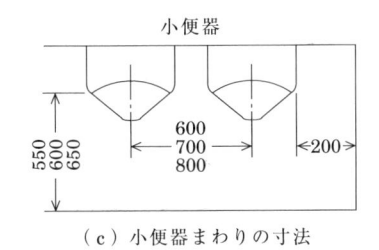

(c) 小便器まわりの寸法

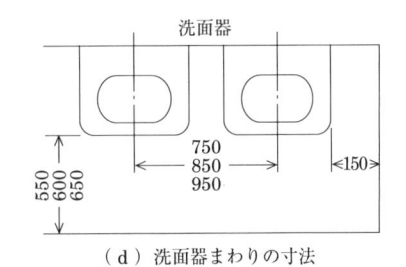

(d) 洗面器まわりの寸法

図5・63 衛生器具の参考取付け寸法＊

＊ 空気調和・衛生工学会編：空気調和・衛生工学便覧，第13版，第6編，p.263(2001年)

表5・10 衛生器具の取付け高さ*1

器具	取付け高さ [mm]	摘要
和風両用便器	300	上下床面の差
小便器	530	床面よりたれ受け部まで
洗面器	720	床面よりあふれ縁まで
手洗器	760	床面よりあふれ縁まで
料理場流し	780〜850	床面より上縁まで
掃除用流し	680	床面より上縁まで
洗濯流し	810	床面より上縁まで
吸上げ水飲み器（斜角吹上げ式）	760	床面より上縁まで
実験用(化学用)流し	約900	床面より上縁またはハック上端まで
シャワー（固定式）	850*1 (400)*2	床面より混合弁またはシャワーバルブ取付け口中心まで
	1870	床面よりシャワーヘット取付け位置中心まで
ハンドシャワー	850*1 (400)*2	床面より混合弁またはシャワーバルブ取付け口中心まで
	1650	床面よりシャワーヘット取付けフック中心まで
洗浄用ロータンク 和風大便器	500	床面よりタンク下端まで
洗浄用ロータンク 洋風大便器	550	床面よりタンク下端まで（密結型は除く）

注 身体障害者, 年少者用は特記による.
　*1 浴槽据置きの場合(洗い場も兼用)
　*2 洗い場用

（a） 和風大便器

1) コンクリート打設の際, 大便器設置位置に型枠を入れる.
2) 据付け穴に便器をはめ込み, 所定の位置に支えブロックなどを使用して, 水平, 高さとも正確に設置し, すきまにモルタルを入れ固定する(図5・64).
3) 耐火性能が必要な場合は, 防火貫通部の処理を行う.
   - a) 耐火カバーは, 日本建築センターの性能評定マークが貼付されたものを使用する(耐火被覆の場合は, 1.5 mm以上の鉄板で25 mm以上のロックウール保温板を包んだもの).
   - b) 陶器と耐火カバーとのすきまは, 断熱材を充てんする.
   - c) 耐火カバーは, コンクリートスラブに堅固に固定する.
   - d) 躯体と耐火カバーのすきまは, モルタルなどで充てんする(図5・65).

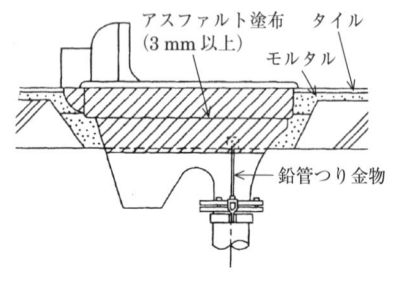

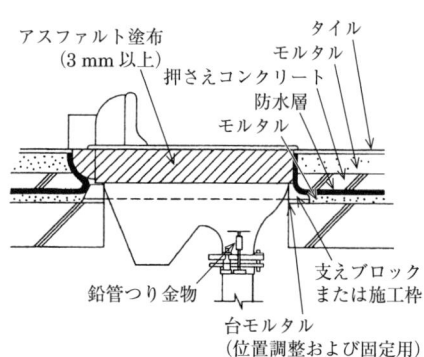

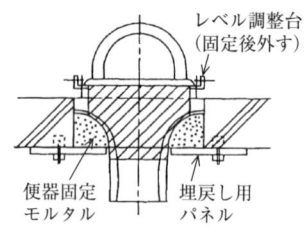

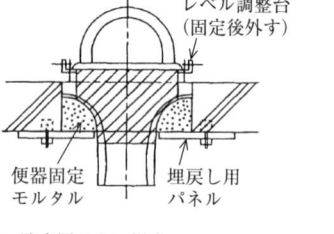

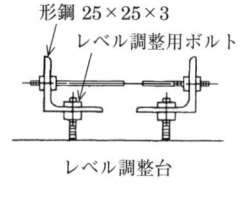

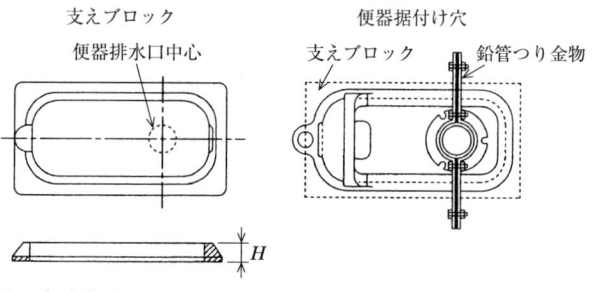

図5・64 和風大便器の取付け例*2

*1 空気調和・衛生工学会編：空気調和・衛生工学便覧, 第13版, 第6編, p.263(2001年)
*2 公共建築協会編：公共建築設備工事標準図(機械設備工事編)平成16年版, p.162, 163, 165

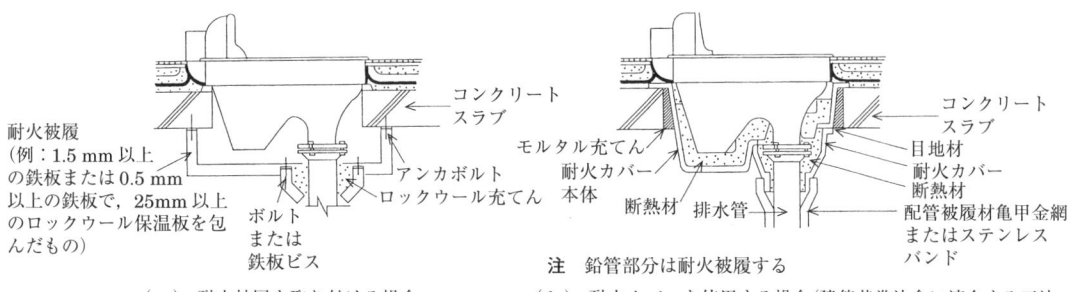

（a）耐火被履を取り付ける場合　　（b）耐火カバーを使用する場合(建築基準法令に適合する工法とする)

図 5・65　和風大便器の耐火処置[1]

（b）　洋風大便器

あらかじめ所定の位置に排水管を立ち上げておく．床仕上げが終わった後，床フランジを排水管にはめ込み，床に固定する．排水管を床フランジのテーパ面にそわせ，床フランジの上部まで十分広げる．便器を所定の位置に正確に固定する（図 5・66）．

〔3〕　小便器の取付け

壁掛け小便器・ストール小便器の取付け上の留意点は，以下のとおりである．

（a）　壁掛け小便器

所定の位置に排水管を壁より取り出し，壁仕上げが終わった後，壁フランジを排水管にはめ込み壁に固定し，鉛管切口をつば広げにしフランジとはんだ付けし，小便器を所定の位置にあてがい締め付けて固定する（図 5・67）．

（b）　ストール小便器

所定の位置に排水管をあらかじめ仕上り床面より立ち上げ，床仕上げが終わった後，床フランジを排水管にはめ込み床に固定し，排水管を床フランジのテーパ面にそわせ，床フランジ上部まで十分広げ，便器を所定の位置に正確に固定する（図 5・68）．

床に排水こう配がある場合，小便器の下にかい物をして小便器の水平を出し，固定した後すきまを白セメントなどで埋め仕上げる（図 5・69）．

トラップがない小便器は別にトラップを取り付ける必要がある．

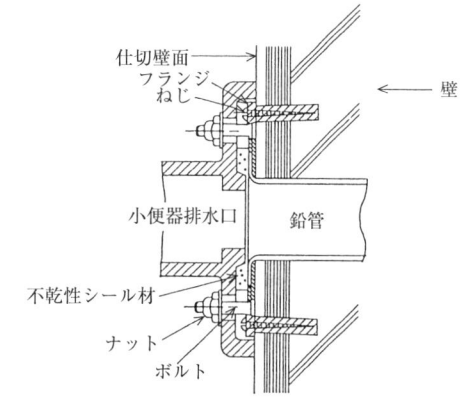

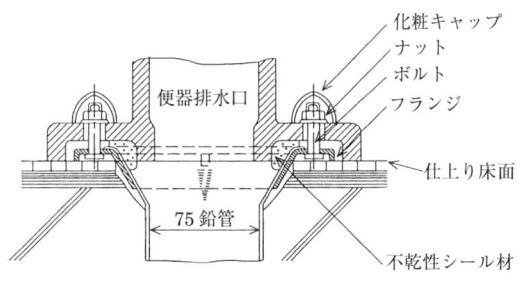

図 5・66　洋風大便器の排水接続例[2]

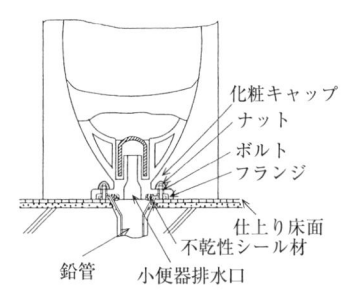

図 5・67　壁掛け小便器の排水接続例[3]

図 5・68　ストール便器の排水接続例[4]

＊1～4　公共建築協会編：公共建築設備工事標準図(機械設備工事編)平成 16 年版，p.162，163，165

〔4〕 洗面器の取付け

洗面器の本体に水栓，金具を取り付けておく．

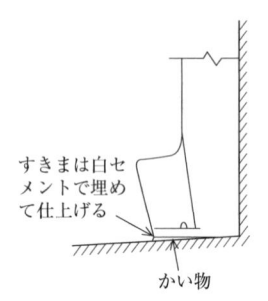

図5・69 ストール形小便器のすきまの処理例*¹

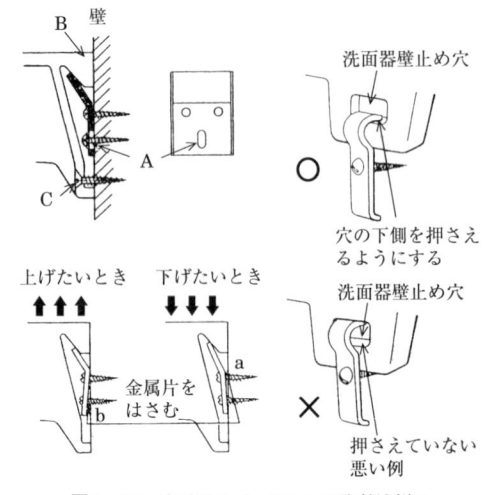

図5・70 洗面器のバックハンガ取付け例*¹

所定の位置・高さにブラケットまたはバックハンガを取り付け，陶器上縁を水平にかつ堅固に固定する．

バックハンガで本固定の後，高さ調整が必要な場合は，バックハンガと壁の間に金属片をはさみ，調整する（図5・70）．

洗面器と排水管の接続方法を図5・71に示す．

〔5〕 そ の 他

1) エコロジー：節水型水栓など省エネルギー環境を考慮した器具の選定と使用方法を検討する．
2) バリアフリー：身障者・高齢者・体の不自由な方を考慮した器具の選定と配置を検討する．図5・72にオストメイト対応多目的トイレの例を示す．
3) オストメイトとは，人工肛門を装着した人たちのことで，汚れた補装具（パウチ）や衣服，身体を洗う設備が望まれる．

〔6〕 器具調整

竣工前に必ず通水し，操作性および機能の調整を行う．この際，使用者や保守管理者の立場に立って使い勝手などを考慮して調整する．

（a） 大 便 器

洗浄弁の場合は，ハンドルを押して流出水量・状態をみて，止水栓の開度を調整する．また，正常な流水時間で停止するかを確認する．

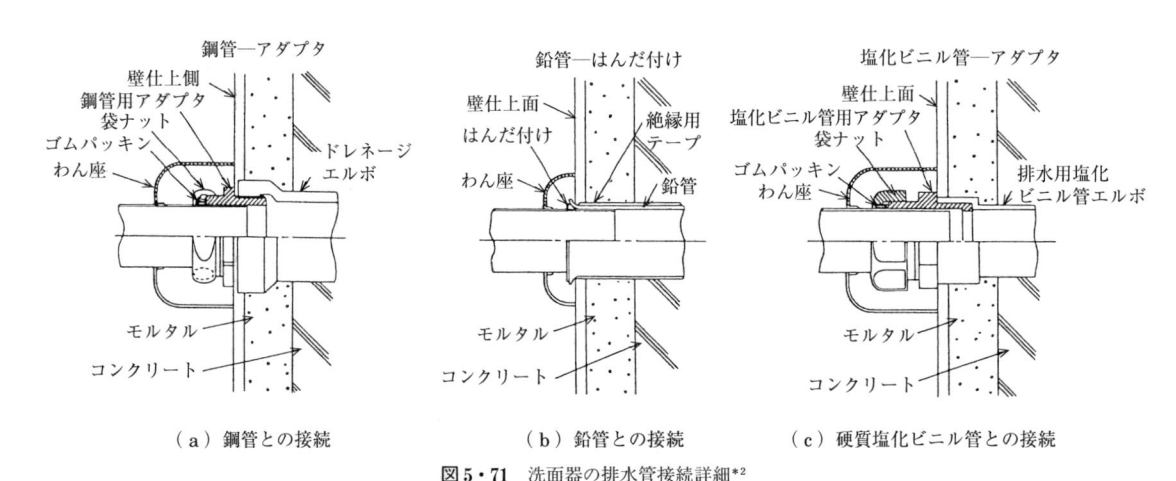

（a）鋼管との接続　　（b）鉛管との接続　　（c）硬質塩化ビニル管との接続

図5・71 洗面器の排水管接続詳細*²

＊1 設計施工資料集 2004-2005, p.292, 東陶機器
＊2 建築設備技術者協会編：空気調和・給排水設備施工標準（改訂3版），p.412

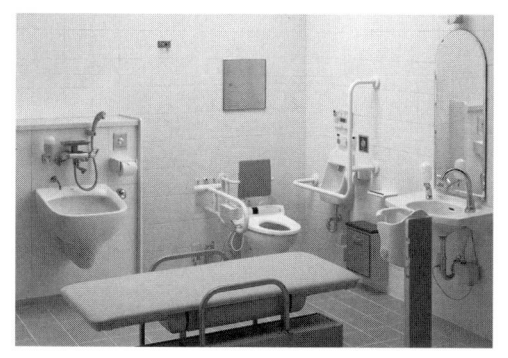

図5・72 オストメイト対応多目的トイレ*1

ロータンク式の場合は，止水栓・タンク内のボールタップで調整する．ボールタップをタンク内に押し沈めて吐水させ，オーバフロー管が飲み込める開度に止水栓を調整する．また，ボールタップが自由に上下するように調整する．ハンドルを回して正常な流水と停止を確認する．

洗浄管の接続部や排水管との接続部などからの漏水がないことを確認する．

（b）小便器

洗浄弁の場合は，大便器と同様である．リップからあふれ出ないように，また洗浄が不十分にならないように調整する．

連立ハイタンクの場合は，自動サイホンが正常に機能するか，各小便器に平均に洗浄水が流下するか確認する．また洗浄間隔が適正となるよう止水栓を調節する．

自動洗浄システムの場合は，使用者の感知やタイマ設定によるものが多い．感知センサ，タイマの設定は擬似テストを行い，それぞれのシステムに応じた調整を行う．

大便器同様に洗浄弁，排水管接続部などからの漏水がないことを確認する．

（c）洗面器

水勢が強すぎると，使用者に水がはね返る．またオーバフローが飲み込めなくなる．水を出しながら個々の止水栓を調整する．

ポップアップ式排水栓も水をためて調整する．

自動水栓は，吐水口部に手をかざし感知機能を確認する．

器具のがたつきがないか，給水部，排水部からの漏水がないかを確認する．

カウンタ式の洗面器はカウンタに水をまき，カウンタと陶器の間からの水が漏れないかを確認する．

5・4・2 衛生器具まわりの配管工事の留意点

器具まわりの配管は，衛生器具が正常に機能するために重要なものである．いかに衛生器具が正常に取り付けてあっても，配管が不備であれば，排水不足，詰まり，流量不足などの機能障害を起こす．

〔1〕給水・給湯配管

埋込み配管は被覆養生を行い，器具取付けボルトの位置を避けて配管をする．器具接続用の取出口は，止水栓や洗浄弁が直接ねじ込める深

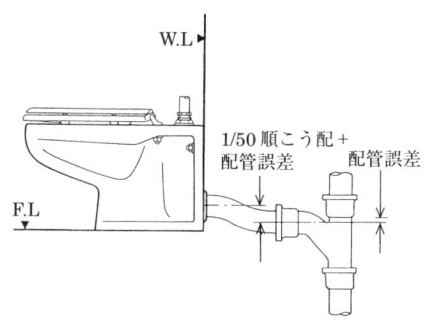

図5・73 施工誤差を見込んだ分岐高さ*2

---

*1 T社ホームページより
*2 I社 2004-2005 住宅設備機器設計用図面集，p.131

さとし，持出しソケットなどの使用は避ける．

連立小便器をハイタンク自動洗浄方式で洗浄する場合トーナメント配管とし，平均に流れるようにする．

自動サイホンによる洗浄ではトラップ配管とならないようにする．

〔2〕 排水・通気管

排水管には，滞留を起こさないよう管径に見合ったこう配をつける．

壁排水型の大便器の場合，接続排水管のこう配を適切にとらないと洗浄不良を起こす場合がある（図5・73）．

排水管には詰まった場合のことを考慮し，掃除口を要所に設ける．

通気管は，器具のあふれ縁より150 mm以上上方で通気立て管に接続する．

5・5 消火設備工事

5・5・1 機器・器具まわりの施工

〔1〕 消火ポンプ

消火ポンプは，技術上の基準が「平成9年6月30日消防庁告示第8号（加圧送水装置の基準）」にて定められている．したがって，それに基づいてユニット化され，日本消防設備安全センターの認定を受けた製品を使用する．図5・74に屋内消火栓ポンプユニットの構成例を示す．

消火ポンプの据付け位置は，メンテナンススペース（機器から0.6 m以上が望ましい），梁の位置，納り，機器重量を考慮し決定する．

基礎の施工および据付け時のアンカボルトの選定については，第3章を参照されたい．

なお，一般的な消火ポンプの基礎の大きさは，ポンプベースの縦横サイズ＋400 mm，高さ300 mm程度である．また，配管接続をする際は，配管，弁などの加重がポンプユニットへかからないようにサポートを計画する必要がある．

〔2〕 消火栓ボックス

消火栓ボックスは，その階の階段や出入口の近くなど，火災の際に容易に発見することができ，かつ扉の開閉，ホースの引出し，消火栓弁の開閉などが容易に行える場所に所定の高さ（消火栓弁の設置高さがFL＋1 500 mm以下）で取り付ける．

埋込み型は，本体部と扉部が分割されている例が多い．箱本体の固定は，埋め込む部分の前

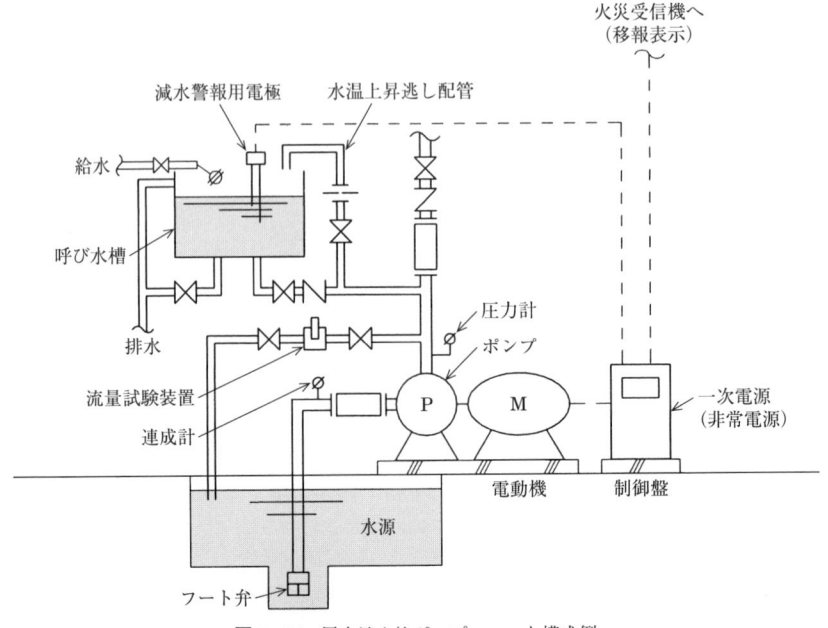

図5・74 屋内消火栓ポンプユニット構成例

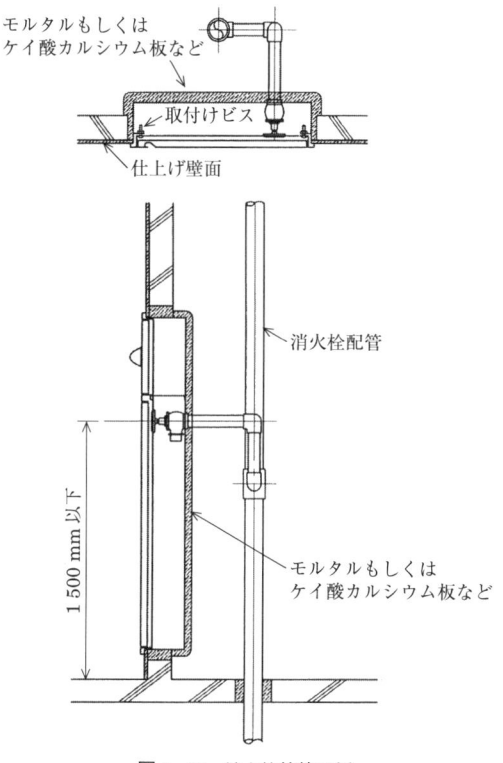

図5・75 消火栓箱施工例

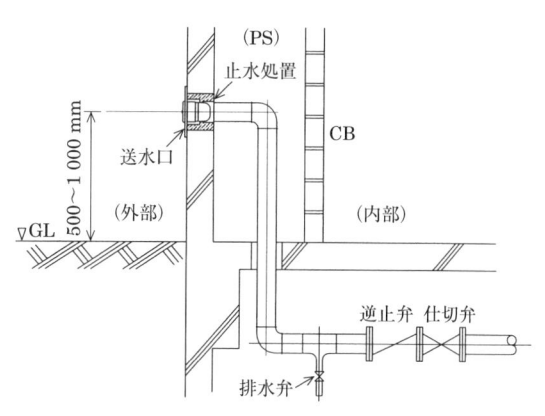

図5・76 壁付け型送水口施工例

面が壁の仕上り面より内部になるように位置決めを行い，箱本体を壁コンクリート筋に溶接するか，もしくはあと打ちアンカボルトで固定した後，周囲のすきまをモルタルなどで充てんする．配管・消火栓弁の取付けを行い，壁面が仕上がってから扉枠を本体にはめ込み，ビスなどで取り付ける．

やむをえず，防火区画の壁をボックスが貫通する場合は，ボックスの裏面にモルタルもしくはケイ酸カルシウム板などによる，耐火処置を講じなければならない（図5・75）．なお，耐火処置の方法については所轄消防と打合せを行い決定する．

露出型の場合は，壁面にあと打ちアンカボルトを打ち込み，位置を調整し固定する．また，基礎上に設置する場合は地震などによる転倒がないように，転倒防止の対策を行う．

〔3〕 送 水 口

送水口はスプリンクラ設備，連結送水管，連結散水設備などに設けられ，消防隊がポンプ車より消火用水を送水するためのものである．

送水口の設置場所は，消防ポンプ車が容易に近づくことができ，送水に支障のない位置を原則とし，所轄消防との打合せのうえ決定する．

送水口の設置は地盤面から0.5 m以上1.0 m以下の高さとし，建物の壁に直接埋め込む場合は雨水などの水が建物内に入らないよう止水処理を十分に施すようにする．送水口の近傍で容易に操作が行える場所に仕切弁，逆止弁および排水弁を設置する．図5・76に壁付型送水口の設置例を示す．

〔4〕 流水検知装置

流水検知装置は主にスプリンクラ設備に設けられ，区画ごとに配管内の流水を検知し，警報を発するための装置である．

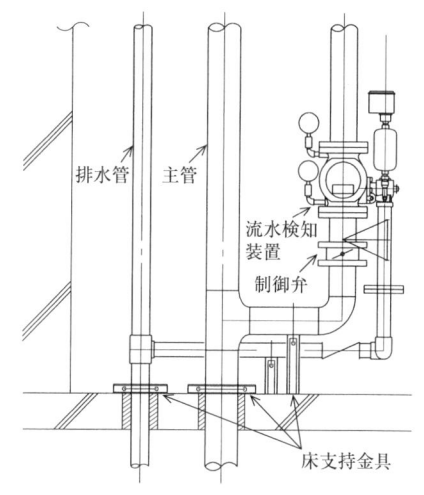

図5・77 流水検知装置施工例

流水検知装置は点検が容易で，かつ火災の影響を受けない場所に設置する．制御弁はみだりに閉止できない処置を講じ，0.8 m 以上～1.5 m 以下の高さに設置する．また，主管の加重は最下端で受け持つよう，支持金物にて固定する．図5・77 は流水検知装置の施工例である．

5・5・2 消火配管の留意点

消火設備に使用する配管は，JIS G 3442，JIS G 3452 もしくは JIS G 3454 に適合する管またはこれらと同等以上の強度，耐食性および耐熱性を有する配管を使用するものとされている．したがって，管材は，表5・11 に示す規格品および日本消防設備安全センターの評定品を用いる．また，配管材は使用する場所や，圧力により，選択が必要である．表5・12 に，管材ごとの使用場所を示す．なお，水道用配管などに使用される内面ライニング鋼管などのような，内面のコーティング材が熱により侵されるおそれのあるものは使用できない．

表5・11 管の種類と規格[*1]

管種	名称	種類の記号	規格番号	備考
鋼管	水配管用亜鉛めっき鋼管	SGPW	JIS G 3442	白管
	配管用炭素鋼鋼管	SGP	JIS G 3452	白管，黒管
	圧力配管用炭素鋼鋼管	STPG	JIS G 3454	白管，黒管，sch 40，STPG 370
	一般配管用ステンレス鋼管	SUS-TPD	JIS G 3448	
	配管用ステンレス鋼管	SUS-TP	JIS G 3459	
外面被覆鋼管	消火用硬質塩化ビニル外面被覆鋼管	SGP-VS	WSP 041	白管
		STPG-VS	WSP 041	白管
	消火用ポリエチレン外面被覆鋼管	SGP-PS	WSP 044	白管
		STPG-PS	WSP 044	白管
銅管	銅および銅合金継目無管	C 1220	JIS H 3300	C 1220（リン脱酸銅）のL，Mタイプ
その他	特殊管（巻出し配管ユニットなど）	SGP，SUS，他	―	評定品に限る

表5・12 管の使用条件[*2]

管種	名称	種類の記号	JISなどによる水圧試験圧力	使用場所の目安
鋼管	水配管用亜鉛めっき鋼管	SGPW	2.5 MPa	湿式部分は黒管を使用できる場合がある．ただし，所轄消防署に確認のことは充水部のみ
	配管用炭素鋼鋼管	SGP		
	圧力配管用炭素鋼鋼管	STPG	6.0 MPa（sch 40）	
	一般配管用ステンレス鋼管	SUS-TPD	2.5 MPa	環境により腐食のおそれのある部分
	配管用ステンレス鋼管	SUS-TP	2.0 MPa	
外面被覆鋼管	消火用硬質塩化ビニル外面被覆鋼管	SGP-VS	2.5 MPa	土中埋設配管
		STPG-VS	6.0 MPa（sch 40）	
	消火用ポリエチレン外面被覆鋼管	SGP-PS	2.5 MPa	
		STPG-VS	6.0 MPa（sch 40）	
銅管	銅および銅合金継目無管	C 1220	評定申請値	湿式部分で，かつ，隠ぺい部分に限る
その他	特殊管（巻出し配管ユニットなど）	SGP，SUS，他	評定申請値	評定条件による

[*1, 2] 日本消火装置工業会：スプリンクラー設備 設計・工事基準書

乾式スプリンクラ，予作動式スプリンクラの流水検知装置二次側配管は，有効に排水できるこう配を設ける必要がある．したがって，主管については 1/500 以上，分岐管については 1/250 以上のこう配をつけた配管施工を行う．

5・5・3 消火設備の種類と概要

〔1〕 屋内消火栓設備

屋内消火栓設備は，火災の初期消火を目的としたもので，水源，加圧送水装置，配管，起動装置，および消火栓箱などから構成される．屋内消火栓には設備の種類として，1号消火栓，易操作性1号消火栓，および2号消火栓がある．

〔2〕 スプリンクラ設備

スプリンクラ設備は，火災の初期消火を目的とした自動消火システムで，水源，加圧送水装置，配管，流水検知装置，およびスプリンクラヘッドなどから構成される．スプリンクラ設備には設備の種類として，湿式スプリンクラ，乾式スプリンクラ，予作動式スプリンクラ，放水型スプリンクラ，開放型スプリンクラ，共同住宅スプリンクラがあり，建物の構造，運用形態によって選択される．

〔3〕 水噴霧消火設備

水噴霧消火設備は，ノズルより放射される噴霧による冷却効果，発生する水蒸気による窒息効果などにより消火を行う設備であり，油火災などに有効な設備である．

水噴霧消火設備は，水源，加圧送水装置，配管，流水検知装置，一斉開放弁，起動装置，および噴霧ヘッドなどから構成される．

〔4〕 泡消火設備

泡消火設備は，泡ヘッドから空気泡を放射し，燃焼表面を泡で被覆することによる窒息作用と，泡に含まれる水分による冷却作用により火災を消火する設備である．泡消火設備は，可燃性液体類などの消火に有効であり，ビルでは，主に駐車場に設置されている．

泡消火設備は，水源，加圧送水装置，泡消火薬剤貯蔵槽，混合装置，配管，流水検知装置，一斉開放弁，起動装置，および泡放出口などから構成される．

〔5〕 屋外消火栓設備

屋外消火栓は，屋外に設置される設備であり，建物の外から消火活動を行うことのできる設備である．また，ホースを延長することにより，建物内部での消火活動も可能である．屋外消火栓のシステムおよび構造は屋内消火栓に準じているが，放水能力は屋内消火栓よりも高く1台あたりの水平警戒距離も長いため，1階，2階については屋内消火栓の代替設備として認められている．

〔6〕 連結散水設備

連結散水設備は，消火活動上必要な施設として位置づけられており，建築物の地下階などの消火活動を円滑に行うための設備である．地下階の火災では，著しく煙が充満し，消防隊の進入が極めて困難であり，消防ホースでは火災火源に有効な注水ができない．そこで，送水口，配管，散水ヘッドなどから構成される設備を地下階の天井に設置し，消防ポンプ車から加圧送水して散水する設備である．なお，各自治体により設備方式が異なるため，事前に確認が必要である．

〔7〕 連結送水管

連結送水管は，消火活動上必要な施設として位置づけられており，建築物の高層階および地下階などの消火活動を円滑に行うための設備である．送水口，放水口，放水器具格納箱などから構成される．なお，各自治体により設備方式およびポンプ車の送水能力が異なるため，事前に確認が必要である．

5・5・4 消火設備工事の留意事項

消火設備の設置基準は，各自治体によって異なっている場合が多い．例えば，連結送水管の放水口は，東京都ではねじ込み式を使用するが，横浜市，川崎市では差込み式を使用する．したがって，消火設備を施工する際は物件の所在地ごとの基準をよく把握しておかなければならない．

なお，東京都およびほとんどの政令指定都市は独自の技術基準を採用している．

5・6 その他設備工事

使用者・管理者などおよび装置自体が求めている性能が提供できるように，以下で記述する設備工事では，その設備が保持している機能を十分に発揮できる施工管理を実施することが重要である．

施工上での注意点は次のとおりである．
1) 他関連設備（給水設備・排水設備・換気設備・電気設備など）との接続箇所部では，取合いが十分なされていること．また，離隔距離も確保されていること．
2) 建築工程の中に組み込まれた設備工程が，クリティカルパスになる設定であること．また，その進捗管理が必要なこと．例としてスリーブ・インサートの施工時期，隠ぺい部での施工順序，単独で行う試運転調整と総合調整などがある．
3) 構造体への補強の有無が検討されて施工していること．
4) ピット部および湿潤な箇所での支持金物類の材質は耐腐食性であること．

5・6・1 ガス設備工事

都市ガスとLP（液化石油）ガスでの注意点について記述する．

（a） ガスの比重

都市ガスの種類は，都市ガスを供給している都市ガス事業者ごとに異なりガス種類13A・12Aは空気より軽い．一方，LPガスはエタン＋エチレン，プロパン＋プロピレンなどの混合物で，ガスの比重は空気より重い．

（b） ガス設備関連法規

都市ガスとLPガスの関連法規を**表5・13**に示す．

表5・13 ガス設備関連法規

	I	II	III	IV	V	VI	VII	VIII	IX
都市ガス	○			○	○	○	○	○	○
LPガス 70戸以下集合供給		○		○	○	○	○	○	
LPガス 70戸以上集合供給				○	○	○	○	○	
LPガス 導管供給	○			○	○	○	○	○	
バルク設備 一般消費者・業務用				○					
バルク設備 工業用・10トン以上				○					

Ⅰ：ガス事業法
Ⅱ：液化石油ガスの保安の確保及び取引の適正化に関する法律
Ⅲ：高圧ガス保安法（工業用大量消費などに適用）
Ⅳ：特定ガス消費機器の設置工事の監督に関する法律
Ⅴ：計量法　　Ⅵ：建築基準法　　Ⅶ：消防法
Ⅷ：道路法　　Ⅸ：電気事業法

（c） ガス引込み時の留意点

道路の掘削部が国道・都道・県道では道路調整会議を経て掘削が道路管理者から許可されており，国道では約1箇月，都・県道では約3週間の日数が必要になる．区・市・町道では道路管理者からの許可に約2週間程度の日数が必要である．また私道では所轄警察署の申請期間が約2〜3日間の日数が必要になるので注意を要する．

（d） ガスメータと計量法

ガス事業法でのガス料金は，認可料金制となっている．LPガス料金は一般に，「基本料金」「従量料金」と「貸付設備料金」で構成されている．

ガスメータ設置は，検針や維持管理が困難な場所，電気設備を施設してあるパイプシャフト内またはピット内，ガスが滞留するおそれのある隠ぺい場所および機能に悪影響を及ぼすおそれのある場所には設置しない．

（e） 埋設配管の管種

被覆された耐食性のある材料（PLP鋼管・ガス用ポリエチレン管など）を使用する．また，絶縁継手を土切部付近の露出部に設置マグネシウムなどによる防食措置を施す．

（f） ガス漏れ警報器の設置

都市ガスは，ガス燃焼機器やガス工作物からの水平距離が8m以内の場所に設置し，空気

より軽いという性質があるので警報器の下端は，天井面などの下方 30 cm 以内に設置する．ただし，火災報知器との複合型を壁設置する場合は，天井面下 15～30 cm の範囲に設置し，天井面などが 0.6 m 以上の梁などにより区画される場合は，当該梁などよりガス燃焼機器やガス工作物側に設置する．また，ガス燃焼機器やガス工作物がある室内で，天井付近に吸気口のある室は，当該燃焼器やガス工作物に最も近い吸気口付近に設置する．

一方 LP ガスは，床面から 30 cm 以内の高さの所に取り付けておくと，爆発下限界濃度 2.1% の約 1/4 の 0.5% で検知して警報を発し，さらに連動式の場合には，同時にマイコンメータでガスを遮断し，一酸化炭素を検知する CO 警報器を天井付近に取り付けておくと，万一不完全燃焼を起こしたときにマイコンメータに信号を送ってガスを遮断する．

(g) 緊急遮断弁

当該建物の第一外壁貫通部より上流側か，または貫通部の直後に設置する都市ガス遮断装置で，危急の場合に当該建物内の防災センターなどから遠隔操作により直ちに遮断する装置で，設置場所は維持管理の容易な場所とし堅固に支持固定する．

(h) ピット内での溶接配管

ガス，溶接ヒューム (浮遊微粒子) がこもる場所では換気設備を具備して施工する．

(i) ベーパライザ (LP ガス気化装置) と集合装置

大気のもつ保有熱の代わりに，気化装置を介して蒸気や温水，または電気などの熱源で液化ガスを加温し沸騰させガスを得る方法を強制気化方式といい，ベーパライザはこの強制気化方式の気化装置のことをいう．集合管装置を図 5・78 に示す．

(j) バルク設備

集合住宅や業務用レストランなどの消費先に設置した貯槽または容器に，LP ガス充てん設備 (直接 LP ガスを充てんするための機能を搭載したタンクローリでバルクローリともいう) からホースを接続し，無線スイッチなどの遠隔操作によって液送ポンプを駆動し，直接 LP ガスを充てんする方式．貯槽には主に地下式と地上式の 2 種類がある．バルク貯槽の保安距離はバルク貯槽の外面から 2 m 以内にある火気を遮る措置を講じる．また貯蔵能力 1 000 kg 以上 3 000 kg 未満のバルク貯槽には B-10 型消火器を，3 000 kg 以上のバルク貯槽には連結散水設備または屋内消火栓設備を設置する．なお，バルクローリは，高圧法では「移動式製造設備」に該当し，液石法では「充てん設備」と定義され，充てん設備であるバルクローリは公道にも駐車 (停車) して充てん作業を行うことから，移

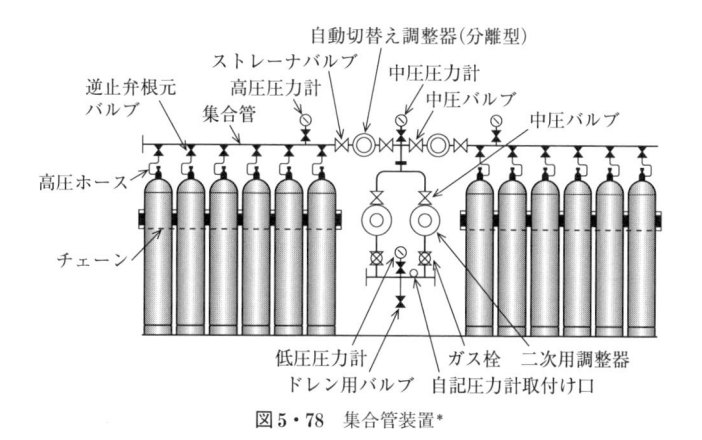

図 5・78 集合管装置*

＊ 空気調和・衛生工学会編：空気調和・衛生工学便覧，第 13 版，4 給排水衛生設備設計編，p.387 (2001 年)

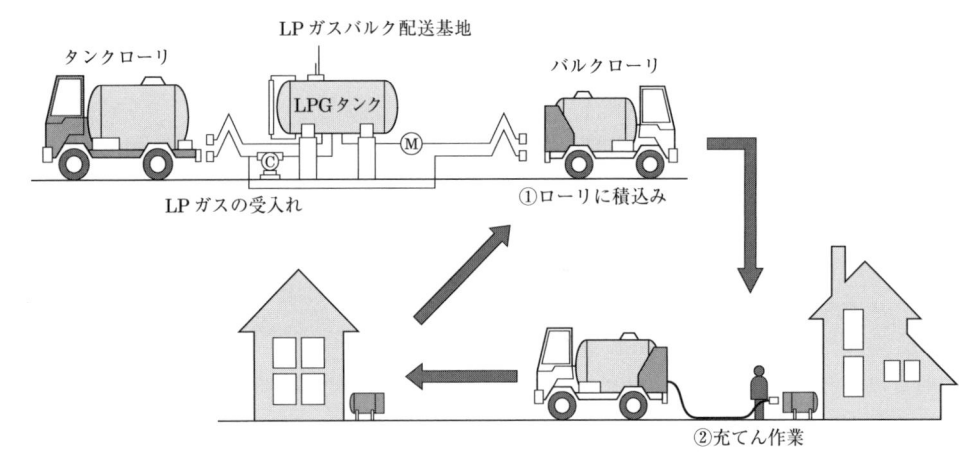

図5・79　バルク供給システム*

動式製造設備よりは保安面で機能強化が図られた構造となっている．バルクシステムを図5・79に示す．

(k) 気密試験

気密試験は「水柱ゲージによる方法」，「自記録圧力計による方法」，「発泡液による方法」，「小型可燃性ガス検知器による方法」があり，配管途中もしくは隠ぺい，埋戻し前または配管完了後の塗装施工前などに行うものとする．

(1) ガス設備の系統図

都市ガス配管系統図を図5・80に示す．

5・6・2　排水処理設備工事

排水処理設備工事では，使用目的別にそれぞれの系統が間違いのないように施工を行う．その後の使用勝手などによる変更に対処するため，また，管理者や修理業者への被曝や汚染，二次感染防止のためには，系統が明確に判別できるように系統表示をしておくことが必要である．

(a) 合併浄化槽

浄化槽とは合併浄化槽を意味し，水洗トイレ汚水(し尿)と，台所やふろ，洗濯などの生活雑排水を微生物の働きにより浄化処理する装置をいう．

(b) ディスポーザ排水処理システム

ディスポーザ単体設置の問題点を解決する方法として，生ごみを粉砕する部位(ディスポーザ)，粉砕された生ごみを搬送する部位(配水管システム)，粉砕された生ごみを処理する部位(排水処理装置およびコンポスト化装置など)の三つの部位で構成され，処理水(排水濃度 BOD 300 mg/l 未満，SS 300 mg/l 未満，n-Hex 30 mg/l 以下)は公共用水域，公共下水道または合併浄化槽に放流される．特に，ディスポーザ排水管の施工では，継手部分および排水ますの管底部に段差を生じさせない施工を行う．ディスポーザ排水処理設備の系統図の例を図5・81に示す．

(c) ちゅう房排水除害施設

料亭，バー，レストランといった飲食店や給食施設などのちゅう房排水は，油脂類が多いために設ける排水処理施設をいう．ちゅう房排水はBODおよびn-HexやSSが多く排水に含まれるため，グリース阻集器のみでは排出基準を満たせない場合は除害施設が必要になる．ちゅう房除害施設の系統図の例を図5・83に示す．

(d) RI排水処理設備

一般に病院でのRI(放射性同位元素；Radio Isotope)排水は，インビトロ検査(非密封RIを人体に投与してそのRIを追跡する検査)によって生じるものと，治療薬として人体に投与

---

*　神奈川県エルピーガス協会ホームページから

5・6 その他設備工事　173

〈凡例〉
- 業務用自動ガス遮断弁
- ガス漏れ警報器
- 操作器（感震器内蔵タイプの操作器あり）
- 感震器
- Ⓜ ガスメータ
- ○ 横引き第1支持点

昇圧防止器

レストラン

建物の想定応答加速度が最高と想定される階層に設置

防災センターへ

PS

PS

昇圧防止器

住宅

ガス漏れ警報器
- 通気が不可能なガス遮断弁室
- ガスメータ室
- 主立てシャフト内

《緊急遮断弁屋外設置の場合》

防災センターより遠隔操作
緊急遮断弁 ※2

引込み管ガス遮断弁
本支管

飲食店街

受信機
監視操作
パネル

防災センター

《緊急遮断弁屋内設置の場合》

緊急遮断弁 --- 防災センターより遠隔操作

引込み管ガス遮断弁
本支管

防災センターへ

図5・80　都市ガス配管系統図*

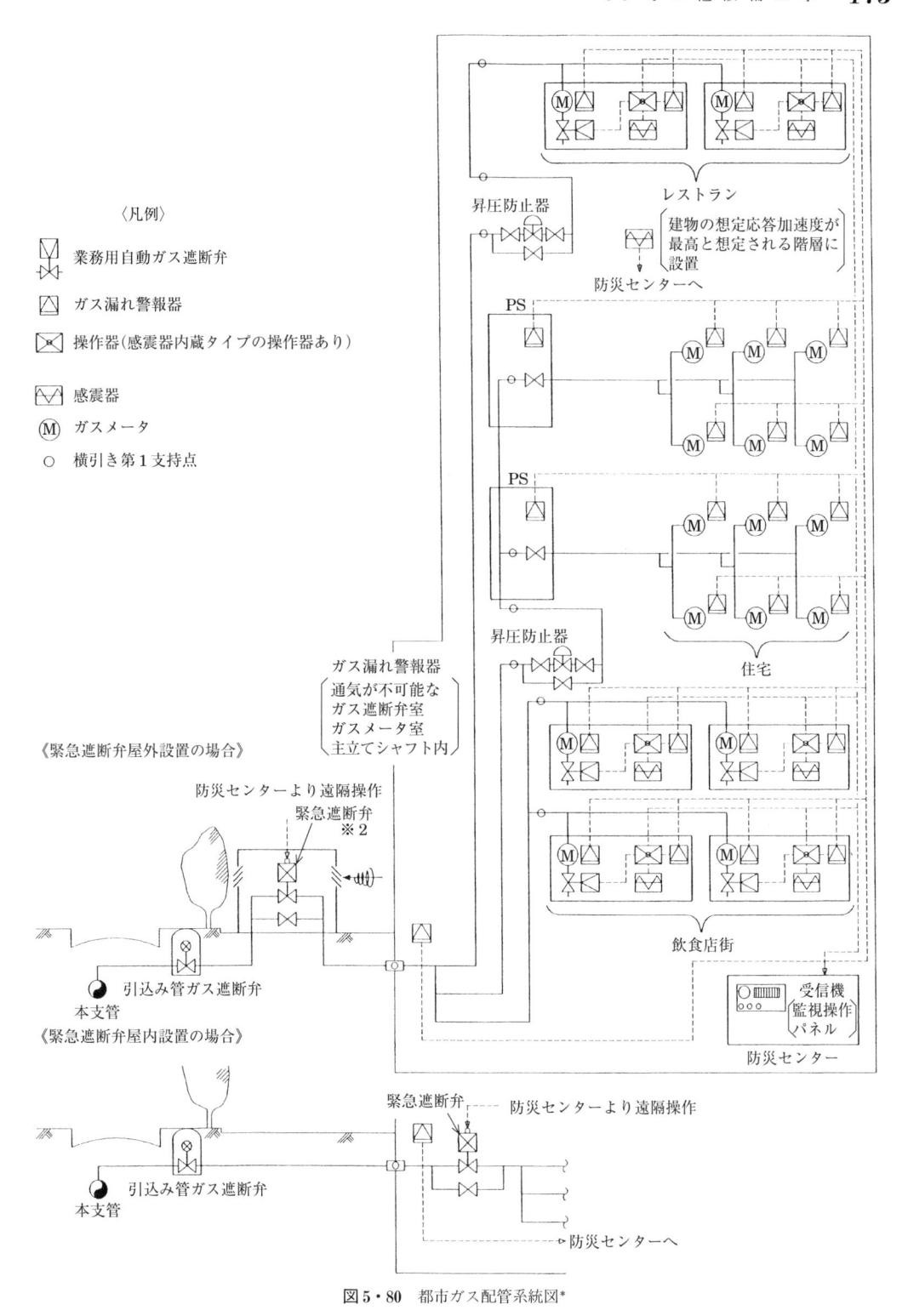

* 東京ガス：東京ガス技術資料

され，トイレなどから排出されるものがあり，規制値（濃度限度）が定められており，放射能の濃度を規制値以下に処理してから放流させる．処理方法は減衰法または希釈法が一般的であり，放流時には排水中の放射能濃度をモニタなどで測定し，規制値以下になったことを確認してから放流する．

施工時の留意点として，施設の特殊性からい

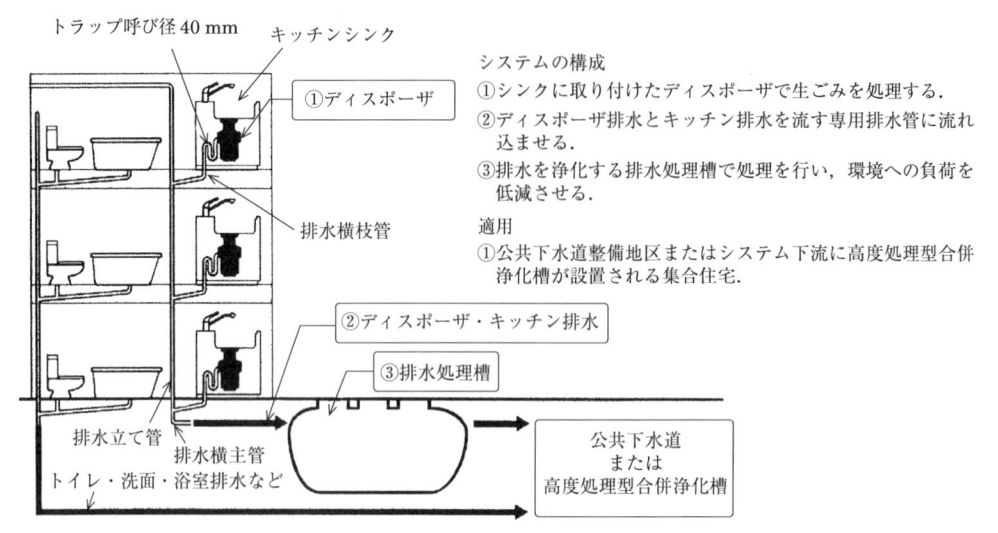

システムの構成
① シンクに取り付けたディスポーザで生ごみを処理する．
② ディスポーザ排水とキッチン排水を流す専用排水管に流れ込ませる．
③ 排水を浄化する排水処理槽で処理を行い，環境への負荷を低減させる．

適用
① 公共下水道整備地区またはシステム下流に高度処理型合併浄化槽が設置される集合住宅．

図5・81 集合住宅用ディスポーザ排水処理システム*

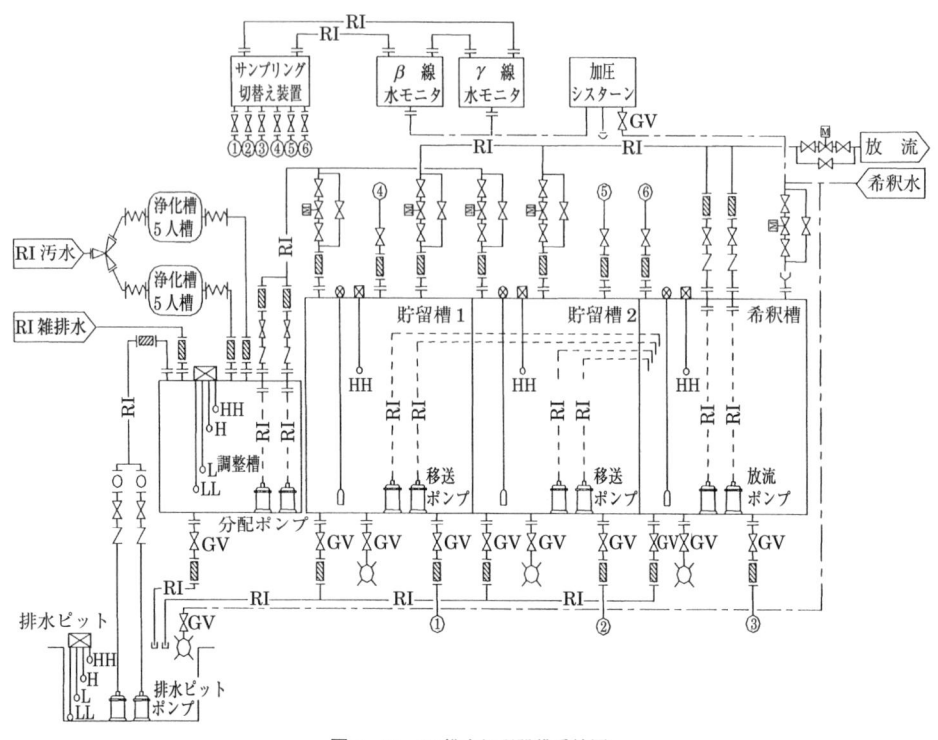

図5・82 RI排水処理設備系統図

---
* 生ごみ処理システム協会資料

5・6 その他設備工事

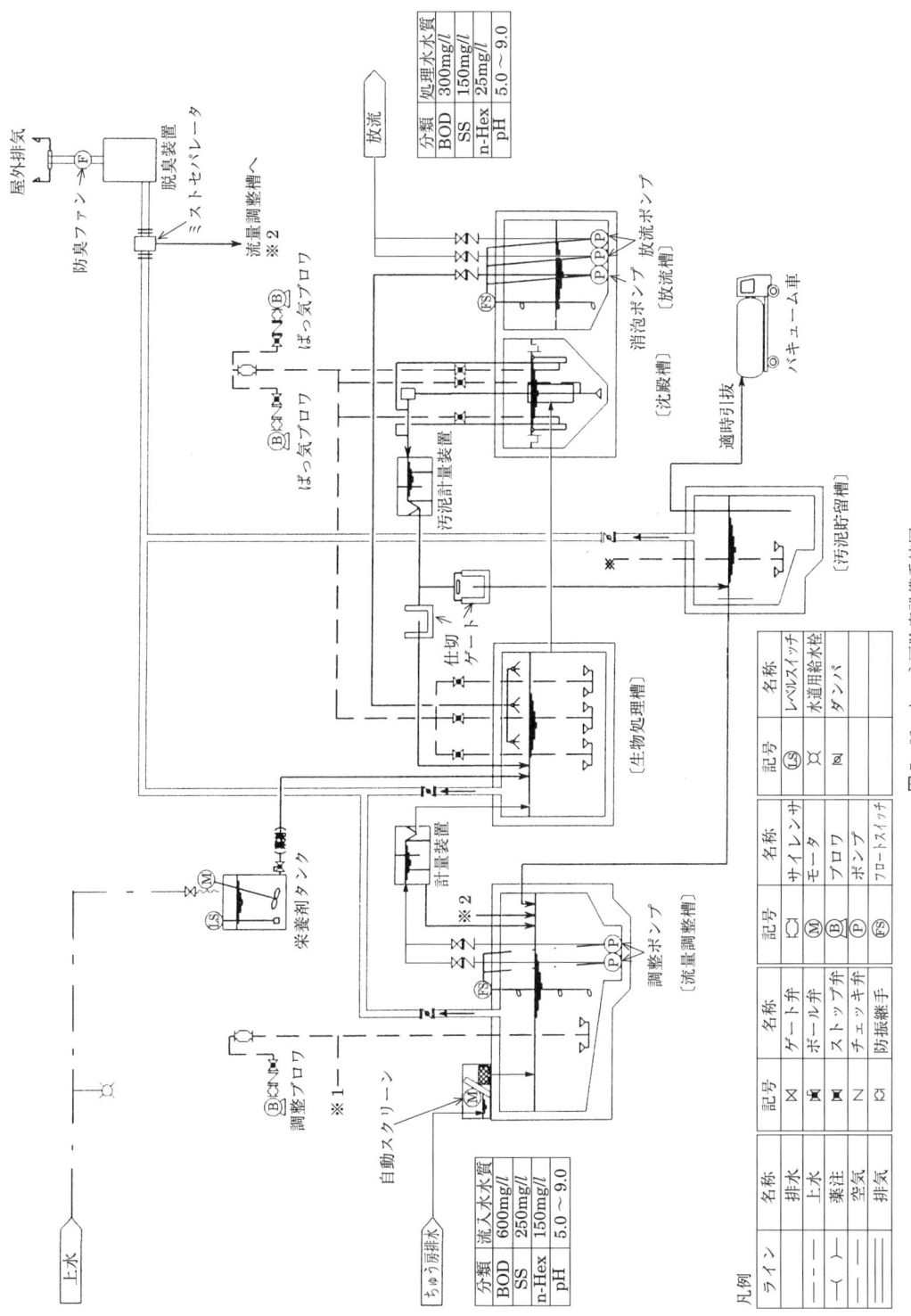

図 5・83 ちゅう房除害設備系統図

って容易な修理は困難が予想されるため耐久性の高い材質(ステンレス,ライニングなど),および交換の容易な部品(バルブはフランジ付きなど)を使用する.また,JCO事故を教訓に,放射線事故防止の観点から,施工は放射線に対する知識を有する専門業者が行うべきと思われる.RI排水処理設備の系統図の例を図5・82に示す.また,表5・14に病院での処理水の水質の一例を示す.

(e) 雨水利用設備

雨水を処理して再利用する場合は,クロスコネクション防止策として,飲料水系統と誤接続しないように管の外面に再利用水である旨の識別を行うこと.または,管材を別々に使用して施工することが必要である.雨水利用設備の系統図の例を図5・84に示す.

表5・14 流入水質と処理水質

処理設備名	設備概要	処理対象項目	流入水質	処理水水質
ちゅう房排水処理設備	当該施設より排出されるちゅう房排水を導入し,生物処理にて有機物および油脂分の吸着分解処理を行い,下水道へ放流する排水処理設備	BOD SS n-Hex ※〔pH〕	600 mg/l 250 mg/l 150 mg/l ※〔5～9〕	300 mg/l 150 mg/l 25 mg/l ※〔5～9〕
ちゅうかい排水処理設備	当該ちゅう房施設より発生する生ごみをディスポーザにより粉砕した後,本設備に導入し,生物処理にて有機物および油脂分の吸着分解処理を行い,下水道へ放流する排水処理設備で,生ごみの処分は不必要となる.	BOD SS n-Hex ※〔pH〕	5 500 mg/l 7 000 mg/l 700 mg/l ※〔5～9〕	300 mg/l 300 mg/l 30 mg/l ※〔5～9〕
検査系排水処理設備	当該検査室より排出される酸・アルカリ系の排水を導入し,薬品による中和処理を行い,下水道または病院排水処理設備へ放流する排水処理設備.ただし,重金属含有排水・有機溶媒・高濃度排水などは別途回収	※〔BOD〕 pH	※〔100 mg/l〕 3～11	※〔100 mg/l〕 5～9
人工透析排水処理設備	当該施設より排出される人工透析排水を導入し,薬品による還元中和処理を行い,生物処理にて有機物の分解処理を行った後,下水道または病院排水処理設備へ放流する排水処理設備	BOD pH	1 500 mg/l 4～9	600 mg/l 5～9
感染系排水処理設備	当該施設より排出される感染系排水を導入し,感染性病原菌を死滅させた後,下水道または合併処理浄化槽へ放流する排水処理設備.感染の危険度により薬品消毒法と蒸気滅菌法の2通りの処理方法があり,一般的に第一種感染症(エボラ出血熱など)の危険度の高い排水には蒸気滅菌法,解剖室や病理検査室などの比較的危険度の低い排水には薬品消毒法を採用	処理対象項目は①感染性廃棄物を含む排水,②血液,体液などを含む解剖室排水,③感染症病室より排出される汚水・雑排水など ※〔BOD〕	※〔600 mg/l〕	※〔600 mg/l〕
ボイラブロー排水処理設備	当該施設より排出されるボイラブロー排水を導入し,炭酸ガス注入による中和処理を行い,下水道または病院排水処理設備へ放流する排水処理設備	pH	11～12	5.8～8.6
動物実験室排水処理設備	当該施設より排出される動物実験室排水を導入し,ふん・体毛などの固形物を遠心分離装置により除去し,排水のみを下水道へ放流する排水処理設備	処理対象項目は動物のふん・体毛などの固形物 ※〔BOD〕 ※〔SS〕	※〔200 mg/l〕 ※〔700 mg/l〕	※〔200 mg/l〕 ※〔100 mg/l〕
RI系排水処理設備	核医学部門より排出されるRI排水は,単独系統にて貯留槽へ導入し,時間減衰法および希釈法など,医療法および医療法施行規則に基づき処理した後,排水中の放射線濃度測定をRIモニタにて行い,安全であることを確認したうえで,外部へ排出する排水処理設備	RI含有排水 ※〔BOD〕	※〔100 mg/l〕	※〔100 mg/l〕
病院排水処理設備	下水道未完地域において,前項における各排水処理設備処理水を放流する河川の水質規制値まで処理を行い,河川放流する排水処理設備	BOD SS pH 大腸菌群数	250 mg/l —— mg/l 4～9 ——個/cc	5 mg/l 5 mg/l 5～9 3 000個/cc

注 ※〔 〕は対象項目から除く.

図 5・84 雨水利用設備系統図

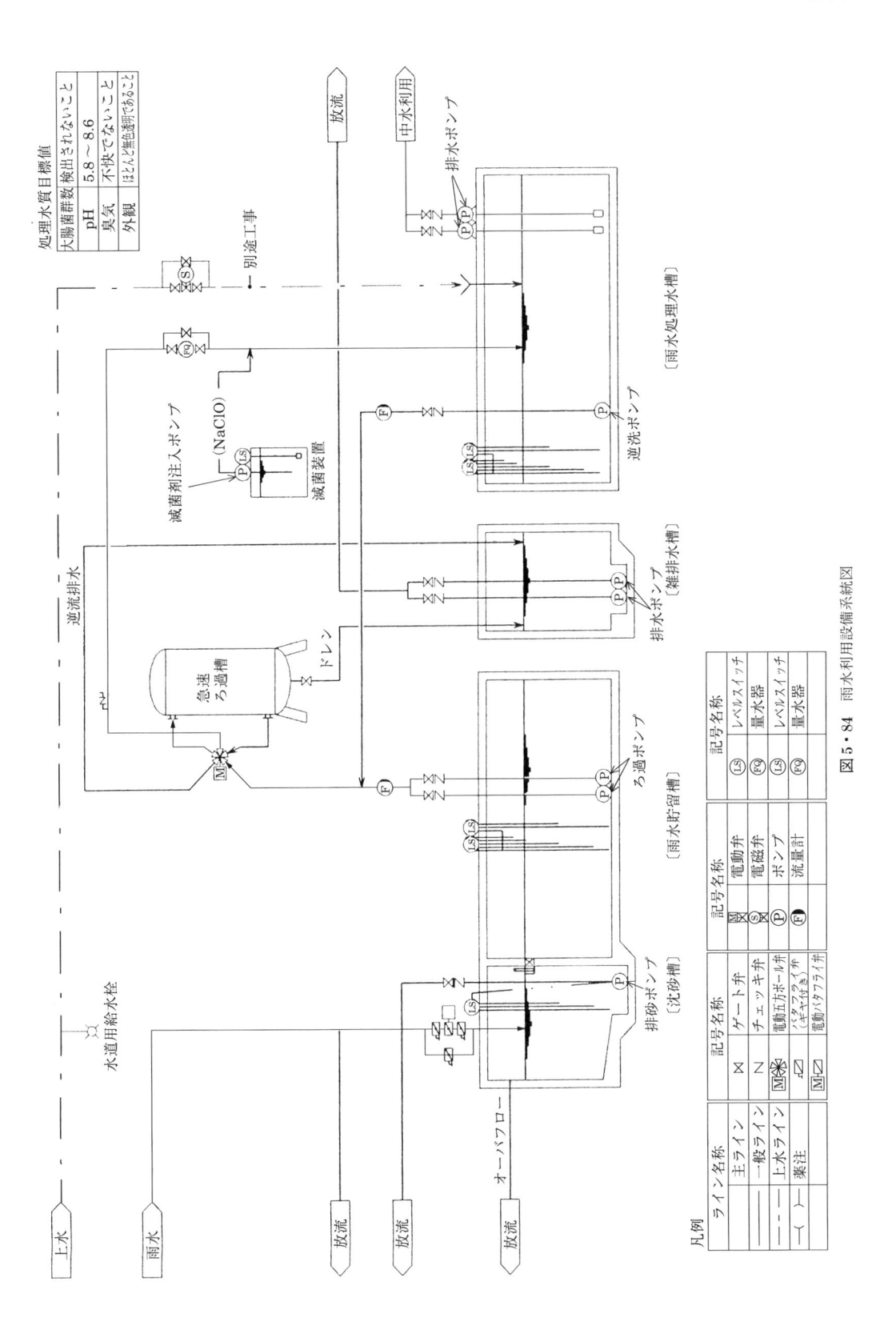

5・6・3 循環ろ過

〔1〕 浴　　槽

浴槽循環ろ過装置は集毛器，ろ過ポンプ，ろ過塔，熱交換器，滅菌器，制御盤より構成され，ろ過水量が小さい場合はユニット化されている．また，多くのスーパー銭湯ではマッサージ用として気泡発生装置(ジェットノズル，バイブラマット)が設置されている．

(a) 施工上の留意点

施工時には次の事項について留意し，必要な措置を講じておく．

1) 配管系統間違いの有無について，施工後に系統確認検査を実施する．
2) 防水貫通部には，専用の防水皿を使用し，漏水がないように建築工事との納りに留意する．図5・85に防水皿まわりの納りを示す．

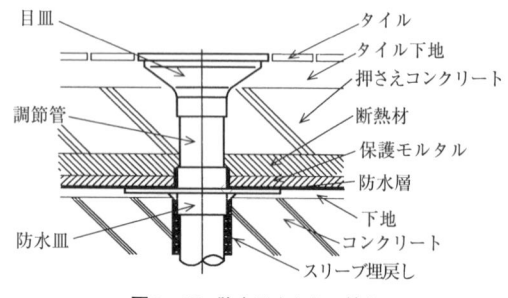

図5・85　防水皿まわりの納り

3) 補給水口は吐水口を設置し，吐水口空間を確保する．
4) レベルスイッチは浴槽近辺に設け配管を短くする．また，清掃用水抜き弁を設け，浴槽に向けてこう配を設ける．
5) 吐出し，吸込み金物は浴槽内に滞留が生じないような配置にする．
6) 循環配管は凸凹のない施工を行い，最下部に水抜き弁を設ける．
7) ジェット用吸気金物はかまち，浴室内壁面に設置し，暖かい空気を供給する．
8) ブロワ配管の吸気管は粉じん等を吸い込まない位置に設ける．ブロワへの浸水防止のため，浴槽近辺で水面上に立ち上げる．
9) 二つの浴槽を連通管で接続する場合は，取出しは床からではなく，浴槽壁面の低部からとし水平配管で最短距離を施工する．
10) 連通管は各浴槽の循環水量に不均衡が生じた場合に，水位の是正が可能な口径とする．
11) ろ過循環配管は各浴槽の容量に応じた流量を満足する口径とし，機械室で分岐して流量調節弁を設ける．

(b) レジオネラ属菌対策

レジオネラ属菌対策は，日常の塩素濃度管理と定期的な殺菌洗浄に大別され，いずれにしても滞留のない循環配管が前提として要求される．循環配管に凹凸をなくし平坦で，短距離の施工を心がける．

公衆浴場法(厚生労働省基準)では，ろ過塔内でのレジオネラ属菌などの増殖防止の目的で，殺菌剤注入口はろ過塔の直前に設け，塩素濃度を一定に保つよう規定しているので，残留塩素計による塩素の自動注入管理が望ましい．また，定期的な洗浄殺菌方法として，塩素濃度2 mg/l以上での一定時間の循環殺菌および温度60℃以上での一定時間の循環殺菌のいずれかを実施することとしている．よって施工前に洗浄方法を検討し，耐塩素，耐温度に適した配管材質を決定する必要がある．特に，エアゾルを発生する装置を設置している浴槽はより厳密な施工，維持管理が要求される．

(c) ろ過ターン数について

ろ過装置を設置する場合の循環水量の決定は，ターン数による．公衆浴場法では，1時間あたりで，浴槽の容量以上のろ過能力を有することとしている．すなわち，1(ターン/h)以上となる．負荷に応じたターン数の検討を行う．

(d) 配管材質と用途

配管材質の決定に際しては使用温度，圧力により他方の条件が異なるので，個々に検討が必要となる．循環ろ過配管の使用圧力は0.3 MPa以下が一般的である．

配管材・用途・使用条件の一例を表5・15に示す．

表5・15 配管材・用途・使用条件

材　質	用　途	使用条件
VU	オーバフロー，排水	35℃，0.59 MPa 以下
VP	循環配管，排水	35℃，0.98 MPa 以下
HI-VP	循環配管，排水（耐衝撃）	35℃，0.75 MPa 以下
HT-VP	循環配管 給湯配管（耐熱）	60℃，0.34 MPa 以下
SGP-VA	循環配管，排水	40℃，1 MPa 未満
SGP-HVA	循環配管 給湯配管（耐熱）	85℃，1 MPa 未満
SUS 304/316 TPD	循環配管 給湯配管	600℃，1 MPa 未満

（e） 浴槽設備の系統図

標準的な浴槽システムフローを図5・86に示す．

〔2〕 プール

プール循環ろ過装置は集毛器，ろ過ポンプ，ろ過塔，熱交換器，滅菌器，凝集剤注入装置，制御盤より構成される．また，近年水質の向上，水資源の節約，省エネルギーを図る目的でオーバフロー水の回収を行う還水槽（回収槽）の設置例が多く見受けられる．

（a） 施工上の留意点

施工時には次の事項について留意し，必要な措置を講じておく．

1) オーバフロー金物はろ過水量全量を吸収できる程度の口径・数量とし，オーバフロー溝全周に均一に配置する．
2) 吐出し，吸込み金物はプール壁面低部に均一に配置する．
3) オーバフロー配管はオーバフロー水量に対し十分な口径・こう配を設ける．
4) 給排気管はオーバフロー金物部分での渦流音を低減するため，オーバフロー管への給排気を十分行えるように考慮する．
5) プールと機械室の高低差は 4.5〜5 m が望ましい．
6) 防水貫通部の納り，循環配管は上述の浴槽の項，施工上の留意点に準じる．

（b） レジオネラ属菌対策

施工上の留意点は上述の浴槽の項，施工上の留意点に準じる．また，維持，管理については日常の塩素濃度管理とプールサイドおよび更衣室〜プールへの導線の清掃，シャワーの励行が重要となる．

（c） プール熱

ウイルスを含んだ便や唾液がプールの水を介して感染することからプール熱（咽頭結膜熱）と呼ばれ，夏に感染が広がる傾向が強い．しかし，最近冬でも発症者が出るのは，温水プールで冬場に泳ぐ機会が増えたのが一因となっている．だ液やたんを遊泳中に処理するためのオーバフロー溝を設けることは重要である．

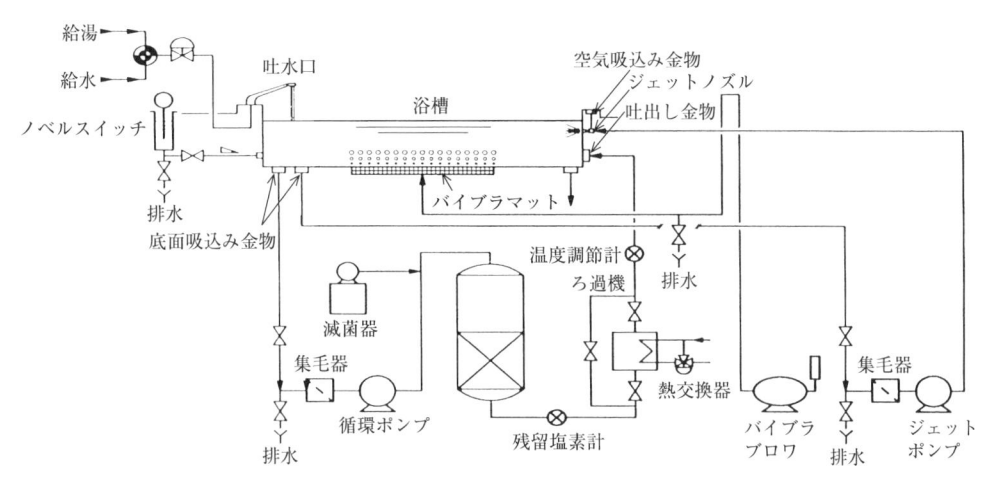

図5・86 浴槽システムフロー例

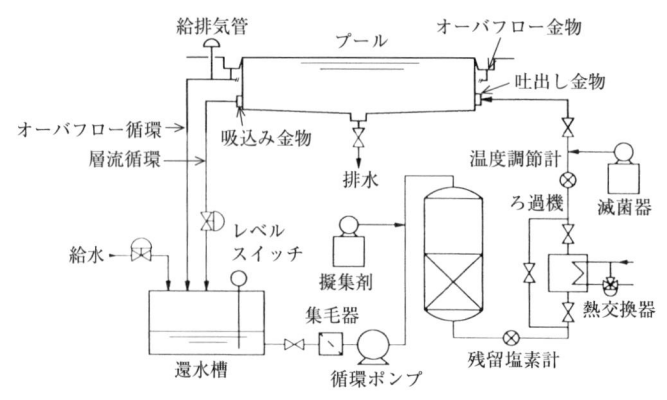

図5・87 プールのシステムフロー例

（d） プール設備の系統図

図5・87に非遊泳時の状態を示すプールシステムフロー例を示す．このときプールは満水状態で，ろ過水はオーバフロー循環，層流循環により還水槽に回収される．還水槽の水位は下限に設定し，遊泳者体積および波水によるオーバフロー水の増量を吸収できる空容量を確保する必要がある．オーバフローと層流循環の比率は5：5～7：3程度とする．

5・6・4 さく井

さく井とは井戸の掘削のことをいい，井戸からくみ上げられた地下水を井水，別名井戸水と称している．井戸の種類には，別名浅所地下水・自由水と呼ばれる浅井戸で，表層から掘り進んで最初に到達した30mより浅い滞水層で地下水をくみ上げる井戸と，別名深所地下水，被圧水などとも呼ばれる深井戸で表層からの汚染物質を遮蔽する効果をもつ不透水層のさらに下層の滞水層まで掘り下げた構造の深度30m以上の井戸がある．

なお，家庭用井戸ポンプは日本工業規格（JIS）によって，ポンプの吸上げ高さ7m未満を浅井戸，7m以上を深井戸と称している．

（a） 一般的な留意点

井水を使用する際は必ず水質検査を実施し，飲料水として適否を判定しておく必要がある．

（b） 施工上の留意点

施工時には次の事項について留意し，必要な措置を講じておく．

1) 井水が上水と混ざって使用されるクロスコネクションがないように，配管の誤接続防止として，あらかじめ井水管の管種は他の管と区別または識別できるようにしておく．
2) 井戸を2本以上掘る場合には，井戸間の水平距離が近く，同じような深度から揚水すると，互いの井戸で水位が低下し，揚水量が減るなどの井戸の干渉といわれる影響が現れる．同じ帯水層（同一水流）から揚水している証拠なので，この場合は互いに干渉しない範囲に揚水量を減じなければならない．干渉を防ぐために新たに掘る井戸には既存井戸からの水平距離を定める条例を施行している自治体もある．

（c） 温泉のさく井

温泉井を掘削するには都道府県知事の許可が必要で，掘削深度，最終孔径，井戸間隔などの規制を受ける．また，温泉のくみ上げにも再度の許可が必要になる．

（d） 地盤沈下と取水規制

ダムや川などの地表水の確保と工業用水配水設備が整ったことにより地下水の取水は減り，大都市や臨海工業地帯での広範囲にわたる地盤沈下は，ほぼなくなってきている．しかし，取水は現在でも規制され，具体的数字は地域により異なるが，計画地の規制内容を確認する必要がある．規制のある自治体では，採水深度，揚

水機の吐出し口断面積，1日の揚水量を定め，掘削は許可制であり，動力を用いて採水する場合は揚水量の報告が義務づけられている．

(e) 鉄バクテリアによる赤水

鉄バクテリアは，鉄を酸化して自分の体にくっつけるという性質をもっている．このバクテリアが井戸の中などで繁殖し，その塊（コロニー）が井戸水とともに揚水され，これが塩素消毒によって酸化されて真っ赤になり，赤さびそっくりとなる．そして，これが水道水の水源となっている場合には，管内に付着たい積し，断水のショックなどの流水の急激な変化により離脱し，押し流され，赤い水となって給水栓から吐き出されてくる．

(f) さく井設備図

揚水設備図を図5・88に示す．

5・6・5 医療ガス

(a) 一般的な留意点

医療ガス設備で電動機を使用する設備としては，コンプレッサと吸引ポンプがある．これに関しては騒音規制法，振動規制法で7.5kW以上（都道府県によって異なる）は特定施設として届出が必要になるが，それ以下であっても隣接する居室への騒音・振動対策が必要となる．また，機械室，ボンベ室内は0～40℃を保つよう，発熱量も考慮に入れて換気設備を決定する必要がある．

(b) 施工上の留意点

施工時には次の事項について留意し，必要な措置を講じておく．

1) ガスの種別により色別が規定（配管の凡例参照）されており，配管の識別を行うことにより誤接続を防ぐ処置を講じる．
2) 電気設備とは配管の離隔距離を50mm

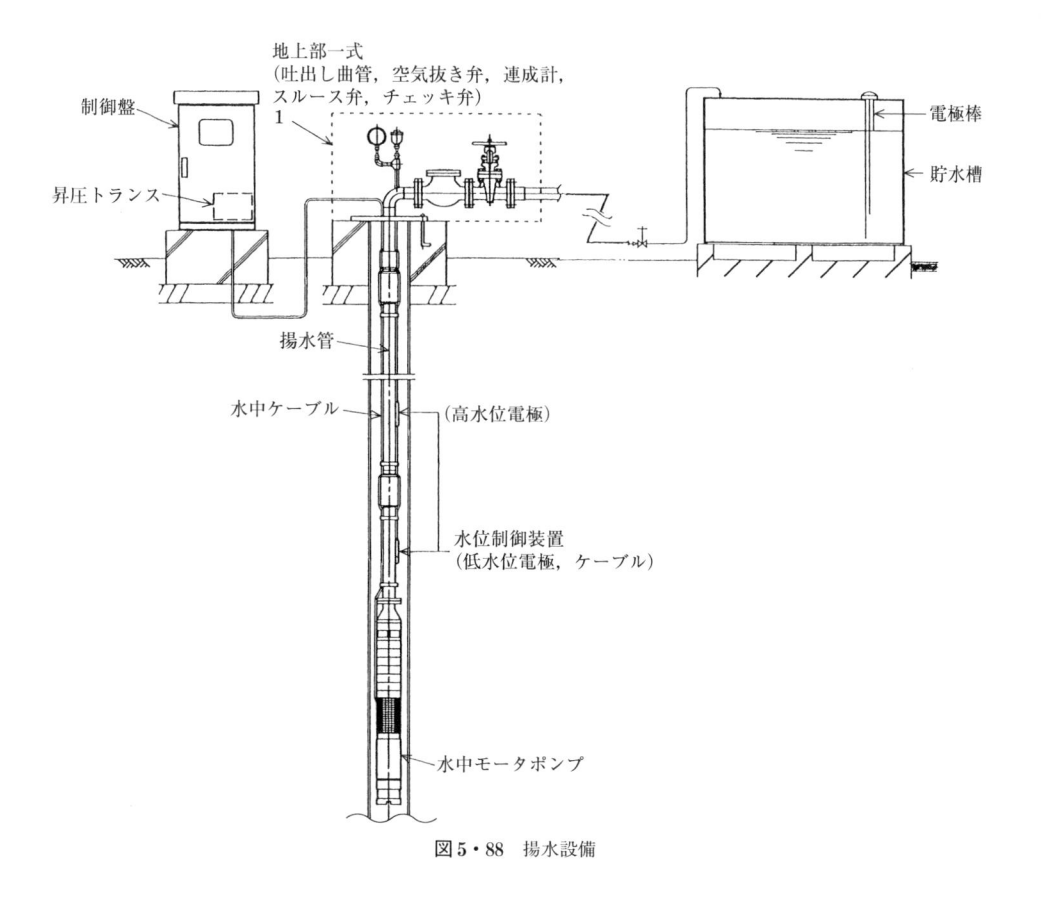

図5・88 揚水設備

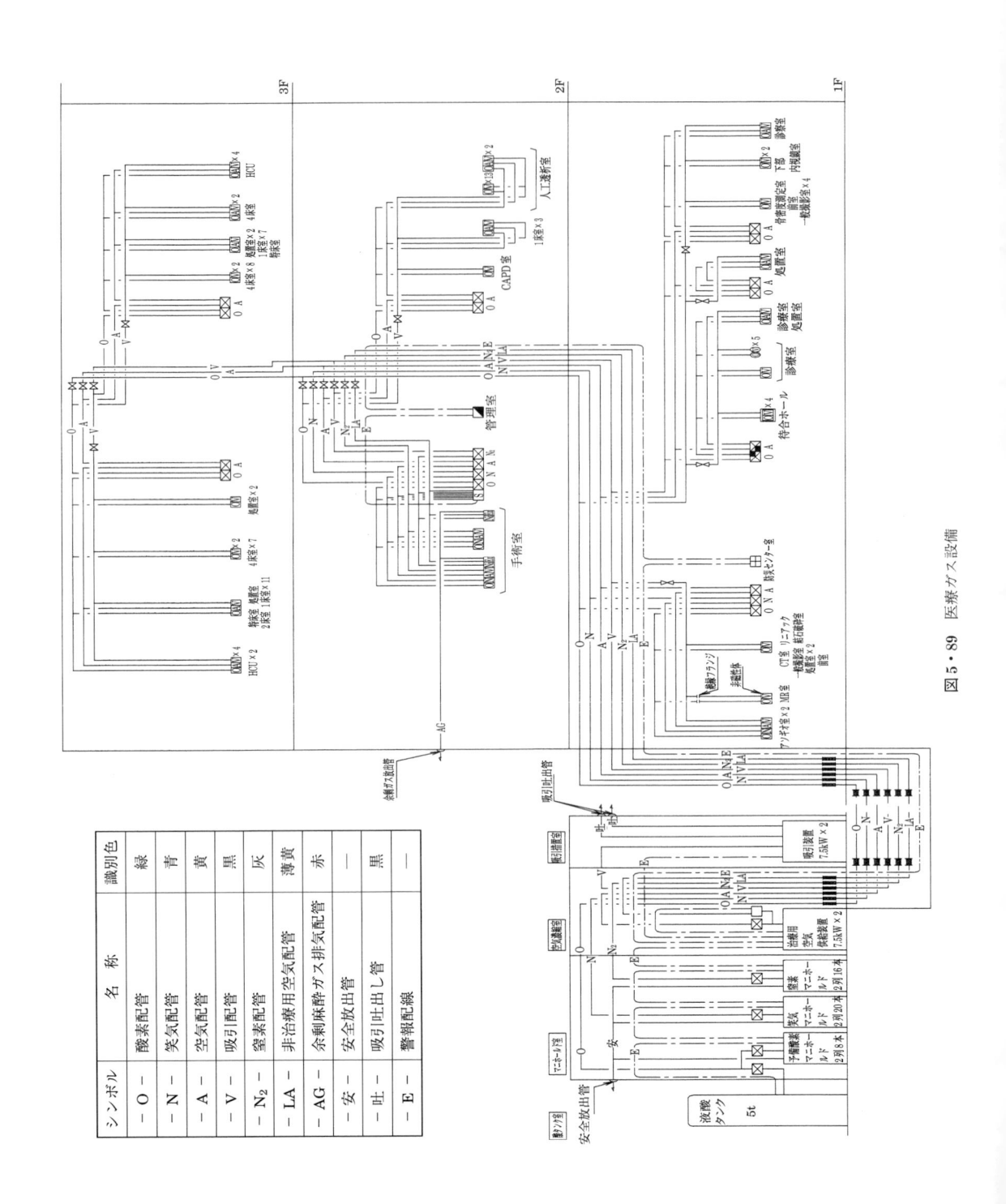

図5・89 医療ガス設備

以上の離隔距離を確保する．
3) 配管端末器（アウトレット）は誤接続を防止するため，その接続はガス別特定の構造になっており，他のガス用のものは接続できないことに注意する．
4) 支燃性ガス（酸素・笑気・圧縮空気）なので可燃物との取合いに注意する．
5) 液酸タンクなどの設備は高圧ガス法規制があり，建物の構造，離隔距離などに注意する．
6) 他設備の関連事項では，電源，給排水，換気量など設計図書のすり合せ確認を行う必要がある．

(c) トラブル事例

過去には，次のようなトラブルが発生したことがあったので注意を要する．
1) 機械室の高温化による空気配管の結露による人工呼吸器の故障発生．
2) 断水による吸引ポンプの空運転による吸引不能．
3) むりな吸引配管の納りによる吸引管の詰りトラブル．
4) ボンベ庫の高温化による笑気の液上昇による減圧弁の凍結による圧力の急な降下．
5) 電線との隔離不足により漏電による火災事故（医療ガスが支燃性のため，火災を増長）．
6) 改修工事における配管の後接続による患者の死亡事故．

医療ガス設備は直接患者の生命にかかわる設備であることを念頭において施工する必要がある．

(d) 医療ガス設備の系統図

医療ガス設備の系統の例を図5・89に示す．

参 考 文 献

1) 東京都下水道局編：東京都排水設備要綱（平成9年版），東京都弘済会（1997年）
2) SHASE-S 010 空気調和・衛生設備標準仕様書
3) SHASE-S 206 給排水衛生設備規準・同解説
4) 空気調和・衛生工学会編：空気調和・衛生工学便覧 第13版（2001年）
5) 空気調和・衛生工学会編：給排水衛生設備計画・設計の実務の知識（改訂2版），オーム社（2001年）
6) 空気調和・衛生工学会編：空気調和・給排水衛生設備施工・維持管理の実務の知識，オーム社（1996年）
7) 神奈川県エルピーガス協会HP
8) 東京ガス：東京ガス技術資料
9) 生ごみ処理システム協会資料

第6章 自動制御設備

6・1 自動制御の基礎

プロセス制御は，開ループ制御(open loop)と閉ループ制御(closed loop)に分けられる．

6・1・1 開ループ制御

開ループ制御はあらかじめ定められた値に達したとき次の動作が開始されるような制御であって，シーケンス制御やフィードフォワード制御などがある．リレーやタイマを使った回路図をシーケンス図と呼んだりするように，あらかじめ定められた順序に従って制御の各段階を逐次進めていく制御をシーケンス制御という．

6・1・2 閉ループ制御

閉ループ制御の代表的なものがフィードバック制御であり，自動制御の基本である．暑かったら冷房機のスイッチを入れ，寒くなったらスイッチを切る．これは閉ループ制御であり，結果を見て修正動作を加えているわけである．図6・1にフィードバック制御ループを示す．(b)のように人間の場合は，温度計で確認した人の目による検出値と，室温の希望値との差を頭で計算して，手で手動弁を操作して，室温を守るための水量を得る．(a)はこれらの関係を自動制御的に表現したものであり，自動制御の基本はこのフィードバック制御ループから成り立っている．

〔1〕 ON/OFF制御

ルームクーラやパッケージ型空調機の制御は，温度調節器の信号によって圧縮機の入り切りを行って一定温度を保とうとする，最も基本的な制御方式であるON/OFF制御が多い．制

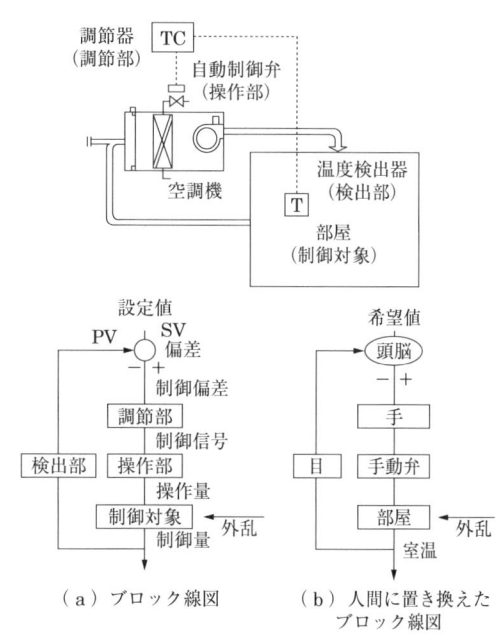

図6・1 フィードバック制御ループ

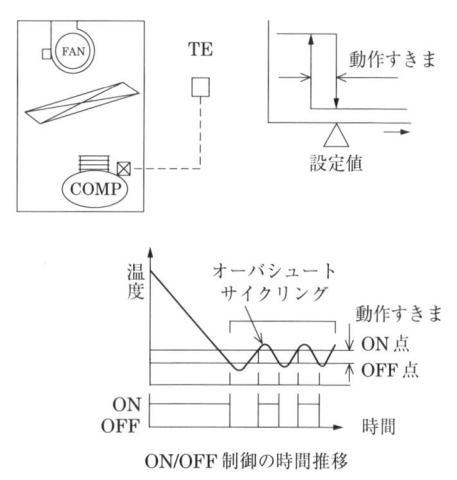

図6・2 パッケージ型空調機によるON/OFF制御

御の内容が単純なので軽んじられがちであるが，自動制御のルーツである．図6・2に示すようにON点とOFF点の間には動作すきま

(differential)が設けられる．温度を設定値近辺で推移させたければ，ON点とOFF点の動作すきまを小さくすればよいが，動作すきまを小さくするほどON/OFF頻度は多くなる．パッケージ型空調機などのように動力発停の場合は，ON/OFF頻度が多すぎるとハンチングを起こして機器の寿命を縮めることになってしまう．極めて単純なON/OFF制御でもオーバシュートやサイクリングまで言及すると，案外検討内容は多い．

〔2〕 比例(P)制御・PID制御

図6・3に示すような空調機制御では自動制御弁に対して比例制御を組み込むことができる．しかしON/OFF制御よりも制御偏差を小さくできる比例(P)制御でも，図6・4(a)に示すように制御偏差を"0"にすることはできない．このような問題への対応として，(b)のPI(比例＋積分)制御や(c)のPID(比例＋積分＋微分)という時間の要素を取り入れて，より精度の高い制御が行われる．

6・2 空調機の制御

6・2・1 制御機器への入出力信号およびインタロックと連動

PIDなどの演算を行う調節部の処理は，マイクロコンピュータの普及に伴って分散型DDC方式(Direct Digital Control)によって行われることがほとんどである．DDCの制御内容の説明として，本書では空調機ブロック線図を用いる．ブロック線図の主な記号を図6・5に示す．DDCへの入出力信号には，AI・AO・DI・DO・PIなどがある．アナログ入出力信号としてはIEC規格の4〜20 mA DCが使われることが多く，また温度検出器Pt 100が用いら

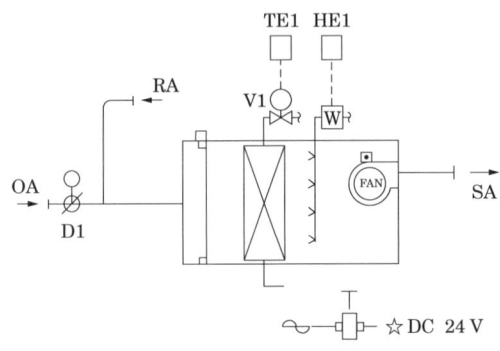

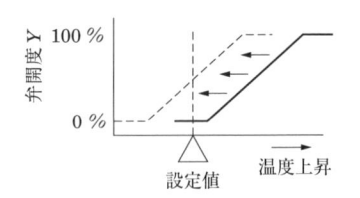

図6・3 空調機の制御

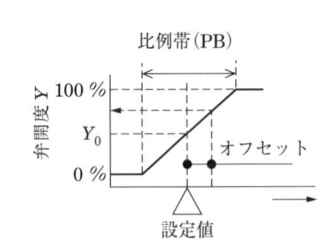

$$Y = Kz + Y_0$$

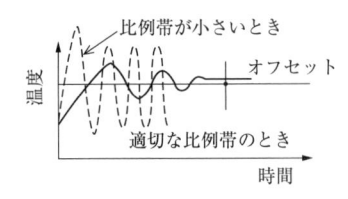

(a) 比例(P)制御

$$Y = K\left(z + \frac{1}{T_i}\int zdt\right) + Y_0$$

T_i：リセット時間

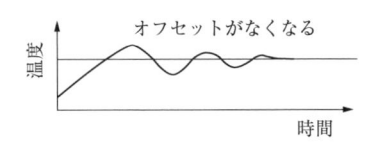

(b) 比例(P)＋積分(I)制御

$$Y = K\left(z + \frac{1}{T_i}\int zdt + T_d\frac{dz}{dt}\right) + Y_0$$

T_d：レート時間

(c) PID(比例＋微分＋積分)の制御量算出式

図6・4 比例動作

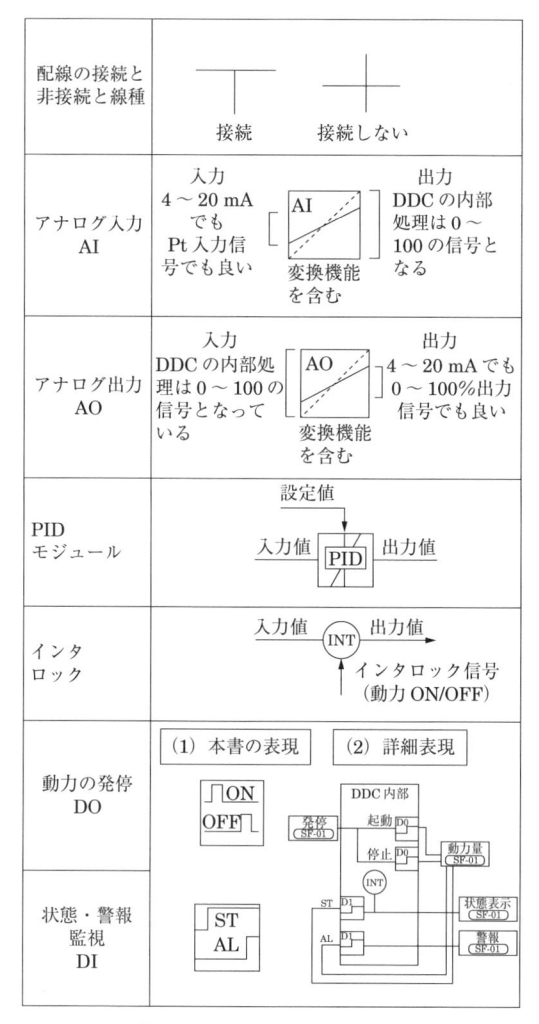

配線の接続と非接続と線種	接続　　接続しない
アナログ入力 AI	入力 4〜20 mA でも Pt 入力信号でも良い／AI（変換機能を含む）／出力 DDC の内部処理は 0〜100 の信号となる
アナログ出力 AO	入力 DDC の内部処理は 0〜100 の信号となっている／AO（変換機能を含む）／出力 4〜20 mA でも 0〜100%出力信号でも良い
PID モジュール	設定値／入力値　PID　出力値
インタロック	入力値　INT　出力値／インタロック信号（動力 ON/OFF）
動力の発停 DO	(1) 本書の表現　(2) 詳細表現
状態・警報監視 DI	ST／AL

図 6・5　ブロック図の主な記号

れることが多い．動力の発停と監視は，ブロック図表現を簡素化するために，図 6・5 に示す方式にする．

空調機の送風機が停止すると，自動制御弁や外気取入れダンパなどは全閉にする必要がある．これをインタロックと呼ぶ．給気ファンと還気ファンをもつシステムでは同時に発停動作を行う必要がある．これを連動動作という．

このほか DDC への入出力に積算パルスとパルス伝送線がある．熱量や電力量などの積算パルスに対しては PI（パルス入力信号）が使われる．DDC 化はパルス伝送による中央監視装置とのデータの交換をより密にするという効果ももたらしている．パルス伝送は"中央監視とのコミュニケーション"として表現する．

6・2・2　外気冷房のない 2 コイル

冷水・温水コイルをおのおのもち，冷房および暖房負荷への対応を行う．

動作説明を以下に示す．

1) 室内温度制御：室内に設置された TE 1 の計測値により DDC にて冷水制御二方弁 V 1 と温水制御二方弁 V 2 を比例＋積分制御する（図 6・6）．

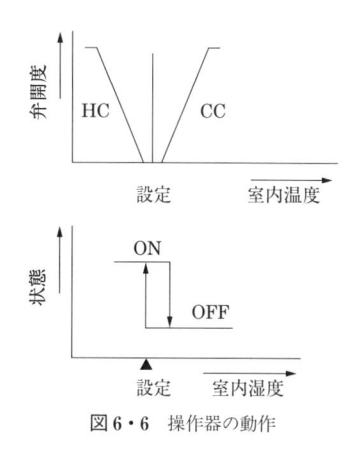

図 6・6　操作器の動作

2) 室内湿度制御：室内に設置された HE 1 の計測値により DDC にて気化式加湿器 W を二位置制御する．
3) ウォーミングアップ制御：排気ダンパ D 1，外気ダンパ D 2 と加湿器 W は，予冷予熱時には DDC により送風機起動より一定時間遅延させた後に開放（起動）する．
4) インタロック：送風機停止時には，V 1・V 2・D 1・D 2 および W を全閉（停止）にする．
5) 中央とのコミュニケーション：送風機の発停・状態/故障監視，フィルタ監視警報監視，室内温湿度計測および設定
6) ブロック図：外気冷房のない 2 コイルのブロック図を図 6・7 に示す．

6・2・3　外気冷房

一昔前の空調では，夏は冷房・冬は暖房・中間期は換気運転と決めつけていたが，近年は建

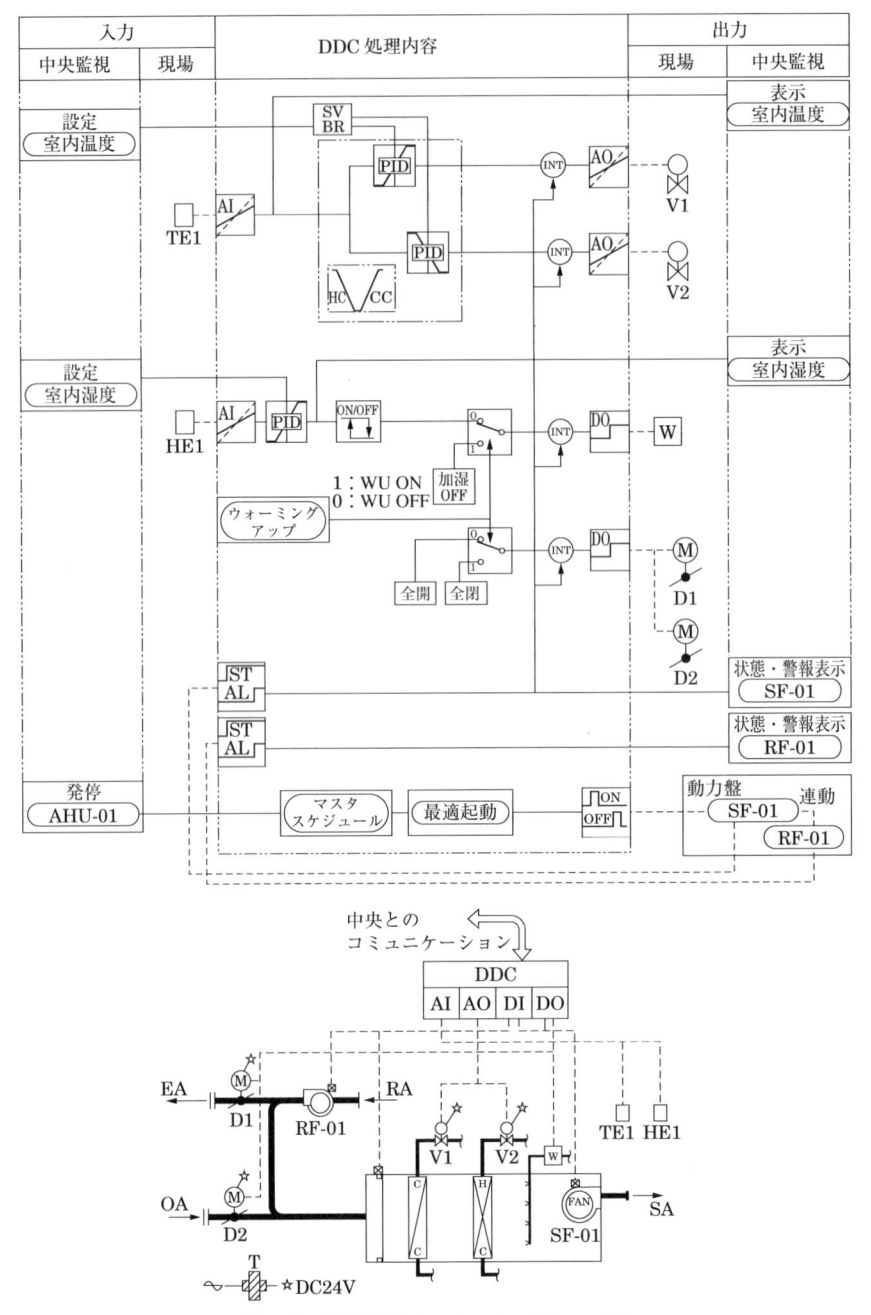

図6・7 外気冷房のない2コイルのブロック図

物の機密性の向上やOA負荷などの増加の影響を受けて，冬期においても冷房負荷があることも珍しくない．また冷温水四管システムが普通に取り入れられている現在では，それに適した制御システムが組み立てられなければならない．増加する冷房負荷に対して，外気冷房は極めて有効な省エネルギー方式である．しかし，外気導入の方式を誤ると不快な空調にもなるし，逆にエネルギーのむだ使いの要素すらもっている．

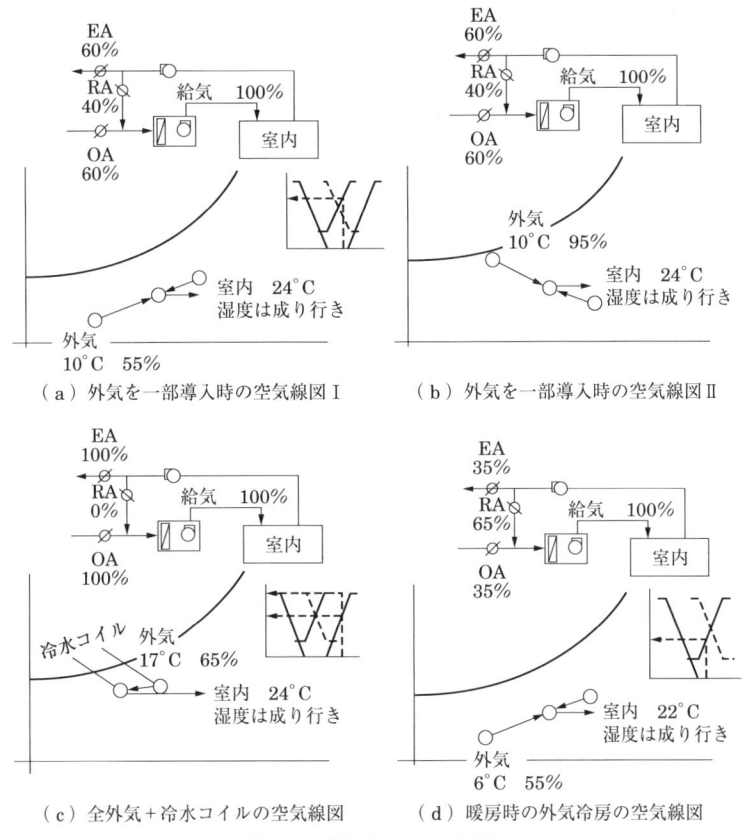

図6・8 外気取入れと空気線図

〔1〕 冷房用外気導入の条件
(a) 外気を一部導入I
図6・8(a)は外気温度条件が低く，少しの外気導入で室内冷房負荷に対応できるときである．各ダンパ(OA・EAおよびRA)の開度は推測値である．ダンパの制御は室内温度に基準を合わせるので，室内湿度は成り行きになる．

(b) 外気を一部導入II
図6・8(b)は，外気温度は外気冷房の条件に合うが湿度が高い場合である．室内温度条件は満足できるが，湿度は成り行きであるので上昇してしまう．このような条件時には，外気冷房は適さない．外気導入を行うべきか否かの判断を行うときは，乾球温度だけではなく絶対湿度または露点温度の要素が要求されることになる．

(c) 外気ダンパと冷水コイルの併用
外気導入を行っても冷房負荷が多いときは，冷水コイルと併用をする．外気導入をしてもよい空気条件にはなっているが，全外気導入を行っても室内負荷を賄えないときには，図6・8(c)に示すように全外気導入を行ったうえで冷水制御弁を開いて室内温度条件を満足させる．

(d) 暖房時期の外気冷房
冬の暖房運転のときでも，朝は暖房負荷であるが昼からは冷房が要求される条件になることは多い．暖房運転時でも外気冷房が要求されるような状態の空気線図は，図6・8(d)に示すようになる．

(e) 外気冷房に適した外気の条件
これらの条件をまとめて適切な外気冷房を行うためには，どのような外気条件のときに行われるべきか，以下に図6・9の各切取線の意味を示す．

1) 乾球温度：室内設定温度と同じまたは多少低めぐらいにセットする．

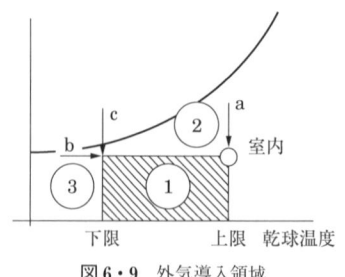

図6・9 外気導入領域

2) 露点温度(絶対湿度)：②の露点温度が高い空気の導入を行うと，室内の湿度が上昇してしまうことになる．
3) 乾球温度下限：③の温度条件だけを考えればカットする必要はないが，この部分の空気の導入を行うと，加湿能力が足りなくなり室内湿度を下げてしまう．

これらの条件から図6・9を見直すと，①の範囲が外気冷房に適した空気の導入範囲となる．

〔2〕 外気ダンパへの出力

外気ダンパへの出力は，外気取入れダンパ(D3)と排気ダンパ(D1)に対して還気ダンパ(D2)は逆動作になるが，図6・10(a)に示すように，動作の逆転は配線の結び方で行うことが多いので，本ブロック図では図(b)の表現方式として，ダンパ部にDA(Direct Action：正動作)とRA(Reverse Action：逆動作)のマークを付すこととする．

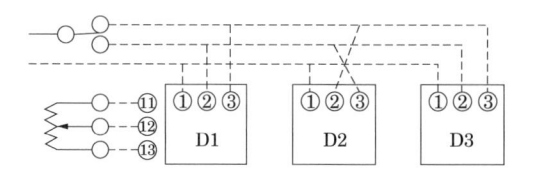

（a） 定常時とウォーミングアップ時の外気冷房

通常の運転時と同様にウォーミングアップ中でも，外気冷房が可能なときには，外気取入れを行う回路である．外気冷房不可のときは，ウォーミングアップは外気ダンパを全閉とし，通常時は最小開度にする．

（b） 外気冷房＋CO_2制御

温度制御から出された信号とCO_2制御から出された信号の大きいほうを外気ダンパへ出力する．CO_2値の室内環境基準値は，建築基準法では1 000 ppm以下と定めている．一方，空調計画段階では1人あたりの必要外気量を25 m^3以上に保つように設計することが多い．このため，一般的には700 ppm程度の設定としても，よほど空気環境の悪いところでない限りこの条件は満足される．

したがって通常の外気冷房制御が求められるような条件下ではCO_2信号で外気ダンパが動作することはない．CO_2制御が生きるのはむしろ冷暖房期の最小外気量をよりいっそう少なくするときに役立つ．CO_2制御による最小外気量を見直すという考え方も省エネルギーの観点からは大きな問題ととらえることができる．ただし，この場合もCO_2だけを基準にして判断すると，外気ダンパが全閉になってもCO_2濃度は保たれているという状況もありうる．

このような運転を続けたために室内にかびが発生したなどという報告もあるので，最小開度を保つ条件は残しておかなければならない．

〔3〕 外気冷房＋CO_2制御のブロック図

外気冷房にCO_2制御を加えて冷暖房時にもよりいっそうの省エネルギーを目指すブロック図を図6・11に示す．

6・2・4　VAV制御方式

VAV(変風量)制御方式は，1台の空調機から供給される送風量に対して複数接続されるVAVユニット(以下VAVと記す)で，そのエリアの熱負荷に合わせて風の量を調整して温度

（a） ダンパ結線で正逆動作を決める

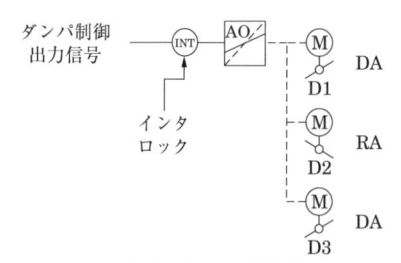

（b） ブロック図表現

図6・10　ダンパ出力信号

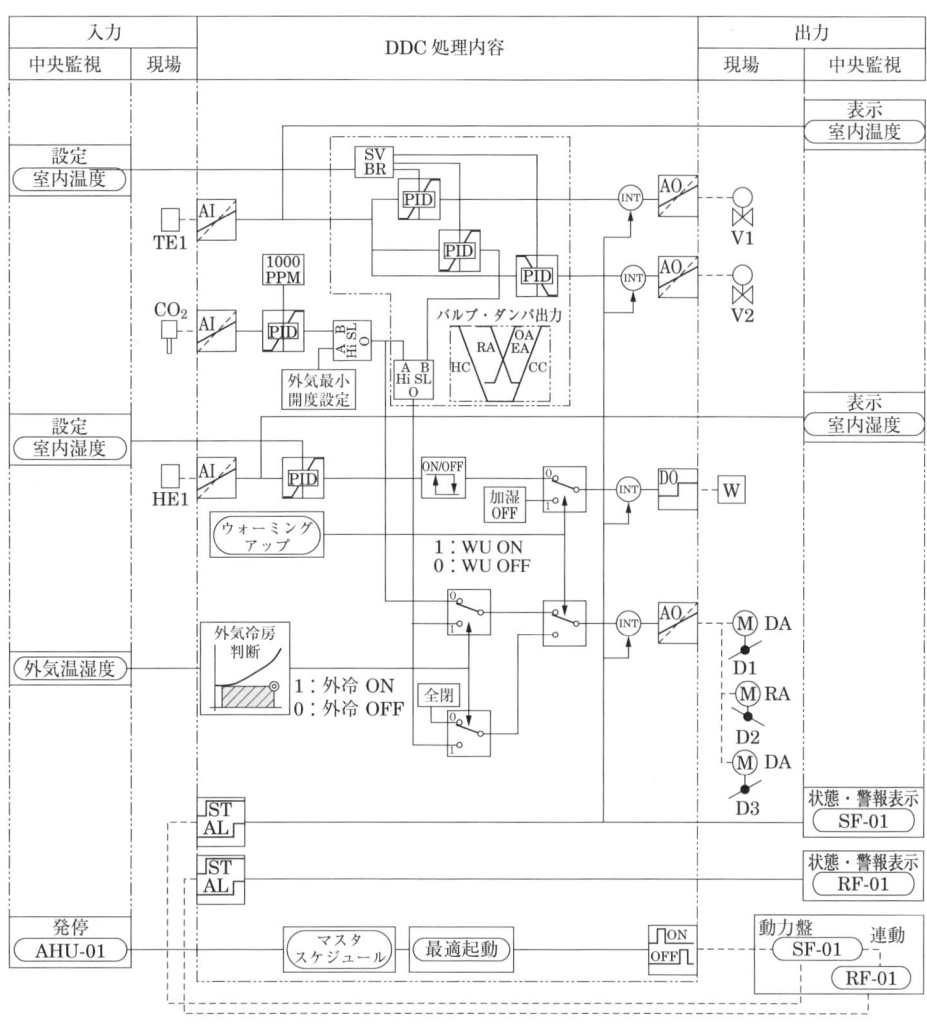

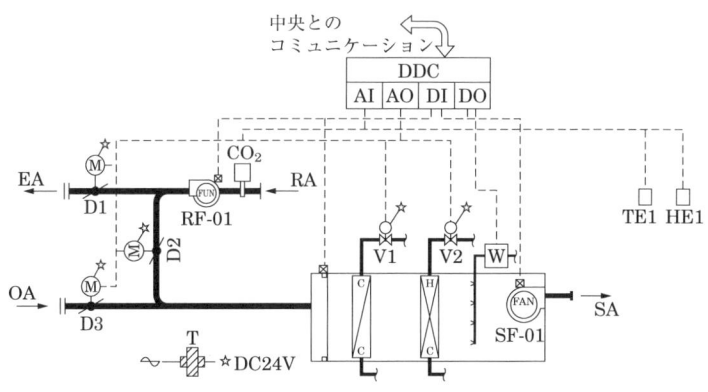

図 6・11 外気冷房＋CO_2 のブロック図

制御を行うシステムである（図 6・12）．居住者にとってより細かいエリアでの制御を可能にするとともに，送風量を加減することによって送風動力の省エネルギーにも貢献することが可能である．

〔1〕 変風量制御の基本

（a） VAV の温度制御

各 VAV の吹き出すエリアに設置された温度

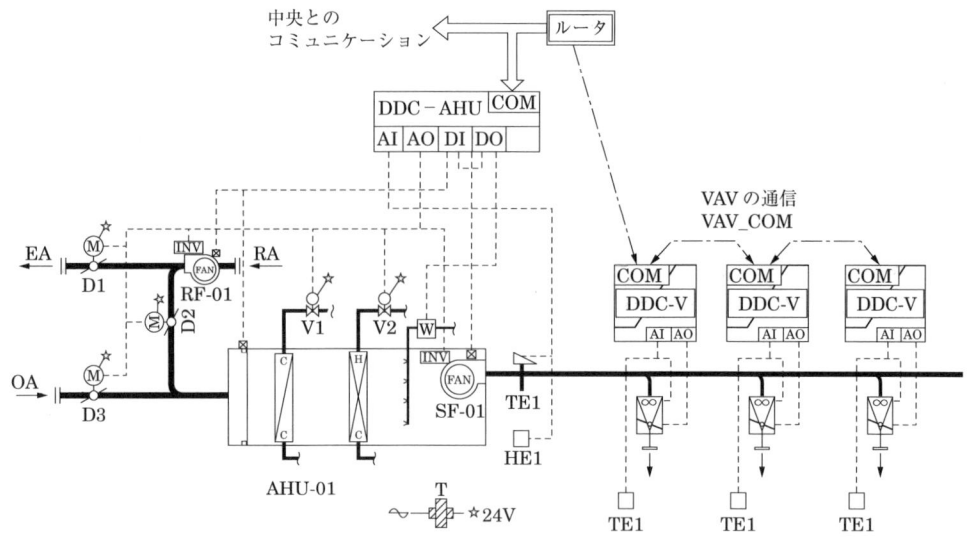

図6・12 VAV方式の計装図

調節器の信号によってVAVを絞ったり開いたりして送風量の加減を行い，そのVAVが管理するエリアの温度を一定に保つ．

(b) VAVの設置位置と風量の関係

図6・13(a)に見るように，送風機の近くに設置されたVAVと遠くのそれでは，ダクト抵抗の影響を受けてダンパ開度が同じであれば風量に差が出る．この問題を解決するために図(b)に見るように，各VAVに風速センサ(V)をもたせてダンパ制御を行う方式が採用されるようになった．このため同じ温度偏差でも，送風機に近い位置のVAVは絞り気味の運転となり，

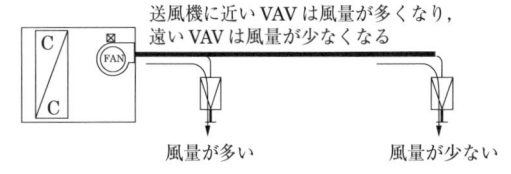

図6・13 VAVの風速制御
(a) 送風機に対するVAVの位置と送風量の関係
(b) VAV装置の制御原理

遠い位置のVAVはこれより開き気味の運転になるので，送風機とVAVの位置による問題は解決された．しかし風速センサは，正確に計測するためには風の流れに乱れを生じさせないように十分な直管部が必要なのに対して，一方でVAVそのものは小さくしたいという要求もあるので，適切な風速測定ができているかどうかの検証は必要事項になる．一般的には，風速センサと制御ダンパはVAVメーカーに依存することが多い．

〔2〕 温度偏差による風量設定値のカスケード制御

図6・14に示すように，そのVAVが管理するエリアの温度計測値(TE)と温度設定値(TS)との偏差から風量設定値(FS)を求める．この風量設定値を守るように，VAVに内蔵された風速センサ(V)の信号によってダンパの制御を行う．このように温度制御信号から設定値を求めて風量制御を行わせるという結合制御のことをカスケード制御と呼ぶ．

〔3〕 インバータ回転数演算

VAVが絞り状態で運用されると，空調機はその必要風量だけ給気を行えばよい．図6・14で示したように，各VAVは風速(V)の計測を行っているので，これを基に各VAV内では風量演算を行う．図6・15に示すように，例えば

6·2 空調機の制御   **193**

表6·1 室内温度および送風温度設定の例 〔℃〕

月	室内温度	給気温度	月	室内温度	給気温度
1	22.0	*22.0	7	26.0	16.5
2	22.0	*22.0	8	26.0	16.0
3	21.0	*20.0	9	25.0	17.0
4	24.0	*19.5	10	24.5	17.5
5	24.5	18.0	11	24.0	*18.5
6	25.5	17.0	12	22.0	*22.0

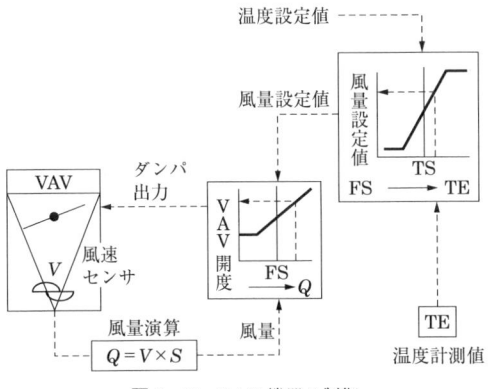

図6·14 VAV機器の制御

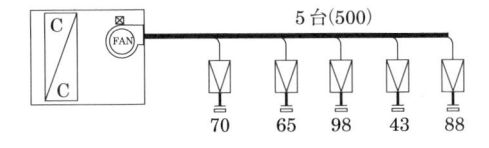

FR = (70 + 65 + 98 + 43 + 88)/500
   = 73%

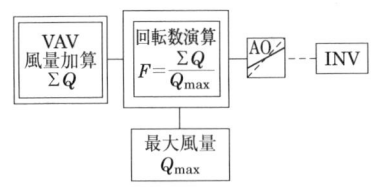

図6·15 インバータ回転数演算

5台のVAVがおのおのの風量で吹いているときに，各VAV風量情報を空調機DDCに集めて合計風量を求め，定格風量で除して風量比率(FR)を求めインバータ回転数とする．

〔4〕 空調機給気温度制御

変風量方式では適切に給気温度設定制御を行うことによって，送風動力の省エネルギーが可能になる．夏期の最大負荷時設計値の条件を基準にして，その他の季節はこの値を参考にして割り振る方式を紹介する．室内温度設定値と給気温度設定値は関連づけて考えなければならないので，表6·1に示すように併記して表現を行って設定値入力時の混乱がないように配慮する．

〔5〕 変風量制御情報の通信

VAVの制御器もDDC方式であるので，VAVどうしおよびVAVと空調機DDCを結ぶ信号伝送線もパルスによる多重伝送になる．通信伝送のオープン化が普及してきたので，空調機やVAVなどの機械製造を得意としているメーカーに対しても，6·5節で述べるLonWorksなどの採用によって制御システムへの参加の道が開かれるようになった．

〔6〕 VAV方式のブロック図

VAV方式のブロック図は，図6·16に示すように表される．

6·2·5 ビル用マルチエアコンの制御

マルチエアコンシステム全体としては，図6·17に見るように，モリエ線図に従った冷媒循環を行う直膨型空調機である．室内機が複数に分割されていると思えばよい．

冷房時は蒸発器のエンタルピー差Δi_cに冷媒循環量Gを乗じたものが冷房能力になるので，

  冷房能力 $Q_c = \Delta i_c \times G$

が成立する．

また，暖房時は凝縮器のエンタルピー差Δi_hに冷媒循環量Gを乗じたものが暖房能力になるので，

  暖房能力 $Q_h = \Delta i_h \times G$

が成立する．

〔1〕 マルチエアコンの原理

図6·18に示すように，冷房時には屋外の熱交換器が凝縮器になり，室内に分散配置された熱交換器は蒸発器になる．膨張弁(ExV)は室内熱交換器と対になって取り付けられている．膨張弁には電子式膨張弁が使用されて，室内温度検出器(T)と制御機構を介してつながれて温度制御が行われる．

暖房時には屋外の熱交換器は蒸発器になるので，室内側は凝縮器になる．ここでは，電子式

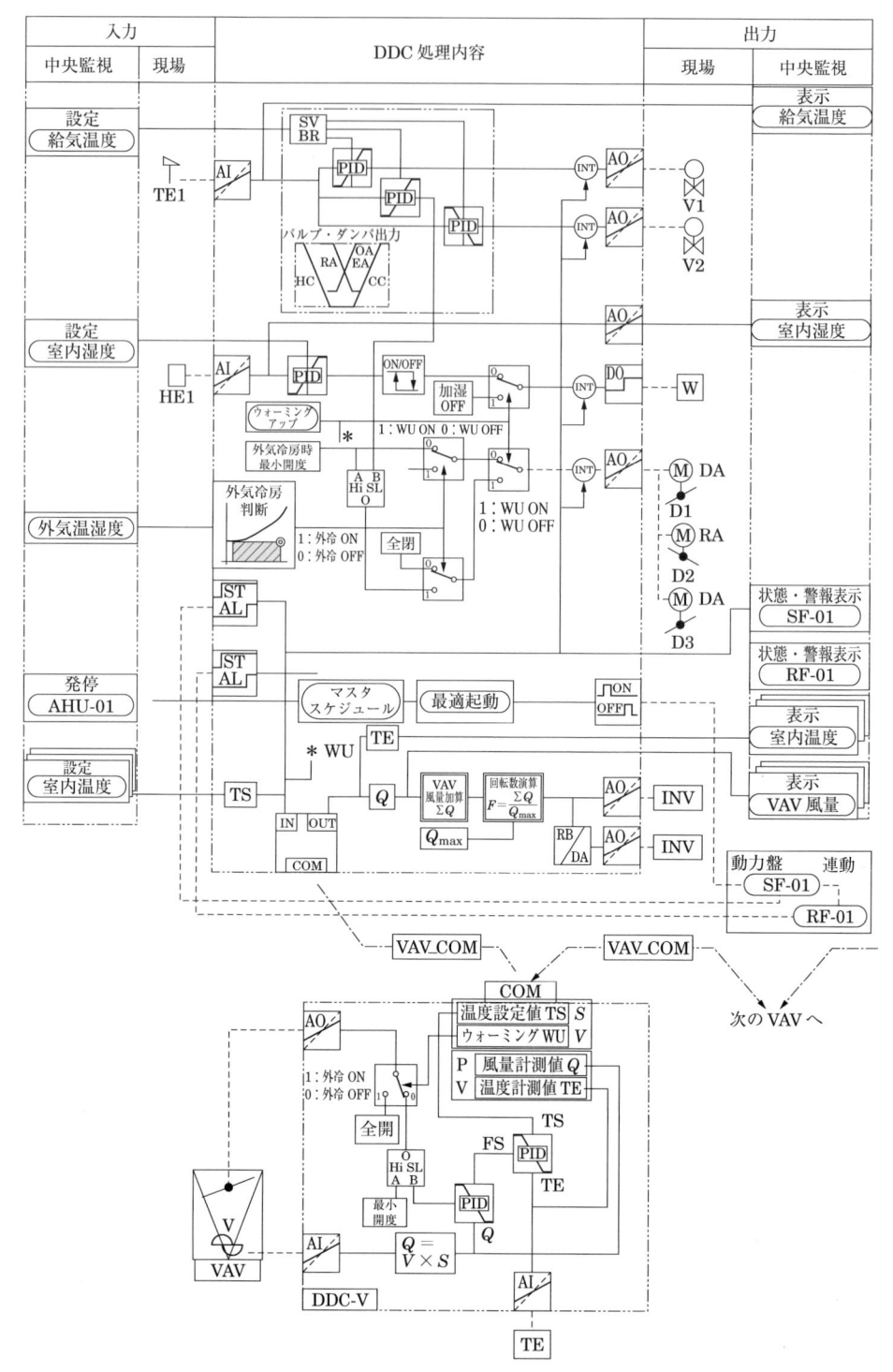

図 6・16 VAV 方式のブロック図

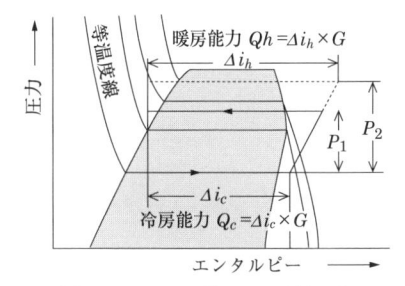

図 6・17 冷暖房能力と圧縮機仕事

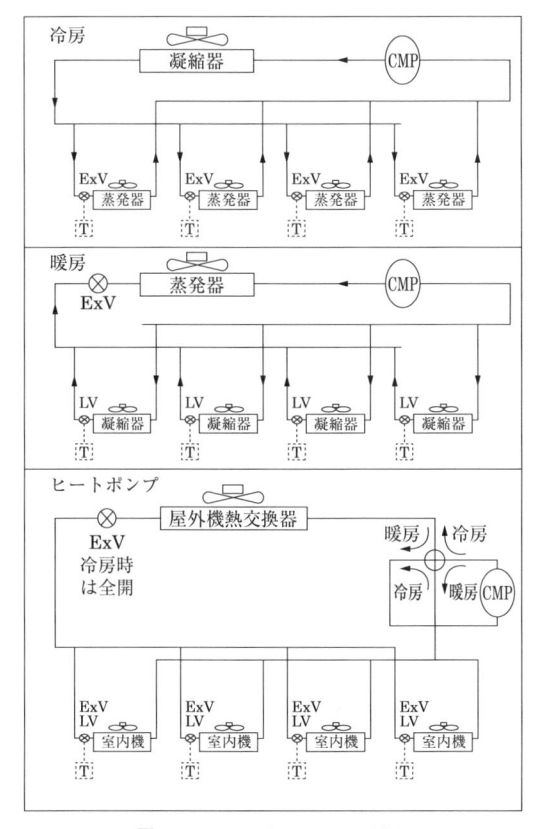

図 6・18 マルチエアコンの原理

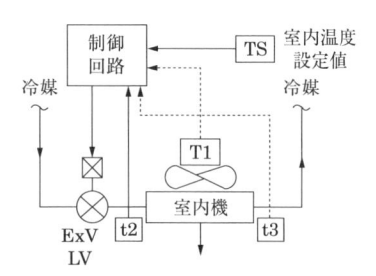

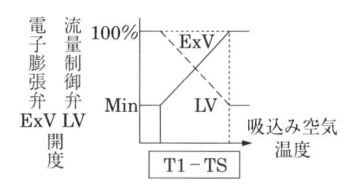

図 6・19 室内機の制御機構

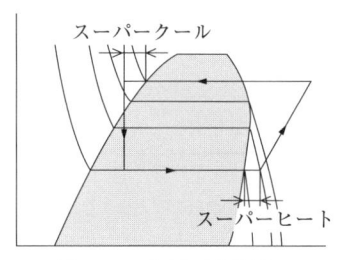

図 6・20 室内温度制御補助

膨張弁は室内温度検出器の信号で動作する流量制御弁（LV）の役割を行う．膨張弁（ExV）は屋外熱交換器の直前に取り付けられる．

実際にはヒートポンプとして使われるので，四方弁によって冷暖切替えが行われる．暖房時に用いる屋外機内の膨張弁（ExV）は，冷房運転時には全開にする．

〔2〕 室内温度制御

図 6・19 において，室内機の吸込み口に取り付けられた温度検出器（T1）は，室内温度設定値（TS）と比較されて，その偏差により電子膨張弁 ExV（暖房時には同じものが冷媒液に対する流量制御弁 LV としての役割をする）の開度を決定する．これによって冷媒循環量が変化する．

蒸発温度と凝縮温度はそれぞれ外気空気条件と室内空気条件で決まってしまうが，前述のように冷房能力と暖房能力はモリエ線図の形に冷媒循環量を乗じたもので決まるので $Q = \Delta i \times G$ であり，冷媒循環量（G）を必要な量だけに絞れば室内機側の能力調整を行うことができる．また制御回路はマイコン化されているので，室内機熱交換器の前後に取り付けられた温度検出器（t2・t3）によって，**図 6・20** に示すように冷房時にはスーパーヒートが保たれるように膨張弁開度への補正がかけられて，システムの効率向上が図られている．暖房時には室外機熱交換器の前後に取り付けられた温度検出器によって，スーパークールが保たれるように膨張

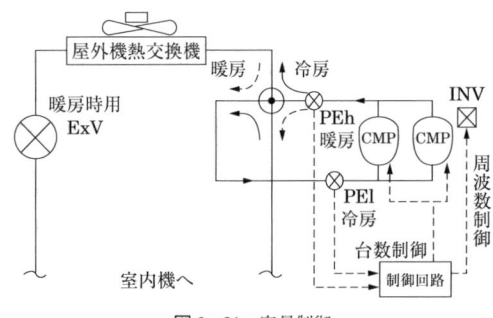

図6・21 容量制御

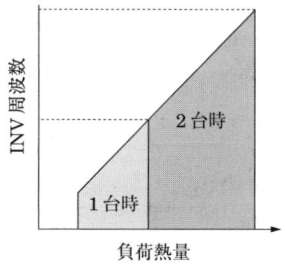

図6・22 INV周波数

弁開度への補正がかけられる．これらの制御機構によって，室温制御精度を±0.5℃以内に抑えることができる．

〔3〕 **圧縮機の容量制御**

室内機の電子膨張弁ExV(暖房時はLV)によって冷媒循環量が制御されると，冷媒圧力は変動するので，図6・21に示すようにこれを抑えるための圧縮機(CMP)およびインバータ(INV)に対して周波数変化による圧力制御が行われる．

冷房時には冷媒の低圧ガス圧力が負荷量に応じて変動するので，低圧ガス管に取り付けられた圧力検出器PElの信号がマイコン化された制御回路へ入力され，インバータへの出力信号が算出される．普通マルチエアコンは圧縮機を複数もつことが多いので，台数制御も同時に行われる．このように圧縮機入口の冷媒ガスの低圧圧力を一定にするための圧縮機台数制御とINV周波数制御が，結果的に負荷熱量に応じた冷媒循環量の制御をすることになるのである．暖房時には冷媒の高圧ガス圧力が負荷量に応じて変動するので，高圧ガス管に取り付けられた圧力検出器PEhの信号が制御回路へ入力され，インバータへの出力信号が算出される．

負荷熱量に対するINV周波数の関係は図6・22のようになる．1台運転時には冷媒中の潤滑油量確保のためINV最小回転数設定が行われて，これ以下の負荷に対してはON/OFF制御になる．圧縮機が2台以上要求される負荷量のときは，定容量圧縮機とINV周波数制御の組合せによってリニアな制御が行われる．

〔4〕 **冷暖同時運転**

マルチエアコンでは冷媒配管の主管を三管式にすることで，一つのシステムにおいて冷暖同時運転が可能になる．冷媒配管の液管は冷房時でも暖房時でも共通であるが，ガス管を冷房時と暖房時で切り替える．室内機は冷房時には低圧ガス管を選択し暖房時には高圧ガス管を選択することになる．

図6・23の冷房負荷が暖房負荷よりも多い場合は，冷媒の液管は屋外機から室内機へ向かって流れるが，暖房負荷分だけ相殺されて液冷媒量が少なくなる．暖房負荷が冷房負荷よりも多い場合は，冷媒の液管は室内機から屋外機へ向かって流れるが，冷房負荷分だけ相殺されて液冷媒量が少なくなる．室内機側で冷房負荷と暖房負荷が等しくバランスしたときには，液管に流れる冷媒量は0になる．

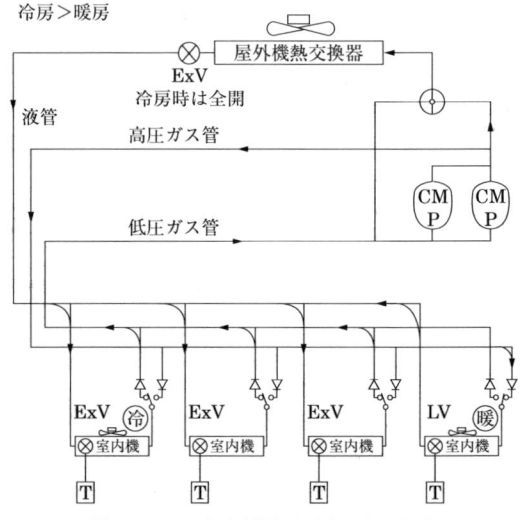

図6・23 冷暖同時制御方式(冷房＞暖房)

6・3 クローズ系熱源の制御

ここでは図6・24に示す，二次ポンプ群と冷凍機を含む一次ポンプ群から構成されるクローズ系熱源システムについて説明を行う．

6・3・1 二次ポンプ

二次ポンプは図6・25に見るように，送水一次ヘッダ(SH-1)から返りヘッダ(RH-1)までを受け持つ．空調負荷へ冷水を供給する二次ポンプまわりの制御は，ポンプ台数制御とバイパス弁による送水圧力制御からなる．

〔1〕 台数制御と送水圧力制御

二次ポンプの運転台数は，負荷流量に応じて決められる．図6・25において，二次ポンプのバイパス制御弁(Vb)がなかったとすると，ポンプの並列複合特性から負荷流量の変化に対する送水圧力は，図6・26(a)の太線部分のように変動する．

図(b)に示すように，送水二次ヘッダ(SH-2)に図6・25中の圧力調節器(PIC)の信号を用いてバイパス制御弁(Vb)を動作させる構成にすると，送水圧力を一定にすることができる．負荷流量が Q_L であった場合のポンプ必要台数は3台となり，Q_{s3} の水量が流れる．負荷流量との差 Q_b だけバイパスさせてやると，圧力は P_c に保つことができる．

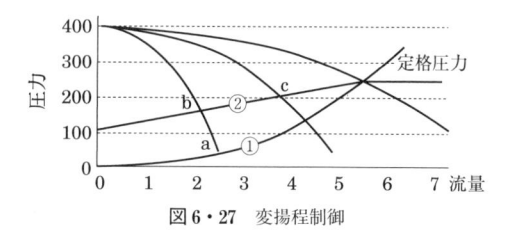

〔2〕 インバータによる送水圧力制御

インバータによって誘導電動機の回転数制御を行うと，回転数を減じられたポンプの特性は，その定格特性に対して相似形に近い形で変化する．負荷流量が少ないときは送水圧力も小さくてよいわけであるので，変揚程制御をすれば省エネルギー効果はいっそう上がる．配管系の抵抗は図6・27中の①に示すように $y=ax^2$

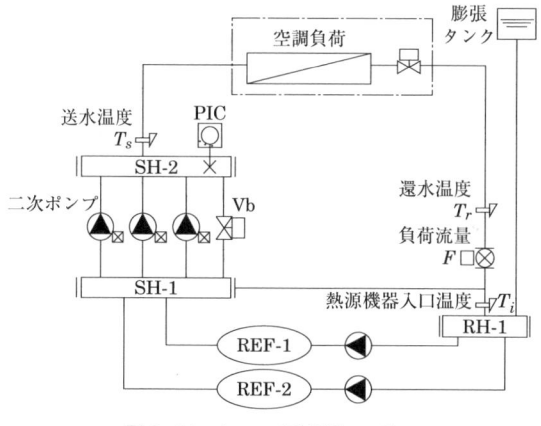

図6・24 クローズ系熱源システム

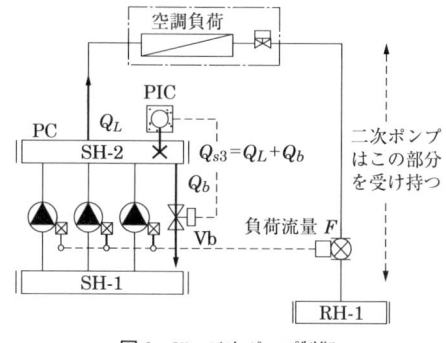

図6・25 二次ポンプ制御

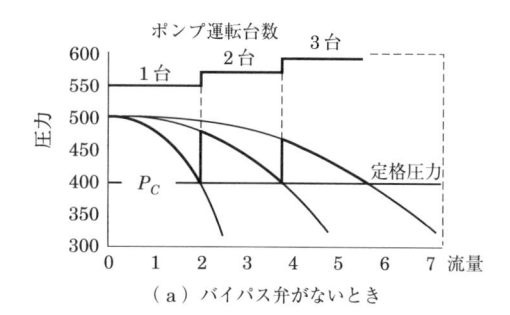

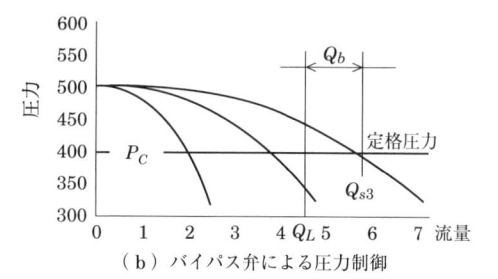

図6・26 ポンプの並列複合特性

図6・27 変揚程制御

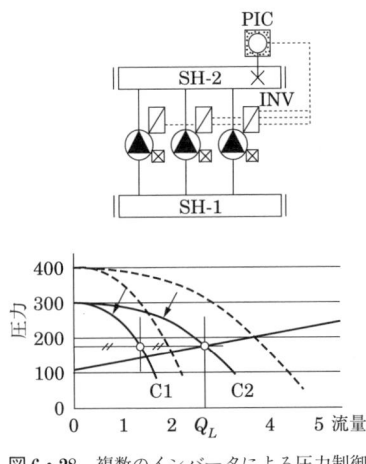

図6・28 複数のインバータによる圧力制御

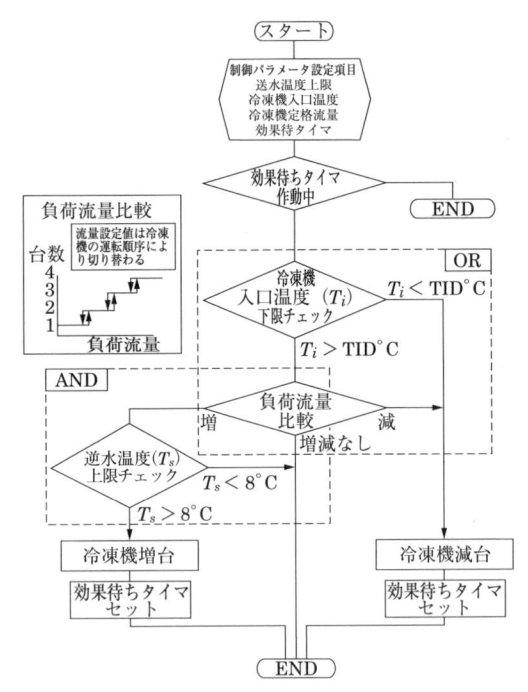

図6・29 熱源機器台数制御のロジックフロー

で表せる．したがって2台めのポンプは，1台めの交点aまで回転数を下げることができる．しかし現実的に考えると，いくら流量が少ないときでも圧力設定を"0"まで下げることはできない．建物の使用条件としては夜になると建物全体の負荷熱量は少なくなるが，残業をしている部門では最大負荷が要求されているような状況は，往々にしてありうるところである．したがって圧力設定には $y=ax^2+b$ というバイアス(b)を設けなければならない．調節器の設定は②のような $y=ax+b$ で表す直線近似としても，省エネルギーへの貢献という意味では大差はない．並列に配置されたすべてのポンプにインバータを配すると図6・28に示すようになり，負荷流量が Q_L の場合に，おのおののポンプが同量の流量負荷分担を行う．

6・3・2 冷凍機台数制御

熱源設備の第一の役割は，安定した送水温度を空調負荷に対して送り出すことである．したがって送水温度 T_s を基準にして考える．これに冷凍機入口温度 T_i と負荷流量 F を組み合わせて，図6・29に示すロジックフローに従う制御を行う．基本は冷凍機の追加起動は送水温度 T_s と負荷流量 F の AND 条件，停止は冷凍機入口温度 T_i と負荷流量 F の OR 条件とすることである．なお，この説明にあたって，基準送水温度は7℃，還水温度は12℃とする．

〔1〕起　　動

負荷側流量が運転中の冷凍機の合計定格流量より大きく，かつ送水温度設定値(基準値が7℃の場合は8℃)以上に高くなったときに，追加起動する．冷凍機は送水温度(冷凍機出口温度)を一定にするように制御を行っているので，この追加起動方法は冷却水温度条件の変化などにかかわらず，冷凍機が最大能力を発生するようにするものである．

〔2〕停　　止

負荷側の流量計の合計値が運転中の冷凍機合計定格流量より少ないとき，または冷凍機入口温度が一定値以下(☆冷凍機停止基準温度(TID)の演算参照)になったときに停止する．

☆冷凍機停止基準温度(TID)の演算

一般に空調設計図では返りヘッダを，図6・30(a)のように表現する．その結果，冷凍機に流入する水はバイパス管専用のものや，負荷からの還水専用のものができてしまったりする．設計図の段階から(b)のようにはっきりと制御の意思を示したものにしなければならない．ヘッダ構成が悪いものは，台数制御ロジックを評

6・3 クローズ系熱源の制御

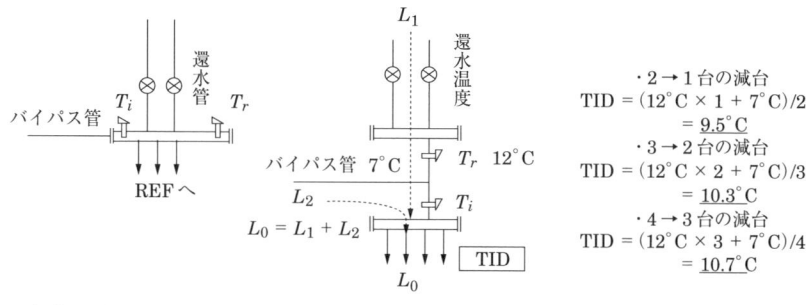

(a) 図面上のヘッダ　　(b) 冷凍機入口温度　　(c) 停止温度(TID)の求め方

・2→1台の減台
TID = (12℃×1 + 7℃)/2
= 9.5℃
・3→2台の減台
TID = (12℃×2 + 7℃)/3
= 10.3℃
・4→3台の減台
TID = (12℃×3 + 7℃)/4
= 10.7℃

$$TID = \{(LR\#1 + LR\#2 + \cdots LR\#n-1) \times (TSD + DT) + LR\#n \times TSD\}/LTn$$

LR#：運転している冷凍機の中でのその順位の冷凍機定格流量
TSD：送水温度設定値　　LTn：冷凍機の合計定格流量
DT：従還温度差設定値

(d) TIDの一般式

図6・30　還りヘッダ

価する以前のものであり，ロジックをどういじっても台数制御は成立しない．

台数制御における減台の判断値としての冷凍機入口温度は，以下の理由により冷凍機の運転台数により変化させる必要がある．(c)のように同じ定格流量の2台運転が1台運転に減台するときの判定温度は，還水温度12℃からの1台分の流量とバイパス管の温度7℃が(12+7)/2の関係でミックスされた温度なので，9.5℃になる．同様に3台から2台のときは，(12×2+7)/3で10.3℃になる．(d)にTIDの一般式を示す．

〔3〕　負荷流量設定値

複数の冷凍機があると，大きさの異なる冷凍機の混在もありうる．負荷流量比較の設定を行うパラメータは，冷凍機の運転順位の変動に対して追従しなければならない．冷凍機の種類ごとに冷水ポンプの定格流量の記憶を行って，パラメータの値($P_1 \cdot P_2 \cdot P_3$など)を計算する．また停止のディファレンシャル(DF)により停止パラメータとする．

〔4〕　往還温度差

このロジックの欠点は，図6・29における往還温度差(DT)の調整の難しさにある．ここで説明しているように送水温度が7℃，還水温度が12℃の基準値どおりであれば問題はないのであるが，還水温度は往々にして12℃以下に

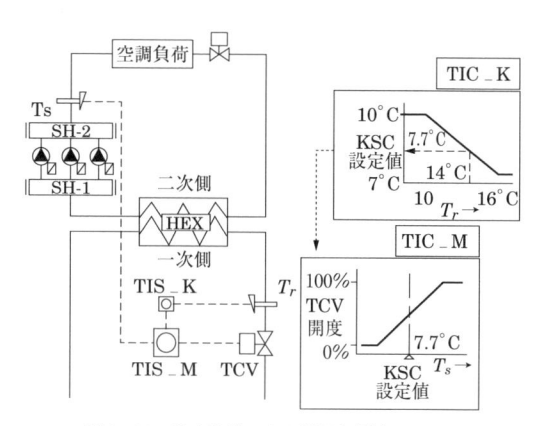

図6・31　熱交換器による還温度保持システム

なってしまうことが多い．空調負荷の温度差が設計値どおりにつかないという理由による．原因としては，負荷が少なくて層流領域まで水量が減少したときなどが考えられる．また，空調機と並列にファンコイルが接続されていて温度差がとれない場合などもあり，原因は多様である．

対応策としては，負荷が極端に少ないときは停止させることが一番よい．図6・31のような熱交換器を用いる方式でもある程度まで対応することができる．送水温度T_sを制御する調節器(TIC-M)回路に，還温度T_rから調節器(TIC-K)により求められたカスケード信号を加えることにより新たな送水温度設定値(KSC)を得て，送水温度をスライドさせるこ

とにより低温返送の防止を行う．わざわざ熱交換器を入れるのはイニシャルコストの増加と思うが，高層ビルなどでは配管圧力を1 000 kPa以下に抑えるために熱交換器を入れるような事例はよくあることである．

6・3・3 冷凍機冷水ポンプの流量調整

図6・32に見るように，一次ポンプのまわりには数多くの手動弁が設けられる．これは，ポンプや冷凍機の故障修理などへの対応のためのものである．一方，冷凍機の冷水流量は定格値に抑えなければならない．[熱量]＝[流量]×[出入口温度差]であるので，流量が定格値よりも大きければ冷水出口温度が高くなってしまうからである．このため手動弁を絞って流量調整を行うわけであるが，手動弁にはバタフライ弁（BV）が用いられることが多く，流量調整目的で使用するには不向きである．流量調整がしやすいグローブ弁は弁間寸法が大きくなるので好まれない．図6・32中のBV2の部分に図6・33に示すような流量調整を意識したバタフライ弁を用いると，これらの難点の克服ができる．

6・3・4 冷却水の制御

冷凍機のカタログでは，冷却水温度を32℃と表示していることが多いが，これは冷凍機能力の表示を同じ条件にするためのものであり，この値を保たないと冷凍機が壊れるというもの

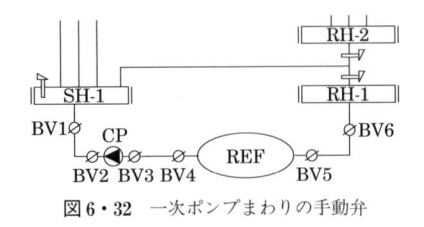

図6・32　一次ポンプまわりの手動弁

図6・33　流量調整がしやすいバタフライ弁

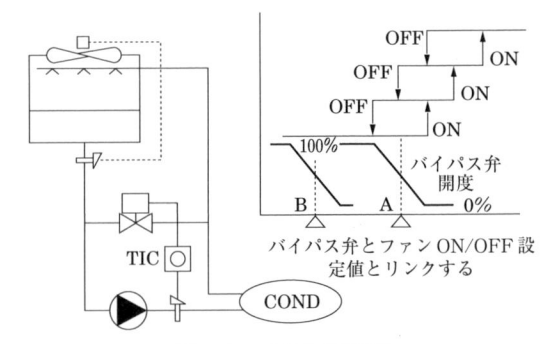

図6・34　冷却水温度制御

ではない．一般に遠心冷凍機では冷却水温度を20℃ぐらいまで下げることが可能であり，その条件下で運転を行えば25％ぐらいの省エネルギーが行える．吸収冷凍機の場合は，凝縮器と蒸発器の圧力差を小さくしたくないというメーカーもあるので，26℃程度を下限と考えたほうがよい．ただし，この値は，冷凍機メーカーおよび機種によっても違うので運用開始時に冷凍機メーカーと相談して，双方納得のうえで設定値を決めるべきである．

冷却水温度の設定は，冷却水ポンプまわりのバイパス弁と冷却塔ファンのON/OFF設定で行う．図6・34に示すように，冷却塔のファン台数が複数の場合は，ベースになる1台めのファンのOFF点とバイパス制御弁の設定値はAのようにラップさせるものとする．Bのようにバイパス制御弁設定値がベースファンOFF点より低くすると，冷凍機の凝縮器は必ず熱を発生しているので，ON/OFF頻度が多くなって冷却塔破損事故に結び付く．

もちろん冷却水温度設定を20℃にしたからといって，常に20℃の冷却水が得られるわけではない．夏の外気条件が冷却塔の定格に近づいたときに，冷却塔定格値の32℃に自然に近づくわけである．

6・4　自動制御機器の選択と取付け

6・4・1　信号の種類

工業計測のアナログ伝送信号は，電気信号の

場合は IEC 規格で 4～20 mA に，空気信号の場合はアメリカの SAMA 規格が世界的に採用されて 20～100 kPa（ISO 規格表記の場合）に，統一されている．

電気信号では，電圧降下による影響を受けにくい電流伝送が一般的であるが，近年では制御機器のマイコン化などの影響で 0～100 mV などに代表される電圧信号も実際には多く使われている．

コンピュータ間ではパルス伝送が常識であるが，この章は"自動制御機器"の項であるので，アナログ伝送信号を用いる自動制御機器のみを対象とする．

6・4・2　温湿度検出器

〔1〕　温度検出器

空調自動制御で使われる温度センサは，JIS C 1604 として規格化されている測温抵抗体の Pt 100 が圧倒的に多いが，Pt 3 k も見かけるようになった．

(a)　測温抵抗体の計測原理

測温抵抗体の計測原理を知るためには，図 6・35(a)のホイートストンブリッジを理解しなければならない．互いに向かい合う抵抗体間において，$R_1 \cdot R_3 = R_2 \cdot R_4$ の関係が成り立つとき c-d 間には電流は流れない，すなわち c-d 間の電位差は 0 である．この原理の基に，(b)に示すように 1 辺に測温抵抗体 R_t を配する．このとき(a)の R_2 と R_3 を同じ値の抵抗値 R_b とすれば，R_a と R_t の関係から c-d 間の電位差を測れば測温抵抗体 R_t の値を求めることができる．配線長さ分の抵抗 r は(c)の等価回路で見るように相殺されるので，配線の長さに影響される測定誤差を無視することができる．Pt 100 を三線式で配線するのはこのような理由によるものである．

(b)　測温抵抗体の精度と誤差

JIS C 1604 では，測温抵抗体の精度を"クラス A"と"クラス B"に分けている．"クラス A"は ±0.15℃，"クラス B"は ±0.3℃ 以内の安定度の範囲になければならない．測温抵抗体の精

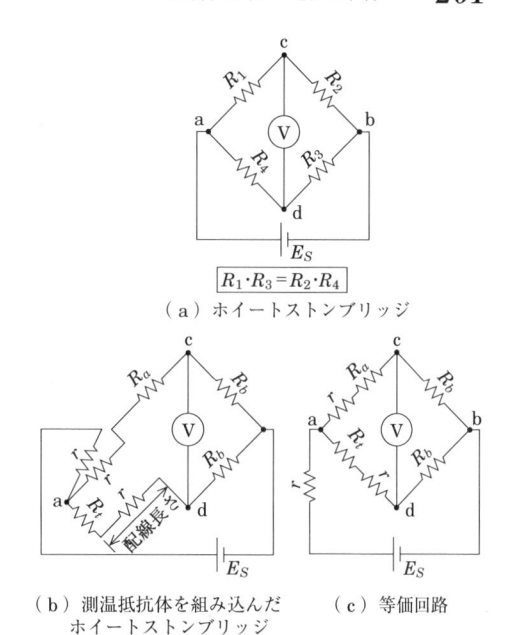

図 6・35　測温抵抗体の温度計測原理
(a) ホイートストンブリッジ
(b) 測温抵抗体を組み込んだホイートストンブリッジ
(c) 等価回路

度を論ずるときには，測温抵抗体部を流れる電流値の影響による加熱の問題を無視するわけにはいかない．JIS の定める規定電流は 0.5 mA・1 mA・2 mA となっている．空調設備で用いられる測温抵抗体とホイートストンブリッジを納める調節器は，一般的に 2 mA の電流を流すので，この条件だけで"クラス B"のランクになる．

ホイートストンブリッジの抵抗全体を高い値として，測温抵抗体の抵抗値も高いものとすれば，配線長による抵抗値は無視できるほどのものであるので，二線式とすることも可能である．Pt 3 k は，このような考えに基づいている．

〔2〕　湿度検出器

(a)　湿度検出器の種類

湿度検出器は測定原理から分類すると，高分子容量・塩化リチウム・セラミックの 3 方式が主に用いられてきた．最近はメンテナンス面から見て，安定性に富む高分子容量方式が優位な立場にあり，かつては主流であった塩化リチウムはほとんど用いられなくなった．

(b)　高分子容量式の計測原理

高分子容量式湿度エレメントが測定雰囲気の

中にさらされると，その雰囲気中の水分量を感知する（図6・36）．その水分量の変化に応じて，感湿性高分子の誘電率が変化する．この誘電率の変化によって生じる上部電極と下部電極間の静電容量の変化は，測定雰囲気の相対湿度に比例するので，これを測定することにより測定雰囲気の相対湿度を計測することができる．

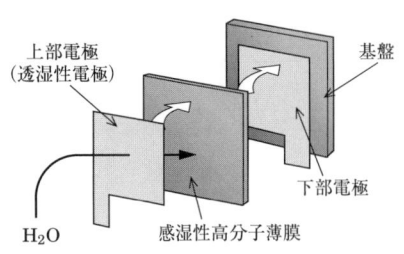

図6・36 高分子容量式湿度検出器の構造

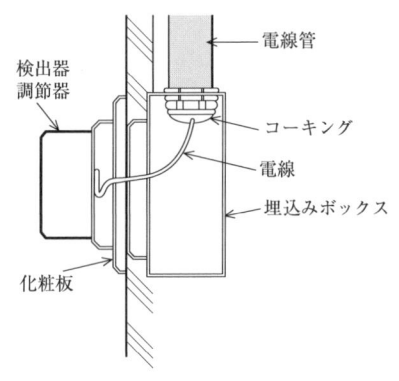

図6・37 室内用温度湿度検出器の取付け

〔3〕 温湿度検出器・調節器の取付け

室内用温度と湿度の検出器は，原則として床上1.5m程度の高さで出入口扉から1m以上離れた場所に設置する．窓面近くの日射の影響を受ける場所や，吹出し口から直接風を受ける場所は避けなければならない．

取付け位置にアウトレットボックスを埋め込んで電線管を接続する場合は，図6・37に示すように電線との間をコーキング材で埋めて，機械室などからの空気侵入による検出値の乱れを防ぐ．電線管を用いないケーブル施工の場合も同様に，検出器裏面からの影響を受けないようにコーキング処理を行う．

水配管への温度検出器の取付けは，基本的には図6・38(a)に示すように，温度検出器保護管が曲管部の流れ方向に正対するように取り付けることを基本にするが，配管の配置上直管部にしか取付けが不可能なときは，配管サイズに応じて，図(b)～図(d)に示すような取付けを行う．

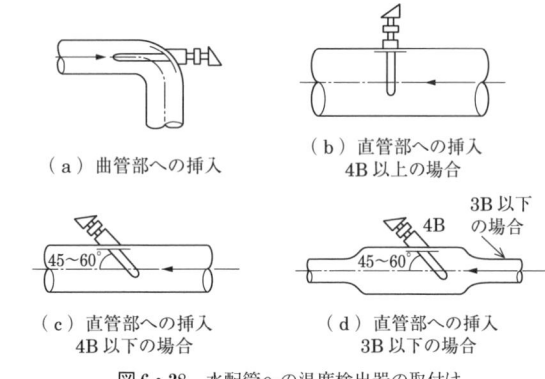

(a) 曲管部への挿入
(b) 直管部への挿入 4B以上の場合
(c) 直管部への挿入 4B以下の場合
(d) 直管部への挿入 3B以下の場合

図6・38 水配管への温度検出器の取付け

6・4・3 圧力計

〔1〕 圧力検出器の種類

空調設備で使う圧力センサには，表6・2に示すようなものがある．

表6・2 圧力センサの分類

分類	種類	測定範囲
弾性型	ブルドン管	0.5～50 MPa
	ベローズ	1～100 kPa
	ダイアフラム	0.1～50 kPa
電気素子型	半導体	-1～5 000 kPa
	静電容量	
液注	U字管	～2 mHg
真空	ピラニ真空計	10^{-4}～2 mHg

〔2〕 弾性型圧力検出器

弾性型に属する圧力検出器には，図6・39に示すようなベローズ型・ダイアフラム型・ブルドン管型がある．ベローズは，円筒の内部と外部との圧力差に応じた軸方向への変位を差動トランスなどによって電気信号に変えるものである．ダイアフラムは周辺部を固定した薄い円板で，ダイアフラムの両面の圧力差による変位の大きさをとらえるものである．普通はダイアフラムを波形形状にして変位量を大きくし，より正確な圧力測定ができるようにしている．50

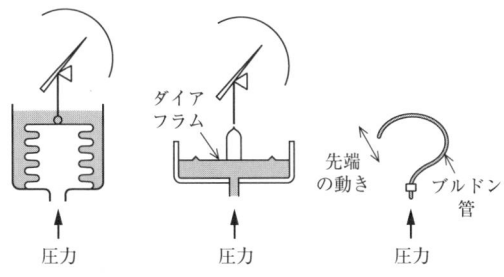

(a) ベローズ型　(b) ダイアフラム型　(c) ブルドン管型

図6・39　主な弾性型圧力検出器

kPa以下の低圧や差圧測定に向く．ブルドン管は，さらにC型・スパイラル型・ヘリカル(つる巻)型に分類される．管の内部に圧力を加えると，管の断面は円形に近づこうと膨らみ，このため曲げられた管は直線に近づこうと変形するが，管の弾性によりある程度管が伸びたところで両者が釣り合う．この変位を，差動トランスなどによって電気信号に変えるものである．

〔3〕 電気素子型圧力検出器

図6・40に示す半導体圧力センサは，圧力により半導体の抵抗が変化することを利用したものであり，圧力の変化をダイアフラムで検知してストレンゲージ(構造体：この場合ダイアフラムのひずみに比例した電気抵抗を示す素子)の抵抗変化から電気信号を得る．空調分野でも冷温水や蒸気圧力計測で使用頻度の多いセンサである．

6・4・4　流量計

空調設備でよく使われる流量計には，電磁流量計・渦流量計・超音波流量計・オリフィス式・容積式・タービン型などがある．一番単純

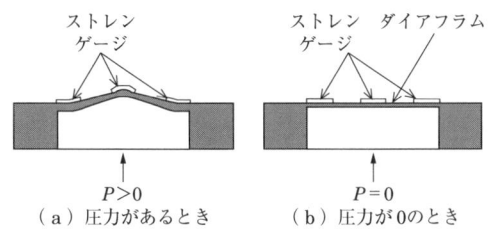

(a) 圧力があるとき　(b) 圧力が0のとき

図6・40　電気素子型半導体圧力センサ

で正確な計測方法としては，升で一杯一杯くんで測るのがよい．この考え方に近い方法としては図6・41に示すルーツ型流量計として知られる容積式がある．二つのひょうたん状の回転子を組み合わせて，1杯ずつ測る考え方である．蒸気の還水計測にルーツ型に近い方式がよく用いられていたが，構造上ごみ詰まりに弱いので好まれなくなった．最近では，冷温水の計測には電磁流量計が用いられることがほとんどであり，前記の還水計測も電磁流量計に置き換えられることが多い．蒸気計測ではオリフィス式がよく用いられていたが，計測範囲が狭いので，レンジアビリティの面で優れている渦流量計に換えられていることが多い．ここでは，最近の空調設備で使われる頻度が高い，電磁流量計・渦流量計ついて述べる．

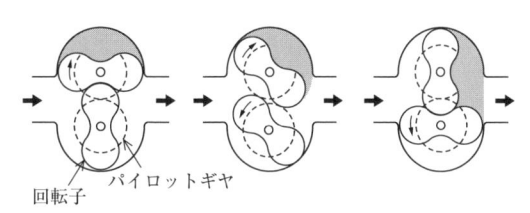

図6・41　容積式流量計

計測器の誤差には，フルスケール誤差(FS)と指示値誤差(Of Reading)がある．課金取引メータ用として使う場合や，ポンプや冷凍機の台数制御に用いる場合には，フルスケールのポイントよりもレンジの大きいほうから小さいほうまで同じ誤差率であるほうが望ましい．したがって，流量計の選定にあたっては，各レンジにおける誤差量を示す指示値誤差が明確に表示された流量計を選ばなければならない．

〔1〕 電磁流量計

電磁流量計は，空調用途で使われる水のほかに，薬液や水スラリー状のものまで計測対象となる．空調分野では近年は，ごみ詰まりや可動部劣化の心配がないという理由で，ほとんどの場合に電磁流量計が用いられている．

(a) 測定原理

電磁流量計は，ファラデーの「磁界の中を導電性物質が動くと，その物体内に起電力が発生

する」という電磁誘導の法則を測定原理としている．図6・42に見るように，配管を取り巻く励磁コイルによって磁束密度Bが与えられ，配管中を流体がvの速さで流れると，流速に対応した起電力e_Sを得ることができる．

起電力 (e_S)

$$e_S = BdV \ [\text{V}] \quad \cdots\cdots(1)$$

流量(Q)と流速(V)の関係

$$Q = \frac{\pi d^2}{4} V \quad \cdots\cdots(2)$$

式 (1), (2) より

$$e_S = \frac{4B}{\pi d} Q \ [\text{V}]$$

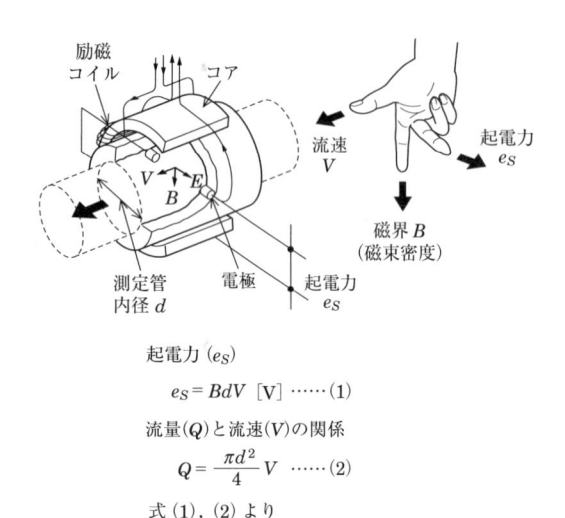

図6・42 電磁流量計の測定原理

（b） 選定上の注意事項

前述の測定誤差のことを考慮に入れると，大は小を兼ねることはなく，やたら大きなものを選ぶことは好ましくない．一般に空調設備の水配管では，最大流速を2m程度に抑えることが多いが，流量計測上はある程度流速が速いほうが計測精度は良くなるので，電磁流量計は配管の1サイズ落ちぐらいを目安にして，最大流速が5～7mぐらいになるように口径を選定するとよい．

（c） 取付け

電磁流量計の上流側には，配管中の流体が整流を保つための直管部距離が必要になる．図6・43に示すように，曲り部・ティー・仕切弁・拡大・縮小管のあるなしや，自動制御弁・ポンプ類の下流にあるかどうかで，流量検出器の公称口径Dに対して数倍の距離を設けなければならない．下流側では直管部は気にする必要はないが，近くにバタフライ弁などを配するなど流れを乱す原因になるような配管を組むこ

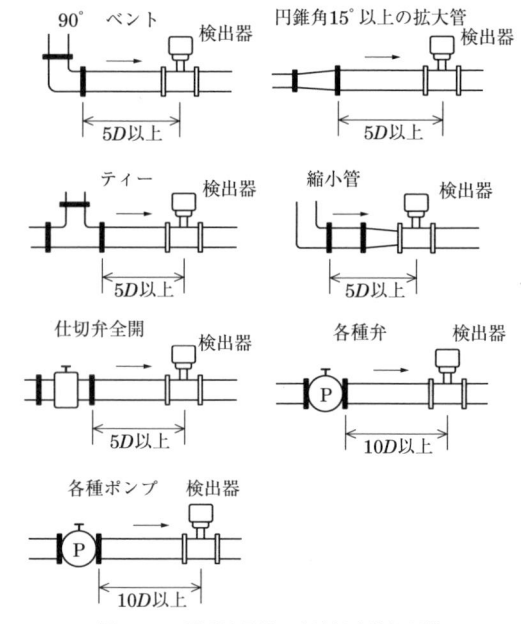

図6・43 電磁流量計の上流側直管部距離

とは避けなければならない．

〔2〕 渦流量計

渦流量計は，気体・蒸気・水・油などを計測対象とする．DHC受入れ設備などの蒸気流量計測には，レンジアビリティが優れている渦流量計が用いられることが多い．

川の中に置かれた柱の後方に渦が発生する現象は，1513年にレオナルド・ダ・ビンチによって観察されている．流体の流れの中に置かれた物体の下流に，交互に並んだ規則正しい渦列が発生することを，1911年にT・F・カルマンが理論的に解明した．これを，カルマン渦列と呼ぶ．渦流量計はレンジアビリティが極めて高いので，部分負荷の検出が重要視されるDHC受入れ設備の蒸気流量計測の分野で，オリフィスに代わって使われることが多くなった．

（a） 測定原理

渦流量計は図6・44に示すように，配管内に渦を発生させる「渦発生体（ブラッフボディ）」と渦を検出するセンサからなっている．カルマン渦の発生する周波数は，図中の関係式に示すように流体の流れる速さ（流速）に比例することが知られている．図中の式でストローハル数St

とはレイノルズ数（流れの状態を決める数値）により変化するが，広いレイノルズ数範囲でほぼ一定である．したがって渦周波数 f は，流速に比例するということになる．

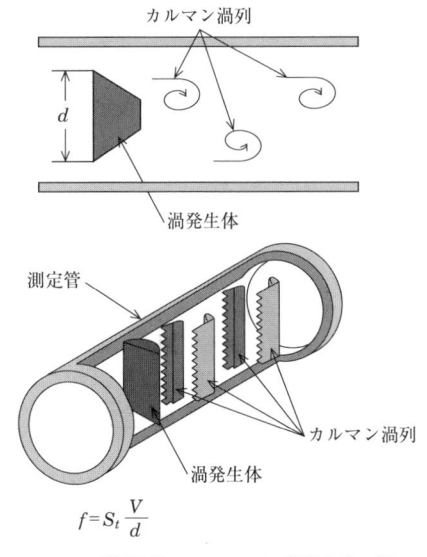

$$f = S_t \frac{V}{d}$$

f：渦周波数　　d：渦発生体の幅
V：流体の平均流速　S_t：ストローハル定数

図 6・44　渦流量計の測定原理

渦列を電気信号に変換する方法は数種あるが，圧電素子で電気信号としてとらえて，流量信号とする方式が多く用いられている．

（b）取付け

渦流量計は，電磁流量計などに比べると，配管中の流体が整流を保つための必要直管距離は長くなる．

6・4・5　自動制御弁とダンパの操作器

自動制御弁やダンパを動かす操作器には，電動式（電気式・電子式）と空気式がある．一般に電動式は操作力が弱いので，3インチを超えるような制御弁などには向かない．大きな制御弁に対しては，空気式が用いられることが多い．ビル制御においては，空調機まわりに用いられる小型制御弁が多いので，電子式で統一されることが多い．熱源などで大型制御弁の数が多い場合には，空気源装置を設置して空気式にするが，数が少ない場合には，大型制御弁を自力式制御弁とする場合もある．

調節器の出力信号どおりに制御弁や自動制御ダンパが動作しているかのフィードバックは，操作器部分で行われる．この調節器出力信号に対して，操作器入力への信号のフィードバックをとる機能がないと，図 6・45 に示すように信号のフィードバックは室内の温度で行われてしまうものになってしまって，室温目標値になる前に，大きな室温変動の過程を踏まなければならないことになってしまう．

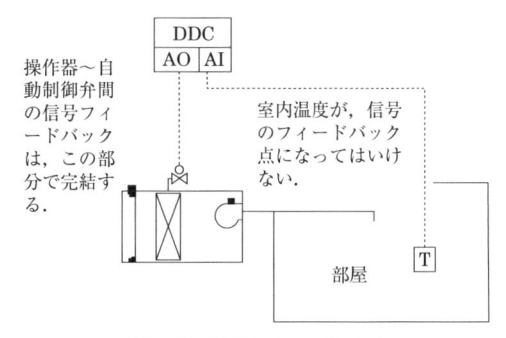

図 6・45　信号のフィードバック

電気式用操作器は機械機構のバランシングリレーを内蔵しており，温度制御の場合には測温抵抗体の信号を与えるだけで制御ループが完成する．これに対して電子式用操作器は，調節器の開方向または閉方向のリレー出力信号を受けて，バランシングリレーの代わりにフィードバックポテンショメータで測温抵抗体とのブリッジでバランスをとり，制御ループの平行を得る（温度調節器内で，端子 A-B 間の電流値が "0" になるまで反時計回りと時計回り信号を出し続けてフィードバックを行う．6・4・2〔1〕(a)項 "測温抵抗体の計測原理" 参照）．このような方法をとることによって，電気信号レベルのフィードバックが成立する．空気式の場合は，ポジショナが設けられて機械的に空気信号のフィードバックがとられる．

6・4・6　制御弁本体

最近の空調機に用いられる2インチ以下程度の小型制御弁は，操作器一体型で比例制御に適するロータリ弁を用いることが多い．ロータリ

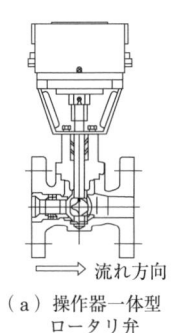

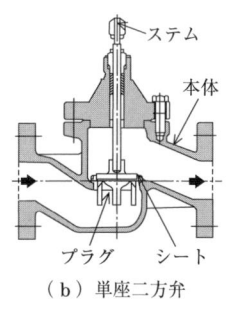

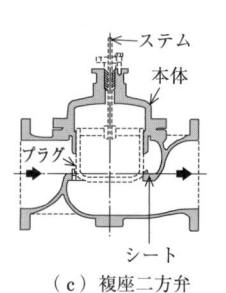

図 6・46 自動制御弁の構造

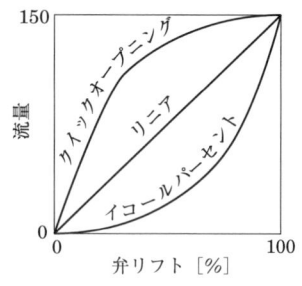

(a) 操作器一体型ロータリ弁
(b) 単座二方弁
(c) 複座二方弁

図 6・47 制御弁の特性

弁はボール弁をアレンジしたもので，比例制御に適応できるような溝のカットを行うなどの工夫が凝らされている．また，同サイズの単座弁に比べると，ボール弁を基本にしているので多くの流量を流すことができ，流量を多く流せる複座弁に比べても，より多くの流量を流すことができる．熱源などに用いる大型の制御弁には，図 6・46 に示す(b)単座・(c)複座二方弁が採用されることが多い．

制御弁を蒸気系統に用いるときには，複座弁はシート(座)が二つあるという構造的に漏れ量が多い理由から敬遠されることが多い．なお，空調設備で一般に使われている制御弁というものは，後述の C_v 値に対して 0.5% の漏れ量が許容されていることも記憶にとどめておかなければいけない (JIS B 2007)．

〔1〕 制御弁の特性

図 6・47 に示すように，自動弁のリフトと流量の関係を現す制御弁固有特性には，クイックオープニング・リニア・イコールパーセント特性などがあり，空調用比例制御弁としては，制御弁リフトと熱出力関係が直線に近くなるイコールパーセント特性が用いられる．

〔2〕 自動制御弁口径選定

(a) C_v 値の計算

配管中においては，制御弁のような抵抗体の前後の圧力によって流せる流量は変化してしまうので，なんらかの条件をもって平等な能力表現を行わなければならない．制御弁の容量を表す数値として代表的なものが C_v 値である．C_v 値は，制御弁が全開時に 60°F (≒15℃) の水が制御弁前後の差圧 1 psi (0.048 kPa) のとき，その制御弁を通過する流量を US ガロン (米国) で表したものである．この値を，日本で一般的に用いられている単位に換算して使用している．

1) 流体が冷温水の場合

$$C_v = \frac{0.693\,W\sqrt{G}}{\sqrt{h}}$$

ただし，W：最大流量 [l/min]
G：比重 (水=1)
h：弁の圧力降下 [Pa]

2) 流体が飽和蒸気の場合

$$C_v = \frac{0.3643\,W\sqrt{V}}{\sqrt{h}}$$

ただし，W：蒸気重量流量 [kg/h]
h：弁の圧力降下 [kPa]
$h = 0.2(P_1 - P_2)$ 二位置動作弁
$h = 0.5(P_1 - P_2)$ 比例動作
P_1：弁入口蒸気圧 [Pa]
P_2：弁出力蒸気圧 [Pa]

(b) クローズオフレイティング

図 6・48(a) に示すように，空調システム全体としては稼働状況にあるが，一つの空調機

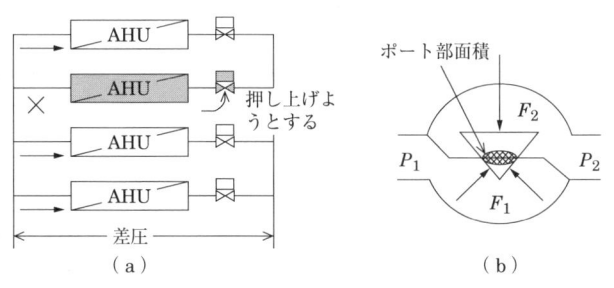

図 6・48 クローズオフレイティング

(AHU)系統が停止した場合に，制御弁前後には差圧がかかっているので，制御弁を全閉にしたつもりでも，差圧が大きければ押し上げられてしまう．制御弁のクローズオフレイティングとは，制御弁を特定の操作器と組み合わせたときに制御弁を全閉に保持しうる，制御弁前後にかかる最大許容圧力差のことである．図(b)において制御弁のステムに働く力は下向きにF_2であり，これに対して制御弁前後の圧力差(P_1-P_2)はF_1となって上向きに働く．F_2は制御弁操作器がステムを通じて制御弁に与える力であるので，この力が弱ければ制御弁は全閉を保ちえなくなる．したがって，制御弁の口径を決める際には，C_v値計算に加えて，操作器まで考慮に入れたクローズオフレイティングのチェックをしなければならない．

6・5 中央監視設備

6・2節で説明した空調機のDDCは，制御データの入出力(I/O)という側面からは，中央監視設備の一部ととらえることもできる．かつては，ビルの制御と中央監視盤は互いに独立したものであったが，DDC化やインターネットの普及に見るように，コンピュータ技術と半導体技術の進歩・普及はその形態を常に変化させていて，今でもその変化の終点は見ることができない．

6・5・1 ビル内の制御システム

現状でのビルの制御システムには，図6・49に示すように，次に示すようなものがある．

1) ビル管理：空調設備・熱源設備・受変電設備・計量システム
2) 防災設備：火災報知設備・スプリンクラ設備・消火設備・非常照明
3) 防犯設備：入退室管理システム・侵入管理設備・ITV
4) 照明設備：室内照明・屋外照明・廊下などの共用部照明
5) 情報設備：インターネット・パソコンLAN
6) 電話設備：固定電話・携帯電話・PHS

これらの中で，空調・衛生設備と関連の深いビル管理コンピュータ系は，BAS(Building Automation System)と主に呼ばれていたが，近年ではBEMS(ベムス：Building and Energy Management System)という呼び方が定着しつつあり，エネルギー消費と関連の深いビル運用のための運転管理者と設備機器の連携を，スムーズに行わせるマン・マシーンインタフェース用ツールとしての重要性を高めている．

6・5・2 ソフトウェア化への対応

マイクロコンピュータの汎用化に伴って，空調機の制御はDDC内で処理されるようになり，また冷凍機などの熱源機器もマイクロコンピュータで構成される制御機器で処理されるようになった．これらの制御機器は，パルス伝送によって互いのデータ交換が行えるので，中央監視の役割は監視が中心になり，「制御の分散化と監視の集中化」という流れができあがった．この流れは制御システムの故障時などにも，ダ

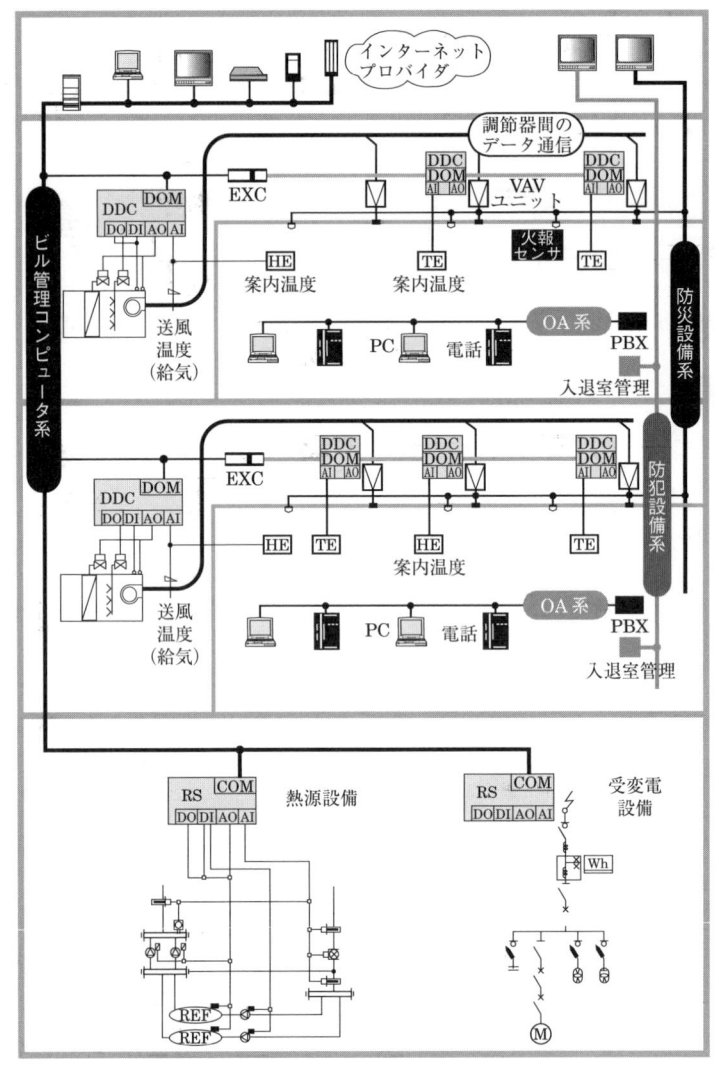

図6・49 ビル内の制御システム

メージは部分的なものに抑えられるので好都合なものとなった．

しかし，従来の調節器や変換器を組み合わせた制御システムは，フロー図を見ればその概要がつかめたが，DDC採用によるソフト化は，制御の中身がわからないという弊害ももたらしている．6・2節で用いているDDC用の制御ブロック図（図6・7など）は，制御内容が理解しやすいようにビジュアル化表現を取り入れているので，この欠点を解消してくれる．DDCの内容を表現するとともに，DDC方式にとっては，ビル管理コンピュータとのつながりも不可欠で

あるので，その関連も表現してソフトウェア化によるブラックボックス化を防いでいる．また，建物によって個別性の強い熱源ロジックなどの場合は，図6・29で示したようなロジックフローの表現を用いて内容の明確な表現を行うとよい．

中央監視盤が備える制御プログラムとしては，停復電制御などがある．また，監視プログラムとしては，運転制御状況を把握するためのトレンドグラフや電力量・熱量などの消費量管理を行うための棒グラフと日報などがあり，最適エネルギー消費量などにおける建物運用状況

の把握のツールとしての役割を担っている．

6・5・3　通信のオープン化とビル制御

図6・49に示したようなビル制御にかかわる監視制御の各システムは，オープンプロトコル（信号伝送の通信規約の標準化）を用いることにより，停復電制御や入退出管理盤と照明・空調の入り切り制御などにおいて，相互関連ができるようになった．ASHRAEの提唱するBACnet（A Data Communication Protocol for Building Automation Control Network）や米国Echelon社の開発したネットワークシステムLon Worksを使用して，異なるメーカーどうし・大型小型の違いとか型番の違いなどの条件を乗り越えて，コンピュータ間のデータのやり取りが行える．

デジタル通信の分野は，"0"と"1"の信号からなるパルスの並び方に対する約束事の取決めから始まる．パルスをブロック化したフレームという概念を用いて，コンピュータどうしで数値や画像などのデータを渡すという通信上の約束事の取決めを行って運用する．国際標準化機構（ISO）の下部機関であるOSI（Open System Interconnection）の提唱した**表6・3**のプロトコルを七つの階層に分けたOSI参照モデルは，よく整理された形になっているため，ネットワークを評価するときには必ず用いられるといってよいほどのものになっている．BACnetなどの階層化構造は，表に当てはめて説明することもでき，TCP/IPなどを用いるインターネットとの互換性も増しているわけである．BACnetを用いて空調設備・防災設備・防犯設備・照明設備・エレベータ設備・受変電設備などが結び付けられたビルは，すでにかなりの数にな

表6・3　OSI参照モデル

7	アプリケーション層	電子メールの送受信を行うための電子メールプロトコルなどがある
6	プレゼンテーション層	日本語の文字コードを回線に流す場合は，日本工業規格のJISコードに変換する
5	セッション層	通信の管理 コネクション（データが流れる論理的な通信路）の確立切断 トランスポート層以下の層の管理
4	トランスポート層	両端ノード間のデータ転送の管理 データ転送の信頼性を提供する（データを確実に相手に届ける役目）
3	ネットワーク層	アドレスの管理の経路の選択
2	データリンク層	直接接続された機器間でのデータフレームの識別と転送をする
1	物理層	"0"と"1"の電圧の高低や光の点滅に変換する コネクタやケーブルの想定

っている．

オープンネットワークは，従来からのビル制御コンピュータメーカーのほかに，空調機・VAV・電力メータ・自動制御弁などの機器メーカーに対しても，それぞれの機器の通信伝送への参加の道を開いた．これらの機器が，同一信号伝送線につながってお互いに通信を行うことをインタオペラビリティ（相互運用性）といい，複数の異なるキャラクタのメーカーの機器が，共通の信号電送線の下に共存することをマルチベンダ化するという表現をする．

参　考　文　献
1) 高橋隆勇：実用空調設備の自動制御，オーム社（2003年）

第7章 保温・塗装工事

7·1 保温工事

7·1·1 目　的

空気調和・衛生設備における保温工事の目的は，次のとおりである．

1) 放散熱量を減少することによる冷暖房運転時の熱量価格の節減
2) 冷房運転時の諸設備の結露防止
3) 寒冷地における凍結防止
4) 火災時のための耐火被覆
5) 火傷の防止

これらの目的に応じて，次のような諸条件について十分検討を加え，施工対象物に合った省エネルギーなども考慮した保温材料を選定し，簡便で適切な施工を行うことが大切である．

1) 対象物の形状
2) 対象物の温度
3) 施工場所(屋内露出・屋内隠ぺい・屋外・地中埋設・暗きょ内など)
4) 周囲条件(気温・湿度・風速・有腐食性など)
5) 年間使用時間
6) 熱源の熱量価格
7) 振動の有無

7·1·2 材料選定

保温材料の選定は，保温工事の設計を行ううえで最も大切なことである．保温材料には低温用，中温用，高温用があり，また繊維質，粉末質，多孔質にも分類される．これらの中から，施工対象物に最も適した材料を下記のような各条件を考慮して選定する(表7·1)．

1) 安全使用温度範囲
2) 熱伝導率
3) 物理的化学的強度
4) 耐用年数
5) 価格
6) 対象物に対する適応性(形状，耐熱性など)
7) 市場性
8) その他

7·1·3 施工要領

保温工事上の留意すべき点は，次のとおりである．

1) 建物の防火区画，防火壁その他法令で指定する間仕切りまたは隔壁などを貫通する管などの所要部分は，必要な耐火性能を有するように不燃材料によって被覆施工する(図7·1参照)．
2) 耐火構造の建物において，不燃工法を要求される箇所は，不燃材または不燃材に準ずる耐火性能を有する保温材，外装材および補助材を使用して被覆施工する．
3) 保温材相互のすきまはできる限り少なくし，重ね部の継目は同一線上を避けて取り付ける．
4) 配管の鉄線巻きは，原則として，帯状材の場合は50 mmピッチ以下にらせん巻きに締め，筒状材の場合は1本につき2箇所以上巻き締める．丸ダクトの鉄線巻きは，150 mmピッチ以下にらせん巻締めとする．
5) ポリスチレンフォーム保温筒は，1本につき2箇所以上粘着テープ2回巻きとする．また，合わせ目は粘着テープにて目張りをする．

表7・1 保温材料*

種類		材料名	規格・摘要
保温材		ロックウール保温材	JIS A 9504「人造鉱物繊維保温材」のロックウールに規定する保温板，フェルト，筒，帯およびブランケットとし，保温板は1号および2号，保温帯およびブランケットは1号とする．アルミホイルペーパ(ALK)，アルミガラスクロス(ALGC)およびガラスクロス(GC)で上記保温材の表面を被覆してもよい．
		グラスウール保温材	JIS A 9504「人造鉱物繊維保温材」のグラスウールに規定する保温板，筒および帯とし，保温板および保温帯は2号24k，32kおよび40kとする．ALK，ALGCおよびGCで上記保温材の表面を被覆してもよい．
		ポリスチレンフォーム保温材	JIS A 9511「発泡プラスチック保温材」のビーズ法ポリスチレンフォームに規定する保温板3号および保温筒3号とする．ALK，ALGC，およびGCで上記保温材の表面を被覆してもよい．継手カバー類は原則として金型成形したものとする．
		ポリエチレンフォーム保温材	JIS A 9511「発泡プラスチック保温材」のポリスチレンフォームに規定する保温筒2種の長さ方向に沿って切れ目を入れ，塩化ビニルシートで被覆したものとする．
外装材	金属板	亜鉛鉄板	JIS G 3303「溶融亜鉛めっき鋼鈑及び鋼帯」によるものとし，板厚は保温外径250mm以下の管，弁などに使用する場合は0.3mm，その他は0.4mmとする．
		カラー亜鉛鉄板	JIS G 3312「溶融亜鉛めっき鋼鈑及び鋼帯」によるものとし，板厚は保温外径250mm以下の管，弁などに使用する場合は0.27mm，その他は0.35mmとする．
		アルミニウム板	JIS H 4000「アルミニウム及びアルミニウム合金の板及び条」によるものとし，板厚は保温外径250mm以下の管，弁などに使用する場合は0.4mm，250mmを超える場合は0.6mm，その他は0.8mmとする．
		ステンレス鋼鈑	JIS G 4305「冷間圧延ステンレス鋼鈑及び鋼帯」によるものとし，板厚は保温外径140mm以下の管，弁などに使用する場合は0.2mm，その他は0.3mmとする．幅木に使用する場合は0.15mmとする．
	外装用シート・テープ	綿布	織布重量115g/m²のものとし，管などに使用する場合は適当な幅に裁断し，テープ状にする．
		ガラスクロス	JIS R 3414「ガラスクロス」に規定するEP 21 Cにほつれ止めを施し無アルカリ平織ガラスクロスとし，管などに使用する場合は適当な幅に裁断し，テープ状にする．ただし，ダクト類の内貼りの押さえとして使用するものはEP 18とする．
		ビニルテープ	JIS Z 1901「防食用ポリ塩化ビニル粘着テープ」に準じ，厚さ0.2mmの不粘着性のものとする．
		アルミガラスクロス	厚さ0.02mm以上のアルミニウム箔に，JIS R 3414「ガラスクロス」に規定するEP 11 Eをアクリル系接着剤にて接着させたものとし，管などに使用する場合は適当な幅に裁断し，テープ状にする．
		アルミ箔ポリエチレン割繊維シート	厚さ0.02mm以上のアルミニウム箔に，1m²あたり19gのポリエチレン割繊維不織布をポリエチレン樹脂0.015mm厚で貼り合わせたものとし，管などに使用する場合は適当な幅に裁断しテープ状にする．
		アルミホイルペーパ	JIS H 4160「アルミニウム及びアルミニウム合金箔」による0.02mmのアルミニウム箔にクラフト紙を貼り合わせる．
外装材	防食用テープ	ペトロラタム系防食テープ	ペトロラタムを主成分とし，不活性無機質充てん材および特殊発錆抑制材を配合したコンパウンドをポリエステル不織布の両面に含浸させたもので，厚さ1.1mmとする．
		ブチルゴム系防食テープ	ブチルゴム系合成ゴムを主体とする自己融着性の粘着材をポリエチレンテープに塗布したもので，厚さ0.4mmとする．
		防食用ポリ塩化ビニル粘着テープ	JIS Z 1901「防食用ポリ塩化ビニル粘着テープ」による厚さ0.4mmのものとする．
		アスファルトジュートテープ	JIS L 3405「ヘッシャンクロス」によるヘッシャンクロス7号(270g/m²)の片面に，JIS K 2207「石油アスファルト」によるブローンアスファルト(針入度10～20)を塗布したものとする．
	その他	保温化粧ケース	保温化粧ケースは，耐侯処置を施した塩化ビニル樹脂製，アルミ合金製，溶融亜鉛めっき鋼鈑に粉体塗装仕上げを施したものまたはステンレス鋼鈑製とし，塩化ビニル樹脂製のものは−20℃から60℃以上に耐えるものとする．
		準不燃板	準不燃材の認定を受けたものとし，厚さは6mm以上とする．

(表7・1つづき)

種類		材料名	規格・摘要
補助材	防湿・防水材	アスファルトルーフィング	JIS A 6005「アスファルトルーフィングフェルト」に規定するアスファルトルーフィングで，940 g/m² のものとする．
		アスファルトフェルト	質量が 400 g/m² 以上のもので JIS A 6005「アスファルトルーフィングフェルト」に準じて製作したものとする．
		ポリエチレンフィルム	JIS Z 1702「包装用ポリエチレンフィルム」による厚さ 0.05 mm のものとし，管などに使用する場合は適当な幅に裁断し，テープ状にする．
		アスファルトプライマ	アスファルトを主成分とするアスファルトの接着に適するもので，JIS K 5400「塗料一般試験方法」による指触乾燥時間 8 時間以下，加熱残分 35% 以上，比重 1.0 未満に適合し，使用前に組成に変化を生じないものとする．
	整形材	原紙	370 g/m² 以上の整形な原紙とする．
		難燃原紙	無可塑塩化ビニル樹脂を使用したビニル原紙で，500 g/m² 以上とし，JIS A 1322「建築用薄物材料の難燃性試験方法」に規定する防災 2 級に合格するものとする．
		整形エルボ	ポリ塩化ビニル樹脂を使用した難燃性の整形用エルボで，JIS A 1322「建築用薄物材料の難燃性試験方法」に規定する防災 2 級に合格するものとする．
	目張り材	ビニル粘着テープ	JIS C 2336「電気絶縁用ポリ塩化ビニル粘着テープ」による厚さ 0.2 mm のものとする．
		アルミガラスクロス粘着テープ	アルミガラスクロスのガラスクロス面に粘着材を塗布し，剥離紙をもってその粘着強度を完全に保持したものとする．
		アルミ箔ポリエチレン割繊維粘着テープ	アルミ箔ポリエチレン割繊維粘着テープのポリエチレン割繊維面に粘着材を塗布し，剥離紙をもってその粘着強度を完全に維持したものとする．
		アルミホイルペーパ粘着テープ	アルミホイルペーパのクラフト紙面に粘着剤（粘着力 0.02 N/m²）を粘着加工し，その粘着強度を完全に維持したものとする．
	補強剤	亜鉛鉄線	JIS G 3532「鉄線」による亜鉛めっき鉄線とし，太さは 0.6 mm 以上とする．
		亀甲金網	亜鉛めっき鉄線による使用線径 0.5 mm 以上のものを JIS G 3554「亀甲金網」による網目呼称 16 に準じて製作する．
		ビニル被覆亀甲金網	ビニル被覆鉄線による使用線径 0.5 mm 以上のものを JIS G 3554「亀甲金網」による網目呼称 10 に準じて製作する．
		銅亀甲金網	銅および銅合金線による使用線径 0.5 mm 以上のものを JIS G 3554「亀甲金網」による網目呼称 10 に準じて製作する．
		鋲	スポット溶接用の銅めっきまたは銅製鋲および絶縁座金付きの銅鋲とする．ただし，空気調和ダクトに使用する場合は，鋼鈑製座金に釘を植えた接着鋲としてもよい．
		鋼枠	原則として，JIS G 3302「溶融亜鉛めっき鋼鈑及び鋼帯」による 0.4 mm 以上の亜鉛鉄板を加工したものとする．軽量型鋼の場合は，防錆処理を施す．
		角当て	JIS G 3302「溶融亜鉛めっき鋼鈑及び鋼帯」に規定する平板 0.2 mm 以上のものとする．
	その他	菊座およびバンド	JIS G 4305「冷間圧延ステンレス鋼鈑及び鋼帯」によって作製したもので，いずれも厚さ 0.15 mm 以上とする．
		ジョイナコーナ	アルミニウムまたはプラスチック製のものとする．
		シーリング材	クロロプレンゴム系シーリング材またはシリコーンシーリング材とする．
		合成樹脂製支持受	JIS A 9511「発泡プラスチック保温材」による硬質ウレタンフォームに準ずるもので密度 300 kg/m³ および圧縮強度 4.5 MPa 以上とし，断熱特性の優れたものとする．また，管の呼び径が 200 以下，内部流体温度が 60℃ 以下の場合には，JIS A 9511「発泡プラスチック保温材」によるビーズ法ポリスチレンフォームに準じるもので，平均温度 20℃ における熱伝導率 0.040 W/(m·K) 以下，密度 100 kg/m³ 以上のものとしてもよい．ただし，この場合には，支持部の保温材の外周を鋼板などで補修する．

* SHASE-S 010 空気調和・衛生設備工事標準仕様書，2.9.2 保温材料，pp.33〜35 を抜粋．

第7章 保温・塗装工事

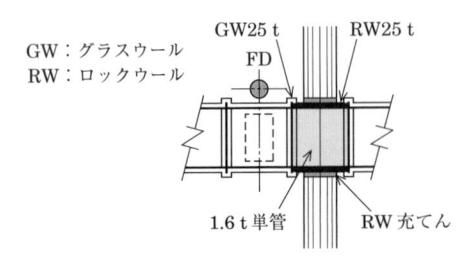

(a) 防火区画(LGS壁)貫通空調ダクトの場合

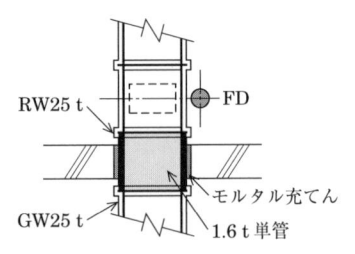

(b) 防火区画床貫通空調ダクトの場合

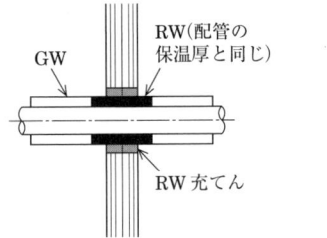

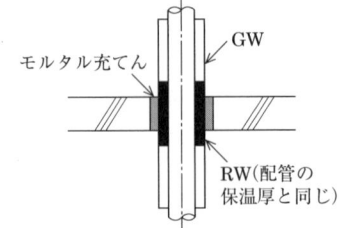

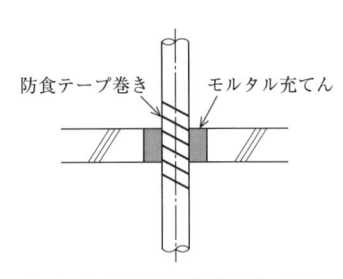

(c) 防火区画(LGS壁)貫通空調配管の場合　(d) 防火区画床貫通空調配管の場合　(e) 防火区画床貫通裸配管の場合

図7・1　ダクト・配管防火区画貫通部

6) アスファルトフェルトおよび整形用原紙の重ね幅は，30 mm 以上とする．

7) テープ類巻仕上げの巻重ね幅は，15 mm 以上とし，立上り配管の場合，下方から上方向に巻き上げる．ただし，ポリエチレンフィルムの場合は，1/2 重巻きとする．

8) アスファルトジュートテープ巻仕上げの場合は，2 m 間隔にずれ止め用に亜鉛鉄線を2回巻締めとする．

9) 金属板などを巻いて仕上げる場合，管および円形ダクトの直管部は，はぜ掛けまたはボタンパンチはぜ，曲がり部はえび状または工場加工による整形品とし，長方形ダクト・角型水槽類ははぜ掛け，隅部はボタンパンチはぜ組みとし，継目は差込みはぜとする．丸型水槽は差込みはぜとし，鏡部は放射線型に差込みはぜとする．なお，水槽類は必要に応じて重ね合わせのうえビス止めとしてもよい．屋外および屋内多湿箇所の継目は，シール材によってシールを施す．はぜ組みを図7・2に示す．

10) びょうの取付け数は，長方形ダクトの場合は 300 mm 角に下面および側面ならびに上面とも1個とする．

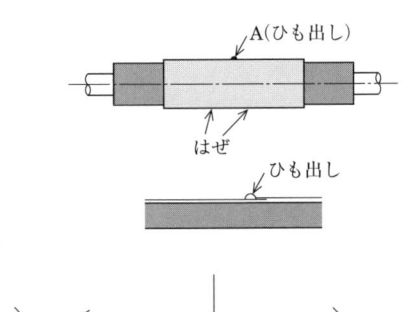

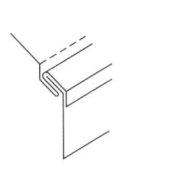

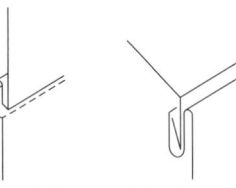

(a) ピッツバーグはぜ　(b) 差込みはぜ　(c) ボタンパンチはぜ

図7・2　屋外の金属板外装およびはぜ組み*

11) 原則として，ダクトの鋼枠は，ダクトの隅および縦・横方向に 450×900 mm 以下の格子状で取り付ける．また，水槽類では，各稜線および 900×900 mm 以下の格子状にすることができる．

12) 屋内露出配管の床貫通部は，その保温材の保護のため，床面から 150 mm 程度

---

* 国土交通省大臣官房官庁営繕部監修：機械設備工事管理指針，図3・1・11 抜粋，公共建築協会

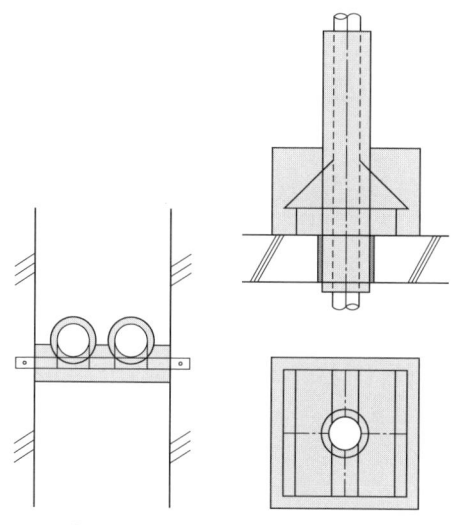

図7・3 立て管，横引き配管の支持[*1]

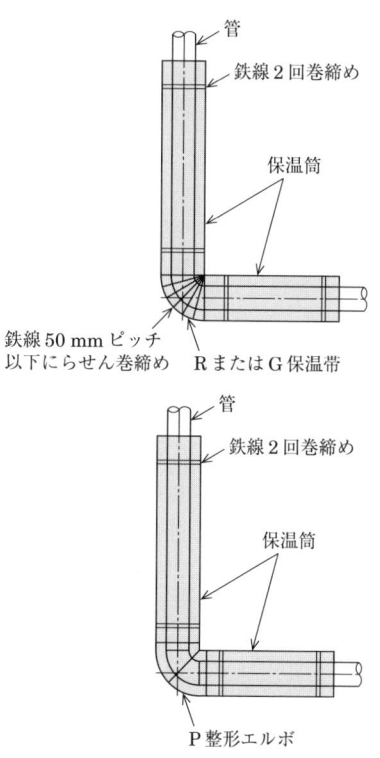

図7・4 管に対する保温材の取付け[*2]

まで ステンレス鋼製バンドなどで被覆する．

13) 冷水および冷温水配管の支持部は，支持受けを取り付け，その上からつりバンドまたはUボルトで固定し保温材に埋め込み，外装材で仕上げる．なお，やむをえない場合は，支持受けの保温厚を配管の保温厚よりも1サイズ薄くしてもよいが，防湿施工を完全に行う．また，管を直接支持する場合は，保温表面から150 mmの範囲の支持部を結露防止のため厚さ20 mmで被覆する．配管支持部の保温を図7・3に示す．

14) 屋内露出配管の保温見切り箇所には菊座を，また分岐曲がり部などにはバンドを取り付ける．バンドの幅は，保温外径150 mm以下は20 mm，150 mmを超えるものは25 mmとする．

15) 保温を必要とする機器のドア・点検口などは，その開閉に支障がなく，保温能力を減じないように施工する．

16) 保温を必要とするダクトなどのつり下げ・壁付ブラケットなどの支持部および受け部の箇所についても保温する．

17) 曲がり部，弁およびフランジの保温施工は，管の施工に準じて行うが，成形カバーのあるものは，成形カバーを使用する．露出鋳鉄弁類の外装材は特記による．配管曲がり部の保温施工を図7・4に示す．

18) 配管の保温で保温筒使用の不可能な箇所は，同質材の板および帯などを使用する．

19) 外気条件などが特殊で，保温筒の厚さが製品仕様にない厚さを必要とする場合は，保温筒の上に同質の板および帯を巻くか，または保温筒を二重に使用する．

20) 保温材は，施工中も完成後も常に乾燥状態を保持しなければならない．特に保冷・防露工事では，保温外周からの透湿を防ぐための防湿層を確実に施工する．

21) 保温材を取り扱う場合には，その製品，作業の内容によって「特定化学物質等障害

[*1] 国土交通省大臣官房官庁営繕部監修：機械設備工事管理指針，図3・1・3抜粋，公共建築協会

[*2] 国土交通省大臣官房官庁営繕部監修：機械設備工事管理指針，図3・1・4抜粋，公共建築協会

予防規則」(特化則),「粉じん障害防止規則」(粉じん則)などの運用を受ける．このような場合には，局所排気装置の設置や防じんマスクの着用などの措置が必要である．

22) 工事施工に伴い発生する保温くずは，ガラスくず・陶磁器くずとされる．保温くずはメーカーにてリサイクル法に基づき再生利用されるほか，廃棄物法に従って処理する場合もある．自社で処理できない場合は，都道府県知事の許可を受けた産業廃棄物処理業者に委託し，法に従って適正な処理をする．

7・1・4 ダクトの断熱工事

ダクトの断熱施工要領は，その形状(角，丸)，大きさ，設置場所などによって大きく異なる．また，施工場所が屋内の場合，建築規模などによって不燃材料の使用が義務づけられているので，材料の選定では注意を要する．ダクトの標準的施工仕様を**表7・2**に，標準保温厚(例)を**表7・3**に，標準的な施工要領図を**図7・5**, **図7・6**に示す．断熱工事の一部として施工されている遮音工事については第8章を参照されたい．

表7・2 ダクトの標準的仕様*

摘要	保温材	防湿層	施工場所	外装材
低温用ダクト (−30〜0℃)	1) 硬質ウレタンフォーム保温板 2) ポリスチレンフォーム保温板 (A種, B種) 3) グラスウール保温板2号 4) ロックウール保温板1, 2号	1) ポリエチレンフィルム 2) アスファルトフェルト 3) アスファルトルーフィング	屋内露出部	1) ガラスクロス 2) 石こうボード 3) アルミガラスクロス
			隠ぺい部	1) アルミクラフト紙+亀甲金網 2) アルミガラスクロス
			屋外部	1) ステンレス板 2) カラー鋼鈑 3) アルミニウム板
一般空調ダクト (10〜40℃)	1) グラスウール保温板2号 2) ロックウール保温板1, 2号	1) ポリエチレンフィルム 2) アルミクラフト紙 3) アルミガラスクロス	屋内露出部	1) ガラスクロス 2) 石こうボード 3) アルミガラスクロス
			隠ぺい部	1) アルミクラフト紙+亀甲金網 2) アルミガラスクロス
		1) ポリエチレンフィルム 2) アルミクラフト紙 3) アスファルトフェルト 4) アスファルトルーフィング	屋外部	1) ステンレス板 2) カラー鋼鈑 3) アルミニウム板
排煙ダクト	1) グラスウール保温板2号 2) ロックウール保温板1,2号 3) アルミガラスクロス化粧ロックウール保温板		屋内露出部	1) ガラスクロス 2) アルミガラスクロス 3) 石こうボード
			隠ぺい部	1) アルミクラフト紙+亀甲金網 2) 亀甲金網
ダクト耐火被覆	1) ケイ酸カルシウム耐火被覆板2号		屋内露出部	1) ガラスクロス 2) アルミガラスクロス 3) ステンレス板 4) カラー鋼板 5) アルミニウム板
	2) セラミックファイバ		隠ぺい部	不織布+亀甲金網

* 空気調和・衛生工学会編:空気調和・給排水衛生設備施工・維持管理の実務の知識，表7・1，オーム社(1996年)

表7・3 ダクトの標準保温厚の例[*1]

摘要	空気調和・衛生工学会規格 SHASE-S 010-1993		公共建築工事標準仕様書(平成16年度版)	
	保温材	保温厚	保温材	保温厚
空調ダクト	グラスウール保温板2号 ロックウール保温板1, 2号	25 mm 以上	グラスウール保温板2号 ロックウール保温板1, 2号	露出部　　　　　　　　　　50 mm 隠ぺい部　　25 mm, 40 mm コーナ部 屋外部, 多湿箇所　　　　　50 mm
排煙ダクト	グラスウール保温板2号 ロックウール保温板1, 2号	25 mm	ロックウール保温板1, 2号	25 mm

○フランジ, ダクト補強部の保温

① びょう	L38, 65 mm
② 保温材	グラスウール保温板2号 グラスウール保温板1, 2号
③ コーナ	亜鉛鉄板 L 60×30×t 0.3
④ 接着剤	アクリル樹脂 塩化ビニル樹脂系
⑤ 外装材	ガラスクロス(JIS R 3414) EP-21C

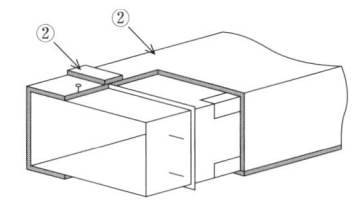

（a） 保温厚25 mmの場合

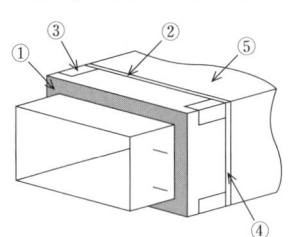

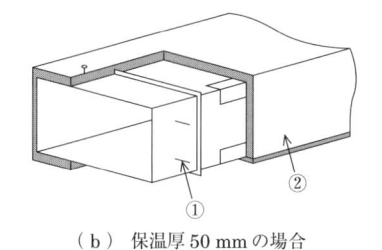

（b） 保温厚50 mmの場合

図7・5　一般空調ダクト(屋内露出)[*2]

① びょう	L 38 mm
② 保温材	アルミクラフト紙付き グラスウール保温板 (24 kg/m³, 25 mm)
③ 継目張り	アルミ粘着テープ
④ 外装材	亀甲金網(#25・16 mm)

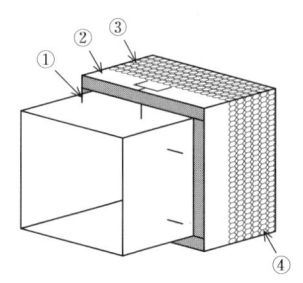

図7・6　一般空調ダクト(屋内隠ぺい)[*3]

7・1・5　配管の断熱工事

配管の断熱施工要領は次のとおりである．施工種別と施工箇所を**表7・4**に示す．

1) 配管工事が水圧試験を完了し，ねじ切り部あるいは溶接部の防せい塗料が塗布されていることを確認してから施工を行う．
2) 成形保温材(保温筒)を取り付ける場合は筒1本につき亜鉛鉄線で2箇所緊結し，水平垂直配管の場合は長手方向の継目が同一線上にならないように取り付ける．
3) 高温配管の場合には，管の膨張と保温材の収縮によって生ずるすきまを防止するように考慮する．
4) 冷水管の硬質ウレタン製断熱支持材付きつり金物は(つり金物からの結露防止を目的のため)保冷厚さ内に収まるものを選択する．また，冷水，冷温水配管の場合はつ

[*1] 空気調和・衛生工学会編：空気調和・給排水衛生設備施工・維持管理の実務の知識，表7・2抜粋，オーム社(1996年)
[*2, 3] 同上，図7・2抜粋

表7・4 管，継手および弁類の施工種別，施工箇所[1]

施工種別	施工箇所	温水管(膨張管を含む) 管	温水管 弁およびフランジ	蒸気管 管	蒸気管 弁およびフランジ	冷水・冷温水管(膨張管を含む) 管	冷水・冷温水管 弁およびフランジ	冷媒管 管	冷媒管 弁およびフランジ	給水管 管	給水管 弁およびフランジ	排水管・ドレン管分岐点より100mm以下の通気管を含む 管	排水管 弁およびフランジ	給湯管(膨張管を含む) 管	給湯管 弁およびフランジ	備考
A a	屋内露出(一般居室，廊下)	○	×	○	×	○	○	○	○	○	○	○	○	○	×	便所，給湯室，階段室，エレベータホール，ロビーなど
B b	機械室，倉庫，書庫	○	×	○	×	○	○	○	○	○	○	○	○	○	×	水槽室，電気室，屋内駐車場など
C c	天井内，パイプシャフト内および空隙壁中	○	×	○	×	○	○	○	○	○	○	○	○	○	×	ちゅう房天井内，階下のある二重スラブ内など
D d	廊下，暗きょ内(ピット内を含む)	○	×	○	×	○	○	○	○	○	○	×	×	○	×	最下階床下二重スラブ内など
D d	冷水・冷温水槽内	○	×	○	×	○	×	○	×							
D d	埋設	○		○		○		○		×	×	×	×			
E e[2]	屋外露出(バルコニー，開放廊下を含む)	○	○	○	○	○	○	○	○	○	×	×	×	○	○	ドライエリアなど
E e[2]	浴室，ちゅう房などの多湿箇所(ちゅう房の天井内は含まない)	○	×	○	×	○	○	○	○	○	○	○	○	○	○	浴室・プール天井内など
特記	共同溝	—	—	—	—	—	—	—	—	—	—	—	—	—	—	

注 1) ○印は施工する．×印は施工不要．—は特記による．
　　2) 弁およびフランジには，各種装置まわりの配管を含む．
　　3) 屋内の温水・蒸気のヘッダ元弁は保温を施し，呼び径65以上はカラー亜鉛鉄板による外装を施す．
　　4) 共同溝内の配管は，特記により施工種別が決められる．

① 保温材	ポリスチレンフォーム保温筒3号 グラスウール保温筒・板 ロックウール保温筒・板・帯	
② 緊縮材	亜鉛鉄線 φ0.5 mm以上	
③ 防湿材	ポリスチレンフィルム　厚0.05 mm アスファルトフェルト　430 g/m² アスファルトルーフィング　940 g/m²	
④ 外装材	整形原紙＋綿布 整形原紙＋ガラスクロステープ 金属板	

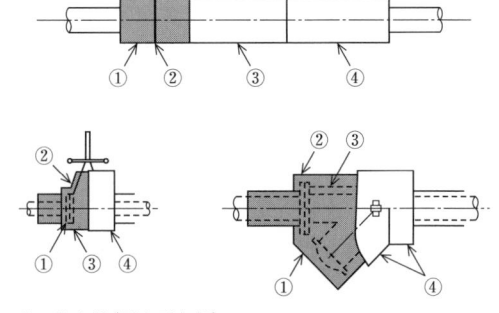

図7・7 冷水，冷温水，給・排水管(屋内露出部)[2]

* 1 国土交通省大臣官房官庁営繕部監修：機械設備工事管理指針，表3・1・4抜粋，公共建築協会
* 2 空気調和・衛生工学会編：空気調和・給排水衛生設備施工・維持管理の実務の知識，図7・4抜粋，オーム社(1996年)

表7・5 配管の標準的仕様[1]

摘要	保温材	防湿層	施工場所	外装材
ブライン配管 ($-30～7℃$)	(0℃以下) 1) 硬質ウレタンフォーム保温筒 2) ポリスチレンフォーム保温筒 　(A種, B種) (0℃以上) 3) グラスウール保温筒 4) ロックウール保温筒	1) ポリスチレンフィルム 2) アスファルトフェルト 3) アスファルトルーフィング	屋内露出部	1) 綿テープ 2) ガラスクロステープ 3) アルミガラスクロステープ 4) 塩化ビニルシート
			隠ぺい部	1) アルミクラフト紙＋亀甲金網 2) ガラスクロステープ
			屋外部	1) ステンレス鋼板 2) カラー鋼板 3) アルミ板 4) 強化プラスチック
冷温水配管 給・排水配管 ($5～60℃$)	1) グラスウール保温筒 2) ロックウール保温筒 3) ポリスチレンフォーム保温筒3号 4) ポリスチレンフォーム保温筒	1) ポリスチレンフィルム 2) アスファルトフェルト 3) アスファルトルーフィング	屋内露出部	1) 綿テープ 2) ガラスクロステープ 3) アルミガラスクロステープ 4) 塩化ビニルシート
			隠ぺい部	1) アルミクラフト紙＋亀甲金網 2) ガラスクロステープ
		1) ポリスチレンフィルム 2) アスファルトフェルト 3) アスファルトルーフィング	屋外部	1) ステンレス鋼板 2) カラー鋼板 3) アルミ板 4) FRP
蒸気・温水・ 給湯配管 ($60～200℃$)	1) グラスウール保温筒 2) ロックウール保温筒 3) ケイ酸カルシウム保温筒2号		屋内露出部	1) 綿テープ 2) ガラスクロステープ 3) アルミガラスクロステープ 4) 塩化ビニルシート
			隠ぺい部	1) アルミクラフト紙＋亀甲金網 2) ガラスクロステープ
		1) ポリスチレンフィルム 2) アスファルトフェルト 3) アスファルトルーフィング	屋外部	1) ステンレス鋼板 2) カラー鋼板 3) アルミ板 4) FRP

① 保温材	ポリスチレンフォーム保温筒3号 グラスウール保温筒 ロックウール保温筒
② 緊縮材	亜鉛鉄線 $\phi 0.5$ mm 以上
③ 防湿材	ポリスチレンフィルム　厚0.05 mm アスファルトフェルト　430 g/m^2 アスファルトルーフィング　940 g/m^2
④ 外装材	アルミホイールペーパ＋亀甲金網 アルミガラステープ

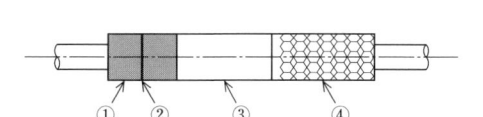

図7・8　冷水, 冷温水, 給・排水管(屋内隠ぺい部)[2]

りボルトの結露防止のため, つり元から150 mm程度保温を行う.

配管の標準的施工仕様を表7・5に, 標準保温厚(例)を表7・6に, 標準的な施工要領図を図7・7, 図7・8に示す.

---

* 1　空気調和・衛生工学会編：空気調和・給排水衛生設備施工・維持管理の実務の知識, 表7・3抜粋, オーム社(1996年)
* 2　同上, 図7・5抜粋

表 7・6 配管の保温厚(例)*

管種	条件	呼び径	15	20	25	30	40	50	65	80	100	125	150	200	250	300
ブライン管	内部温度 −10〜0℃ 周囲温度 30% 相対湿度 85%		40						50					65		
		保温材	1) グラスウール保温筒 2) ロックウール保温筒 3) ポリスチレンフォーム保温筒 3 号													
冷水管 冷温水管	一般 内部温度 5℃ 周囲温度 30% 相対湿度 85%		30					40					50				
		保温材	1) グラスウール保温筒 2) ロックウール保温筒 3) ポリスチレンフォーム保温筒 3 号													
	多湿箇所 内部温度 5℃ 周囲温度 30% 相対湿度 85%		40					50					65				
		保温材	1) グラスウール保温筒 2) ロックウール保温筒 3) ポリスチレンフォーム保温筒 3 号													
		呼び径	15	20	25	30	40	50	65	80	100	125	150	200	250	300
給水管 排水管	一般 内部温度 15℃ 周囲温度 30% 相対湿度 85%		20						25			30	40	50			
		保温材	1) グラスウール保温筒, 保温板 24 K 2) ロックウール保温筒, 保温帯 1 号 3) ポリスチレンフォーム保温筒 3 号													
	多湿箇所 内部温度 15℃ 周囲温度 30% 相対湿度 85%		25		30				40					50			
		保温材	1) グラスウール保温筒, 保温板 24 K 2) ロックウール保温筒, 保温帯 1 号 3) ポリスチレンフォーム保温筒 3 号													
温水管 蒸気管	一般 内部温度 100℃ 周囲温度 20% 表面温度 40℃		20						25			30	40	50			
		保温材	1) グラスウール保温筒 2) ロックウール保温筒 3) ケイ酸カルシウム保温筒 1 号, 2 号 4) はっ水性パーライト保温筒 1 号													
	高温 内部温度 150℃ 周囲温度 20% 表面温度 40℃		20		25							30	40	50			
		保温材	1) グラスウール保温筒 2) ロックウール保温筒 3) ケイ酸カルシウム保温筒 1 号, 2 号 4) はっ水性パーライト保温筒 1 号													

7・1・6 機器保温工事

ブラインタンクなど 0℃ 以下になる機器に対しては保温性能が高い硬質ウレタン,ポリスチレンフォームといったプラスチックフォーム系の保温材が用いられる.その場合,角型機器では保温板を,円型機器では局面に合わせた形に切断した保温板を接着剤で缶面に密着するように取り付ける.

一方,0℃ 程度以上の冷凍機,冷水ヘッダなどでは施工の簡単なグラスウール,ロックウールなど繊維質保温材を用いる.150℃ 以上の高温機器には繊維質でもロックウールブランケットなどのようにバインダ(継材)の入らないものや高温用のケイ酸カルシウム,はっ水性(水をはじく)パーライト保温材を用いる.この場合,発生水素イオンによる金属板製外装材への影響を考慮する必要がある.

機器保温の標準的仕様を**表7・7**に,機器保温の標準保温厚(例)を**表7・8**に,機器保温工事の標準的施工要領(例)を**図7・9**,**図7・10**に示す.

---

* 空気調和・衛生工学会編:空気調和・衛生工学便覧,第 12 版(1995 年)

表7・7 機器断熱の標準的仕様[1]

摘 用	保 温 材	防 湿 層	外 装 材
低温用機器(−30〜10℃) ブラインタンク，冷凍機 冷水ヘッダ	1) 硬質ウレタンフォーム保温板 2) ポリスチレンフォーム保温板 　 (A種，B種) 3) グラスウール保温板 4) ロックウール保温板	1) ポリスチレンフィルム 2) アスファルトフェルト 3) アスファルトルーフィング	1) 着色亜鉛鉄板 2) ステンレス鋼板 3) アルミニウム板
中高温機器(60〜100℃) 熱交換器，温水ヘッダ 還水槽	1) グラスウール保温板 2) ロックウール保温板		
高温機器(60〜200℃) ボイラ，煙道，熱交換器 還水槽	1) ロックウールブランケット 2) ケイ酸カルシウム保温板2号 3) はっ水性パーライト保温板2号		

表7・8 機器断熱の標準保温厚(例)[2]

機器種別		条 件	保 温 材	保温厚[mm]
冷凍機 冷温水発生機 熱交換器	冷温水ヘッダ 冷温水ポンプ	内部温度 5℃ 周囲温度 30℃ 相対湿度 85%	グラスウール保温板2号4 OK ロックウール保温板2号 ポリスチレンフォーム保温板3号	50 50 50
貯湯槽 熱交換器 還水槽 蒸気ヘッダ	温水ヘッダ 膨張タンク	内部温度 　100〜150℃ 周囲温度 20℃ 表面温度 40℃	グラスウール保温板2号 24K，40K ロックウール保温板1号，2号 ロックウールブランケット1号	50 50 50
ボイラ 煙道		内部温度 300℃ 周囲温度 20℃ 表面温度 40℃	ロックウールブランケット1号 ケイ酸カルシウム保温板1号 ケイ酸カルシウム保温板2号 はっ水性パーライト保温板2号	75 75 100 100

① 保温材	ブラインタンク，冷凍機などに 硬質ウレタンフォーム保温板 ポリスチレンフォーム保温板 (A種，B種)	
	冷凍機，冷水ヘッダなどに グラスウール保温板 ロックウール保温板	
② 接着剤	酢酸ビニル系	
③ 緊縮材	亜鉛鉄線 φ0.5 mm以上	
④ 防湿材	アスファルトルーフィング　940 g/m² アスファルトフェルト　430 g/m² ポリエチレンフィルム　厚0.05 mm	
⑤ 外装材	着色亜鉛鉄板　厚0.35 mm アルミニウム　厚0.6 mm以上 ステンレス板　厚0.3 mm以上	

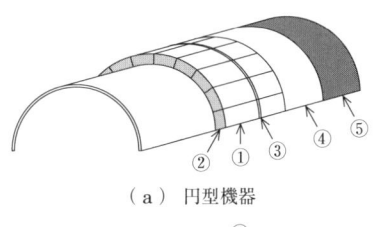

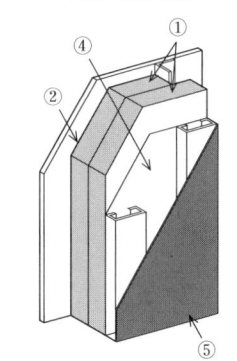

(a) 円型機器

(b) 角型機器

図7・9 ブラインタンク，冷凍機，冷水ヘッダ[3]

---

[1] 空気調和・衛生工学会編：空気調和・給排水衛生設備施工・維持管理の実務の知識，表7・5，オーム社(1996年)
[2] 空気調和・衛生工学会編：空気調和・衛生工学便覧，第12版(1995年)
[3] [1]と同書，図7・6抜粋

① 保温材	熱交換器，還水槽，温水ヘッダなどに	グラスウール保温板 ロックウール保温板
	ボイラ，煙道，熱交換器，ディーゼル排気などに	ロックウールブランケット ケイ酸カルシウム保温板2号 はっ水性パーライト2号
② びょう	機器面に溶接φ3〜9 mm	
③ 外装材	着色亜鉛鉄板　厚0.35 mm アルミニウム　厚0.6 mm以上 ステンレス板　厚0.3 mm以上	

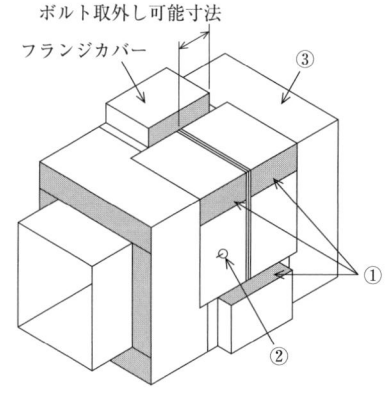

図7・10　ブラインタンク，冷凍機，冷水ヘッダ[*1]

7・2　塗装工事

7・2・1　塗装の種類

建築設備に用いられる塗装は，建築工程の仕上げ工程で重要な位置づけである．そして目的や用途，被塗装物，耐久性などによって塗料や塗装仕様をそれぞれ使い分けて選定する．

7・2・2　塗装の目的

塗装の目的は，図7・11のように建築設備に対する材料面保護としての防せい，防水耐薬品，防かびなどの防食，耐食と美観や識別などの美装をとることである．

7・2・3　塗装仕様

〔1〕　塗装の要否
（a）　一般的な塗装施工部位

建築設備のどの部位に塗装を施すかは，被塗装面の材質や使用環境，経済性などを考慮して決められるが，一般的な塗装施工部位を以下に示す．

1）　屋外の配管，ダクト，支持鋼材，製缶類（ただし，ステンレスやアルミ，塩化ビニ

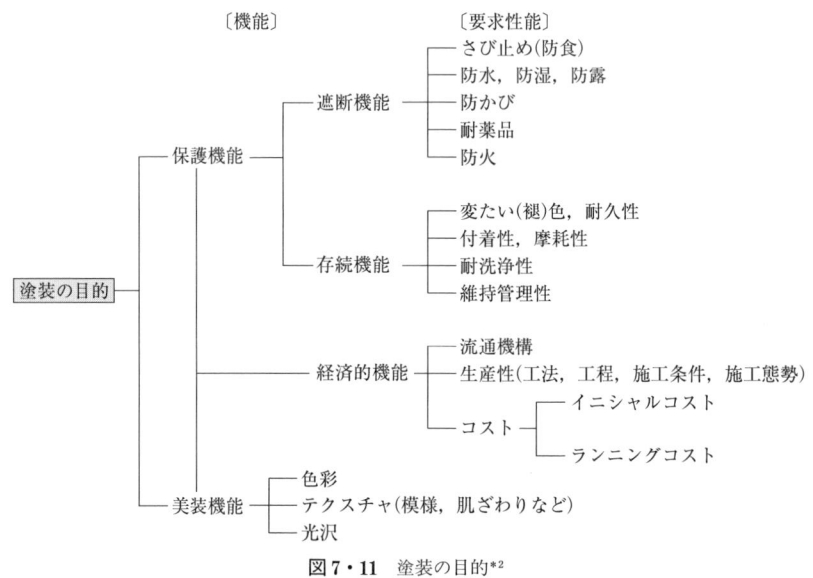

図7・11　塗装の目的[*2]

[*1]　空気調和・衛生工学会編：空気調和・給排水衛生設備施工・維持管理の実務の知識，図7・7抜粋，オーム社(1996年)
[*2]　空気調和・衛生工学会編：空気調和・衛生工学便覧，第12版(1995年)

ルなど耐食材料面は除く）
2) 多湿部および酸・アルカリを含んだ空気，海岸付近などのような耐食環境にさらされる部分
3) 黒ガス管や鋼鈑製ダクト支持鋼材などの鉄素地面
4) 溶接部やねじ込み部などの接合部分
5) 居室や工場，機械室などで美観，色彩調節，識別を必要とする部分

（b） 一般的な塗装（現場塗装）不要箇所

現場で塗装の施工が必要でない箇所は，以下の工場塗装済み部分や材料そのものに防食性がある部分，美観をあまり必要としない箇所である．

1) 機器類
2) ステンレスやカラー鉄板，アルミなどの耐食材料面
3) 埋設配管
4) 屋内の白ガス管や亜鉛鉄板などの亜鉛めっき部分（隠ぺい部分）
5) 屋内の保温施工部分
6) 屋外の溶融亜鉛めっき部分，白ガス管，溶融亜鉛めっき支持鋼材など

（c） 塗装禁止箇所

塗装を施してはいけない部分を以下に示す．

1) ゴムフレキ，防振ゴム部分
2) 油タンクの内面（油に接する部分）
3) 油タンクの外部溶接面および油管接合部（検査前）
4) 可動部や確認する部分（キャンバス，空気抜きビニルホース，銘板）

〔2〕 塗料の分類

塗料の種類は多く，その分類も塗料の成分による分類や塗装工程の分類など多くあるが，その代表的な分類を以下に示す．

（a） 塗料の主成分による分類

1) 油性塗料：油性ペイント，ボイル油，一般さび止めペイントなど
2) 合成樹脂塗料：エポキシ樹脂ペイント，ウレタン樹脂ペイント，塩化ビニル樹脂ペイント，塩化ゴムペイントなど
3) その他：シンナー，ニス，ラッカーなど

（b） 塗装工程による分類

1) 下地処理塗装：エッチングプライマ，目止め材など
2) 下地塗料：一般さび止めペイント，タールエポキシ樹脂系塗料
3) 中塗および上塗塗料：合成樹脂調合ペイント，各種合成樹脂系ペイントなど

（c） JIS製品

大部分の塗料にはJIS（日本工業規格）があり，その製品についてもJIS K 5400で比重，粘度，塗膜状態，付着性，乾燥時間などが決められている．

一般には仕様書や設計図書にJIS製品と明示されている場合を除き必ずしもJIS製品が使用されてはいない．また，最近開発された合成樹脂系塗料には，JIS規格が制定されていないものもある．

一般的な塗装に使用される塗料の性質については，**表7・9**に示す．

〔3〕 耐久性

耐久性については素地調整や塗料の種類，使用環境などにより，大幅に異なるが，標準的な塗装仕様で施工した場合，屋内では光沢や色調などが多少劣化するが耐久性が問題となることはほとんどない．しかしながら，屋外の場合は一般に3～4年で一部に塗膜の剥れや割れ，膨れなどが起き，さびを発生するばかりでなく美観が損なわれる．このため，塗装面の耐久性を維持するためには，耐久性の良い塗料を使用するか，また，引渡しに際しては定期的な塗替工事の必要性を施主に十分説明しておく必要がある．**表7・10**に塗装の耐久実績年数を示す．

7・2・4 塗装方法

〔1〕 施工の手順

図7・12に示すように，塗装仕様の確認から施工要領作成，施工，検査，引渡しの各ステップでチェックしながら実施するのが，標準的な塗装の手順である．

表7・9 塗料の性質*

性能(適応度) A：優，B：良，C：可，D：不適

使用工程	塗料番号	塗料名	JIS K	鉄面(手工具ケレン)との付着性	亜鉛めっき面との付着性	保温綿布面との付着性	塗り重ねする塗料との密着性	防食性	耐候性	耐湿性	耐水性(常時浸水)	耐熱性	耐酸性	防アルカリ性	耐薬品性	耐塩分性	耐油性	耐溶剤性	耐衝撃性(塗膜硬度)	備考
下塗り	①	エッチングプライマー	5633 1種A	A	A	D	A	D	D	D	D	D	D	D	D	D	D	D	D	ビニルブチラール樹脂，金属面の前処理
	②	一般用さび止めペイント(1種)	5621 1種	A	D	D	A	B	D	C	D	D	D	D	D	D	D	D	C	油性系・酸化鉄，一般防せい
	③	一般用さび止めペイント(2種)	5621 2種	B	D	D	A	B	C	B	D	D	D	D	D	D	D	D	C	フタル酸系・酸化鉄，一般防せい(速乾性)
	④	鉛丹さび止めペイント(1種)	5622 1種	A	D	D	A	A	B	B	D	D	D	D	D	D	D	D	C	油性系・鉛丹，屋外防せい
	⑤	鉛丹さび止めペイント(2種)	5622 2種	B	D	D	A	A	A	A	D	D	D	D	D	D	D	D	C	フタル酸系・鉛丹，屋外防せい(速乾性)
	⑥	ジンクロメートさび止めペイント	5627 A	A	C	D	A	B	B	B	D	D	D	D	D	D	D	D	C	フタル酸系ジンクロメート，亜鉛めっき面ほかの防せい(屋内)
	⑦	鉛酸カルシウムさび止めペイント	5629	B	C	D	A	A	B	B	D	D	D	D	D	D	D	D	C	フタル酸・鉛酸カルシウム，亜鉛めっき面の防せい(屋外)
	⑧	ターレエポキシ樹脂系塗料	5664 1種	A	A	D	A	A	A	A	A	D	D	A	A	A	B	B	B	耐水・耐湿部(茶黒色)，埋設，構内，ピット内の配管など
	⑨	ノンブリード型ターエポキシ樹脂(下塗り)		A	A	A	A	A	A	A	A	D	D	A	A	A	B	B	B	各種合成樹脂系塗料の下塗り，保温綿布，ガラスクロス面に付着性優れる
	⑩	シリコーン樹脂耐熱塗料(下塗り)		D	D	C	B	A	A	B	D	A	D	D	D	D	D	D	C	⑳の下塗り
中塗り	⑪	目止め塗料		D	D	D	A	D	C	D	D	D	D	D	D	D	D	D	D	合成樹脂エマルション，保温綿布，ガラスクロス面の目止め
	⑫	合成樹脂調合ペイント(中塗り)		D	D	D	A	B	C	C	D	D	D	D	D	D	C	B	C	⑰・⑱の中塗り
	⑬	塩化ゴム樹脂系塗料(中塗り)		D	D	D	A	B	B	B	C	D	C	B	B	A	A	B	C	⑳の中塗り
	⑭	エポキシ樹脂系塗料(中塗り)		D	D	D	A	B	B	B	B	D	A	A	A	A	A	B	B	㉑の中塗り
	⑮	ポリウレタン樹脂系塗料(中塗り)		D	D	D	A	B	A	A	A	D	A	A	A	A	A	A	B	㉒の中塗り
	⑯	塩化ビニル樹脂系塗料(中塗り)		D	D	D	A	A	B	B	B	D	A	A	A	A	A	B	C	㉓の中塗り
上塗り	⑰	合成樹脂調合ペイント(上塗り)1種	5516 1種	D	D	D	B	A	B	B	C	D	D	D	D	D	C	B	C	長油性合成樹脂(フタル酸系)，一般的な上塗り
	⑱	合成樹脂調合ペイント(上塗り)2種	5516 2種	D	D	D	B	B	B	B	C	D	D	D	D	D	C	B	C	長油性合成樹脂(フタル酸系)，一般的な屋外の上塗り
	⑲	アルミニウムペイント	5492 1種	D	D	D	A	B	A	A	B	D	C	C	C	C	C	B	C	合成樹脂ワニス・アルミニウム粉，反射，耐熱を要する場合
	⑳	塩化ゴム樹脂系塗料(上塗り)	5639	D	D	D	A	A	A	A	B	D	A	A	A	A	A	A	B	耐候性，海浜部の塩分粒子に耐油性あり，屋外大型構造物に適する
	㉑	エポキシ樹脂系塗料(上塗り)		D	D	D	A	A	A	A	B	D	A	A	A	A	A	A	A	耐酸・耐アルカリ性・耐薬品性が強い，工場内などの設備に適する
	㉒	ポリウレタン樹脂系塗料(上塗り)	5582	D	D	D	A	A	A	A	B	D	A	A	A	A	A	A	A	強度の耐候性，耐酸・耐アルカリ，耐水性，屋内外設備に適する
	㉓	塩化ビニル樹脂系塗料(上塗り)		D	D	D	B	A	B	B	B	D	A	A	A	A	A	B	B	耐候性，耐酸・耐アルカリ，煙突，煙道，ボイラなどに適する
	㉔	シリコーン樹脂系耐熱塗料(上塗り)		D	D	D	B	B	C	B	D	A	D	D	D	D	D	D	B	耐熱度100〜600℃，蒸気管・煙道・煙突・ボイラなどに適する

* 空気調和・衛生工学会編：空気調和・給排水衛生設備施工・維持管理の実務の知識，表7・7，オーム社(1996年)

表7・10 塗装の耐久実績年数[*1]

塗装環境	鉄面 塗装種別	塗り回数	耐久年数	亜鉛めっき面 塗装種別	塗り回数	耐久年数
一般的な屋内	一般用さび止めペイント1種 合成樹脂調合ペイント（中塗り） 合成樹脂調合ペイント（上塗り）1種	1回 1回 1回	9～12年	エッチングプライマ 合成樹脂調合ペイント（中塗り） 合成樹脂調合ペイント（上塗り）1種	1回 1回 1回	9～12年
一般的な屋外	一般用さび止めペイント1種 合成樹脂調合ペイント（中塗り） 合成樹脂調合ペイント（上塗り）2種	1回 1回 1回	2～3年	エッチングプライマ 合成樹脂調合ペイント（中塗り） 合成樹脂調合ペイント（上塗り）1種	1回 1回 1回	2～3年
一般的な屋外 （官庁仕様）	鉛丹さび止めペイント1種 鉛丹さび止めペイント2種 合成樹脂調合ペイント（中塗り） 合成樹脂調合ペイント（上塗り）1種	1回 1回 1回 1回	4～5年	エッチングプライマ 鉛酸カルシウム錆止めペイント 合成樹脂調合ペイント（中塗り） 合成樹脂調合ペイント（上塗り）1種	1回 1回 1回 1回	3～4年
一般的な屋外 （シルバー塗り）	一般用さび止めペイント1種 一般用さび止めペイント2種 アルミニウムペイント	1回 1回 1回	3～4年	エッチングプライマ アルミニウムペイント	1回 2回	2～3年
耐候性を 要する場合	ノンブリード型エポキシ樹脂系下塗り塗料 塩化ゴム樹脂系中塗り塗料 塩化ゴム樹脂系上塗り塗料	2回 1回 1回	6～8年	ノンブリード型エポキシ樹脂系下塗り塗料 塩化ゴム樹脂系中塗り塗料 塩化ゴム樹脂系上塗り塗料	2回 1回 1回	6～8年

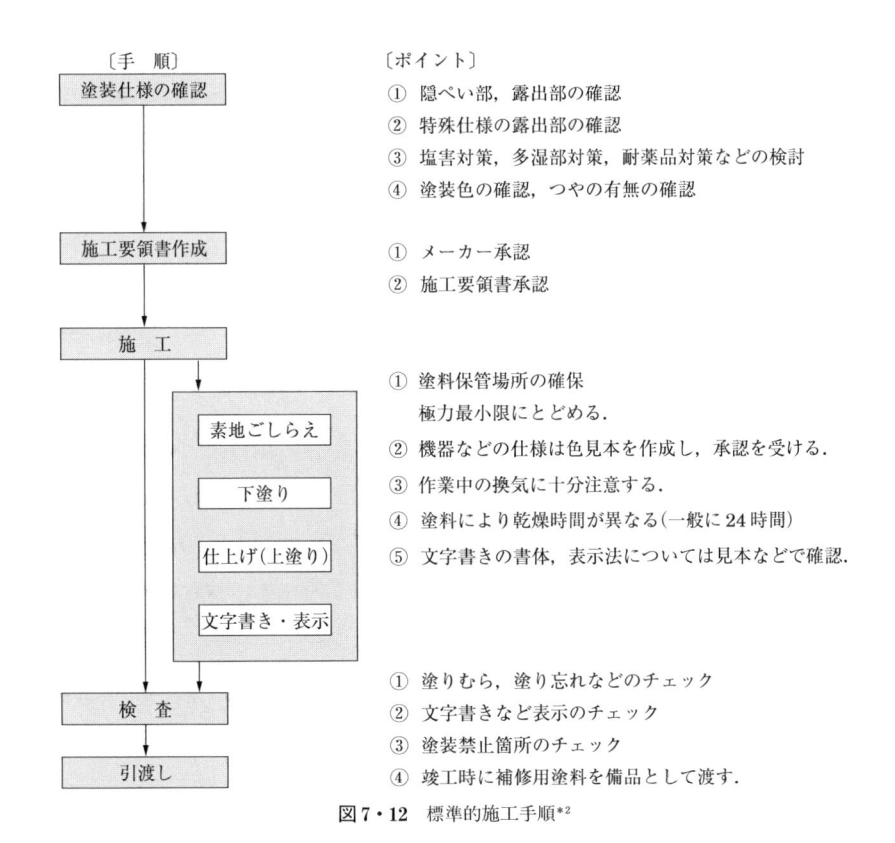

〔手順〕

塗装仕様の確認

〔ポイント〕
① 隠ぺい部，露出部の確認
② 特殊仕様の露出部の確認
③ 塩害対策，多湿部対策，耐薬品対策などの検討
④ 塗装色の確認，つやの有無の確認

施工要領書作成

① メーカー承認
② 施工要領書承認

施工
- 素地ごしらえ
- 下塗り
- 仕上げ（上塗り）
- 文字書き・表示

① 塗料保管場所の確保
　極力最小限にとどめる．
② 機器などの仕様は色見本を作成し，承認を受ける．
③ 作業中の換気に十分注意する．
④ 塗料により乾燥時間が異なる（一般に24時間）
⑤ 文字書きの書体，表示法については見本などで確認．

検査

① 塗りむら，塗り忘れなどのチェック
② 文字書きなど表示のチェック
③ 塗装禁止箇所のチェック
④ 竣工時に補修用塗料を備品として渡す．

引渡し

図7・12 標準的施工手順[*2]

[*1] 空気調和・衛生工学会編：空気調和・給排水衛生設備施工・維持管理の実務の知識，表7・8抜粋，オーム社（1996年）
[*2] 空気調和・衛生工学会編：空気調和・衛生工学便覧，第12版（1995年）

〔2〕 下地調整

塗装面は，さびや汚れ，油分などを除去するとともに表面処理などをして，塗料の接着性が良くなるように素地調整をしなければならない．

素地調整は，塗装面の材質によって異なり，代表的な塗装面の素地調整方法を**表7・11**に示す．鉄素地面さび落しは，素地調整の中で最も重要な作業である．建築における鉄面のさび落しの方法は，**表7・12**に示すようにブラスト法（第一種ケレン），動力工具法（第二種ケレン），手工具法（第三種ケレン）があるが，さびが完全に除去できるブラスト法は建築現場で使用することが困難なので，一般には工具法または動力工具法を採用している．

〔3〕 塗装方法

塗装方法には，はけ塗装，ローラはけ塗装，吹付け塗装，エアレス吹付け塗装などのほか工場で使用される方法があるが，塗装面の形状・面積・量および塗料の種類・粘度などを考慮して，適切な塗装方法を採用する．

いずれの塗装方法も，塗残し，たまり，泡などが生じないようにし，均一な膜厚の仕上面を作ることが大切である．

（a） はけ塗装

一般に機器まわりの入り組んだ部分や凹凸の多い部分，塗装箇所が散在している箇所などに使用される．使用されるはけは，塗料ならびに塗装面などによって使い分ける．

（b） ローラはけ塗装

ローラを転がして塗装する方法で，面積が広く平らな面に適している．ダクトなどでは，はけと併用して使用されている．ローラに塗料を均一になじませ，塗装面に平均して塗布できるように施工するとともに，泡などにより塗膜面にピンホールができた場合は重塗りをする．

（c） 吹付け塗装

圧縮空気で塗料を細かな霧状にして塗装面に吹き付ける方法である．塗料が霧状に飛散するので，膜厚が滑らかで美観に優れているが塗料ロスが多く，塗装面の周囲を広範囲に養生が必

表7・11　代表的な塗装面の素地調整方法[*1]

塗装面	素地調整方法
鉄部	① ワイヤブラシ，スクレーパなどで汚れ，付着物を除去する． ② 揮発油ぶきなどで油類を除去する． ③ ディスクサンダなどでさびを落とした後，直ちに次工程（さび止め）を行う．
亜鉛めっき部	① ワイヤブラシ，スクレーパなどで汚れ，付着物を除去する． ② 揮発油ぶき，中性洗剤，湯，水洗などにより油類を除去する． ③ エッチングプライマで表面処理した後，直ちに次工程（塗装）を行う．
コンクリート・モルタル面	① 素地を十分に乾燥させる． ② ワイヤブラシ，スクレーパなどで汚れ，付着物を除去する． ③ 素地の亀裂，穴などはエマルジョンパテなどで穴埋めし，表面を平滑にする． ④ 表面乾燥後研磨紙で平滑にする．

表7・12　鉄面のケレン等級[*2]

等級ケレン	ケレンの程度	工程	
第一種ケレン	固着した黒皮，赤さびを完全に除去し，出す．	サンドブラスト ショットブラスト グリップブラスト	機械処理
第二種ケレン	固着した黒皮は残すが，ルーズな黒皮や赤さびは完全に除去する．	ディスクサンダ ワイヤホイル チューブクリーナ	動力工具処理
第三種ケレン	ルーズな黒皮や赤さびを，できるだけ除去する．	スクレーパ ワイヤブラシ ハンマ サンドクロス	手工具処理

*1　空気調和・衛生工学会編：空気調和・給排水衛生設備施工・維持管理の実務の知識，表7・10，オーム社（1996年）
*2　同上，表7・11

要となるなどの欠点もある．

(d) エアレス吹付け塗装

塗料にポンプなどで圧力(10～15 Pa)を加え，塗料を噴霧する方法である．吹付け塗装に比べて塗料の飛散が少なく，噴霧量を多くできるので，厚塗りが容易である．

7・2・5 施工管理

塗装工事の管理としては，工程管理や使用材料管理もあるが，重要なものは塗膜の欠陥に直接影響する塗装時の環境と作業員に対する安全管理である．

〔1〕 環境管理

環境条件として特に注意しなければならない要因は，屋内では温度・湿度・結露など，屋外では雨，雪などによる塗装面のぬれなどがある．表7・13に環境条件とそれに伴う塗膜の欠陥および対策を示す．

(a) 安全管理

安全管理としては，現場作業を極力少なくすることが最も重要であるが，作業現場では防火対策としての塗料の保管ならびに酸欠や中毒対策としての換気方法の二つが重要である．

(b) 塗料の管理

塗料およびシンナーのほとんどが危険物なので，現場において塗料を保管する場合は「塗料置場」，「火気厳禁」などの表示を行うとともに，消火器を常備するなどの防火対策を講じなければならない．

また，一定量以上の保管量(例えば，合成樹脂調合ペイントは2 000 l，合成樹脂塗料用シンナーは500 l)によっては「少量危険物」として消防署に届出をし，許可を受けなければならないので，多量の塗料やシンナーなどを1箇所に保管しないように計画する必要がある．

(c) 作業場所の換気方法

水溶性塗料を除く大部分の塗料は，有機溶剤(合成樹脂調合ペイントやさび止めペイントは第三種有機溶剤で，エッチングプライマやエポキシ樹脂系塗料などは第二種有機溶剤)であるので，塗装の作業場は有機溶剤ガスが充満する可能性のある環境である．そのため，作業員に対する酸素不足や有機溶剤中毒の危険性があるので，かならず仮設の換気設備を設置するなどの十分な換気が必要である．

特に，タンクやピット，マンホール内など通風の悪い場所では，酸素不足や有機溶剤中毒の危険性が大きいので，必ず換気装置の設置を行うとともに，保護マスクの使用も考慮する必要がある．

なお，塗料の消費量が一定の許容量を超えると「有機溶剤中毒予防規則」の規制を受け，換気設備や換気量，作業主任者の選任，保護マスクの使用などの法規制の遵守が必要となる．

7・2・6 識別・色彩

〔1〕 識 別

機器や配管，ダクトなどは保守・点検のために下記のように文字記入や色分けなどで識別する．

文字などの表示は，最近手書きではなく，粘着シート(カッティングシートなど)を使用して文字を切り抜いて貼り付ける方法(貼り文字，カッティング文字などと呼ばれている)が使用されている．また，汎用品のシールやプレートなどを併用する場合もある．

表示する文字の書体は，丸ゴシック，明朝

表7・13 塗装施工の環境条件と塗膜の欠陥*

	環境条件	塗膜の欠陥	対策
温度	5℃以下	硬化不良	低温用塗料の使用
	50℃以上	膨れ・はがれ	高温用シンナーを使用
湿度	85%以上	付着不良・膨れ・さび変色・はがれ	除湿または加湿
結露	露点より3℃以上高いこと	付着不良・膨れ・さび変色・はがれ	除湿または加湿
降雨降雪	—	付着不良・膨れ・さび変色・はがれ	雨・雪よけまたは屋内施工
風	強風	じんあい・ミスト付着	防風ネットまたは屋内施工

* 空気調和・衛生工学会編：空気調和・給排水衛生設備施工・維持管理の実務の知識，表7・9，オーム社(1996年)

体，角ゴシック体などがあるが，一般には丸ゴシック体を使用する．

(a) 機　　器

熱源機器，空調機，タンクなどの設備機器には，見やすい位置に名称や用途などを表示する．熱源機器は容量や方式などを表示し（例：吸収式冷凍機 500 RT），空調機は系統名や機番などを表示し（例：AC-1○○系空調機），タンクは種類などを表示する（例：蒸気還水槽）．

(b) 配管・ダクト

一般に系統名，名称（冷温水・冷却水蒸気，給気・還水など），流れ方向の矢印などを表示する．ヘッダにも同様に表示するとわかりやすい．保温の亀甲金網仕上げに直接表示する場合は，鉄板などをバンド状に巻いた上に表示する．また，流体を色バンド（30〜100 mm）で色分けして表示する場合もある．色分けは表7・14の配管識別色を参考にして決める．

(c) バ ル ブ

バルブ，ハンドルには，常時開・常時閉などを表示したプレートを取り付けて表示する．

〔2〕 色　　彩

美観上塗装する場合の指定色の決定は，被塗装物の形状，位置，機能，周辺との色彩調節などを勘案し，さらに表7・14の配管識別色や安全色彩（JIS Z 9101）を参考にして，色見本やマンセル記号などを使用して関係者と十分協議して決定する．

1) 色彩は色相（色合い），明度（明るさ），彩度（鮮やかさ）の三属性からなり，その調和により色彩が決まり，色の表現が変わってくる．

2) マンセル記号は色彩表示方法の代表的なものであり，色相は図7・13に示すように表示している．例えば，2.5 BG 5/6 の場合 2.5 BG は色相（青緑系）を示し，5 は明度の度合い，6 は彩度の度合いを示してる．

マンセル記号だけで色の指定をすると誤差が生ずることがあるので，色見本帳の色番号が一般に使用されている．

3) 色見本帳は，2年ごとに発行されている．日本塗料工業会のものが，一般に使用されている．このほかにも，設計事務所，建築会社，機器メーカーなどが独自の色見本を使用することもある．

4) 光沢は，その程度によりつや消し，3分つや，5分つや，7分つやなどに分けられる．塗膜は光沢を少なくするほど表面がざらついた面になり，耐候性が悪くなるので，7分つや以下では屋外に使用しない．

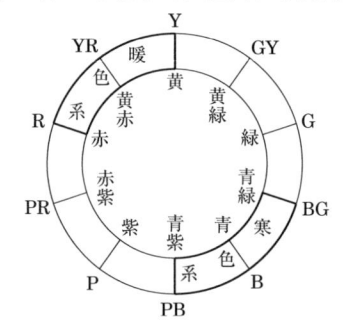

表7・14 配管識別色（JIS Z 9102-2003）*

物質の種類	識別色	色の参考値	（平成15年度B版）日本塗料工業会塗装用色見本帳
水	青	2.5 PB/5/8	B 72-50 P
蒸気	暗い赤	7.5 R 3/6	B 07-30 L
空気	白	N 9.5	BN-95
ガス	薄い黄	2.5 Y 8/6	B 22-80 L
酸またはアルカリ	灰紫	2.5 P 5/4	B 82-50 H
油	茶色	7.5 YR 5/6	B 17-50 L
電気	薄い黄赤	2.5 YR 7/6	B 12-70 L

注　その他の特質についての識別色を必要とする場合は，ここに規定した識別色以外のものを使用する．

* 関西ペイント：2003塗料用標準色見本帳より

(a) 色相の分類

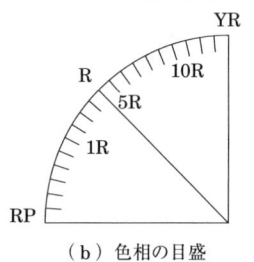

(b) 色相の目盛

図7・13 マンセルの色相*

* 空気調和・衛生工学会編：空気調和・衛生工学便覧，第12版（1995年）

第8章 防振工事および消音・防音・遮音工事

8・1 防振工事

空気調和・給排水衛生設備に使用する冷凍機・ポンプ・送風機などの機器は,振動を発生する振動源である.また,機器に接続する配管・ダクトは,内部の流体の脈動などによってそれ自体が振動源となる.通常,これらの振動が人体に直接感じられることは少ないが,床・壁・天井などにこうした振動が伝わると,面積の大きなスピーカが作動しているのと同じであり,微小な振動でも室内に大きな音を放射するので,二次的な騒音問題が起こる(図8・1).建物中を伝搬する振動のうち音響可聴域(20 Hz〜20 kHz)の周波数をもつものを固体音と呼ぶ.固体音による二次騒音の発生を防止するには,機器や配管などから発生する振動を建物に伝達させないように据え付ける防振施工が必要である.

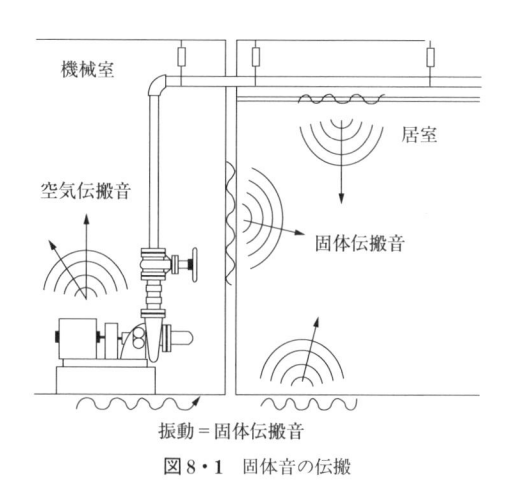

8・1・1 共通事項

〔1〕 防振の考え方

防振とは,金属コイルばねや防振ゴムなどの柔かい弾性体(防振体)で機器や配管を支持することである.防振の原理は図8・2の M-K-C モデルに基づいている.質量 M の剛体を,ばね K と減衰器 C で剛な基礎上に弾性支持し,M を振動させる加振力 F が作用すると,M は χ の変位振幅で振動し,基礎には伝達力 F_t が伝わる.防振の目的である伝達力 F_t を小さくするには,この系の固有振動数 f_n を加振力の周波数よりも十分小さくすれば実現できる.加振力 F と伝達力 F_t の比は,振動伝達率と呼び図8・3のような曲線で表される.

ここで,系の固有振動数 F_n [Hz]は,

$$f_n = \frac{1}{2\pi}\sqrt{\frac{K}{M}}\sqrt{1-\left(\frac{C}{C_n}\right)^2}$$

ここで,
- f_n:振動系の固有振動数 [Hz]
- K:ばね定数 [N/m]
- M:振動系の質量 [kg]
- C:減衰係数 [N·s/m]
- C_n:臨界減衰係数 [N·s/m]

で求められる.K はばね定数と呼ばれる.固有振動数の小さい機器の防振には,ばね定数

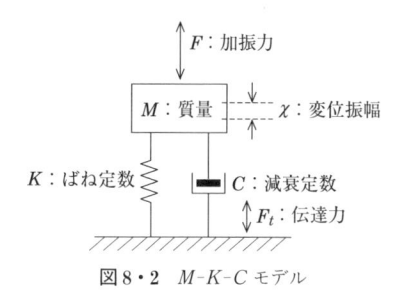

図8・1 固体音の伝搬

図8・2 M-K-C モデル

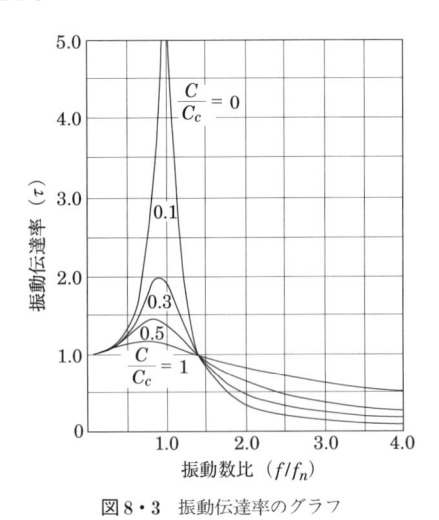

図 8・3　振動伝達率のグラフ

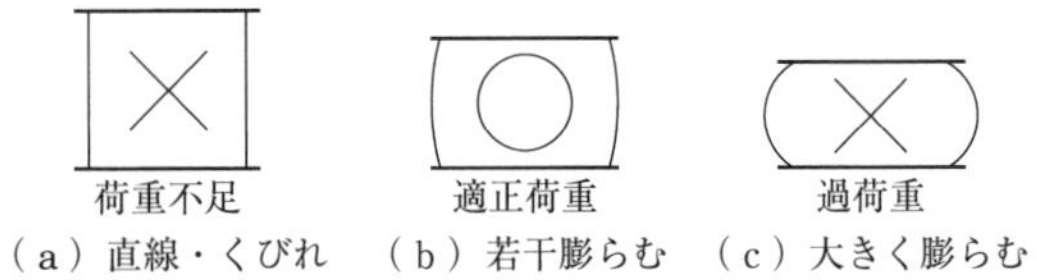

図 8・4　防振材のたわみ
（a）直線・くびれ　荷重不足
（b）若干膨らむ　適正荷重
（c）大きく膨らむ　過荷重

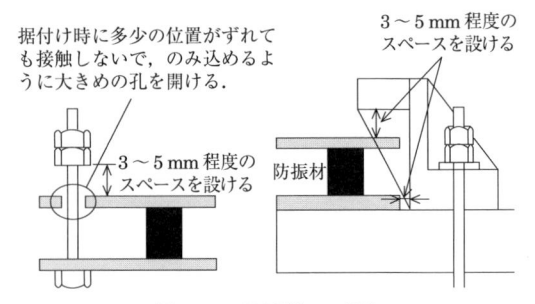

図 8・5　耐震機構との接触

K が小さな金属ばねや空気ばねを選定すると防振効果が大きい．減衰係数 C と臨界減衰係数 C_c の比は減衰定数と呼ばれ，金属ばねでは 0.0025 程度，天然ゴムでは 0.05 程度，クロロプレンゴムでは 0.1 程度，ブチルゴムでは 0.2 程度である．

〔2〕　防振材の種類と選定

一般によく用いられている設備機器の防振材の特徴を**表 8・1** に示す．

〔3〕　防振施工時の確認事項

防振施工とは，機器や配管などの防振対象を適正な防振材を介して建物構造に支持することである．防振材以外のものが接触すると予期しない振動伝達が起こり防振施工は失敗する．以下の諸点をチェックし，防振支持が有効に作動するよう十分な施工管理を行うことが肝要である．

1) 水張りなど運転時の荷重条件下で，防振材のたわみが適正範囲にありレベルがとれていること（**図 8・4**）．
2) 耐震機構との接触がないこと（**図 8・5**）．
3) 防振パッドを締め付けないこと（**図 8・6**）．
4) 防振系を揺すってみて，どこにも固定感がなく揺れることを確認する．揺れない場合，不要な接触や固定箇所がある可能性がある．

表 8・1　主な防振材の特徴

	空気ばね	コイルばね	防振ゴム	グラスウール	防振パッド
実用しうる固有周波数 [Hz]	1～3	2～6	8～15	10～30	15～30
低周波数の防振効果（30 Hz 以下）	◎	○	△	×	×
高周波数の防振効果（30 Hz 以上）	◎	△	○	○	△（10 dB 程度）
耐久性	○	◎	○	△	△
耐水・耐油性	○	◎	△	×	△
保守の容易さ	×	◎	◎	△	○
費用	高	やや高	中	中	安

◎：優，○：良，△：可，×：問題あり

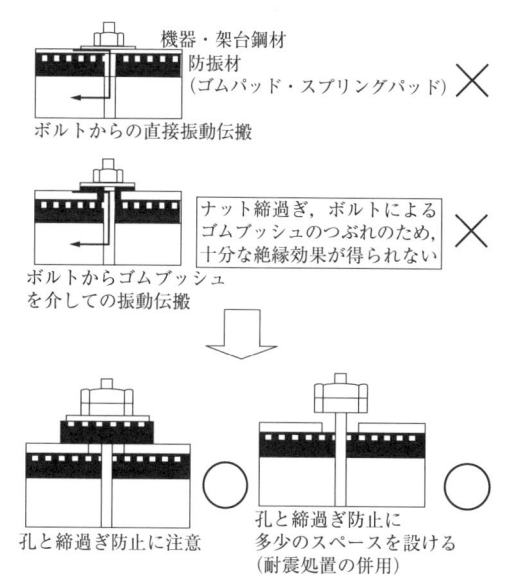

図8・6 防振パッド

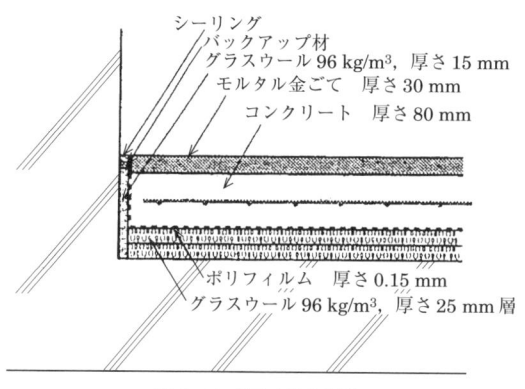

図8・7 特殊な防振対策

[4] 特殊な防振対策

静ひつ(謐)を要する居室が隣接し高い防振性能が必要とされる場合，機械室の床全体をグラスウールや防振ゴムで支持する浮き床工法が用いられる(図8・7)．また，スタジオや音楽ホールなどでは，壁・天井まで含めた室全体を浮き構造にし固体音を遮断することが行われる．浮き床工法の場合，コンクリート打設時の漏れや端部の養生に注意して，建築躯体と浮き構造部との接触がないようしっかり施工管理することが重要である．

8・1・2 機器本体の防振施工

従来，建築設備機器それぞれの発生振動の特徴から防振方法が述べられてきた．しかし，近年では建物構造の軽量化，ロングスパン化や静音環境に対する社会的意識の向上などから，非常に高度な防振性能が要求されている．そのため，現在では機器の防振方法は，建物床構造，機械室と居室の位置関係，室用途に対する振動騒音目標値，などを総合的に勘案して決定する傾向にある．ここでは，一般的に設備機器を防振施工するうえでの注意点をあげる．

〔1〕 機器防振の考え方

（a） 耐震と防振

防振支持された機器や配管は建物に固定されない．そのため地震時の安全性を確保するためには，常時の運転には支障のない範囲で適切なすきまを設けた耐震ストッパ機構を設ける必要がある．地震時の大揺れに対しては，ストッパによって地震力に対抗し機器の転倒や移動を防止する．このように，耐震機構は不可欠であるが，据付り時と運転時の荷重が変化するなどして耐震ストッパのすきまが確保されずに接触し，防振性能が阻害されることが多い(図8・8)．防振施工を管理する上では，一番に注意すべき点である．

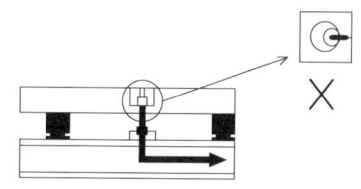

図8・8 防振施工の管理

（b） 機器防振に伴う接続管の処置

機器を防振する場合，機器と配管やダクトはフレキシブル継手で接続される．機器稼働時には継手部分に(内圧)×(断面積)の大きさで伸張しようとする軸方向推力が働く(図8・9)．この推力に内力で対抗できる継手は，伸張量が小さく施工しやすい．内力を発生しない継手では，継手両端の機器側および配管側でこの推力に対抗できなければ，防振材の密着やずれによる耐

$$F = (\pi d_e^2/4)P$$

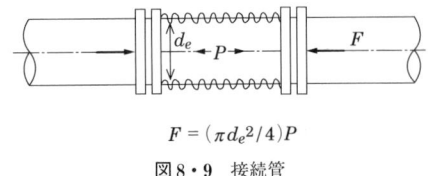

図8・9 接続管

震ストッパとの接触が発生する．こうした場合，必要な反力を与える機構をあらかじめ考慮しておかなければならない．

ここで，内力とは，継手が外力により伸びたときに継手自体で元に戻ろうとする反力のことである．

（c） ドレン配管や電線管の接触

ドレン配管が，受け皿に押し付けられ振動伝達経路になることが多い．また，電動機の電線配管に可とう管が使用されておらず，防振性能を阻害する例もある．注意が必要である．

〔2〕 熱源機器

（a） 冷凍機

往復動圧縮機をもつ冷凍機は加振力も大きく，コンクリートベースを付けてコイルばねで防振支持される．チリングユニットなどでは，圧縮機部分に防振ゴムが使われているが，建物の中間階に設置される場合は，コイルばねによる防振が必要である．遠心冷凍機は高回転数で加振力も比較的小さいため，脚部を直接コイルばねユニットや防振ゴムで支持する．地下の機械室などでは，防振パッドで防振する．

（b） ボイラ

燃焼による振動とブロワによる振動成分をもち広帯域の周波数成分をもつが，加振力は比較的小さい．防振パッドが用いられる．

（c） 冷却塔

ファン部の羽根振動数成分（軸回転数）×（羽根枚数）の加振力と冷却水配管と同じ加振力成分をもつ．加振力は比較的小さいが，屋上に設置される場合は直下の部屋用途（役員室，ホテル客室，病院など）によってはコイルばねで防振支持する．

（d） ポンプ

軸回転数と羽根振動数（軸回転数）×（インペラブレード数）を基本成分とする加振力をもつ．先鋭で卓越したピークを形成し，加振力は大きい．コンクリート架台とコイルばねや防振ゴムで防振する．配管との接合にフレキシブル継手を用いるが，内圧による軸推力が大きい場合，サクション側配管の立上げ部まで防振架台上で支持する．架台を大きくできない場合，配管の立上げ部で継手を鉛直方向に配し，エルボ部から独立した防振支持をとる．内圧による軸推力がさほど大きくなければ図8・10のように，サクション側継手を水平に設置しても問題ない．

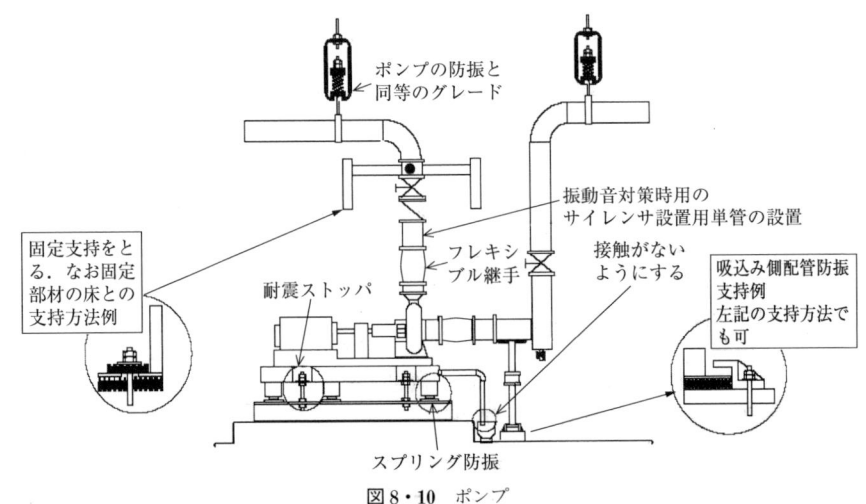

図8・10 ポンプ

〔3〕 空調機器の防振
（a） 送風機の防振

送風機の加振力成分は広帯域にわたる．防振ゴムによる防振が一般的である．大型で低回転数のものや隣接居室に静ひつ環境が要請されるときは，コイルばねで防振する．ダクトとはキャンバス継手で絶縁する．キャンバスには，十分にたるみ余裕をもたせる．吸込み側の気流の状態が振動に大きく影響するので，極力抵抗を少なくし整流化することが重要である．吸込み側の偏流などにより旋回失速現象が起きると，軸回転数より低い振動数で大きな振動・騒音問題が発生する．

（b） 空気調和機の防振

空気調和機の振動性状は，送風機と同じである．ファンセクション，コイルセクションを合わせて支持する一体型防振が望ましい．内部で大型ファンを防振している場合，支持部剛性が十分ではなく所定の防振効果が得られないことも多い．ダクトと同様コイルセクション自体も振動源であり，スプリングパッドや防振パッドによる防振が望ましい（図8・11）．

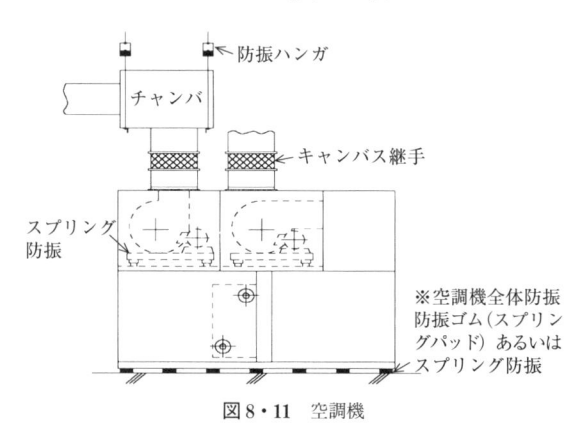

図8・11 空調機

〔4〕 衛生機器の防振

ここでは，気泡浴槽の防振施工例をあげる（図8・12）．ジェット水流による乱流や気泡によるキャビテーションなどにより，大きな振動を発生する．そのため防振施工が必要である．浴槽の満水時と空のときの搭載質量差により，防振材のたわみが異なりレベル変動する．これをシール材の追従許容範囲に抑えるため付加質量をつけ，レベル変動を小さくする処置をとる場合がある．ポンプなどの機能部も防振すること．直接排水の場合はフレキシブル継手が必要である．

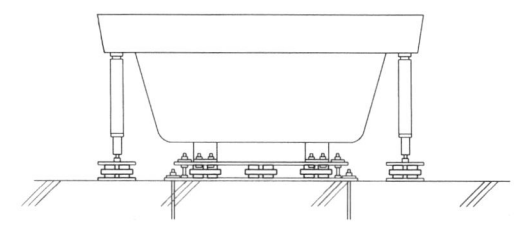

図8・12 気泡浴槽

8・1・3 ダクト・配管の防振施工

機器本体の防振対策については，防振架台の普及により比較的確実に行われるようになったが，機器に接続されるダクトおよび配管の防振が不十分で，固体音障害が発生するケースが非常に多い．ダクト系，配管系の防振施工は，機器本体の防振に劣らず重要である．

〔1〕 ダクト・配管防振の考え方

機器本体との接続には，キャンバス継手やフレキシブル継手が用いられるが，内部流体が加振源となり継手以後の部分でも振動が発生するので，支持点や貫通部での防振施工が必要である．防振つりする場合は，梁など剛性が確保できる各所に耐震振止めが必要である．

以下に，基本的な施工上の注意点をあげる．
1) 支持質量や反力に見合った防振材で，施工し運転時に適正なたわみを有すること．
2) つりボルトが，防振ハンガのケーシングに接触していないこと．
3) 耐震用触止めと配管が接触しないこと．
4) 上階や隣室に静ひつな環境が要求される場合，壁や天井からの支持を避け，剛性の高い梁，柱または機械室床から防振支持する．
5) できるだけ共通架台にまとめて支持し，防振チェック箇所を少なくする．
6) 共通支持する場合，防振支持配管と非防振配管が共つりされないよう注意する．
7) 壁・床貫通部の防振では遮音対策にも配

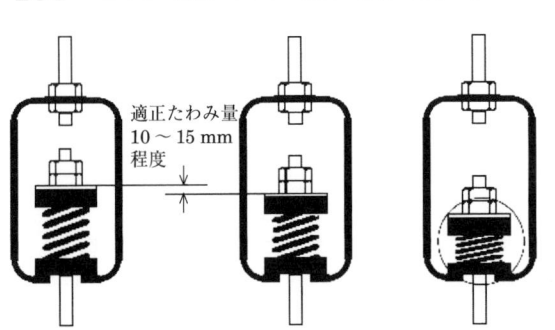

234　第8章　防振工事および消音・防音・遮音工事

（a）軽荷重
荷重がかかってなく
効果不足

（b）正常支持状態
適正たわみ量
10〜15 mm
程度

（c）過荷重支持状態
防振効果不足

図8・13　防振ハンガのたわみ

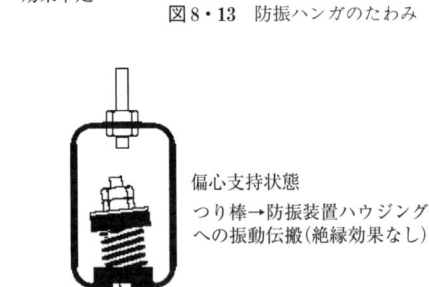

偏心支持状態
つり棒→防振装置ハウジング
への振動伝搬（絶縁効果なし）

図8・14　防振吊りボルト

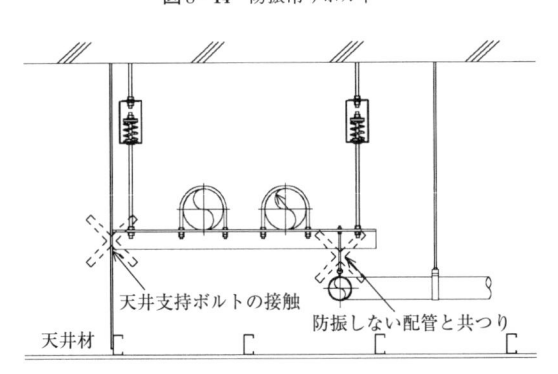

天井支持ボルトの接触
防振しない配管と共つり
天井材

図8・15　他経路への伝達

ゴムパッド張付け　すきまをあける

ストッパボルト
接触しないよう
十分大きな孔
防振ゴム

図8・16　耐震触止めの例

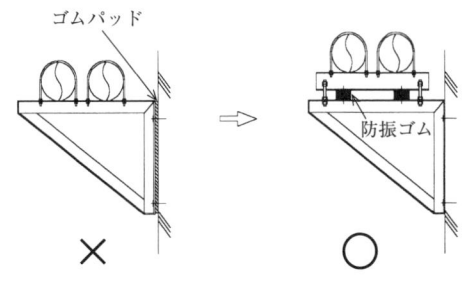

図8・17　壁・柱支持の注意点

Uバンド
ゴムパッド

ゴムパッドは
全周に巻く

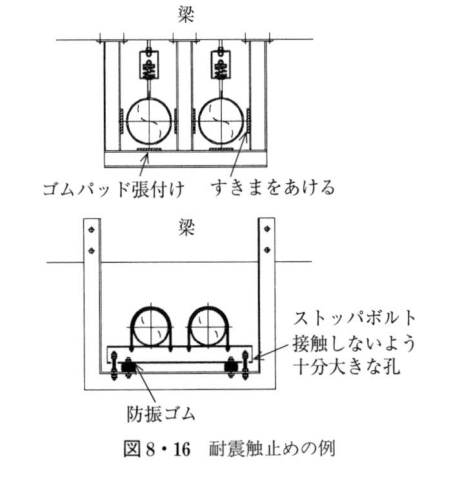

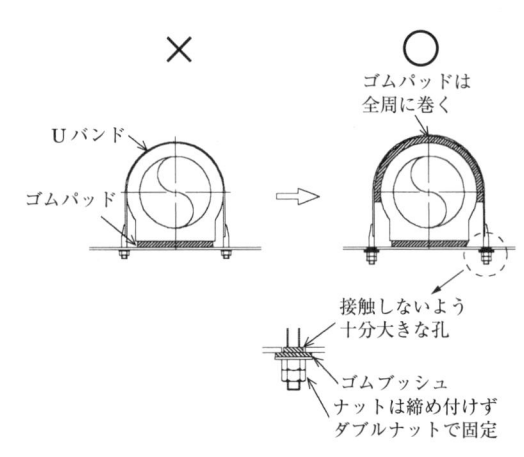

接触しないよう
十分大きな孔
ゴムブッシュ
ナットは締め付けず
ダブルナットで固定

図8・18　ゴムパット巻きの注意点

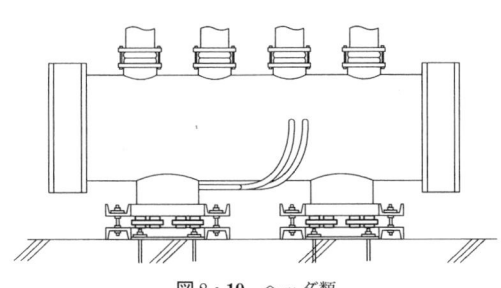

図8・19　ヘッダ類

慮すること．

〔2〕　防振施工の良い例・悪い例

防振施工の良い例と悪い例を以下に示す．

1) 防振ハンガのたわみ（図8・13）
2) 防振吊りボルトの注意点（図8・14）
3) 共通防振支持と他経路への伝達（図8・15）
4) 耐震触止めの例（図8・16）
5) 壁・柱支持の注意点（図8・17）

6) ゴムパッド巻きの注意点(図8・18)

〔3〕 ヘッダ類

静ひつを要求される環境では，ヘッダ部分も有力な加振源である．施工後に手直しするのは大掛かりになるので，初期段階に検討しておく必要がある(図8・19)．

〔4〕 貫通部の処置

貫通部については，何も埋める必要がなければ基本的にすきまを空けるのが最も良い．遮音性能や防火対策が必要な場合は，ロックウールなどの緩衝材を充てんしシールする．緩衝材を充てんしていても配管，ダクトの位置ずれにより緩衝材が過度に圧縮され振動が伝わるケースがあるので注意を要する．図8・20〜図8・24にダクト貫通部例を示す．

8・2 消音工事

建築設備では，熱源としての冷凍機・ボイラ・冷却塔などの大型機器や，空調のための空調機やポンプなどの機器，さらに，ダクト・配

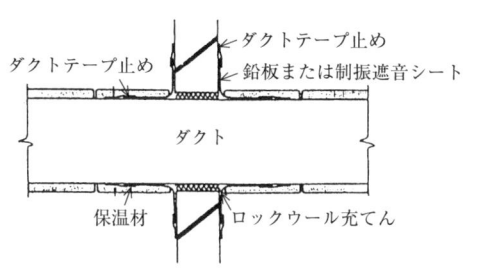

図8・20 遮音＋防振ダクト貫通部の例

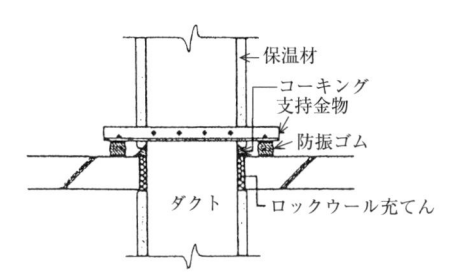

図8・21 防振ダクト床貫通部例

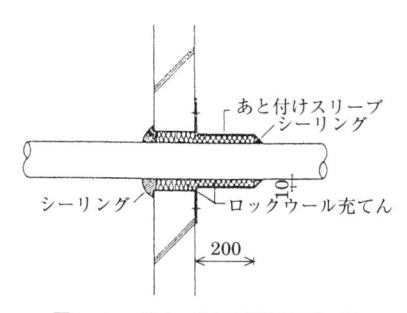

図8・22 遮音＋防振配管貫通部の例

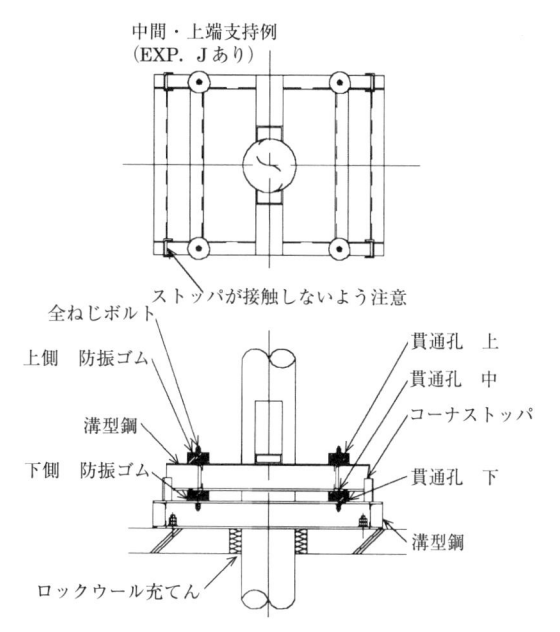

図8・23 遮音＋防振配管床貫通部の例

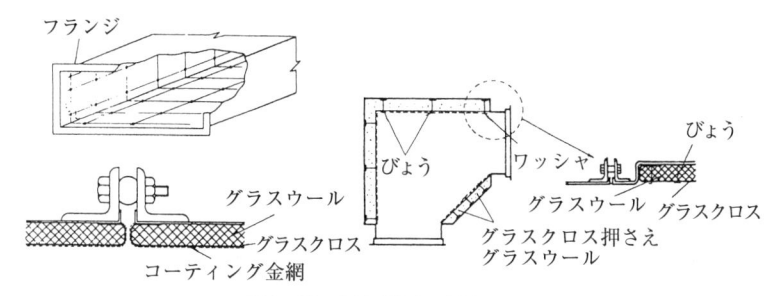

図8・24 内貼ダクト・消音エルボ

管・各種制御機器・末端での器具など，多種多様な機器・機材を用いて施工を行っている．

ここでは，主に空調設備を対象に，ダクト系に関する消音対策について解説する．

8・2・1 消音器の消音効果・発生音

〔1〕 消音器の性能

基本的な消音器の性能は，吸音・共鳴・反射の作用によって発揮される．さらに，消音器の減衰特性（周波数別）は，形状や吸音材の種類などによって決定される．

カタログなどで示される消音器の減衰量に関しては，測定方法や性能表示方法が統一されておらず，データを採用する際には十分な注意が必要である．一般的に消音器の減衰量としては，挿入損失（消音器を設置したときと，していないときでの差）より得られた値が示されている．

〔2〕 消音計算

ダクトを伝搬して室内へ放射される騒音については，基本的には周波数別でのパワーレベル基準にて予測を行う．概要としては，送風機の周波数別発生音（パワーレベル）と室内騒音許容値を基に，ダクト系で必要とする減衰量を算出し，消音器の型式・設置箇所と個数を決定する．ただし，既に空調工事が完了し，室内での騒音が測定されている場合には，測定値を基に，消音対策後の室内騒音を予測することとなる．

〔3〕 各種消音器の種類

ダクト系に採用する消音器としては，下記に示すものがある．

1) 内張りダクト：サイズが小さいものほど，減衰量は大きい．
2) 消音エルボ：サイズが大きくなれば，減衰量も大きくなる．
3) 消音ボックス・消音チャンバ：箱型形状

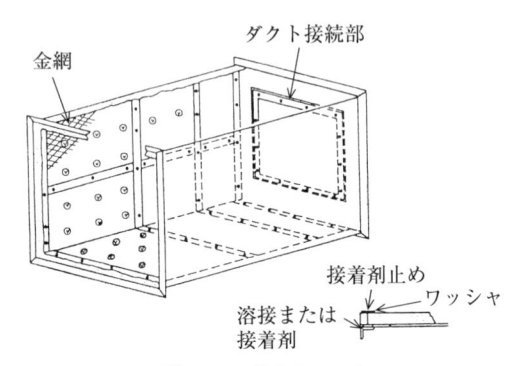

図8・25 消音チャンバ

表8・2 吸音材の表面処理*

許容風速[m/s]		構　　造
平　行	垂　直	
6以下	4以下	保護なしの吸音材
6～10	4～7	表面処理された吸音材
10	7	布または金網／吸音材
10～22	7～15	孔開き金属板（開口率20%以上）／吸音材
22～30	15～21	孔開き金属板（開口率20%以上）／グラスクロス／吸音材
30～60	21～42	孔開き金属板（開口率20%以上）／金網／グラスクロス／吸音材

注　平行，垂直は材料表面に対する流れの方向を示す．

---

* 中野有朋：日本機械学会第37回講習会（1973年）

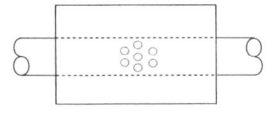

(a) スプリッタ型
(S社カタログより)
(b) 共鳴型

図8・26 スプリッタ型・共鳴型消音器

の消音器で，接続されるダクトや器具のサイズが小さいものほど減衰率は大きい．

4) スプリッタ型・セル型消音器：複数の内張りダクトが並列に設置されたような形状で，1本あたりのダクトサイズが小さいものほど減衰量は大きい．

5) 共鳴型消音器：二重構造の消音器で，内側のダクト周壁に孔が設けられており，特定の周波数成分(共鳴周波数)を減衰させる．消音器以外にもダクト系では，自然減衰と呼ばれる要素があり，下記の4種類が該当する．

　a) ダクト直管部減衰：125 Hz以下の低周波数域の減衰効果が期待でき，サイズが小さいものほど単位長さあたりの減衰量は大きい．

　b) エルボ減衰：500 Hz以上の高周波数域の減衰効果が期待でき，サイズが大きいものほど減衰量は大きい．

　c) 分岐減衰：周波数には無関係に，各ダクトの面積比で減衰量が決定される．

　d) 開口部端末反射減衰：125 Hz以下の低周波数域の減衰効果が期待でき，開口サイズが小さいものほど減衰量は大きい．

〔4〕 脈動防止・水撃防止装置

冷温水などを搬送するポンプでは，機器運転時に水中を伝搬する脈動成分や，機器停止時に発生する水撃を吸収するための，各種装置を設置しなければならない．

脈動成分の吸収には，ゴムフレキの採用があげられる．脈動成分吸収用ゴムフレキには2種類の形状があり，一つは，ゴムフレキ内部が二重構造となったものと，端末反射を利用した形

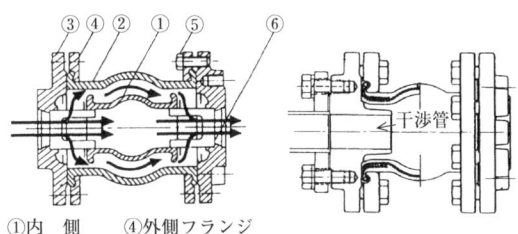

①内側　④外側フランジ
②外側　⑤リテーナ
③フランジ　⑥ボルト

(a) 二重構造方式　　(b) 端末反射型
図8・27 脈動成分吸収用ゴムフレキ

状のものとがある．

設置上での注意事項としては，フレキが運転時の動水圧を受けて，許容以上に伸びたり変心したりすることがないように，フレキの設置箇所近傍に固定点を設けなければならない点である．

ポンプ停止時などに発生する水撃の防止装置としては，ショックアブソーバと呼ばれる吸収装置の設置があげられる．

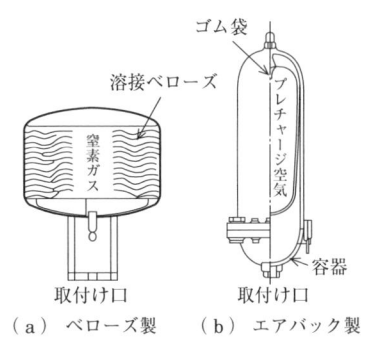

(a) ベローズ製　　(b) エアバック製
図8・28 ショックアブソーバ*

設置上での注意事項としては，水撃圧が発生している箇所の近傍に配置しなければならない点である．

8・2・2 消音器設置上の注意事項

〔1〕 選定と配置

ダクト系に設置する消音器については，送風機などの近傍には，低周波数(63 125 Hz)の減衰効果が期待できる消音器を設置し，ダクト経路中では，中・高周波数域(250 Hz以上)での

---

* 空気調和・衛生工学会編：給排水衛生設備の計画設計の実務の知識(改訂2版)，オーム社(2001年)

減衰を目的に，消音エルボや消音チャンバを配置する．末端の器具近傍では，ダクト経路中と同様に，消音ボックスや消音フレキの設置で対応を計画する．ただし，消音エルボなどを連続して設置すると，減衰量はおのおのの合計よりも小さなものとなるので，消音器の設置間隔は，ダクト長辺寸法の2倍以上とすることが望ましい．

〔2〕 用　　途

クリーンルームのようにじんあいを嫌うような用途では，消音器自体からの発じんの影響が少ないタイプを選定しなければならない．さらに，換気回数や機器の全静圧も大きく，室内での減衰も期待できないことから，低周波数域の減衰効果が期待できるクリーンルーム対応の消音器を採用する必要がある．

ちゅう房系統の排気ダクトに設置する消音器に関しては，油脂分の付着による性能低下が生じるため，定期的な洗浄が行えるセラミック製の吸音材を用いた消音ボックス・チャンバの設置を計画する必要がある．

屋外に設置する消音器については，雨水などの浸入・含水による吸音性能の低下と飛散が考えられるので，はっ水性を有した吸音材を採用しなければならない．

排煙系統に関しては，ちゅう房系統と同様にセラミック製などの不燃仕様の吸音材を用いなければならない．

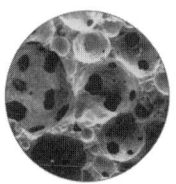

図8・29　剛体多孔質吸音材[*1]

8・2・3　ダクト施工による発生音

〔1〕 気流発生音

気流による発生音としては，一般的にはダンパと吹出し器具などからの影響を検討しなければならない．ただし，ホールなどの音響施設では，消音器自体の発生音の大きさにも十分な注意が必要である．

ダンパについては，羽根部に偏った空気が流入すると大きな騒音を発生させるため，エルボや分岐部からは十分な距離をもって設置しなければならない．

末端の器具騒音については，型式と風速によって発生する騒音が大きく異なってくるので，器具の気流特性を考慮しながら，騒音特性と設置個数より，型式を選定しなければならない．消音器の発生音については，減衰量と同時に発生音のデータを入手し，周波数特性と大きさを確認しなければならない．

〔2〕 板振動騒音

ダクトなどが振動すると，想定していたよりも大きなダクトからの透過音が放射される場合がある．これより，特にアスペクト比が大きな

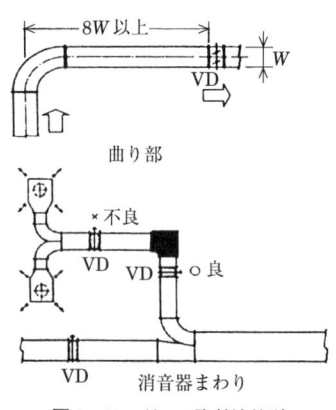

図8・30　ダンパ取付け箇所

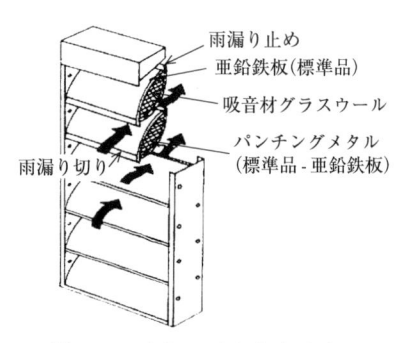

図8・31　サイレンサタイプがらり[*2]

---

*1 D社資料

*2 S社カタログ

主ダクトでは，ダクトの補強を計画する必要がある．

〔3〕 チャンバ・がらり騒音

がらりでの騒音では，排気に使用されるがらりにて，発生音が問題となるケースがある．この原因としては，がらりの一部分を空気が通過するために，発生音が予想以上に大きくなっていることがあげられる．対策としては，がらりに接続しているダクトからの流入空気を，拡散板などによって十分な広がりをもたせてがらりを通過させることや，サイレンサタイプのがらりの採用などである．

〔4〕 ホール・スタジオなどの対策

ホール・スタジオなどの音響施設では，消音器の設置だけではなく，ダクト内部の風速やダクトの支持や，さらに採用する器具についても十分な検討が必要である．

風速に関しては，主ダクトは6 m/s以下とし，枝ダクトは4 m/s以下が望ましい．鋼板製ダクトの支持は，防振ハンガを用いることが推奨される．ホールなどでは，到達距離の確保も含めて，吹出し口器具はノズルタイプの採用を検討する．

8・3 防音・遮音工事

建築設備を対象とした騒音問題は，発生源や騒音の伝搬経路が多種多様であることより，対策しての防音・遮音工事も，対象と目的を明確にしなければ，施工後において求められる性能を発揮することは困難といえる．

8・3・1 共通事項

〔1〕 防音と遮音

空気中を伝搬する騒音を対象にした防音対策には，2種類の方法がある．一つは生じている騒音を吸収することで小さくする吸音と，もう一つは伝わってくる騒音を遮断することで，小さくする遮音という手法である．

ここでは，遮音について解説する．

遮音とは，空気中を伝わってくる騒音を，伝

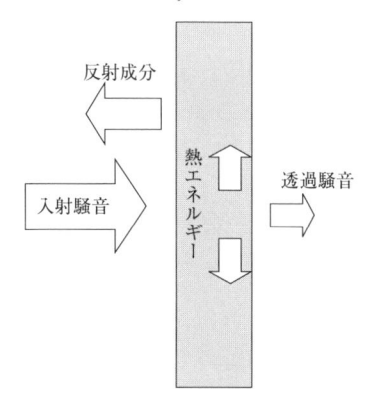

図8・32 入射騒音と透過騒音

搬している経路中に重量の重い材料ですきまなく遮断することである．

例えば，隣接する室内より壁を通して騒音が伝わっているような場合では，騒音が放射されている壁面の重量を増加させたり，遮音ボードやコンクリートなどで，新たに壁を設けたりすることであり，ダクトや配管などの表面から騒音が放射されているのであれば，ダクトや配管表面に遮音材などを巻くことなどが遮音に該当する．さらに，ダクトや配管が構造体を貫通箇所より騒音が伝わっているようなケースでは，貫通箇所に遮音材を被覆させることである．

〔2〕 透過損失と室間音圧レベル差

一般的に，遮音性能は使用する部材の面密度（m：厚み×質量）に比例して向上する．これが質量則と呼ばれており，面密度より求まる遮音性能が透過損失 TL である．透過損失は周波数 f の関数でもあり，周波数が高くなると値も大きくなる．

$$TL = 20 \log_{10}(f \cdot m) - 48$$

ただし，TL：透過損失 [dB]

f：中心周波数 [Hz]

m：面密度 [kg/m²]

部材のみの遮音性能は透過損失で表すことは可能であるが，隣接している居室間の遮音性能について，日本建築学会では室間音圧レベル差（以降，D値と記す）という値で性能が規定されている．このD値は材料の透過損失のみで遮音性能を決定しているのではなく，室内の吸音性能なども含んだ遮音量として評価している．

これより，実際に壁構造を検討する際には，施工精度や室内の吸音状態などを勘案し，1ランクアップさせたD値（例えばD-40であればD-45を選択する）の構造を採用することが肝要である．

〔3〕 遮音性能の低下と防止対策

遮音性能を低下させる要因としては，下記の4項目があげられる．

1) すきま・開口による影響
2) 側路伝搬による影響
3) コインシデンスによる影響
4) 構造体の共振による影響

すきま・開口の影響に関しては，新たに壁をボードなどの乾式工法で設ける場合には，下地と仕上げのボード張付け箇所にて，すきまの発生を防止するために，目地をラップさせないことがあげられる．ダクトや配管に遮音材を巻き付ける際には，遮音材をラップさせてすきまを設けないことと，グラスウールなどの緩衝材をダクトや配管と遮音材との間に挿入することである．貫通箇所での遮音材の被覆についても同様である．

側路伝搬については天井や廊下からの騒音の回込みによるものが主なもので，特に既設のスペースに新たに機械室などを設ける場合には天井部分からの側路伝搬が問題となるケースが多く，かならず天井裏まで機械室側の間仕切壁（遮音壁）を立ち上げておくことが重要である．

コインシデンスに関しては，部材の特性（ヤング率や密度・厚みなど）より，特定の周波数にて遮音性能が低下するものであり，特定の周波数は限界周波数 f_c と呼ばれ，遮音性能の低下量は 15 dB 程度とされている．

$$f_c = (c^2/2\pi t)\sqrt{12\rho/E}$$

ただし，f_c：限界周波数 [Hz]
c：音速 [m/s]
t：厚み [m]
E：ヤング率 [N/m^2]
ρ：密度 [kg/m^3]

構造体の共振の影響を回避するには，例えば乾式工法の二重壁を設置する場合に，内外の各ボードを千鳥に配置した独立の支持部材（スタッド）で固定することで，空気層での共振による遮音性能の低下を防止することが可能である．また，空気層を 10 cm 以上設けることができれば，より遮音性能を向上させることが可能となる（おのおの独立した壁とみなせる）．

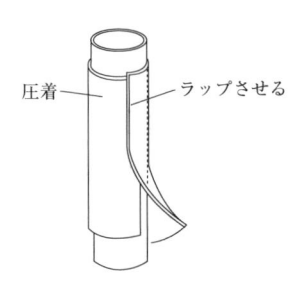

図8・33 遮音材の被覆方法

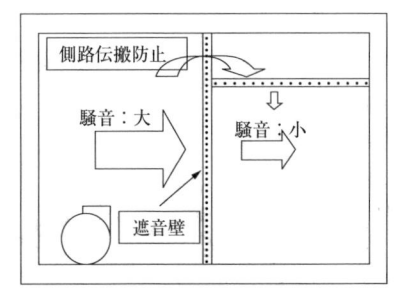

図8・34 側路伝搬防止対策模式図

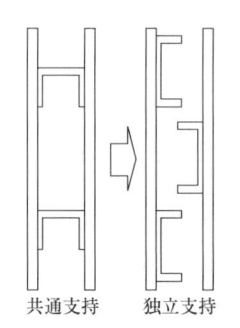

図8・35 乾式ボード壁の支持方法

8・3・2 居室騒音

〔1〕 居室内に設置されている機器からの影響

居室内にて問題となる機器を音源とした騒音問題としては，大別して次の項目があげられる．

1) 隣接する機械室からの伝搬騒音
2) 天井内に設置される機器からの伝搬騒音

特に，システム天井などが採用された建物

で，天井リターン方式での空調では，天井からの騒音の影響によるクレームが多く見られる．

機械室に隣接する居室では，機器の運転に伴う騒音のクレームが生じる危険性は高く，十分な対策を検討しなければならない．

機械室より居室へ伝搬する騒音としては，
1) 壁体を透過して伝搬してくる空気伝搬音
2) 機器などの振動が構造体へ伝達することによって発生する固体音

に大別される．

壁体を透過して伝搬する騒音については，前項の遮音対策にて対応が可能である．ただし，設備サイドとしては，居室と機械室を区切っている壁体へ入射する騒音を低減させるために，以下の事項を併せて検討しなければならない．
1) 機器の配置を，居室側の壁体より離れた箇所に設ける．
2) 機器の外板の補強によって，騒音放射の低減を図る．
3) 機械室内の壁・天井に吸音処理を施し，機械室内部の騒音低減を図る．

振動の影響によって発生する固体音については，以下の対策によって構造体へ伝達する振動を減衰させる必要がある．
1) 機器の据付け箇所に，防振装置を挿入する．

2) 機器とダクト・配管との接続箇所にキャンバス継手や防振フレキを挿入する．
3) ダクト・配管支持部に防振支持金具を挿入する．
4) ダクト・配管の構造体貫通箇所に，ロックウールなどの緩衝材を挿入し，遮音材ですきまを防止する．

〔2〕 天井内に設置されている機器からの影響

天井内に設置される空調機器からの騒音については，以下の2種類の要素があげられる．
1) 設置機器本体からの放射音
2) 機器に接続されたダクト系からの放射音

機器本体からの放射音による騒音を低減させるには，本体の遮音性能を向上させることが対策として考えられるが，適正な性能の機器を選定すること(例えば，変風量方式などの変風量装置では，最小動作静圧の小さなものを選定するなど)も，重要な検討項目としてあげられる．

天井に設置される機器に接続されたダクト系からの騒音では，吸込み口からの放射音による影響が多々見られる．特に，前述の天井リターン方式では，天井に吸込み用の開口が設けられることから，天井材の遮音性能を十分に検討したうえで，ダクト系での消音対策を検討しなければならない．具体的には，ダクト系にて消音チャンバの設置や消音ダクト・エルボなどの採用を計画する．ダクトを設けず，機器と吸込み用のチャンバを接続する場合には，チャンバには吸音材を内張りし，チャンバに設ける吸込み開口は1箇所とせずに複数箇所とし，1箇所あたりの開口面積を小さくすることによって，消音効果を増加させることが可能となる．

8・3・3 排水立て管と居室

建物内に敷設されている設備配管の中でも，排水騒音については，騒音が知覚されると行為を連想することより，給水管路系騒音などよりも不快感が高まり，騒音低減対策を必要とされる．特に，パイプシャフトなどが寝室に隣接するような居室では，低減対策を十分に検討する必要がある．

球形ゴムフレキがポンプ運転時に伸びきらないようにポンプ近傍で強固な支持点を設ける．
(フレキが L まで伸びると防振効果は発揮されない)

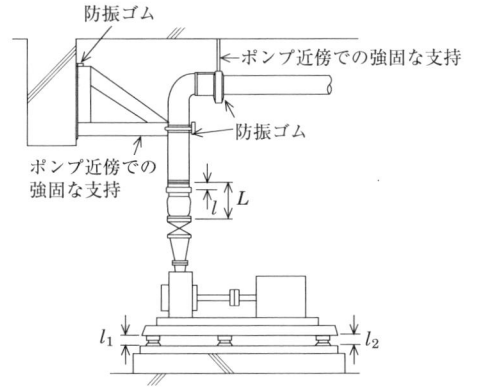

防振ゴム
ポンプ近傍での強固な支持
防振ゴム
ポンプ近傍での強固な支持
l
L
l_1 l_2

ポンプベースの防振装置は，ポンプ運転時に各部の上下間隔が等しくなるように調整する($l_1 = l_2$)

図8・36 ポンプまわりでの防振施工

〔1〕 排水騒音

排水管より直接放射される騒音の特徴としては，空調騒音などのような広帯域の定常騒音とは異なり，排水の流下とともに突発的に騒音が発生し，500～2 000 Hzの周波数帯にピークを示すことと，発生する排水の量によって騒音の大きさに変化が生じることがあげられる．また，排水管路系騒音での固体音として，最も訴えが多いのは衝撃音である．

排水騒音の低減対策については，遮音対策があげられ，建築的にはパイプシャフトや天井材などの遮音性能を向上させる方法であり，設備としては配管自体の遮音性能を向上させる方法などである．

配管自体での具体的な低減対策として，一般的には配管外表面に鉛板などの遮音材を巻き付ける方法が採用されており，騒音低減効果については各種資料がすでに発表されている．

排水管より直接放射される騒音のピークが，中域周波数帯に現れることより，遮音材を採用する防音対策の効果は十分に期待できる．

衝撃音に関しては，排水継手の外表面に制振用塗料などを塗布した製品の効果が発表されており，配管支持部に関しては，防振ゴムや防振つり金具を採用した場合の効果に関する詳細な事例がある．

〔2〕 その他

集合住宅などで，排水に関連する騒音としてクレームが発生するものとして，小便行為による騒音と洗浄弁作動時の騒音があげられる．どちらも，直接的に伝わる騒音の影響ではなく，振動が伝わることで発生する固体音によるものである．

小便行為での騒音に関する対策としては，便器内部に滞留している水との衝突時に生じる液面振動が，便器据付け箇所より構造体へ伝わり，固体音を発生させていることから，据付け箇所にて便器本体と構造体との間に防振シートを挿入することがあげられる．ピークとなる周波数での減音効果としては，約10～20 dBとされている．

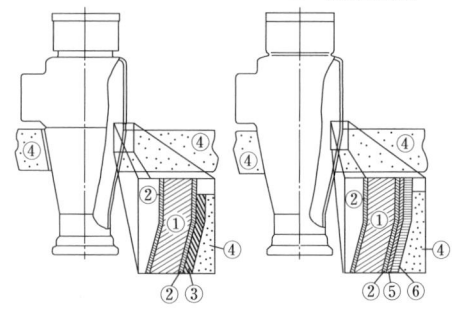

図8・37 制振塗料塗布 排水継手*

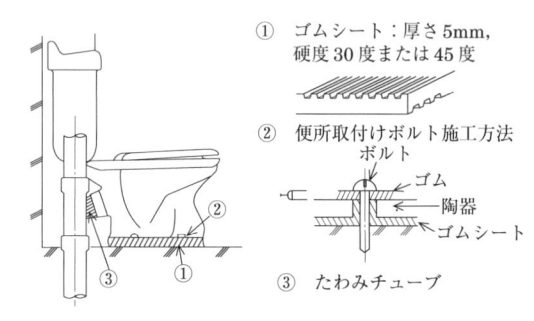

① 継手本体（鋳物）
② 防せい塗料
③ 緩衝材（グラスウール）
④ コンクリート床

（a）従来型継手

① 継手本体（鋳物）
② 防せい塗料
④ コンクリート床
⑤ 制振塗料
⑥ 熱硬化性樹脂

（b）制振継手

図8・38 洋風大便器の拡振支持

① ゴムシート：厚さ5mm，硬度30度または45度
② 便所取付けボルト施工方法
③ たわみチューブ

洗浄弁作動時の騒音対策については，弁の振動が構造体へ伝わり固体音として放射されるものなので，洗浄弁の給水圧力を小さくする（減圧）ことが最も基本的な方法といえる．具体的には，約0.19 MPa程度とするのが理想的である．

8・3・4　近隣騒音（屋外騒音）

屋外に設置する機器や給排気がらりから周囲に放射される騒音は，設置される機器の能力と運転時間帯によって国が定めている環境基準を敷地境界線上にて満足させなければならない．近年，建物の使用時間（営業時間）などの延長などにより，設備計画時に十分な検討を実施しなければ，周辺の住民などから思わぬ騒音の訴えが発生することが考えられる．

---

* K社資料

〔1〕 考え方

屋外での騒音を低減させるには,まず対象とする敷地境界を周辺の状況(住居地域などの有無)から明確にし,機器や各がらりの配置を検討しなければならない.次に,屋外に設置する機器については,可能な限り低騒音タイプの機器を選定し,がらりについては,がらりを空気が通過する際の二次的発生音(風切り音)を防止するための,開口面積の確保と偏流をなくすためのダクトとチャンバとの接続方法の検討が重要となる.

ここでは,屋外での騒音の予測と騒音低減対策について述べる.

〔2〕 敷地境界騒音

屋外の騒音は,設置される機器やがらりと敷地境界までの直線距離を基に予測しなければならない.距離による騒音の低減量が距離減衰である.

距離減衰は,音源(機器やがらりなど)の形状によって以下の3種類に分けられる.

1) 点音源
 a) 屋外機などで音源のサイズが問題としている距離に比べて十分に小さい場合.
 b) 距離が倍で6 dBの減衰.
2) 線音源
 a) 道路や鉄道などで音源のサイズが問題としている距離に比べて十分に小さく,連続している場合.
 b) 距離が倍で3 dBの減衰.
3) 面音源
 a) 工場などの外壁などで音源のサイズが問題としている距離に比べて大きい場合.
 b) 音源の短辺寸法の1/3までの距離では,減衰しない.
 c) 短辺寸法の1/3を超え長辺の1/3までの距離では,距離が倍で3 dBの減衰
 d) 長辺寸法の1/3を超える距離では,距離が倍で6 dBの減衰

次に,機器などが設置される箇所によって放射される騒音の大きさは異なってくる.機器自体の発生音(パワーレベル)は一定であるが,床に機器が設置される場合では,無響室などでの音圧レベルよりも,同一距離にて3 dB程度大きく計測される.これは,機器より球面状に放射される騒音が,機器を床に設置することで半球状にしか放射されず,単位面積あたりの音の強さが倍になることに起因する.この球面状の放射に対する,単位面積あたりの音の強さの倍率を表したのが指向係数 Q といえる.

各音源別での距離減衰は,周波数には無関係に距離と指向係数によって決定される.

屋外騒音での対策としては,機器と敷地境界との間に,遮音性能を有した塀を設けることがあげられる.この塀を設けることによって,距離減衰以外に回折減衰効果が期待できる.

塀の回折減衰は,直線距離と塀を迂回する距離との差(行路差)と周波数によって減衰量が求められる.ただし,回折減衰の上限値は25 dBである.また,塀の頂部と機器および敷地境界とが直線で結ばれる場合には,周波数には無関係に騒音は5 dB小さくなる.

なお,塀の回折減衰を発揮させるには,塀の透過損失を回折減衰量よりも10 dB以上大きな材質を選定しなければならない.

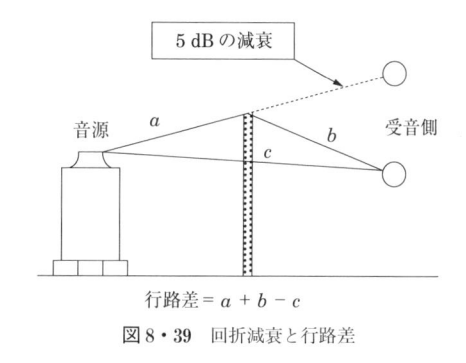

行路差 $= a + b - c$

図8・39 回折減衰と行路差

8・4 データ

8・4・1 建築部材データ

表8・3に透過損失を,表8・4に室間音圧レベル差を,表8・5に吸音率を示す.

表 8・3 透過損失*

構造	中心周波数[Hz]						D 数
	125	250	500	1 000	2 000	4 000	
単一構造	透過損失[dB]						
鉄板(1.0)	17	19	24	28	33	38	D-23
石こうボード(12)	15	15	22	29	35	24	D-22
軽量コンクリートブロック(100)+両面石こうボード(15)	35	37	41	49	56	59	D-41
発泡コンクリート(100)+両面モルタル(6)	34	33	35	44	51	57	D-35
コンクリート(100)	32	38	48	54	60	63	D-45
コンクリート(180)+両面石こうボード(13)	45	43	53	58	66	69	D-50
複合板構造	透過損失[dB]						
合板(4)+ロックウール(45)+合板(4)	16	18	23	35	47	57	D-23
石こうボード(9)+ポリスチレンフォーム(25)+石こうボード(9)	21	25	29	33	35	26	D-16
気泡コンクリート(78)+両面フレキシブルボード(12)	24	30	37	42	50	58	D-37
軽量コンクリート(50)+グラスウール(50)+軽量コンクリート(50)	37	42	42	50	68	68	D-42
中空壁構造	透過損失[dB]						
コンクリート(100)+軽鉄スタッド(45)+石こうボード(12)(1)	31	44	52	63	67	63	D-46
コンクリート(100)+GLボンド(45)+石こうボード(12)(2)	30	40	51	57	61	59	D-45
石こうボード(9)+GLボンド(20)+軽量コンクリート(120)+GLボンド(20)+石こうボード(9)(3)	30	29	36	48	52	47	D-36
石こうボード(9)+ロックウール(50)+空気層(50)+石こうボード(15)×2(4)	23	41	50	54	58	56	D-38
石こうボード(15)×2+空気層(69)+石こうボード(15)×2(5)	31	38	49	54	51	—	D-41
石こうボード(15)×2+グラスウール(50)+空気層(113)+石こうボード(15)×2(6)	39	48	53	57	55	62	D-45
石こうボード(12)×2+空気層(100)+石こうボード(12)×2, 両面独立スタッド(7)	33	42	50	59	66	58	D-48
石こうボード(12)×2+空気層(69)+石こうボード(12)×2, 特殊クリップ止め(8)	24	38	44	53	55	55	D-39
石こうボード(12)×2+空気層(40)+ロックウール(25)+石こうボード(12)×2(9)	30	43	53	57	55	57	D-45
窓・扉構造	透過損失[dB]						
ガラス(5), 気密型	21	22	27	31	33	30	D-20
木造用アルミ製引違い窓(5)	17	20	21	20	17	20	D-7
普及型アルミ製引違い窓(5)	15	20	22	23	23	25	D-13
気密型アルミ製片引き窓(5)	20	23	29	33	31	34	D-21
普及型アルミ製引違い窓(5)+空気層(150)+普及型アルミ製引違い窓(5)	23	26	31	26	25	30	D-15
普及型アルミサッシ(5)+空気層(150)+気密型アルミ製片引き窓(5)	26	34	40	40	37	42	D-27
気密型アルミサッシ(5)+空気層(150)+気密型アルミサッシ(5)	27	31	35	39	40	42	D-30
気密型アルミサッシ(5)+空気層(200)+気密型アルミサッシ(5)	27	34	40	45	50	50	D-40
鋼板(2)+空気層(45)+鋼板(2)	25	30	34	37	36	25	D-25

※中空壁構造例※

(1) 軽鉄スタッド PB12 100 50

(2) GLボンド PB12 100 45

(3) GLボンド PB9 120 20 20 PB9
軽量コンクリート PC 板 120 のみの場合は D 40～45. GL工法により, PC板の両側に石こうボードを空気層20 mm厚で接着すると, 250～500 Hz の透過損失が大幅に低下する.

(4) RW50 PB9 100 PB9

(5) エコニスタッド PB 15×2 65 PB 15×2 2 2 ワイヤクリップ止め

(6) GW50 横胴縁 19 PB スタッド PB 15×12 163 15×2

(7) PB 12×2 100 PB 12×2

(8) 2 2 65 PB 12×2 PB 12×2 特殊クリップ止め

(9) PB 12×2 Zスタッド RW25 65

* 日本建築学会編:建築の音環境設計(新訂版), 日本建築学会設計計画パンフレット 4

表 8・4 空間音圧レベル差*

構造の図表が乾式・湿式別に D-50 ～ D-20 の等級ごとに示されている。

- D-50
  - 乾式: ALC+ロックウールまたはグラスウール(30)＋合板など(6) 100/30/6/630 (D-40) △
  - 乾式: SFRC(40)+PB(9) 120 kg/m² 9/42/40/9 50 (D-45) △
  - 湿式: コンクリート ρ=2.3 180 △
- D-45
  - 乾式: 成型アスベスト+長尺ブロック 60 (D-37) △
  - 乾式: ALC 中空 98 kg/m² 75/75 50 (D-43) △
  - 乾式: PB(12+12) 特殊クリップ使用(スプリング) 12/65/12 12 (D-45)
  - 乾式: PB(15)+硅カル板(13) 特殊クリップ使用(ワイヤ) PB(12+12) 15/65/15 13/12/65/12 12 (D-43)(D-40)
  - 乾式: 自立壁 成型PB(12)+硅カル板(12+9) 12/9 9/12 12/37/12 (D-45)
  - 湿式: コンクリート ρ=2.3 PB9 9/180/9 16 16 180 (D-40)
  - 湿式: コンクリートブロック 180 kg/m² 150 △
  - 湿式: 1種軽量コンクリート ρ=1.5 120 △
- D-40
  - 乾式: 成型アスベスト+長尺ブロック 50 (D-32) △
  - 乾式: PB(9+9) PB(9+12) 9/67/9 9/12 (D-37)(D-39)
  - 乾式: 自立壁 PB(9+12) PB(9+9) 12/75/12 9/9/75/9 9 (D-42)(D-43)
  - 湿式: ALCモルタルまたはプラスタ塗り 137 kg/m² 15/100/15 3/150/3 (D-41)(D-40) △
  - 湿式: PB(9)+ラス+びんろう石プラスタ(25) PB(9)+砂プラスタ(25) 65/25 9 25/9 (D-36)(D-38) △
- D-35
  - 乾式: ALC 65 kg/m² 100 (D-34) △
  - 乾式: PB(15) 67/15 15 (D-31)
  - 乾式: アスベストボード (12+12) 35 kg/m² 12/65/9 12 12 (D-35) △
- D-30
  - 乾式: 鋼板(0.6)+ロックウール 60 (D-29)
  - 乾式: PB(12) PB(9) 12/67/12 9 67/9 (D-26)(D-25)
  - 乾式: アスベストボード (8+6) ラス下地 8/65/8 6 (D-33) △
- D-25
  - 乾式: 鋼板(0.6)+ペーパーハニカム 25 (D-20)
  - 乾式: 硅カル板 28 kg/m² 70 (D-24) △
- D-20
  - 乾式: 硅カル板 (35×2) 35/40/35 (D-20) △

注 △：耐火1時間 △：耐火2時間

SFRC：補強鋼繊維入りコンクリート
軽量コンクリート ρ=1.1～1.2
ALC：気泡コンクリート
PB：石こうボード

* 日本建築学会編：建築の音環境設計(新訂版)、日本建築学会設計計画パンフレット4

表8・5 吸音率[*1]

材　料　名	中心周波数[Hz]					
	125	250	500	1 000	2 000	4 000
多孔質材料	吸音率[－]					
グラスウールボード(25)	0.12	0.32	0.65	0.82	0.80	0.82
グラスウールボード(50)	0.20	0.65	0.90	0.85	0.80	0.85
グラスウールボード(50)＋空気層(100)	0.40	0.90	0.95	0.85	0.85	0.85
ロックウールボード(25)	0.10	0.35	0.75	0.85	0.85	0.85
ロックウールボード(25)＋空気層(100)	0.35	0.65	0.90	0.85	0.80	0.80
ロックウールボード(50)	0.20	0.75	0.95	0.90	0.85	0.90
ロックウールボード(50)＋空気層(100)	0.55	0.90	0.95	0.90	0.85	0.85
岩綿吹付け(15)	0.05	0.12	0.40	0.70	0.80	0.85
ロックウール化粧吸音板(12)	0.20	0.20	0.40	0.70	0.80	0.80
一般建築材料	吸音率[－]					
ガラス	0.18	0.06	0.04	0.03	0.02	0.02
コンクリート	0.01	0.01	0.02	0.02	0.02	0.03
タイル張り	0.01	0.01	0.02	0.02	0.02	0.03
板張床	0.15	0.12	0.10	0.08	0.08	0.08
パイルカーペット(10)	0.10	0.10	0.20	0.25	0.30	0.35
ニードルパンチカーペット(3.5)	0.03	0.04	0.08	0.12	0.22	0.35

表8・6 矩形ダクト透過損失[*2]

ダクトの種類		オクターブバンド中心周波数[Hz]							
寸法[mm]	材厚[mm]	63	125	250	500	1 000	2 000	4 000	8 000
		透過損失[dB]							
300×300	0.7	21	24	27	30	33	36	41	45
300×600	0.7	19	22	25	28	31	35	41	45
300×1 200	0.85	19	22	25	28	31	37	43	45
600×600	0.85	20	23	26	29	32	37	43	45
600×1 200	1.0	20	23	26	29	31	39	45	45
1 200×1 200	1.3	21	24	27	30	35	41	45	45
1 200×2 400	1.3	19	22	25	29	35	41	45	45

注　1) 矩形ダクトの透過損失は、ダクト長さが6mの場合．
　　2) 矩形ダクトにて，ダクト周壁からダクト内に侵入する騒音に対する透過損失は，表の値より3dBほど低下する．

＊1　日本建築学会編：建築の音環境設計(新訂版)，日本建築学会設計計画パンフレット4
＊2　日本建築学会編：実務的騒音対策指針(応用編)

表8・7 円形ダクト透過損失*

ダクトの種類				オクターブバンド中心周波数[Hz]							
管径[mm]	板厚[mm]	管 種	長さ[m]	63	125	250	500	1 000	2 000	4 000	8 000
				透過損失[dB]							
200	0.55	円形ダクト	4.5	>45	(53)	55	52	44	35	34	26
350	0.7	円形ダクト	4.5	>50	60	54	36	34	31	25	38
550	0.85	円形ダクト	4.5	>47	53	37	33	33	27	25	43
800	0.85	円形ダクト	4.5	(51)	46	26	26	24	22	38	43
200	0.55	スパイラルダクト	3.0	>48	>64	>75	>72	56	56	46	29
350	0.55	スパイラルダクト		>43	>53	55	33	34	35	25	40
650	0.7	スパイラルダクト		>45	50	26	26	25	22	36	43
650	1.6	スパイラルダクト		>48	>53	36	32	32	28	41	36
800	0.85	スパイラルダクト		>43	42	28	25	26	24	40	45
350	0.7	円形ダクト 90°エルボ2個付き+エルボ	4.5	>50	54	52	34	33	28	22	34

注 1) 円形ダクトにて，>は最低値限の透過損失を示す．
2) 円形ダクトにて，( )は暗騒音のため不確かなデータを示す．
3) 円形ダクトにて，ダクト周壁からダクト内に侵入する騒音に対する透過損失は，表の値より63, 125 Hzでは20 dB, 250, 500 Hzでは10～15 dBほど低下する．

表8・8 配管外面での遮音仕様別減衰量の比較

遮 音 仕 様	中心周波数[Hz]					
	125	250	500	1 000	2 000	4 000
	透過損失[dB]					
グラスウール保温筒(25)+綿布	0	0	0	5	8	10
グラスウール保温筒(25)+綿布+ビニルシート	0	0	0	5	10	20
グラスウール保温筒(25)+綿布+鉛板(0.5)	0	1	6	19	25	28
ロックウール保温筒(25)+綿布	0	0	0	8	12	15
ロックウール保温筒(25)+綿布+鉛板(0.5)	0	0	5	12	22	25
グラスウールボード(10)+綿布	0	0	0	3	2	3
グラスウールボード(10)+綿布+鉛板(0.5)	0	0	5	15	22	25
ブチルゴム(1.0)	0	0	0	1	0	0
ブチルゴム(1.0)+鉛板(0.5)	0	0	0	4	5	8
ブチルゴム(1.0)+鉛板(0.5)×2	0	1	2	10	12	15

図8・40

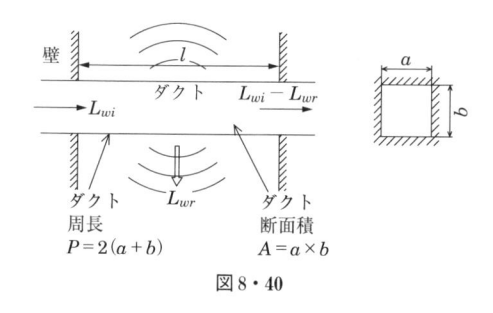

8・4・2 ダクト透過損失

表8・6に矩形ダクト透過損失を，表8・7に円形ダクト透過損失を，表8・8に配管外面での遮音仕様別減衰量の比較を示す．

$$L_{Wr} = L_{Wi} - \mathrm{TL} + 10 \log_{10}(A/S)$$

ここに，L_{Wr}：ダクト透過音(パワーレベル) [dB]
L_{Wi}：ダクト内パワーレベル [dB]
A：ダクト表面積 [m²]
S：ダクト断面積 [m²]
TL：ダクト透過損失 [dB]

* 日本建築学会編：実務的騒音対策指針(応用編)

8・4・3 消音器の種類と減音特性

図8・41に消音器の減音特性を示す．

8・4・4 評価基準

〔1〕 室内騒音・室間音圧レベル差

室内騒音については，A特性騒音レベルと周波数別音圧レベルより評価を行う．特に，周

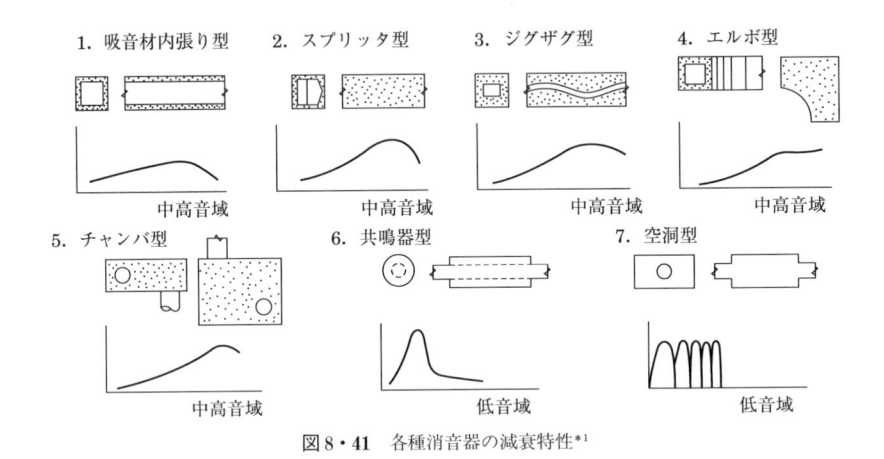

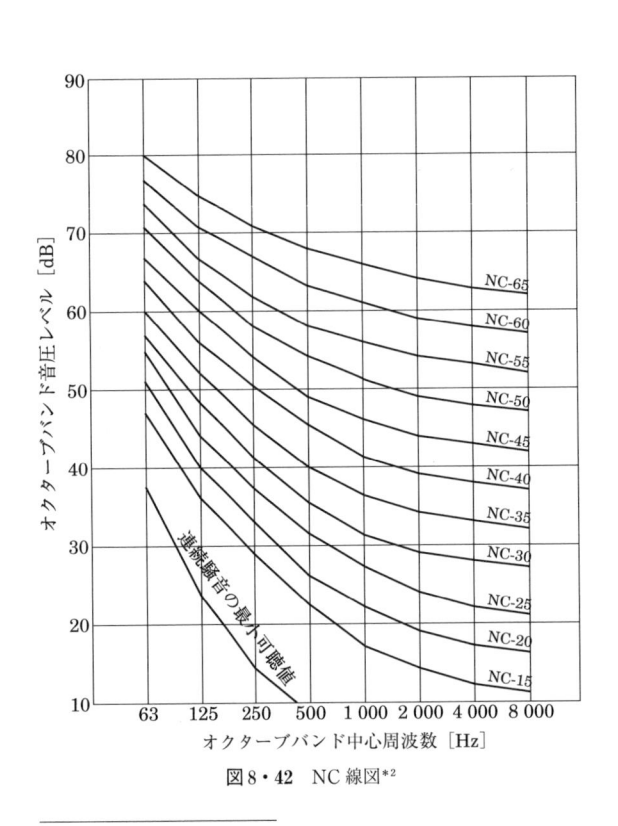

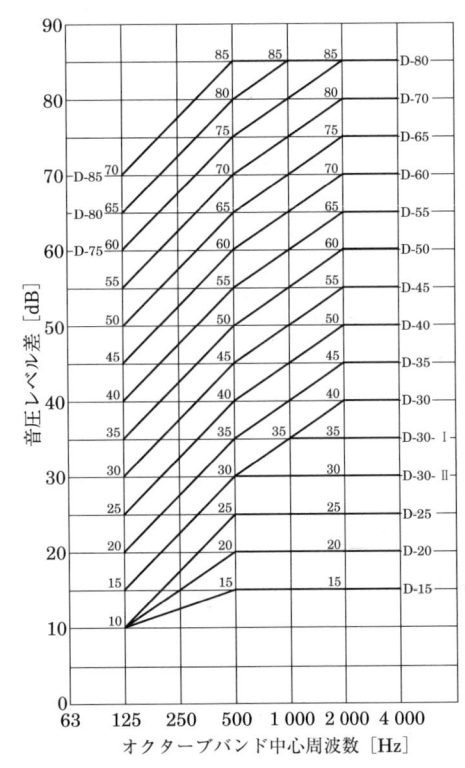

1. 吸音材内張り型　2. スプリッタ型　3. ジグザグ型　4. エルボ型
   中高音域　　　　中高音域　　　　中高音域　　　　中高音域
5. チャンバ型　6. 共鳴器型　7. 空洞型
   中高音域　　　低音域　　　低音域

図8・41　各種消音器の減衰特性[1]

図8・42　NC線図[2]

図8・43　室間音圧レベル差に関する遮音等級[3]

* 1　日本建築学会編：実務的騒音対策指針(応用編)
* 2　日本建築学会編：建築物の遮音性能基準と設計指針[第二版]
* 3　同上

波数別音圧レベルからの評価は，Beranek により提唱された NC 数によって行う．

室間音圧レベル差については，日本建築学会にて規定されているグラフを基に評価を行う．

図 8・42 に NC 線図を，図 8・43 に空間音圧レベル差に関する遮音等級を示す．

8・4・5 各種計算式および図表

〔1〕 透過損失

以下に，単体壁などにおける透過損失の計算式などを示す．

1) 単体壁：壁体が1種類の部材で構成されているときの透過損失（遮音性能）

$$TL = 20 \log_{10}(f \cdot m) - 48$$

ここに，TL：単体での透過損失 [dB]
（ただし，$TL < 0.0$ では $TL = 0$ とする）

f：中心周波数 [Hz]

m：面密度 [kg/m²]

2) 複合壁（開口部も含む）：壁体が数種類の異なった部材（例えば，壁と扉など）で構成されているときの平均透過損失（遮音性能）

$$TL_{ave} = \log_{10}[(\sum 10^{(TL_x/10)} \cdot S_x) / (\sum S_x)]$$

ここに，TL_{ave}：平均透過損失 [dB]

表 8・9 建築物，室用途と騒音レベルと適用等級

建築物，室用途		騒音レベル [dB(A)]		
		特級	1級	2級
集合住宅	居室	30	35	40
ホテル	客室	35	40	45
事務所	一般事務所	40	45	50
	会議・応接室	35	40	45
学校	普通教室	35	40	45
病院	病室（個室）	35	40	45
戸建住宅	寝室	30	35	40
コンサートホール，オペラハウス		25	30	35
劇場，多目的ホール		30	35	40
録音スタジオ，ラジオスタジオ		25	30	35
テレビスタジオ		30	35	40

表 8・10 室用途と推奨値（NC）

建物あるいは室の用途	推奨値（NC）
個人住宅	25～30
アパート	30～35
ホテル	
客室，会議室，宴会場	30～35
ホール・廊下・ロビー	35～40
サービス区域	40～45
事務所	
重役室・会議室	25～30
個人事務所	30～35
一般事務所	35～40
コンピュータ室	40～45
病院	
個室・手術室	25～30
一般病棟	30～35
学校	
教室	25～30
オープンプランの教室	35～40
教会	30～35
図書館，法廷	35～40
劇場	20～25
映画館	30～35
コンサートホール	15～20
レコーディングスタジオ	15～20
テレビスタジオ	20～25
レストラン	40～45

表 8・11 室間平均音圧レベル差に関する適用等級

建築物	室用途	部位	適用等級			
			特級	1級	2級	3級
集合住宅	居室	隣戸間界壁	D-55	D-50	D-45	D-40
		隣戸間界床				
ホテル	客室	隣戸間界壁	D-55	D-50	D-45	D-40
		隣戸間界床				
事務所	業務上プライバシーを要求される室	室間仕切り壁	D-50	D-45	D-40	D-35
		テナント間界壁				
学校	普通教室	室間仕切り壁	D-45	D-40	D-35	D-30
病院	病室（個室）	室間仕切り壁	D-50	D-45	D-40	D-35

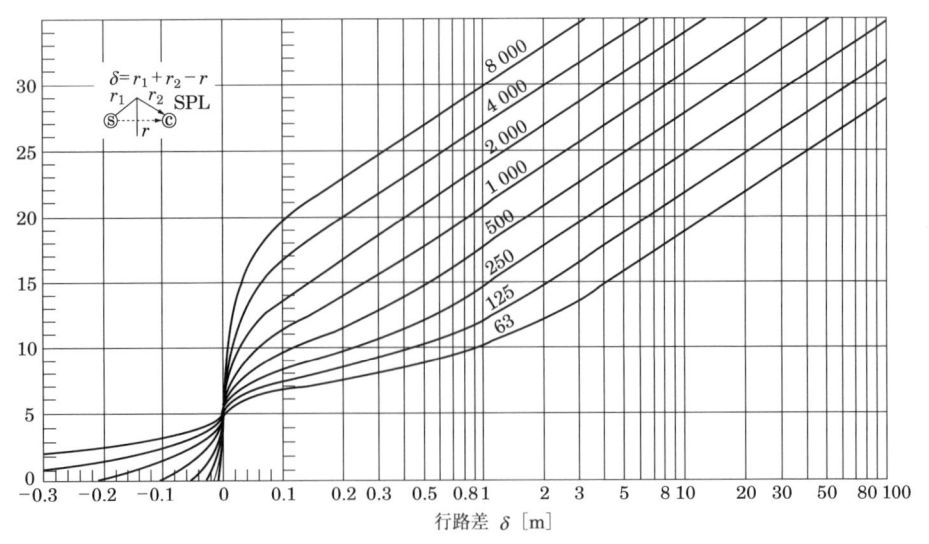

図8・44 点音源に対する塀の回折減衰量*

(ただし，$TL_{ave}<0.0$ では $TL_{ave}=0$ とする)

TL_x：部材別での単体での透過損失 [dB]

(開口部では0とする)

S_x：部材別での面積 [m²]

3) 透過音による室内音圧レベル：
$$L_{RM}=L_S-TL+10\log_{10}\{S_W/(S\cdot\alpha)\}$$

ここに，L_{RM}：受音室での音圧レベル [dB]

L_S：音源室の音圧レベル [dB]

TL：壁体透過損失 [dB]

S：受音室の表面積 [m²]

S_W：壁面面積 [m²]

α：受音室の平均吸音率

〔2〕 屋外距離減衰

以下に，点音源・線音源の屋外距離減衰について示す．

1) 点音源

a) パワーレベル基準
$$\Delta L=20\log_{10}(r_2)-10\log_{10}(Q_2)+11$$

b) 音圧レベル・騒音レベル基準
$$\Delta L=20\log_{10}(r_2/r_1)-10\log_{10}(Q_2/Q_1)$$

ここに，ΔL：距離減衰量 [dB]

r_1：メーカーでの測定距離 [m]

r_2：敷地境界までの直線距離 [m]

Q_1：メーカーでの測定時の指向係数

Q_2：機器・がらり据付け時の指向係数

2) 線音源

a) パワーレベル基準
$$\Delta L=10\log_{10}(r_2)+8$$

b) 音圧レベル・騒音レベル基準
$$\Delta L=10\log_{10}(r_2/r_1)$$

〔3〕 回折減衰

図8・44に点音源に対する塀の回折減衰量を示す．

---

* 日本建築学会編：実務的騒音対策指針(応用編)

第9章　試運転調整・引渡し

9・1　試運転調整

9・1・1　試運転調整と性能検査

「試運転調整」は，施工された空気調和設備などが設計図書に示される所定の機能・性能を発揮できるかどうか，運転や測定により確認し調整するプロセスである．一方，試運転調整後に，設計時点で想定した機能・性能が達成されているかどうかを「性能検査(性能試験・検査)」として検証する場面もある．試運転調整は，運転や測定などを基に調整し機能・性能の達成を確認していくことから，実質的に性能検査を実施しているにほかならない．そこで9・2・1「完成検査」においては試運転調整を，完成時に機能・性能の達成を確認するための〔1〕「性能検査(自主検査)」として扱っている．

9・1・2　性能検査の目的

設備システムの性能検査についての方針，目的は空気調和・衛生工学会編「空気調和・衛生工学便覧」に，おおむね次のように示されている．

また，設計時から完成引渡しまでのプロセスについても図示されている．ここでは空気調和設備の例を**表9・1**に示す．

〈性能検査の目的〉
1)　設計条件に基づいて，各設備システムに要求される性能を施工過程において試験・検査を行うことにより確認し，完成時性能を保証する．
2)　完成時の機能上の初期状態を明らかにし，引渡し後の保守上の指針および性能上の資料として活用できるようにする．

〈前提条件〉
性能検査は，設計段階で性能検査の判定基準を想定し提示されていることが前提であり，システム完成時点で確保すべき性能について，設計でその基準を明確に示す必要がある．したがって，性能検査のための試験・検査についての項目・方法などについては，設計者と協議のうえ決定することが望ましい．

ここにおける「前提条件」は非常に重要な意味をもっている．確認すべき性能およびその判定基準が明らかでないと，試運転調整や性能検査を的確に実施することはできない．この点をあいまいにし，施工者が経験と独自の判断から性能達成の判定を行うなどは厳に避けなければならない．このような対応をした場合，竣工後に性能上のクレームが生じると，設計者と施工者間の責任問題など大きなトラブルに発展する場合が多い．また発注者や使用者側から，施工した者が自ら性能判定したことは第三者性を欠くので信頼性が低い，など施工全般の品質管理・工事監理に対する信頼を失うことにもつながりかねない．したがって，施工者は設計図書に表記された要求性能(温度湿度条件など)については，設計者に対し，

1)　表記された性能は達成可能か
2)　調整による「目標値」なのか，達成を保証する「達成値」であるのか
3)　達成値の場合には，達成値とする幅(例：25℃±2℃ など)，性能確認の方法(実測する場合の時期と測定方法)

表9・1 空気調和設備の試験・検査の流れ*

設計	システムの要求される性能の設定→設計条件設定→システム性能として保証すべき項目の設定		
		空調・換気設備	熱源設備
	考慮すべき条件・性能	①風量　⑩圧力 ②温度　⑪許容圧力 ③湿度　⑫安全性 ④気流分布　⑬騒音・振動 ⑤空気清浄度　⑭建築との調和 ⑥熱　⑮経済性 ⑦許容温度変動　⑯操作性 ⑧許容湿度変動　⑰耐用年度 ⑨応答速度　⑱メンテナビリティ 　　　　　⑲将来対応	①送水量　⑩蓄熱量 ②送水温度　⑪蓄熱効率 ③送水圧力　⑫安全性 ④許容圧力変動　⑬騒音・振動 ⑤蒸気圧力　⑭建築との調和 ⑥配管圧力　⑮経済性 ⑦許容温度変動　⑯操作性 ⑧水質管理　⑰耐用年数 ⑨応答速度　⑱メンテナビリティ 　　　　　⑲将来対応
	性能検査で確認すべき項目	①風量(給気・排気バランス) ②吹出し温度 ③室内温度・湿度 ④室内残風速 ⑤騒音レベル ⑥機器類の性能 ⑦機器・ダクトなど据付け状況 ⑧制御の機能　　　設計条件との対比により評価	①流量 ②圧力 ③騒音・振動 ④機器類の性能 ⑤機器・配管など据付け状況 ⑥制御の機能　　　設計条件との対比により評価

(中略)

		配管・ダクト・付属品	機器・装置	機具
		管・継手・弁・ダクト・ダンパ・チャンバ・消音器 支持金物・固定金物・保温材 防食材料・塗装材料 接合材料・配線材料	冷凍機・冷却器・ボイラ・熱交換器類(気体・液体) 油タンクなど ポンプ類・ファン類 空調機器・フィルタ・放熱器類 制御装置・防音装置・防振装置 加湿装置・制御盤類	吹出し口、吸込み口、排煙口がらり、フード、温度・湿度調節器など
試運転・調整	通水試験機器動作試験	機器運転時、および空調運転時で ●設計条件の達成の検証を行う ①振動 ②騒音 ●当り前の品質の管理 ①空気だまり ②ウォータ・スチームハンマ ③各弁・ダンパ類の操作、機械的円滑性 ④各弁類の完全止水性 ⑤ドレン排水状況 ⑥防露		器具単体の使用状態で ●設計条件の達成の検証を行う (設計条件との照合→条件が満足されている。調整で条件を満足させる) ①風量の確認・調整 ②吹出し方向の確認・調整 ③吹出し温度の確認・調整 ④温度の確認・調整 ⑤応答時間の確認・調整 ⑥器具騒音の確認 ⑦器具振動の確認 ⑧流れの確認・調整 ⑨空気清浄度の調査・確認 ●当り前の品質確認 ①器具の完全止水性 ②器具の機械的円滑性 ③器具からの漏水・漏えい ④近隣への影響 排気の風向・清浄度など
	運転試験		機器運転時、および空調運転状態で ●設計条件の達成の検証を行う ①機器の作(運転・停止・回転数・定格配流・温度・流量・温度設定・制御・異常表示などの表示・風量など) ②熱源・熱交換器、放熱器の温度状態 ③運転騒音 ④運転振動 ●当り前の品質管理 ①電気的絶縁性 ②機器からの漏水 ③回転方向 ④燃料漏れ	

		空調・換気設備	熱源設備
性能検査	システムで確認すべき項目について		
	性能検査で確認すべき項目	同時使用(使用状態)を考慮した ①風量(給気・排気バランス) ②吹出し温度 ③室内温度・湿度　⑥機器類の性能 ④室内残風速　　　⑦制御の機能 ⑤騒音レベル　　　⑧出来栄え	同時使用(使用状態)を考慮した ①流量　　　　④機器類の性能 ②圧力　　　　⑤制御の機能 ③騒音・振動　⑥出来栄え
完成検査		●設計条件の達成の検証を行う 　設計条件との照合 　　→条件が満たされている 　　→調整で条件を満足させる	●建物使用開始時点の初期性能として，運転点を記録する
試運転・調整	システムの適法性の確認	●負荷などをかけることが困難な時期，状況においては，使用開始後の運転データなどを確認する	
竣工・引渡しへ	発注者が行う竣工検査		

など，その内容を工事着手前に確認し明確にしておくことが求められる．また設計者は，設計図書に要求性能を表記する場合には，こうした点に留意して表現することが求められる．このような明確化の下に，試験・検査項目，測定・確認方法などについて設計者と施工者が合意し，事前に試運転調整・性能検査計画書を作成しておくことが大切である．

9・1・3　試運転調整・性能検査の計画

設計者と施工者は9・1・2項に示したように，試運転調整を始める前に，あらかじめシステム完成時点で確保すべき性能およびその性能の判定基準を明確化し，試験・検査項目，測定・確認方法を決め，試運転調整・性能検査計画書を作成する．測定対象，測定方法などはおおむね施工図の作成時点までに決めるようにする．すなわち，風量測定のためにダクトに風量測定口を設ける，管内圧力を測定するため配管に圧力計を設置する，など施工図段階で必要な機材などをあらかじめ計画しておく必要があるためである．

また，試運転調整は，配管，装置，機器，器具などが一つの設備システムとして構成された後，初めて稼働させるものであり，機器への損傷，漏水，第三者への障害などさまざまなトラブルが発生する危険性をもっている．こうしたトラブルを未然に防ぐため，特に次のような点を含め，試運転調整の実施方法を事前に綿密に計画しておく必要がある．

1) 試運転調整組織
2) 試運転調整工程表
3) 手順および安全対策(緊急時を含む)
　a) 配管の水張り，水抜き，フラッシング時の排水経路の確保
　b) 漏水などの不測事態への準備(元バルブの位置の確認，配管閉塞治具の準備など)
4) 試運転調整前のチェックリスト(水張り前，機器始動前，その他事前準備作業)

表9・2，表9・3に試運転調整項目，事前作業などの例を示す．

9・1・4　試運転調整・性能検査の実施

空気調和設備，給排水衛生設備は個別の機器や装置，器具などが配管やダクト，配線などで構成されたシステムである．そこで試運転調整では，まず個別の機器，器具，装置などの単体試運転調整を行い，配管系・ダクト系などのサブシステムとしての試運転調整を行い，最終的にシステム全体の調整を行う手順となる．概略

＊　空気調和・衛生工学会編：空気調和・衛生工学便覧，第13版，第5編，表10・4, p 467, 468(2001年)

表9・2 給排水衛生設備の試運転調整項目例

対象	試運転調整項目	主な作業	事前準備
(1) 機器単体(ポンプ,ボイラなど)	作動試験	作動確認,回転方向確認,異音,異常振動	送電,電圧の確認(絶縁抵抗確認),バルブ開閉確認
	性能試験	水量測定,圧力測定,運転電流測定,機器能力	機器の作動確認
	運転試験	自動運転試験,連動運転試験,安全装置確認	各機器の作動,性能確認
(2) 給水設備	通水試験	閉そく・系統確認,フラッシング	排水経路,配管管末処理の確認,バルブ開閉確認
	給水引込み量	量水器測定,受水タンクの増水量,電極確認	給水引込み,下水接続,受水槽清掃,電極・制御盤確認
	給水圧力	給水圧力の測定	ポンプ試運転(自動発停制御の作動確認,ポンプの心出し)
	給水量	器具での水量調整	配管フラッシング
	水質検査	飲料水水質検査	
(3) 給湯設備	通水試験	閉そく・系統確認,フラッシング	配管管末処理の確認,バルブ開閉確認
	循環水量	水量測定	ポンプ試運転(自動発停制御の作動確認)
	給湯温度	温度測定	機器設定(機器,安全弁および減圧弁動作チェック,過昇温防止確認)
	給湯量	器具での給湯量調整	排水経路,配管フラッシング,ポンプ試運転(自動発停制御の作動確認)
(4) 排水通気設備	満水試験,通水試験	満水テスト,ピンポン玉などによる閉そく・系統確認	排水経路,配管管末処理の確認,こう配確認
	流水試験	同時使用率による流水の観察(封水切れ,あふれ,滞留など),ポンプアップ排水の流水観察	下水接続,機器水量調整ポンプ試運転(自動発停制御の作動確認),排水槽の防水
(5) 消火設備	消防法による試験	各種試験(耐圧試験,警報確認,一斉開放弁調整)	送電,電圧の確認(絶縁抵抗確認),水槽水張り(防水・清掃・補給水確認),放水試験時排水先確認
	連動試験	起動,停止,表示,他設備との連動	各設備の試験調整
(6) ガス設備	気密試験	配管空圧テスト	配管管末処理の確認
	運転試験(燃焼試験)	機器による運転(燃焼)テスト,緊急遮断装置の動作確認,ガス漏れ警報器の動作確認	ガス引込み・ガスメータ取付け,機器の取付け,ガスコック開閉確認,開栓

の流れを図9・1に示す.

〔1〕 機器・器具の試運転調整

　機器や器具,装置は,まず単体で基本的な作動が正常であるか,円滑に作動するかなど(電気的絶縁性,電動機の回転方向,運転-停止,異常振動・騒音など)を確認する.その後,配管やダクト系などと接続し,サブシステムとして自動運転,各種連動運転,安全装置の動作などを運転状態にして確認する.

(a) 試運転準備

試運転準備は,以下のとおりである.
1) 送風系,配管系を含む機械室の清掃
　ダクト,空調機内部の確認・清掃の実施,配管のフラッシング(水張り,水抜きによる管内のブロー),外気コンクリートシャフトや機械室内のじんあい除去・清掃
2) 動力供給源,電気系統:電源容量,電気系統の送電可否,インタロック,結線,試験の終了の確認

表9・3 空気調和設備の試運転調整項目例

対　象	試運転調整項目	主な作業	事前準備
(1) 機器単体 ポンプ，送風機 冷凍機など	作動試験	作動確認，回転試験，異音，異常振動	送電，電圧の確認(絶縁抵抗確認)，バルブ開閉確認，自動制御弁類状態確認，フィルタ取付け状況の確認
	性能試験	水量測定，風量測定，圧力測定，運転電流測定機器能力	機器の作動確認
	運転試験	自動運転試験，連動運転試験，安全装置確認	各機器の作動，性能確認
(2) 空調換気設備	風量測定	ダクト内風速，器具での風量測定	機器の試運転，室内運転環境の整備，制気口調整，ダンパ開度調整
	室内温湿度測定	温湿度の測定	風量測定等，室内運転環境の整備(窓・ドアを閉める)
	室内環境	騒音，CO，CO_2 濃度，浮遊粉じん量，気流測定	
(3) 配管設備	通水試験	閉塞・系統確認，フラッシング	排水経路，配管管末処理の確認，バルブ開閉確認
	循環流量	水量測定，圧力測定	ポンプ試運転(自動発停制御の作動確認)
	ドレン通水テスト	閉塞・系統確認	配管管末処理の確認，こう配確認
(4) 排煙設備	作動試験	作動確認，回転試験，異音，異常振動	送電，電圧の確認(絶縁抵抗確認)，バルブ開閉確認
	性能試験	風量測定，運転電流測定	機器の作動確認
	運転試験	連動運転試験，起動試験，総合運転試験	各機器の作動，性能確認
(5) 自動制御設備	運転試験	自動運転試験，連動運転試験，総合運転試験	各機器の作動(性能検査検出部・操作部の動作確認，制御盤および配線・送電の確認)，性能試験

3) 電動機の回転方向，カップリング部の心出し調整の確認
4) 手元配電盤関係の操作回路，結線の確認後，インタロック，シーケンスチェックの実施(保護装置などについても入念に確認すること)
5) 自動制御系の作動試験と初期調整：制御弁，モータダンパなど各種制御機器単体での動作確認を行う．またサーモやヒューミディなどの調節器の動作を確認するとともに，連動する各制御機器の動作を確認する．各調節器の設定点を調整し，初期値の設定を行う．

(b) 機器単体，サブシステムの試運転調整

機器や装置の性能検査は，搬入据付け前に製品検査(工場立会検査)などでJIS，SHASE-S，機器メーカーの規格などに基づく試験を行って，設計図書に示す条件が満足されることを確認しておく必要がある．

これを前提に，据付け後の機器の性能は，システムの試運転調整後の使用条件が満たされた状態でメーカーにおける試験データを満足していれば，その性能が確認されたとするのが一般的である．すなわち，据付け後に冷凍機に必要とされる冷却水量，冷却水温度，電圧，電力などのインプットが確保された状態で運転し，規定温度範囲内の冷水がアウトプットされれば(据付け後に改めて設計想定どおりの模擬負荷を与えて冷凍能力を検査することなく)設計仕様どおりの機器能力を備えているとする考え方である．

(i) 配管系の流量調整

循環配管の循環水量をポンプまわりの弁により調整した後，個別の機器まわりの弁を調整し

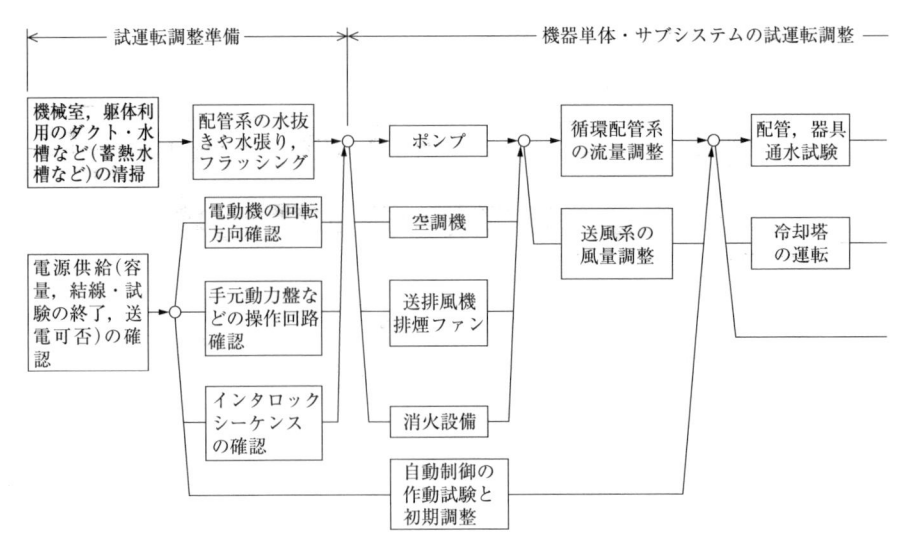

図9・1 試運転調整

て機器への循環水量を調整する．試運転調整期間中は，ストレーナを適宜・点検清掃し，目詰まりしないよう注意する．なお，システムの総合運転に入る時点では水量が空調機，冷凍機などの熱源機器の設計時要求水量に近い値に調整されていることが望ましい．

　(ii)　送風系の風量調整

　送風系はダンパを絞り，数回のほこり出しの後，フィルタの装着を行い連続運転に入る．主ダクトに設けられたダンパ，CAV，VAVなどの風量調整機器を調整し，主ダクトの風量を調整する．次に，分岐ダクトに設けられたダンパ，CAV，VAV，吹出し口シャッタなどの風量調整機器を調整して，分岐ダクトおよび吹出し口の風量調整を行う．中性能・高性能フィルタがある場合，試運転調整時から総合運転時までは仮設フィルタとし静圧分をダンパで調整して運転するとよい．なお，システムの総合運転に入る時点では，風量が空調機や各吹出し口で設計時要求風量に近い値に調整されていることが望ましい．

　(iii)　送風機・ポンプ

　電動機単体の無負荷運転が良好ならば，ベルトによる連動，カップリングによる直結運転を行う．送風機は全負荷にて始動することなく，サクションベーン，ダンパなどで容量を制限し

て運転する．ポンプも出口バルブを閉じて始動する．決して，全開のまま運転に入らないよう注意する．

　(iv)　冷凍機，ボイラ

　冷凍機やボイラなどは，あらかじめメーカーの技術者の立会いにより各種安全装置回路，保安回路の確認・調整，バーナ調整を行う．冷凍機で冷水をつくる遠心冷凍機，吸収冷凍機，チリングユニットなどは，冷水循環量，冷却水循環量，冷却塔の機能などが確認された後に主電動機の運転を開始する．

〔2〕　システムの試運転調整

　すべての機器，サブシステムの個別の試運転調整が終わった時点で，空気調和設備，給排水衛生設備の全体システムとしての調整を行う．システムを構成するすべての機器・サブシステムを設計意図に近い状態に保って運転し，水量や風量，自動制御の機能などを設計の意図と照合し，その適合性を確認していく．調整後に，設計時点で想定した機能・性能が達成されているかどうかを，9・1・2項に示した方針を基に性能検査として確認し，完成時の機能・性能の初期状態として記録する．

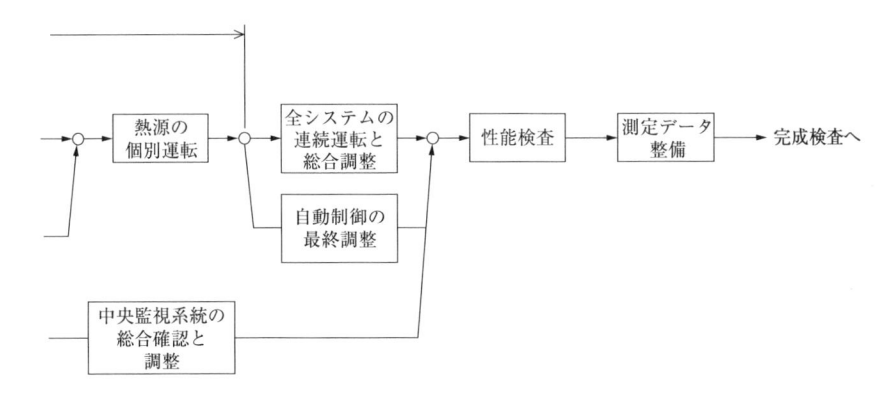

の手順概要

9・2 引渡し

施工中において各種の試験・検査が工事の進捗にそって実施され，最後に完成検査を経て工事が完了し，建物や設備が完成する．完成後に建物や設備は施工者から発注者に引き渡され，運用が開始される．完成検査は，建物や設備を「作る」段階の最終確認として重要である．引渡し後は建物や設備を「使う」段階となるが，引渡しは，この間をつなぐ重要な業務である．

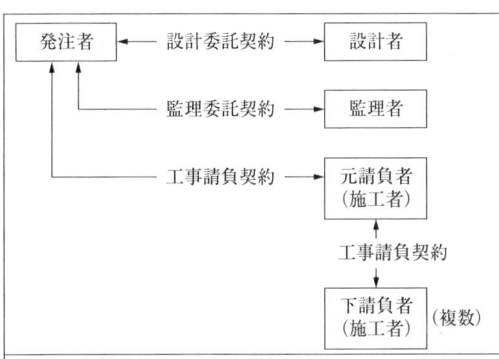

9・2・1 完成検査

第1章で建物や設備の工事契約について説明されているが，理解を深めるため，発注者・設計者・監理者および施工者（請負契約における請負者）の一般的契約関係とその役割を図9・2に示す．請負者が自ら請負範囲の施工を行う場合と，元請負者として複数の業者に施工を依頼（下請負契約）して施工する場合があり，図は後者を示している．以降，本章はこの契約関係を例に解説している．また，完成引渡し段階での主な検査の種類を表9・4に示す．

〔1〕 性能検査（自主検査）

施工者が元請負者として複数の業者に施工を依頼（下請負契約）した場合には，それらの各業者が施工した設備システムについて，自ら設計図書に示される所定の機能・性能を発揮できるかどうかを確認する検査である．一般に，試運転調整を兼ねる．

〔2〕 性能検査

施工者が元請負者として請負った設備全体の範囲（複数の業者に施工を依頼（下請負契約）した場合には，前〔1〕項による各業者の性能検査

図9・2 一般の工事契約における発注者・設計者・管理者および請負者の役割*

---

* 空気調和・衛生工学会編：空気調和・衛生工学便覧，第13版，第5編，p.463(2001年)

表9・4 完成・引渡し段階での主な検査*

時期	検査		検査者	受検者	備考
完成時	A	性能検査（自主検査）	請負者（下請負者）	—	・個別部位，システムで確認（試運転調整による） ・全体システムで確認
	B	性能検査	請負者（元請負者）	下請負者 機器製造者など	
	C	完成検査（自主検査）	請負者（元請負者）	—	・設計機能・性能の確認
	D	完成検査	監理者	請負者（元請負者）	
	E	完成検査	諸官庁	発注者（代行監理者）	・適法性，安全性の確認
	F	竣工検査	発注者	監理者 請負者（元請負者）	

（自主検査）完了後）について，設計図書に要求された機能・性能を総合的に発揮するかどうかを確認する検査である．

〔3〕 完成検査（自主検査）

施工者（元請負者，以降の文中において同じ）が監理者による完成検査を受検する前に行う自主検査である．施工仕様が設計変更などにより，最終的に確定した設計仕様に適合しているかどうかを，設計図書，標準仕様書，納入仕様書，承諾された施工要領書などと照合し，適合性を確認する．設備の機能・性能は〔2〕項による性能検査をもって，施工者による完成検査とする場合が多い．

〔4〕 完 成 検 査

監理者が施主による竣工検査を受検する前に施工者に対して行う完成検査である．監理者は，最終確定となった設計仕様と施工仕様が適合しているかどうかを，設計図書，標準仕様書，納入仕様書，承諾した施工要領書などと照合し，適合性を確認する．設備の機能・性能についても，設計図書に示される要求性能が達成されているかどうかの確認を行う．一般には，前〔2〕項による性能検査に監理者が立ち合って確認することをもって監理者の完成検査とする場合が多い．そのほか適法性に問題はないか，契約工期内に完成しているかどうか，出来栄えなども検査対象となる．

〔5〕 完成検査（諸官庁）

空気調和設備，給排水衛生設備においては，設置した機器，装置，設備システムに対し，これらを監督，所管する諸官庁や公益事業者などが完成を確認するために検査を実施するものがある．施工者は，検査の必要な機器，装置，設備システムについて事前に検査申請をし，所定の期限内に検査を受けなければならない．

〔6〕 竣 工 検 査

発注者あるいはその代理人による最終の引渡し検査である．すなわち，発注者による受取り検査である．工事完了の支払いを認定するため，施工された工事が工事契約書，設計図書どおりに施工されているか，設計図書に示される要求性能を達成できる機能・性能を有しているか，適法性に問題はないか，契約工期内に完成しているかどうかなどが検査される．また，一般的に使い勝手や出来栄えなども検査の対象となる．

したがって，空気調和設備，給排水衛生設備を構成する機器や配管などの目視検査，機器などの据付けや取付け状況の検査，さらには設備全体の運転試験を実施する場合もある．事前に検査に対する発注者の意向を確認し，能率良く検査できるよう十分に検査計画を検討することが必要である．

---

* 空気調和・衛生工学会編：空気調和・衛生工学便覧，第13版，第5編，表10・2，p.463（2001年）

表9・5 工事請負契約上引渡し書類*

	書類名称	記載内容の留意点	授受関係	
			引渡者	受領者
1	竣工引渡書類等引渡書		請負者	発注者
2	竣工引渡書類等引渡書受領書		発注者	請負者
3	竣工引渡書類等目録		請求者	発注者
4	竣工届		請負者	発注者
5	竣工引渡書		請負者	発注者
6	竣工引渡書受領書		発注者	請負者
7	登記関係証明書類	①工事完了引渡証明書	請負者	発注者
		②登記事項に変更および「ある事項」の記載がないことの証明	請負者	発注者
		③印鑑証明書	請負者	発注者
		④建築確認申請書類(副本),検査済証	設計者	発注者
8	工事監理報告書		監理者	発注者
9	鍵引渡書		請負者	発注者
10	鍵引渡書受領書		発注者	請負者
11	建築確認申請書類		設計者	発注者
12	覚書および同付属書類	竣工時点で未完成あるいは手直しが必要な工事項目およびその完成予定日など記録を残すべきもの	請負者	発注者

9・2・2 引渡し

完成・引渡し段階で施工者および設計者は,発注者側(建物や設備の所有者,運転管理者,利用者など)にその設計意図を明確に伝え,設備機器を含めた設備システムの取扱い方法や操作方法の説明を実施する.そのほか工事のかし(瑕疵)期間や機器の保証内容・期間の確認など,運転管理や維持保全を適切に行うための情報を,次に示す引渡し書類にまとめ確実に引き継ぐ必要がある.

〔1〕 引渡し書類

引渡し書類は工事の内容や物件により異なるが,一般に工事請負契約上のもの,運転管理や維持保全上に必要となるものに大別される.発注者側においては,こうした書類を受け取る部門と,運転管理や維持保全を行う部門が別である場合が多いので,工事契約上の書類と維持管理上に必要な書類は分離しやすい形にまとめ引渡しを行うように準備するとよい.

これらの書類について,記載内容のポイントと授受関係を示したものを**表9・5**,**表9・6**に示す.また,主な引渡し書類とその留意点を次に示す.

(a) 各種保証書類

保証書類は設備機器単体についてのものと,防水工事など施工についてのものがある.いずれも機器メーカーや工事を施工した施工業者などがある期間の保証を約束し保証書を発行する.

設備機器は通常,機器メーカーから出荷された時点が保証書の始期となる.しかし分譲集合住宅などの設備は,設備機器を据付けしてから使用開始されるまでに1年以上も時間が空いてしまう場合がある.このような場合は,事前に販売代理店に対し,保証の始期を分譲後の使用開始時点とする特約を結ぶなどの対策が必要となる.

(b) 完成図(竣工図)

完成図(竣工図)は,通常,契約時の原設計図に対し設計変更事項について修正を加えて完成図とする場合が多い.契約後の変更事項が網羅されていること,またその内容(設計仕様)が施工した内容(施工仕様)と合致していることが不可欠である.配管サイズやルート,機器設置場所,機器仕様など実際の施工状況と整合しておく必要がある.また,予備スリーブや予備配管

---

* 空気調和・衛生工学会編:空気調和・衛生工学便覧,第13版,第5編,表11・1,p.472(2001年)

表 9・6 維持保全上必要な引渡し書類*

	書類名称	記載内容の留意点	授受関係	
			引渡者	受領者
1	官公署届出関係書類一覧表	名称・出願日・受付日・検査日・許認可番号を記載する.	請負者	発注者
2	官公署届出関係書類	副本・検査済証	請負者	発注者
3	緊急連絡先一覧表	所轄官公署（消防署など），公益事業者（電力・電話・上下水・ガスなど）および工事の総合請負者（緊急対応窓口など）について，連絡先（所在地・電話番号など）を記載する	請負者	発注者
4	工事関係者一覧表	工事の総合請負者，電気・衛生・空調の専門工事業者など，当該工事の関係者について，連絡先（所在地・担当者・電話番号など）を記載する	請負者	発注者
5	主要機器・資材一覧表	メーカー・代理店・担当者・電話番号などを記載する	請負者	発注者
6	備品予備品一覧表	備品・予備品（各種工具・電球・スペアパーツなど）の種類，数量を記載する	請負者	発注者
7	各種保証書類	① 施工の保証書：防水工事など 　　機材の保証書：設備機器など ② 保証書リストを作成して添付する	請負者	発注者
8	完成図（竣工図）	① 図面リスト・特記仕様書・系統図・各種平面図・各種詳細図・各種機器配置図など ② 室名や機器名称，各種番号をはじめ，配管サイズや機器設備場所など，実際と食い違わないように図面を整合する	設計者	発注者
9	電力・水道・ガスなどのメータの立会い記録	検針日・検針値・立会い者を記載する	請負者	発注者
10	各種施工図	① 竣工図の補足として必要な部分について引渡す ② 図面リストを作成して添付する	請負者	発注者
11	機器完成図	① 機器完成図リストを作成して添付する ② 機器番号・名称などは竣工図の記載に合わせる	請負者	発注者
12	試験成績書	個々の機器単体と設備システムとしての性能試験成績表を整備して引き渡す 　　個々の機器：メーカー試験成績書 　　設備システムの性能検査成績書	請負者	発注者
13	取扱い説明書	個々の機器単体の取扱い説明書のほか，設備システムとしての取扱い説明書を作成して引き渡す必要がある 　　個々の機器：メーカーの機器取扱い説明書 　　設備システム：システム概要・操作方法維持保全・緊急措置などについて記載する	請負者	発注者
14	施工写真	工事により隠ぺいされた部分の施工状況など，維持保全上特に注意が必要な部分について，写真により説明する．工事監理報告書に含まれるものと別途に扱う	請負者	発注者
15	維持保全についての指導書	日常的維持管理・定期的維持管理（定期点検・法定点検など）の内容や資格者の必要性など，当該建物に必要と思われるものについて記載する	請負者	発注者
16	設計意図伝達書	竣工後の建物運用について，建物の性能を有効に発揮するうえに，維持保全側に特に伝達すべき設計意図について記載する	設計者	発注者

などがある場合は，その位置や用途を明記しておく必要がある．部屋名称や機器名称・機器番号等も実際のものと同じにしておくよう配慮する．

完成図と実際の施工に不整合部分があり，竣工後にその部分の検証が必要となった場合，設計責任あるいは施工責任を問われる大きなトラブルとなる場合があるので厳に注意が必要である．温排水を行わない条件で，排水管の材質をステンレス鋼管から硬質塩化ビニル管に設計変更し施工したが，完成図（竣工図）はステンレス鋼管のまま表示されていた．温排水により塩化ビニル管が破損し漏水したが，設計変更指示書なども残っておらず，結果として施工責任を問われた，などの例が多くある．

（c） 機器完成図

前述の完成図（竣工図）と同様に，契約後の変

---

* 空気調和・衛生工学会編：空気調和・衛生工学便覧，第13版（2001），第5編，表11・2，p.473

更事項が網羅されていること，またその内容（発注仕様）が納入し設置した機器の仕様と合致していることが不可欠である．機器番号や機器名称は完成図（竣工図）の記載に整合させておくよう配慮する．機器完成図と設置された機器の仕様に不整合部分があると，(b)の完成図（竣工図）と同様のトラブルを生じかねないので厳に注意が必要である．

　　(d)　試験成績書

　試験成績書は，設備機器単体および設備システムについて確認した結果を記録し，引き渡す．これは，設備システムの使用開始時における初期性能を明らかにしたものとして，以降の運転の目安となり，また経年による機能・性能の劣化度の把握など維持保全上の参考となる．

　設備機器で製品検査（工場立会検査）時に機能・性能試験の確認を行ったものは，その結果の試験成績書を引き渡す．設備機器単体の試験成績書は，(c)の機器完成図に添付されて引き渡される場合もある．

　　(e)　取扱い説明書など

　取扱い説明書は，機器単体の取扱い説明書（機器メーカーによる）のほか，施工者が設備システムとしての取扱い説明書を作成し引き渡す必要がある．設備システムの取扱い説明書には次のような内容をわかりやすく表現する．

　1)　設備概要：系統図，操作を要する主要機材などの配置図，主要機材の名称・仕様など
　2)　操作方法：運転・停止の手順，手動・自動の切替えなど
　3)　維持保全：点検（法定，定期を含む）・保守項目，頻度
　4)　故障対策：予想される故障・事故時の点検項目と応急措置

　なお取扱い説明のほかに，施工者の説明責任の一貫として，機器メーカーが製品に添付している「PLに関連の警告・注意勧告」なども発注者側（建物所有者，運転管理者，利用者など）に確実に引き渡す必要がある．

　　(f)　設計意図伝達書

　設計者が発注者の意向に沿った設計を行い，施工者が設計品質を達成する施工を行って建物や設備を完成させたとしても，その設計意図や種々の制約条件，将来対応，機器材料などの耐久条件などが，利用・運用する側に正しく伝達され理解されていないと，建物や設備の機能・性能は有効に発揮されない．

　すなわち，設計上の仕様（設計条件から設備に用いる各種部材の仕様など）ならびにこれらの根拠（どのような理由に基づき選択されているか）を，各設備システムについて示し伝達することが求められる．いくつかの例を示すと，

　1)　空調設備のテナント負荷対応としてOA機器などの発熱はどのくらいまで対応できるか
　2)　将来対応機器増設スペースとしてどこにどれくらいの広さが確保されているか
　3)　テナントの間仕切り対応にかかわる設備的制限は何か

などがあげられる．建物を運用する側で判断しやすいように，こうした内容をなるべく定量的に表現することが大切である．

　設計意図の伝達書は設計者が作成し，発注者側に引き渡すものである．一般に定まった様式はないが，建築・設備維持保全推進協会などの出版物で書式ならびに内容解説しているものがあるので参考にするとよい．

　〔2〕　運転管理部門への引継ぎ

　建物や設備の引渡しにおいては，前述のような引渡し書類，かぎ，備品などを引き渡すほか，実際に運転管理や維持保全を担う担当部門・担当者に対して，設備機器や設備システムの操作方法や取扱い説明を行い，運転開始に向け「作る」段階から「使う」段階へ実質的な引継ぎを行う．

　施工者は発注者側の運転管理者などに対し，取扱い説明書，完成図，施工図，機器完成図などに基づいて，実際に機器や装置・設備システムを実地で説明し指導を行うのが一般的である．短時間の説明・指導では十分な理解が得ら

れないことが多い．確実な引継ぎを行うためには，十分な時間を確保するほか，施工者は次のような点に十分配慮して引継ぎを計画する．

1) 取扱い説明書，維持保全についての指導書，機器完成図など機器や設備システムの運転や維持保全に必要な引渡し書類は，次の2)を円滑に行うためにも完成間際に作成するのでなく，なるべく早期に作成して発注者側の運転管理担当者に引き渡す．
2) 大規模な設備や複雑な制御を伴う設備システムにおいては，機器単体の操作のほか，システム全体およびその制御について設計意図に基づく理解が不可欠であり，運転管理者に設計内容をよく把握してもらったうえ，なるべく早期に設計意図に基づいて設備システムや制御系の操作や取扱い説明を実施する．
3) 試運転調整時期に，発注者側の運転管理者が配置され施工者とともに確認・調整業務を経験できることが望ましい．発注者が運転管理を専門業者に委託する場合には，施工者は発注者に，なるべく早期に(少なくとも完成引渡し前までに)運転管理の担当者を決定し配置するよう要請する．

第10章 リニューアル

10・1 リニューアル工事の概要

10・1・1 リニューアルの要因

〔1〕 リニューアル工事の必要性

新築された建物は，見方によればその使用が開始された直後から，劣化しているといっても過言ではない．

しかし，「持続可能な開発」が地球サミット（環境と開発に関する国連会議 1992年 リオデジャネイロ）の基本理念である．環境や資源を損なうことなく，持続的な開発を行っていくことが必要である．そのため，従来型の解体し建設する，いわゆるスクラップアンドビルドから現在ある建築ストックを，リニューアルすることにより，より付加価値の高い良好な建築ストックに変えていくことが，われわれ技術者の責務といえる．

建物が劣化していく要因として，物理的劣化と社会的劣化がある．

劣化の概念図を図10・1に示す．

〔2〕 物理的劣化

物理的劣化が顕在化するのは，次のような場合である．

1) 設備の安全性を確保できなくなった場合
2) 漏水など性能劣化により維持管理費，修繕費が増大した場合
3) 頻繁に故障が発生するようになった場合
4) 交換用の部品が入手困難となった場合
5) 大規模な修理・修繕が必要になった場合
6) 設備機器などの性能劣化によりエネルギー費用が増大し，経済性が悪くなった場合

設備システムに使用される機器や材料のほとんどには，耐用年数があり使用年限が定められている．また，設備システムには，多くのモータやギヤといった駆動部があるのが普通である．これらが，経年劣化や摩耗による劣化を起こすことを，物理的劣化という．

物理的劣化は，設備システムの一部を機能停止に追い込むだけでなく，場合によっては「漏水」，「停電」，「火災」などを引き起こし，その影響が建物全体に及び，建物の使用者に多大な被害をもたらす場合もある．

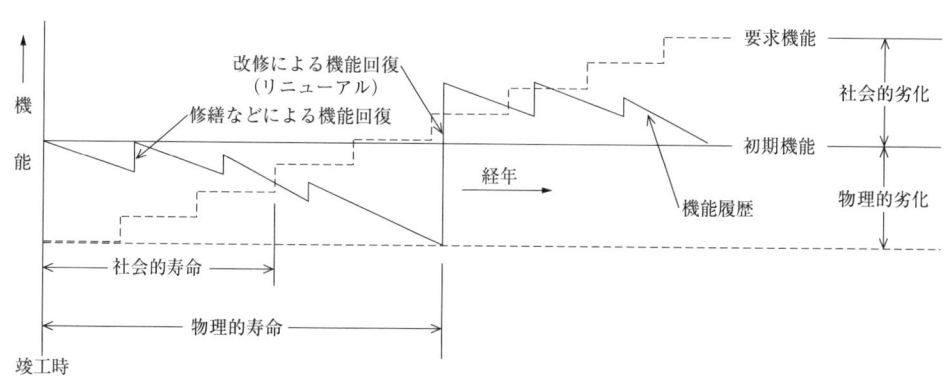

図10・1 劣化の概念図*

---

* 空気調和・衛生工学会編：空気調和・衛生工学便覧，第13版，第5編，p.591（2001年）

〔3〕 物理的劣化による事故例

物理的劣化による事故例を以下に示す．

1) 冷凍機の電源に使用されていたマグネットスイッチが，経年劣化により固着し，火災となる．
2) 温水系のゴム製フレキシブルジョイントが，経年劣化により破裂，漏水が発生し，建物の一部が使用不能となる．
3) FRP製パネル水槽におけるパネルジョイント部のパッキン劣化により漏水．

〔4〕 社会的劣化

社会的劣化が顕在化するのは，次のような場合である．

1) 法的な不適合が発生した場合
2) 新しいシステムと比べ，現在のシステムが陳腐化した場合
3) 耐震や環境保全などの社会的変化に，対応する必要がある場合
4) IT化，OA化，バリアフリーなど建物への機能要求が変化した場合
5) 建物の付加価値を高める必要が，発生した場合

建物に要求される機能は，年々高度化している．オフィスのOA化に伴う居室内の電気容量の増加と，OA機器による空調負荷の増加に伴う空調能力の増強，IT化に伴うコンピュータサーバ設置による，消火設備の変更（水→ガス・粉末系），空調設備のバックアップシステムの設置など，建物の使用者のニーズや，全世界的なCO_2削減の要求や省エネルギーに対する要求，また，新耐震指針の施行に伴う耐震性能強化など法規的不適合など，さまざまな社会的要求の変化により劣化が発生する．

〔5〕 ライフサイクルコスト

建築物にかかる費用の算出方法として，LCC（Life Cycle Cost：ライフサイクルコスト）という考え方が定着している．

これは，建築物の生涯にかかわるすべてのコストのことであり，次のようなものがあげられる．

1) 計画，企画，設計費用
2) 建設費用
3) 維持管理，運営費用
4) 解体，廃棄処分費用

一般的に，初期にかかる建設費用はLCCの約1/4程度といわれ，その3/4は，維持管理，運営にかかわる費用といわれ，この中にリニューアル費用も含まれる．

つまり，リニューアル工事は，建築物を運営していくために必要な行為であり，工事後のLCCについても十分に検討され，実施されなければならない．

また近年，LCC CO_2という考え方が提唱されており，二酸化炭素の排出量から見た建築物の評価のことで，世界的な地球温暖化問題との関連から，近年重要視されてきている．

〔6〕 省エネルギー

機器や配管の物理的劣化や，技術の進歩による省エネルギー機器，材料，システムの登場により，リニューアル工事を行うことにより，省エネルギーを実現できる場合が増えており，その一つにBEMS（ベムス）がある．

BEMSとは，ビル・エネルギー・マネジメント・システムの略であり，建物の設備や環境，エネルギーを管理するシステムであり，省エネルギーを実現するためには，なくてはならないシステムである．

次のようなシステムで構成されている．

1) 設備機器の監視制御システム
2) 設備管理システム
3) エネルギー管理システム
4) 課金，運営管理システム

10・1・2 リニューアル計画

リニューアル工事のフローを図10・2に示す．

〔1〕 診断・リニューアル工事の要求の発生

診断を開始するきっかけは，建物所有者からの要望によるものと，LCCやLCC CO_2を考慮し，われわれ技術者のほうから，建物所有者に対し，積極的にアプローチする場合がある．

〔2〕 予備調査

建物所有者や，維持保全を行っている管理者

10・1 リニューアル工事の概要 **265**

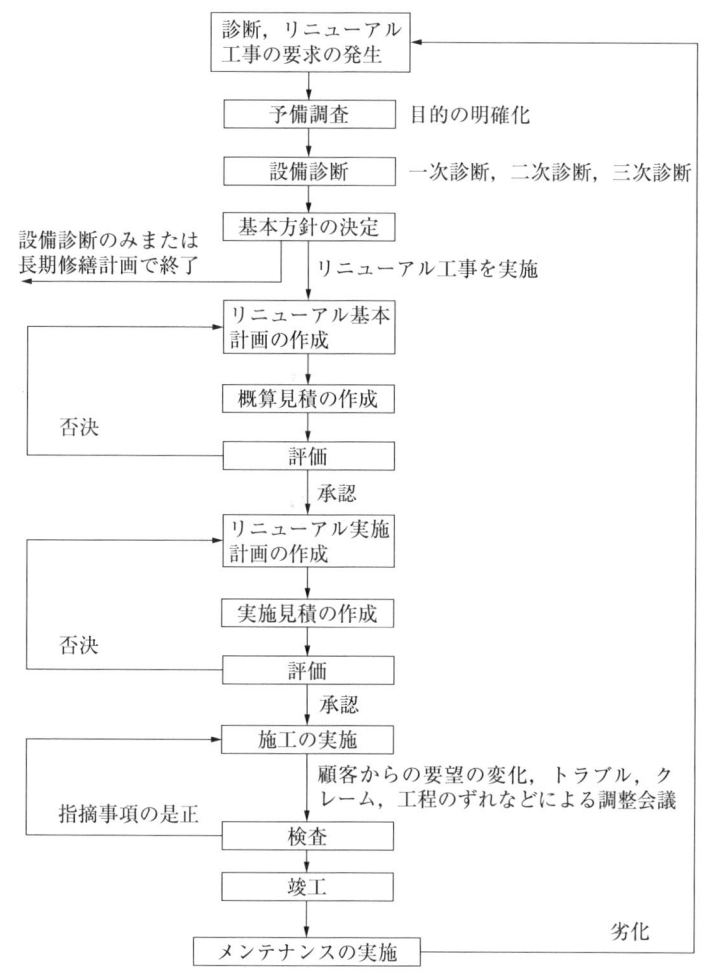

```
診断，リニューアル
工事の要求の発生
    ↓
  予備調査  ── 目的の明確化
    ↓
  設備診断  ── 一次診断，二次診断，三次診断
    ↓
 基本方針の決定
    ↓ (リニューアル工事を実施)
設備診断のみまたは
長期修繕計画で終了
    ↓
リニューアル基本
計画の作成  ← 否決
    ↓
 概算見積の作成
    ↓
   評価
    ↓ 承認
リニューアル実施
計画の作成  ← 否決
    ↓
 実施見積の作成
    ↓
   評価
    ↓ 承認
 施工の実施  ← 指摘事項の是正
    ↓ 顧客からの要望の変化，トラブル，ク
      レーム，工程のずれなどによる調整会議
   検査
    ↓
   竣工
    ↓
メンテナンスの実施 ── 劣化 →（戻る）
```

図10・2 リニューアル工事のフロー

へのヒアリングや，アンケートを実施し要望を具体化させる．また竣工図を確認することにより，設備システムや使用機器材料を確認する．

予備調査により，診断，リニューアル工事の目的を明確にし，むだやニーズの食違いを防ぐ．

われわれ技術者は，顧客の要望を確認したうえで，専門業者として的確な提案を行うことが大切である．

〔3〕 **リニューアル基本計画の作成**

基本的な，工事計画を行う．

(a) **工事期間の制限の確認**

時間的な制限は，工事費用に大きな影響を与えるので，早い段階で明確にする必要がある．通常，居室の工事は休日夜間などの使用者がいない時間帯に工事を行うのが普通であるが，空き室になっていて日中通常の時間帯も，工事が可能な場合もある．

(b) **工事範囲の確認**

機器だけをリニューアルするのか，周辺の配管や配線，あるいは設備システム全体をリニューアルするのか，顧客の要望を確認しながら決定していく．

(c) **既存設備の使用許可範囲の確認**

エレベータ，マシンハッチ，新規に設置する機器の設置場所の使用許可から，既存洗面所や便所，材料置場など工事に必要な既存設備の使用許可範囲を確認する．

〔4〕 **概算見積の作成**

概算見積を，作成する際に注意することは，

工事区分を明確にすることである．

通常のリニューアル工事の場合，工事の内容は，空調衛生設備工事のみにとどまらず，かならず電気設備工事，建築工事が関連する．

この部分の工事金額を忘れないようにしないと，顧客は全体金額をつかむことができず，工事中止や思わぬクレームの発生につながりかねない．

1) 忘れやすい建築工事
 a) 天井点検口取付工事
 b) 構造的補強工事
 c) 穴あけ補修工事
 d) 天井解体復旧工事
 e) 各種建築的塗装工事
 f) マシンハッチ開口復旧工事
 g) 建築物の撤去工事
2) 忘れやすい電気工事
 a) 設備用電源工事
 b) 設備工事に伴う電気設備撤去工事
 c) 同上復旧工事
 d) 警報移報工事
 e) 中央監視改造工事
 f) 遠方発停用通信工事

工事区分などがあいまいな場合には，安易に別途工事とするのではなく，概算見積に取り込んでおくほうがトラブルを防げる．

〔5〕 リニューアル実施計画の作成

工事計画や，仮設計画を立案する．

(a) 養 生 計 画

養生範囲，養生方法について計画する．

(b) 足 場 計 画

足場が必要な場所を明確にし，建物の使用に与える影響を明確にする．

(c) 工事動線計画

工事用の動線を計画し，建物使用者や第三者への影響を明確にする．場合によっては仮囲いの設置などにより，第三者との工事動線を，明確に分離する必要もある．

(d) 仮設事務所，作業員詰所の計画

空き部屋を借用する場合や，機械室の一部を借用する場合もあるが，工事の規模，作業人数によって，敷地内あるいは敷地外に，仮設事務所や作業員詰所を設置するよう計画する．

(e) 工事用給排水，電力の供給計画

給水や電力の引込みは，同一敷地内1箇所の引込みが原則であり，既存の設備から分岐して使用する場合がほとんどである．

しかし，その分岐する位置は，よく考慮して決定しないと既存設備に思わぬ影響を与え，クレームが発生する場合もある．

(f) 工事工程表

空調設備のリニューアルの場合は，冷暖房の休止可能期間，衛生設備であれば，断水の可能時間，排水の禁止可能時間等特殊な要素とともに，作業可能時間から算出した作業期間を工程表に織り込み，全体としての必要日数を決定する．

(g) 搬入，搬出計画

搬入する機器材料の大きさを把握し，搬入経路のスペースから，分割搬入を考慮に入れながら，搬入計画を決定するとともに，搬出についても，解体したときの大きさや量を把握し，搬出計画を立てる．

おおむね解体するとその物量は，設置されていたときの3〜4倍程度に膨れ上がる．

(h) 工事手順の明確化

設備システムの機能停止期間や機能停止範囲がなるべく建物の使用に影響を与えないように，工事手順を決定する．

(i) 建物に与える影響の明確化

使用中の建物でリニューアル工事を行う場合，建物に与える影響が皆無であることはありえない．その影響を明確にしておかないとクレームや苦情が発生する．

(j) 建物使用者に与える影響の明確化

建物使用者にも，当然なんらかの影響を与えるので，よくその内容を周知するとともに，工事場所への立入禁止措置を講ずる．

(k) 工事における要望事項の明確化

使用しながらのリニューアル工事は，前述したようになんらかの影響を建物および建物使用者に与えるが，工事時間帯の制限が増えるほど

工事費の増大につながるので，時間帯や工事による影響について理解を求め，効率的にリニューアルを行うよう心がける．

〔6〕 実施見積の作成

実施見積書を作成する．

〔7〕 施工の実施

リニューアル実施計画に基づいて，工事を進めていく．しかしながら，新築工事と異なり，建物使用者や建物管理者が入居したままの工事が多いため，計画時には予期しなかったような，客先からの要望の変化，トラブル，クレームが，発生する場合が多い．

このような場合は，安全第一，顧客重視の見地から問題解決にあたり，計画の見直しを行う．

また，施工者側からも予期せぬ工事上の問題が発生する場合があるので，顧客と調整会議をもち，これらを適時修正しながら計画の見直しを行う．

〔8〕 検　　査

リニューアル工事の場合，工事の部分完了と，建物使用者の使用が，交互に発生しながら進んでいく．したがって，工事が部分的に終了し，使用が開始される前に，部分的な検査を顧客に依頼し，使用に問題がないかどうか確認してもらう．

これを行わないと，使用後の傷や不具合が，最初からのものか，使用後に発生したものか区別できなくなり，トラブルの原因となる．

〔9〕 竣　　工

工事が完了し，試運転，手直しなどが終了した時点で，工事業者自身の竣工検査の後，顧客の検査を受け，指摘事項を手直しし，工事の竣工となる．

〔10〕 メンテナンスの実施

計画段階で，メンテナンスにかかわる費用についても打合せしておくことも必要である．

メンテナンス費用は，LCCの大きな要素であることは前に述べたが，メンテナンスしやすい設備を提供することも忘れてはならない．

10・2　リニューアル前診断

リニューアル工事の計画をする前に，設備診断を行う必要がある．診断の内容は，リニューアル工事の目的により異なるが，現在の設備システムの劣化状況を十分把握していないと，リニューアル工事を行わなかった部分の不具合による事故の発生など，思わぬトラブルに発展しかねない．

設備診断のフローを図10・3に示す．

10・2・1　劣化診断

劣化診断は，一次診断，二次診断，三次診断に分類できるが，これらは，一次診断を終わらせてから二次診断，三次診断と進めていくのではなく，必要により一次診断，二次診断，三次診断を組み合わせて，より顧客の要求に合った的確な診断結果を導き出すべきものである．

機器の耐用年数表を表10・1に示す．

〔1〕 一次診断

一次診断は，次のような内容で，ヒアリングや目視調査を主体とする．

① アンケート調査
② ヒアリング調査
③ 目視調査
④ 維持管理記録調査

建物所有者や建物維持管理者にヒアリングを行う．ヒアリングに先立って，アンケートに回答をもらっておくと，ヒアリングの時間を短縮することができる．

建物使用者にヒアリングする場合は，リニューアル工事への過度な期待や，工事が始まった場合の制約への不安などを使用者に与えないようにしないと，工事着工時にトラブルとなることがある．

建物の全般について目視調査を行うが，音や臭いにも気を配る必要がある．特に異音の発見は，思わぬ故障の前兆を知るきっかけとなる．

維持管理記録調査においては，その記録内容は，その建物を運営し何年もかかって収集蓄積

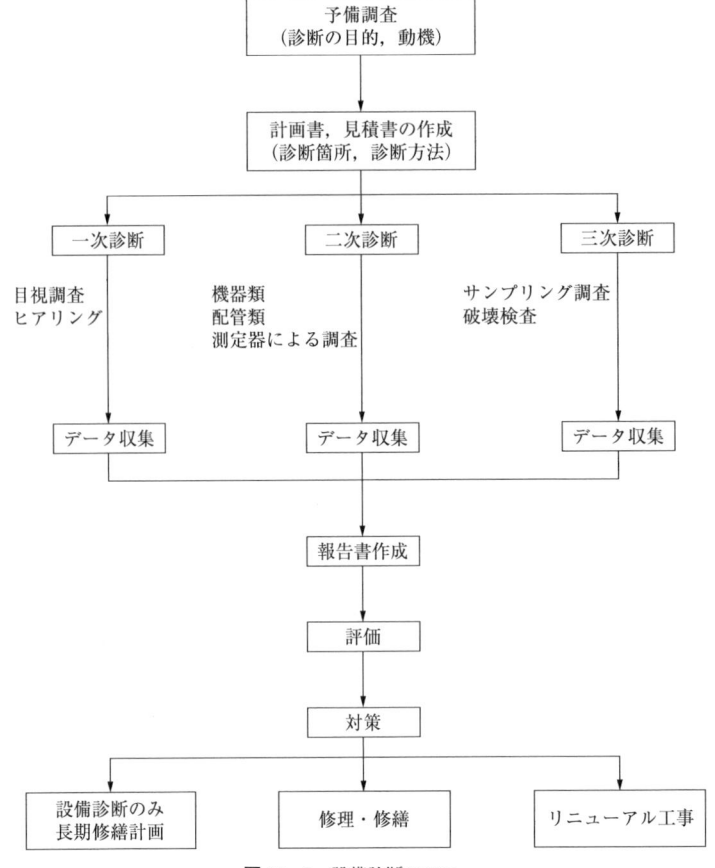

```
          ┌─────────────────┐
          │    予備調査      │
          │(診断の目的，動機)│
          └────────┬────────┘
                   │
          ┌────────┴────────┐
          │ 計画書，見積書の作成 │
          │(診断箇所，診断方法) │
          └────────┬────────┘
         ┌─────────┼─────────┐
    ┌────┴───┐ ┌──┴───┐ ┌───┴────┐
    │ 一次診断 │ │二次診断│ │ 三次診断 │
    └────┬───┘ └──┬───┘ └───┬────┘
   目視調査      機器類        サンプリング調査
   ヒアリング    配管類        破壊検査
                測定器による調査
         │         │          │
    ┌────┴───┐ ┌──┴───┐ ┌───┴────┐
    │データ収集│ │データ収集│ │データ収集│
    └────┬───┘ └──┬───┘ └───┬────┘
         └─────────┼─────────┘
                   │
             ┌─────┴─────┐
             │  報告書作成 │
             └─────┬─────┘
             ┌─────┴─────┐
             │    評価    │
             └─────┬─────┘
             ┌─────┴─────┐
             │    対策    │
             └─────┬─────┘
      ┌────────────┼────────────┐
 ┌────┴─────┐ ┌───┴────┐ ┌─────┴─────┐
 │設備診断のみ│ │修理・修繕│ │リニューアル工事│
 │長期修繕計画│ │        │ │           │
 └──────────┘ └────────┘ └───────────┘
```

図10・3　設備診断のフロー

したデータであるから，取扱いや漏えいには十分注意しなければならない．また，エネルギー消費量や，入居率といったデータは，極秘データとして公開しない顧客もあるので注意が必要である．

〔2〕 二次診断

二次診断は，次のような内容で，測定を実施しデータを収集する．

1) 騒音測定
2) 振動測定
3) 温湿度測定
4) 二酸化炭素測定
5) 風量測定
6) 水質検査
7) 超音波肉厚測定
8) 流速流量測定
9) 内視鏡調査
10) こう配測定

〔3〕 三次診断

三次診断は，次のような内容で，サンプリングや建物外での分析などより詳細に行う．

1) サンプリング検査
2) その他破壊検査
3) メーカーによる部品持帰り検査

使用中の建物であるから，全数を検査することは当然不可能である．したがって，配管や機器の一部を取り替えることにより，建物外にサンプルを持ち出すわけであるが，一次診断，二次診断の結果から，腐食や劣化の情報が得られやすい部位を選定する必要がある．

特に，配管のサンプリングを行う場合は，継手部分の腐食事例が多いことから，直管部分を採取するのではなく，かならず継手部分を含んだ部位を選ぶようにする．

表10・1 機器の耐用年数比較表(建築保全センター, 昭61)*

	① 法定耐用年数	② 日本病院設備協会	③ 建設業協会指定使用年数(標準偏差)	④ 久保井の調査(予防保全/事後保全)	⑤ ASHRAE Handbook 1980 (median)
水管ボイラ				18/10	20(30)
煙管ボイラ	15	15	18.9(6.2)	15/7	25(25)
鋳鉄ボイラ	15	15	21.1(5.6)	20/15	35(30)
電気ボイラ		10			15
往復冷凍庫			15.0(6.5)	15/10	20
遠心冷凍機	}13〜15		21.1(5.7)	20/10	23
吸収冷凍機			17.5(5.4)	(15/5)	23
パッケージ型空調機	}13〜15	6	13.4(5.6)	15/10(半密閉) 13/10(密閉)	15
ルームエアコンディショナ (ウインド) (スプリット)	}13(<22 kW)	6			10 15
ユニット型空調機		10	17.5(5.8)	18/10	
ファンコイルユニット	15		15.8(6.4)	15/10	20
ラジエータ	15(鋳鉄)	{10(銅板) 20(鋳鉄)	20.8(6.7) (鋳鉄)		25
コイル (直膨・蒸気・水)	15	{10(銅-アルミ) 15(銅-銅)			20
熱交換器 多管式				15/10	24
冷却塔	15	{10(開放) 15(密閉)	14.4(5.3)	15/7	{20(鉄板) 34(セラミックス)
蒸発式凝縮器		{10(銅) 15(鉄)			20
送風機	15	15	18.6(6.2) (多翼)	15/10	25(遠心) 20(軸流) 15(プロペラ)
ポンプ	(揚水) 15(汚水) (冷温水)	10	17.0(冷温水) 17.0(揚水) 12.9(排水) (水中)	15/10(揚水) 15/5(汚水汚物)	20(揚水・ベース付き) 10(温水(ライン)) 10(揚水井戸用) 15(凝縮水)

10・2・2 機能診断

劣化診断で行った一次診断,二次診断,三次診断の結果を踏まえ,システムとしての機能を評価する必要がある.これによりリニューアル工事範囲の決定と,顧客の二重投資を防止する.

設備システムの全体診断表を**表10・2**に示す.

---

* 空気調和・衛生工学会編:空気調和・衛生工学便覧,第13版,第5編,p.629(2001年)

〔1〕 空調・換気システム

(a) 負荷環境

ヒアリングや温湿度測定,二酸化炭素濃度測定などの結果を基に評価を行う.

(b) 主幹装置

騒音測定,振動測定,風量測定の結果を基に,新築時に計画されていた能力と比較し,劣化の程度を調査する.消費されているエネルギーの量を比較評価することで,機器を修理して使用するか,更新するか,あるいはまったく新しい方式とするのか決定する.

表10・2 設備システム全体診断表*

コンポーネントと評価内容		評価事項	各設備での診断対象			
			給水	給湯	排水	空調・換気
負荷環境	1) 性能能力	① クレームの状況 ヒアリングまたはアンケート結果の評価	水質 圧力	温度 圧力	排水量 臭気	空気質 温度 湿度
	2) 安全性	② 法定検査の指摘事項内容 改修実施指定時期と内容による評価	水質		排水水質	空気質 湿度 換気量(回数)
主幹装置	1) 性能能力	③ 計算による負荷と装置の容量比較	受水槽 高架水槽	ボイラ 貯湯槽		冷熱源出力 温熱源出力 負荷熱容量
		④ 故障内容と更新・修理以降の使用年数による評価	給水ポンプ	給湯ボイラ	排水ポンプ	熱源装置
		⑤ 管理記録による負荷と装置の整合度比較 (超過・短縮) 立上り時間,発停回数,運転時間などの常態との変化	給水ポンプ	ボイラ・熱交	排水ポンプ	熱源装置
	2) 安全性	⑥ 法定検査の指摘事項内容 改修実施指定時期と内容による評価	受水槽	ボイラ・熱交	汚水浄化装置	温熱源装置
		⑦ 開放検査の結果の評価		ボイラ・熱交		冷熱源装置
	3) 運用経費	⑧ エネルギー消費量 年次増減率・前年同期比較により評価	水道料	給湯ボイラ	排水ボイラ	温・冷熱源
		⑨ 修繕費年次変化により評価	配管・器具	給湯ボイラ		温・冷熱源
	4) 資産価値	⑩ メンテスペースと保安機能での評価 機器の寸法 有効使用スペース	高架水槽			温・冷熱源
運搬装置	1) 性能能力	⑪ 詰まり腐食(別項による)	配管	配管 SGP CUP	配管	配管 ダクト
	2) 運用経費	⑫ 修繕費の無次変化で評価	配管	配管	配管	配管
端末装置	1) 性能能力	⑬ 室内条件の適否 設置総数での不具合い発生比率により評価	給水栓の着色水	給湯栓温度 シャワー圧力 ガス湯沸し器着火	便器臭気 屋外排水能力	AHU,FCUの騒音,振動 AHU,FCU制御機能
	2) 安全性	⑭ 腐食漏水など被害予測の評価	衛生器具	衛生器具	衛生器具	AHU,FCU
	3) 運用経費	⑮ 修繕費の年次変化で評価				PAC,FCU
	4) 資産価値	⑯ 見栄え,汚れ 所有者との協議により評価	衛生器具	衛生器具		PAC,FCU

備考:負荷の環境を加え,主幹装置・搬送装置・端末装置の各コンポーネントを,1) 性能能力,2) 安全性,3) 運用経費,4) 資産評価の観点から評価して,どのような処置をすべきか判定する.

(c) 運搬装置

詰まりや腐食を,超音波肉厚測定,流量流速測定,こう配測定の結果を基に配管やダクトの評価を行う.また,必要に応じ水質検査を行う.

これは,薬品注入による不純物の測定や,腐食による鉄分の量を計測するためのものである.

また,空調設備で見逃されやすいものとして,空調ドレン配管があるが,詰まりや腐食により機能劣化が激しいことがあるので,必ず確認しておく必要がある.

---

* 空気調和・衛生工学会編:空気調和・衛生工学便覧,第13版,第5編,p.613(一部抜粋)(2001年)

(d) 端末装置

空調機やファンコイルのコイルの詰まりや腐食，ファンの性能劣化，ドレンパンの腐食状況などを，風量測定，流速流量測定，風速風量測定の結果を基に評価する．

〔2〕給排水衛生システム

(a) 負荷環境

ヒアリングや水質検査，流速流量測定の結果を基に，水質，水圧，水量，温度，臭気，流れ具合いなど，おのおのについて評価を行う．

(b) 主幹装置

ヒアリングや，目視検査，流速流量測定の結果や，機器についてのメーカーの評価を基に，新築時に計画されていた能力と比較し，劣化の程度を調査するとともに，消費されているエネルギーの量を比較評価する．

ただし，給水量については，今後必要であると思われる使用量を想定し評価する．

(c) 運搬装置

空調システムと同じように，詰まりや腐食を，超音波肉厚測定，流量流速測定，こう配測定の結果を基に給水給湯，排水通気配管の評価を行う．

また，水質検査は特に重要で，水質が劣化している場合は，クロスコネクションを起こしていることがあるため，調査が必要である．

(d) 端末装置

端末装置は，衛生器具がほとんどであるが，汚れや傷，見栄えなどを評価し取替えを考慮する．また，新技術により節水，少電力など省エネルギーを考慮した器具も開発されているので，採用を検討する．

10・3 リニューアル計画の要点

リニューアル工事は，その建物の寿命を単に延ばすためだけに行うのではない．

リニューアル計画は，先にも述べたように，建物所有者，建物維持管理者，建物使用者のニーズにこたえるとともに，省エネルギー性能，環境性能，耐震性能など，社会的なニーズ，さらには10年先，20年先の将来性なども考慮し立案されなければならない．

リニューアル計画は，予備調査，設備診断の結果，確認した工事条件を基に，次の項目を考慮しながら作成する．

〔1〕設備の機能向上

機能向上とは，単に能力を増大させるということではない．その建物のニーズに合った設備を計画するということである．

例えば，一般事務所ビルの場合でも，残業など，設備の運転時間が長短入り乱れている場合は，中央の熱源設備を更新することだけでなく，各階の居室ごとに運転可能な局所空調設備の設置を考慮する必要がある．

また，一般事務所ビルにサーバ室などのコンピュータ室を設置する場合には，中央の熱源更新と，年間冷房が可能な局所空調設備が必要である．

〔2〕省エネルギー

システム全体で消費されるエネルギーの量は，各エネルギーの一次エネルギー換算値(灯油，重油，電気，ガス)に，各エネルギーの使用量の積の総和で求められる．

〔3〕環境

先に述べたように，LCC CO_2 の観点から，より CO_2 の排出量が少ないかを評価する必要がある．

また，建築リサイクルの観点からも評価して計画していく必要がある．

〔4〕耐震性

新設する機器や配管の耐震性能のみならず，リニューアル後に残る既存設備も，耐震性能を確保し，同一レベルにする必要がある．

耐震性能の向上は，建築的な耐震性能の向上と，平行して行うほうが効率的である．

〔5〕工事条件の確認

居室を営業しながら施工を行うためには，いろいろな制約条件を受ける．

(a) 工事エリアも通常の状態で使用する場合(居ながら工事)

通常，工事エリアの使用者の勤務時間帯以

外，例えば，土日夜間の工事となる．

作業時間を，非常に制限されることと，養生の掛けばらしが毎回発生するため，最も工事費がかかる可能性が高い工事条件である．

また，営業が始まるごとに，通常の状態に戻さなくてはならないため，事故やトラブル，クレームなどが最も発生しやすく，リスクが最も高い工事条件である．

（b）工事エリアのみ使用しない場合

騒音など，同じ階の使用者の迷惑にならない範囲で，継続して工事エリアでの作業ができる．

ただし，通常，設備システムの系統分けは，各階ごとになっている場合が多いので，例えば，断水や停電作業といったものも休日夜間などの制限を受ける．また，他の使用者がいるので，動線を分けるなどの第三者災害に対する配慮が必要である．

（c）工事エリアの階を使用しない場合

前記の場合よりも作業規制はやや緩やかとなり，他階の使用者の迷惑にならない範囲で，継続して工事エリアでの作業ができる．

設備システムの系統分けは，各階ごとになっている場合が多いので，例えば，断水や停電作業といったものも階ごとで休止して，継続して作業できる場合が多い．

また，同じ階に使用者がいないので，材料の搬入なども比較的制限を受けないで行うことができるし，より第三者災害が発生する可能性が低い．

（d）建物の使用を休止して工事を行う場合

最も工事時間帯に制限を受けない．

撤去工事は発生するものの，新築工事における躯体が打ち上がった状態に近い．

工事の種類にもよるが，場合によっては，どの部分からでも作業を行えることから，新築工事に比べて工期の短縮，工事費の削減が可能である．

また，建築的な工程の制限が少ないことから，設備主導で工程を組むことができる．

10・4 リニューアル工事の要点

従来リニューアル工事というものは，二次発生的な工事であると思われ，軽視されている傾向であったが，

1) 居住性の向上においては，建築よりも設備的要素が多いこと
2) 老朽化した建物が増えてきてその需要が増えてきたこと
3) 使用しながらの工事が一般的に行われていること
4) 新技術や新システムの導入によって，省エネルギーや建物の付加価値を高めることができること

などの理由から，現在ではその重要性が見直され，リニューアル工事自体の地位も向上している．

10・4・1 養　　生

第三者が使用する中での工事で養生についても細心の注意を払わなくてはならない．

養生のやり方によって作業終了時の清掃時間が大きく変わるので，工事前によく検討しておく必要がある．

また，使用する養生材料も，使用箇所によって使い分ける必要がある．

10・4・2 足　　場

新築工事に比べ障害物が多く存在するので，作業足場に制限を受けやすい．

リニューアル工事で，使用される作業足場の代表的な存在はアルミ脚立であるが，事故も多く発生しているため，安全性と効率性を考え合わせ検討する必要がある．

10・4・3 火気使用の制限

火災は最悪の工事事故といわれ，熱や燃焼により備品や書類の原形がなくなるだけでなく，消火に使用される水による被水，焼けたにおいが悪臭として残るため，長期間ビル機能停止と

なる場合がある．

火気使用を基本的に禁止している現場も多いので，火気使用にあたっては代替工法を含めた十分な検討が必要である．

10・4・4　トラブル・クレーム

建物を使用しながらの工事は，建物使用者という工事と相反する利害をもった第三者がいるため，クレームやトラブルを全くなくすことは非常に難しいといえる．

リニューアル工事は，労災事故，火災事故，停電事故，漏水事故のほか，悪臭，じんあい，騒音，振動の発生による苦情，顧客の備品の損傷など，さまざまなリスクを抱えており，場合によってはビル機能の停止など，顧客に重大な損害を与えてしまう可能性がある．

その原因を突き詰めていくと，判断ミス，操作ミス，うっかりミス，思い込みミスなど，ほとんどすべてが人為的ミス（ヒューマンエラー）である．

KY活動を通じて，「まさか」と考えず「もしかしたら」と考え，複数の目でチェックをすることによって，未然に防ぐことが大切である．

また，その現場に則した新規入場者教育用シートを作成し，現場の特性を作業員全員に徹底すること（休憩場所，立入禁止箇所，トイレの位置，駐車場の利用方法など）が必要である．

10・5　機器のリニューアル

10・5・1　空調機器のリニューアル

〔1〕　熱源機器

通常熱源機器が設置されている熱源機械室は，地下階である場合が多く，搬入計画が最も重要である．

熱源機器は，冷凍機とボイラ（冷温水発生機）ポンプ，熱交換機などで構成される．

ビル機能になるべく支障を与えないで，工事を行う必要があることから，機器の撤去時期，機器の新設時期，ひいては冷暖房の停止時期，運転再開時期について，考慮された計画を立てなければならない．

現状一般的には，冷房負荷は大きく，冷房期間は長くなる傾向にあり，暖房負荷は小さく，暖房期間は短くなる傾向にある．

〔2〕　空　調　機

空調機は，ドレンパン，コイルが一番劣化しやすい．この部分の確認が不可欠である．

また，ケーシングは全体的に腐食しているケースはほとんどなく，ある一部分が激しく腐食している場合が多いので，調査時に見落しのないようにしなければならない．

〔3〕　空冷ヒートポンプパッケージ

1世代前までは，冷媒に使用されるフロンは，R 22のみであったが，現在ではR 134 a，R 407，R 410など，新冷媒，代替冷媒などが乱立する状況となっている．

リニューアル計画時には，年代，型番などで使用されている冷媒の種類を確認し，冷媒回収を含めた計画内容を決定する．

〔4〕　ファンコイル

ペリメータカバー内部設置のファンコイルは，ファンコイルの寸法をよく確認しないと，たとえ同一メーカー品を使用してもカバーの中に納まらず，特注品となることもあるので注意が必要である．

10・5・2　衛生機器のリニューアル

〔1〕　受水槽・高架水槽

地下式コンクリー水槽を，六面点検の可能なFRPなどの地上型水槽に更新する場合，設置場所が問題となる．したがって，直結増圧方式への変更も考慮し検討する必要がある．

また，地上型水槽を更新する場合も，断水時間を短くするため，設置スペースが問題となる．2槽分割式の場合は，1槽ごとに交換する方法もあるが，構造上の問題もあるので，メーカーの見解も確認する必要がある．

〔2〕　貯　湯　槽

大きくて重く，分割搬入はほとんど不可能なので，搬入計画は十分検討しておく必要がある．

搬入経路が確保できない場合は，2台に分けるなどのシステム変更を計画する．

〔3〕ポンプ

揚水ポンプなどは，バックアップのため複数台設置されている場合が多いので，通常既存ポンプのあった場所で更新することが多い．

ポンプの配管接続位置は，メーカーが同じでも微妙に位置がずれている場合が多いので，必ず寸法を確認すること．

位置がずれている場合は，むりやり接続するのではなく，接続配管の盛換えや，架台や基礎の改造によりむりのないスムースな納りとする必要がある．

10・6 配管のリニューアル

リニューアル工事における事故で，最も多いものは漏水である．

コンピュータの普及に伴い，居室に電子部品が無造作に置かれている現在では，居室が被水すると大きな被害を建物使用者に与えてしまうことになる．したがって，配管のリニューアル工事は，細心の注意を払わなければならない．

また，さまざまな工法や材料が考案されているので，工事の状況に応じて使用する．

10・6・1 配管全体をリニューアルする場合

工事期間も長期にわたるので，メイン配管は既存を生かしたままリニューアルする必要があるため，新設配管は既存配管と別スペースに配管する．

次に，既存メイン管と新設メイン管の両方を接続し，両方を生かす．

新設メイン管に既存枝配管を接続換えする．枝配管の接続替えが終了したら，既存メイン配管を撤去する．

その後，順番に枝配管を更新していき，更新した部分から撤去を行う．

切替えの工事が何度も発生するため，空調の場合は中間期，衛生の場合は，断水時間などを考慮する．

10・6・2 メイン配管のみをリニューアルする場合

設備システムを休止できる期間により，既存配管と同一場所で更新するか，別ルートの配管とするか決定する．

同一場所で更新する場合，既存配管を撤去し，新設配管を完了するまでは断水となる．

ビルを使用している場合は，断水時間を十分計算し，ビル使用者の理解を得なければならない．

10・6・3 枝配管を更新する場合

通常設備システムの休止期間中に，更新する．既存配管との切替え位置は，後にメイン配管を更新しやすい位置，例えば，居室内は避けて機械室やパイプシャフトで取り合うようにする．

配管をリニューアルする場合，火気を使用しない工法や断水を行わない工法がある．

10・6・4 火気を使用しない工法

〔1〕フランジ工法

工場で溶接を行うことにより，プレハブ加工やユニット加工を行い，建物内ではフランジ接続のみを行うようにすることである．

ただし，リニューアル工事の場合は，新築工事に比べ緊急性が高いことと，配管ルートなどの調査が障害物などにより難しく，寸法取りがうまくいかないこともある．

したがって，工場加工では寸法間違いがあったとき緊急に対応できなくなるので，注意が必要である．また，寸法違いがあったときの応急的な対応方法も，決めておく必要がある．

〔2〕メカニカルジョイント工法

メカニカルジョイントとは，ねじや溶接やフランジタイプではない，主にゴムのガスケットなどによりシールする機械的な接合方法である．

配管側に加工を施すハウジングタイプや裸管

のまま接合できるカップリングタイプなどがある．

既存管に接続する場合，カップリングタイプが適するが，固定が悪いと漏水の危険があるので，固定支持を行うようにする．

10・6・5　無断水工法

〔1〕　凍　結　工　法

凍結させたい場所に発泡スチロール製容器を，配管形状に合わせて設置し，その容器の中に人工液体空気を注ぎ入れ，配管の外側から冷却して，配管内部を凍結させる工法である．

〔2〕　特殊継手による分岐管取出し方法

この工法は，特殊な継手を用いて，分岐取出しを行うもので，火薬を爆発させることにより，母管の一部を切り取ると同時に，分岐継手を装着してしまう工法である．

分岐管取付け器工法を図10・4に示す．

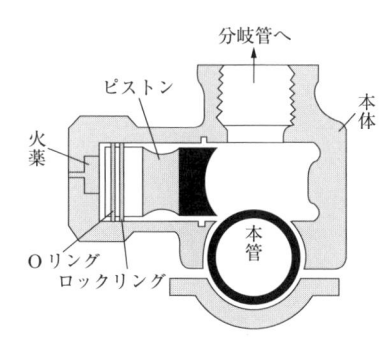

図10・4　分岐管取付け器工法（K社製品）[*1]

〔3〕　サドル分水栓工法

サドルと呼ばれる特殊な金物に，分水栓（分岐バルブの一種）が付属しており，このサドルを既存配管に密着させ，分水栓の内部に穿孔機を入れ，既存配管に穴を開けることにより無断水で分岐取出しを行う方法である．

サドル分水栓を図10・5に示す．

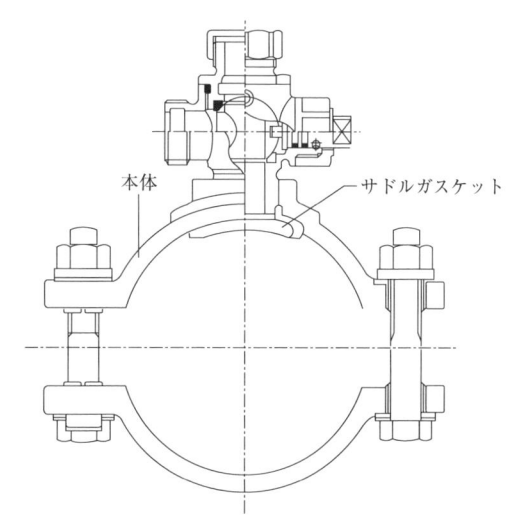

図10・5　サドル水栓[*2]

〔4〕　応急修理クランプ工法

この工法は，直接リニューアル工事とは関係がないが，リニューアル工事に至るまでの応急処置として用いる．

クランプ型の金物を漏水している箇所に密着させることにより，断水することなく一時的に漏水を止める工法である（図10・6）．

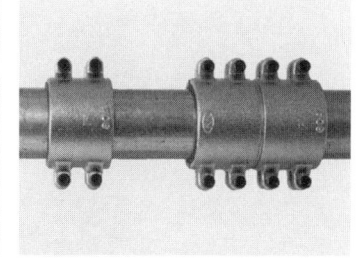

図10・6　圧着ソケット[*3]

---

*1　K社：カタログから
*2　CS社：カタログから
*3　CT社：カタログから

索　引

◆ ア 行 ◆

圧力計　115
圧力センサ　202
圧力配管用炭素鋼管　45
あと施工アンカ　43
油配管流量線図　123
泡消火設備　169
アンカボルト　36, 75
アングルフランジダクト　103
安全衛生管理　25
安全衛生組織体制　26
安全管理　26

異種管接合　59
板振動騒音　238
一括単独発注契約方式　5
一般管理費　3
一般建設業　1
医療ガス設備　181
インサート　42
インサート工事　42
インタロック　187
インバータ回転数演算　192
インバード　158
飲料用貯水槽　131

ウォータハンマ　118
ウォータハンマ防止付属管機器　122
受入れ検査　32
雨水排水管　160
雨水ます　160
雨水利用設備　176
渦流量計　204

エアレス吹付け塗装　227
衛生器具　161
エルボ　102

塩化ビニルライニング鋼管　45
鉛　管　45, 57
円形ダクト　111
円形ダクト透過損失　247

オイルサービスタンク　92
オイルサービスタンクまわり配管　125
オイル阻集器　152
オイルタンク　89
往還温度差　199
応急修理クランプ工法　275
大型電気温水器　146
屋外距離減衰　250
屋外消火栓設備　169
屋外騒音　242
屋外排水管　158
屋内消火栓設備　169
送り管　111
汚水・雑排水槽　152
温度計　116
温度検出器　201

◆ カ 行 ◆

加圧給水ポンプ　136
外観検査　67
外気冷房　187
回折減衰　243, 250
外調機　82
回転式全熱交換器　88
開放回路方式　112
開放型ガス湯沸し器　144
開放式膨張タンク　89
外面ライニング鋼管　67
開ループ制御　185
返り管　111
還りヘッダ　199
カスケード制御　192
ガス設備関連法規　170

ガスヒートポンプ室外機　85
ガスメータ　170
ガス漏れ警報器　170
ガス湯沸し器　142
仮設計画　12
合併浄化槽　172
壁掛け小便器　163
壁掛け貯湯式湯沸し器　146
壁の箱入れ　39
カラー接合　59
がらり　100
完成検査　32, 257
管内流速　123
監理技術者　2
寒冷地メータ設置　139

機器断熱の標準的仕様　221
機器断熱の標準保温厚　221
機器の支持方法　74
機器の耐用年数比較表　269
危険物指定数量表　91
機能診断　269
気密試験　172
逆止弁　50
キャビテーション　118
吸　音　239
吸音材　236
吸音率　246
給水配管　139
給水ポンプ　134
給湯循環ポンプ　148
給湯配管　148
給湯用熱交換器　143
給排水衛生設備の試運転調整項目例　254
共同企業体発注契約方式　5
共板フランジダクト　103
局部震度法　72
気流発生音　238
緊急遮断弁　171
金属系アンカ　44
近隣騒音　242

空間音圧レベル差　245
空気圧試験　68
空気調和設備の試運転調整項目例　255

空調機　81
空調機械室設備工事ネットワーク工程表　17
空調機給気温度制御　193
矩形ダクト透過損失　246
グラスウールダクト　110
グリース阻集器　152
クローズオフレイティング　206
クローズ系熱源システム　197

煙試験　68
減圧弁　120, 136
現場管理費　3
現場説明書　3

高圧1ダクト　93
高圧還水管径　119
高圧2ダクト　93
工事施工　9
硬質塩化ビニル管　45, 58
硬質塩化ビニル製ダクト　109
硬質塩化ビニルライニング鋼管　54
工場検査　32
剛体多孔質吸音材　238
工程内検査　32
工程表　12
小型プラスチック製ます　160
小型床置電気温水器　146
コストオン発注方式　4
固定支持　61
コーナボルト工法ダクト　103
ゴム輪接合　58, 59
コンクリート管　49
コンクリート基礎　37

◆ サ　行 ◆

サイレンサ　147
サイレンサタイプがらり　238
先付けアンカ　42
作業主任者　28
さく井　180
差込み接合　57
サージング　81
サドル分水栓工法　275

試運転調整　251

シェルアンドチューブ式熱交換器　142
敷地境界騒音　243
仕切弁　50
試験成績書　261
自主検査　33,257
室間音圧レベル差　239
実行予算書　24
湿度検出器　201
室内温度制御　195
室内用温度湿度検出器　202
質問回答書　3
自動制御　185
自動制御弁　205
遮音　239
遮音材　240
社会的劣化　264
集合住宅メータ設置要領図　138
集合住宅用量水器ユニット　139
主任技術者　2
竣工検査　258
純工事費　3
竣工引渡し前検査　68
省エネルギー　264
消音器　236,248
消音工事　235
消火栓ボックス　166
消火配管　168
消火ポンプ　166
蒸気トラップ　122
蒸気配管　120
蒸気配管径　119
蒸気ボイラ還水槽　89
衝撃式トラップ　123
小便器　163,165
ショックアブソーバ　237
真空式温水発生機　146
信号　200
伸縮継手　114
申請手続　13
伸頂通気方式　156
振動伝達率　229

水圧試験　67
随意契約方式　5
水撃現象　81

吸込み口　96
水槽　132
水中ポンプ　135
水冷式熱源機　84
水冷式パッケージダクト接続型空調機　83
ステンレス管許容伸縮量表　150
ステンレス鋼管　45,55
ステンレスダクト　107
ストール小便器　163
スパイラルダクト　105
スプリッタ型・共鳴型消音器　237
スプリンクラ設備　169
スライドオンフランジダクト　103
スリーブ工事　38

製作図　32
性能検査　257
積算熱量計　147
施工管理　24
施工計画　10
施工計画書　11
施工図　31
施工組織　12
施工法　22
施工要領書　31
設計意図伝達書　261
設計図書　2
設計用標準水平震度　72
切削ねじ　52
接着系アンカ　43
接着接合　58
設備システム全体診断表　270
線音源　243
全熱交換器　87
洗面器　164,165

掃除口　150
送水口　167
送風機　86
阻集器　152

◆タ行◆

対向翼ダンパ　93
大臣許可　1
耐震計画フロー図　71

耐震支持　64
耐震遮断弁　134
耐震触止め　234
耐震据付設計フロー　73
耐震ストッパ　75
耐震施工　74
耐震設計手順　71
大便器　161,164
多管式熱交換器　88
ダクト　216
ダクト工事　100
ダクト工程表　16
ダクト材料　92
ダクト透過損失　247
ダクトの標準的仕様　216
ダクトの標準保温厚　217
立て管の支持　61
立てダクト　106
玉形弁　50
たわみ継手　101
弾性型圧力検出器　202
炭素鋼管　51
ダンパ　93,205
ダンパ出力信号　190

チェックシート　30
地下オイルタンクまわり配管　125
地下タンク　91
知事許可　1
チャッキトラップ　117
中央監視設備　207
鋳鉄管　45,57
ちゅう房排気ダクト　98
ちゅう房排水除害施設　172
長方形ダクト　105
貯水槽　131
貯湯式湯沸し器　145
貯湯槽　140

通気金物　151
通気管　157

低圧ダクト　93
デスポーザ排水処理システム　172
鉄筋コンクリート管　59

鉄筋コンクリート梁　38
鉄骨梁　38
鉄面のケレン等級　226
点音源　243
電気素子型圧力検出器　203
電磁流量計　203
転造ねじ　52

透過騒音　239
透過損失　239,244,249
銅　管　45,57
凍結工法　275
動的設計法　72
特殊継手　112
特殊排水継手方式　156
特性要因図　30
特定建設業　2
独立基礎　36
都市ガス　170
都市ガス配管系統図　173
塗　装　222
塗装施工　227
塗装の耐久実績年数　225
塗装方法　223
塗装面の素地調整方法　226
特記仕様書　3
トラップ装置　122
ドラムトラップ　117
取扱い説明書　261
塗　料　223
ドレンアップ接続　84
ドレン配管　232

◆ ナ 行 ◆

二次ポンプ　197
入札による契約方式　6
入射騒音　239

ねじ切り寸法　52
ねじ接合　51,55
熱交換器　88
熱動トラップ　123
熱溶着式スリーブ接合　58
燃料油　123

◆ ハ 行 ◆

排煙機　94
排煙シャフト　94
配管外面での遮音仕様別減衰量　247
配管工事　67
配管識別色　228
配管の支持間隔　128
配管の標準的仕様　219
配管用炭素鋼管　45
排気ダクト　99
排気フード　99
排水水中ポンプ　155
排水槽　152
排水騒音　242
排水トラップ　117
排水ポンプ　153
排水ます　158
排水用耐火二層管　49
排水横枝管　155
排水横引き管　155
バケットトラップ　123
はけ塗装　226
箱入れ　39
はぜ組み　214
バタフライ弁　50
パッケージ型空調機　83
梁形基礎　36
バルク供給システム　172
バルクローリ　171
パレート図　30
搬入計画　12
搬入・据付工事計画作成フロー　69
半密閉型ガス湯沸し器　144

引渡し　257
引渡し書類　259
ピット式地下オイルタンク　91
ヒートポンプ温水機　147
標準仕様書　2
標準図法　72
ビル新築工事空調・衛生設備工事工程表　14
ビルマルチ　84
比例制御　186
品質管理　29

ファンコイルユニット　85
負荷流量設定値　199
吹出し口　96
吹付け塗装　226
物理劣化　263
不等沈下対策　159
プラスタ阻集器　152
フランジ工法　274
フランジ接合　54,55,57,58
振止め　106
プール循環ろ過装置　179
プール熱　179
フレア接合　58
プレート式熱交換器　89,142
フロートトラップ　123
分岐管取出し方法　275
分離発注契約方式　5

平行翼ダンパ　93
閉ループ制御　185
べた基礎　36
ヘッダ　117
変風量制御　191
変揚程制御　197

ボイラ　77
ボイラの届出　78
防火区画　41
防火ダンパ取付け　94
防食　64
防食テープ　67
防振工事　229
防振材　230
防振支持　61
防振施工　231
防振つり　106
防振つりボルト　234
防振ハンガ　234
防水皿　178
防水対策　37
膨張タンク　89
保温材料　212
ボックスチャンバ　99
ホットウェルタンク　89
ポリエチレン管　49,58

ポリエチレン粉末ライニング鋼管　45
ポリブテン管　49
ボールタップ　134
ボール弁　50
ポンプ　80
ポンプヘッダユニット　81

◆ マ　行 ◆

埋設配管　170
マルチエアコン　193
満水試験　68
マンセル記号　228

水配管用亜鉛めっき鋼管　45
水噴霧消火設備　169
水用制御弁　112
水用バルブ　112
密閉回路方式　112
密閉式膨張タンク　89
脈動成分吸収用ゴムフレキ　237

無断水工法　275

メカニカルジョイント工法　274
メカニカル接合　54,57,59
面音源　243

漏れテスト　67

◆ ヤ　行 ◆

湧水槽　153
床置き型ポンプ　135
床排水トラップ　151

揚水設備　181
溶接接合　53,57
容量制御　196
浴槽　178
横走り管の支持　61
横走りダクト　105
予算管理　24

◆ ラ　行 ◆

リニューアル計画　264

リニューアル工事　263
リニューアル工事のフロー　265
流水検知装置　167
量水器　137

ルーフドレイン　151

冷却水温度制御　200
冷却水配管　119
冷却塔　80,118
冷暖同時制御方式　196
冷凍機　78
冷凍機台数制御　198
冷凍機停止基準温度　198
冷凍機冷水ポンプ　200
冷媒　127
冷媒配管　126
レジオネラ属菌対策　178
劣化診断　267
劣化の概念　263
連結給湯器　146
連結散水設備　169
連結送水管　169

ろ過ターン数　178
ローラはけ塗装　226

◆ 英　字 ◆

C_v 値　206
DB 発注方式　5
DDC 方式　186
INV 周波数　196
ISO14000s 規格要求事項　23
ISO9000s 品質マネジメントシステム　29
LP ガス　170
ON/OFF 制御　185
PID 制御　186
PM/CM 発注方式　5
P トラップ　117
QM 手法　29
RI 排水処理設備　172
TID　198
VAV 制御方式　190

- 本書の内容に関する質問は，オーム社ホームページの「サポート」から，「お問合せ」の「書籍に関するお問合せ」をご参照いただくか，または書状にてオーム社編集局宛にお願いします．お受けできる質問は本書で紹介した内容に限らせていただきます．なお，電話での質問にはお答えできませんので，あらかじめご了承ください．
- 万一，落丁・乱丁の場合は，送料当社負担でお取替えいたします．当社販売課宛にお送りください．
- 本書の一部の複写複製を希望される場合は，本書扉裏を参照してください．

空気調和・給排水衛生設備
施工の実務の知識

2005 年 4 月 25 日　　第 1 版第 1 刷発行
2025 年 3 月 10 日　　第 1 版第 19 刷発行

編　　者　空気調和・衛生工学会
発 行 者　村上和夫
発 行 所　株式会社 オーム社
　　　　　郵便番号　101-8460
　　　　　東京都千代田区神田錦町3-1
　　　　　電　話　03(3233)0641(代表)
　　　　　URL　https://www.ohmsha.co.jp/

©空気調和・衛生工学会 2005

印刷　三美印刷　　製本　協栄製本
ISBN978-4-274-20024-3　Printed in Japan

関連書籍のご案内

空気調和・衛生工学会 編

「知識」「実務の知識」3部作、刊行！

空気調和・衛生設備の知識 改訂4版
- B5判
- 296ページ
- 定価(本体3600円【税別】)

空気調和・衛生設備の定本！さらにわかりやすく、基本的知識を体系的にまとめた一冊！

空気調和設備計画設計の実務の知識 改訂4版
- B5判
- 350ページ
- 定価(本体4000円【税別】)

実務に必ず役立つ珠玉の解説書！長く支持され続けている、すべての空調設備技術者の必携書！

給排水衛生設備計画設計の実務の知識 改訂4版
- B5判
- 408ページ
- 定価(本体4600円【税別】)

実務に必ず役立つ珠玉の解説書！長く支持され続けている、衛生設備技術者の必携書！

もっと詳しい情報をお届けできます．
◎書店に商品がない場合または直接ご注文の場合も右記宛にご連絡ください．

ホームページ　https://www.ohmsha.co.jp/
TEL/FAX　TEL.03-3233-0643　FAX.03-3233-3440

(定価は変更される場合があります)

C-1703-135-2